최신개정판

농토피아 지역농협 6급 실전모의고사

기출분석 실전모의고사 6회분

4지선다·60문항·60분 2회분 | 4지선다·60문항·70분 2회분 | 5지선다·70문항·70분 2회분

혼JOB취업연구소

NH

- ☑ 핵심기출 유형별 기출복원 문항 풀이로 체계적 학습 완성
- ☑ 지역별 상이한 시험 형식에 완벽대비 가능
- ☑ 최신 출제 경향을 반영한 실전모의고사 6회분 수록
- ☑ 문법·어휘 핵심노트 + 정답 및 해설 + OMR 답안지

혼JOB

이 책의 구성

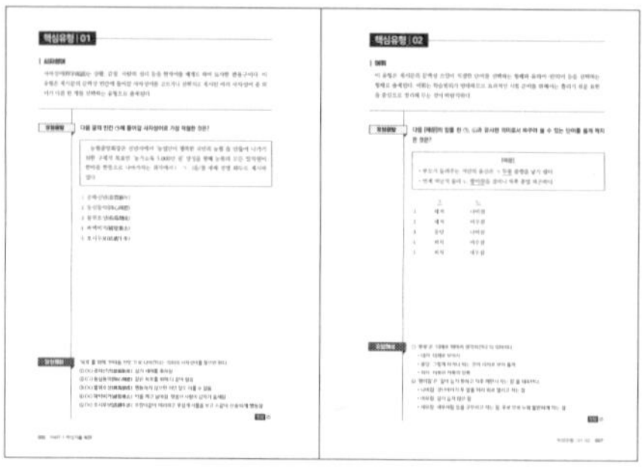

[핵심기출 복원]

최근 실시된 지역농협 필기시험 기출문제 중 대표성을 지닌 문항들을 복원하여, 26개의 핵심유형으로 분류하고, 유형별 기출 경향 및 학습 방법도 함께 제시했습니다.

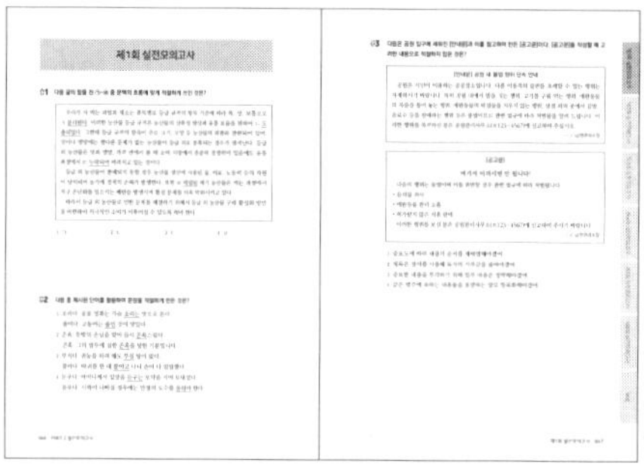

[실전모의고사]

지역농협의 출제 유형에 딱 맞춘 실전모의고사 6회분을 수록했습니다. 제1회~제4회는 4지선다형 60문항으로 구성했고, 제5회~제6회는 5지선다형 70문항으로 구성했습니다. 정답 및 해설은 [별책]으로 꾸려 놓았습니다.

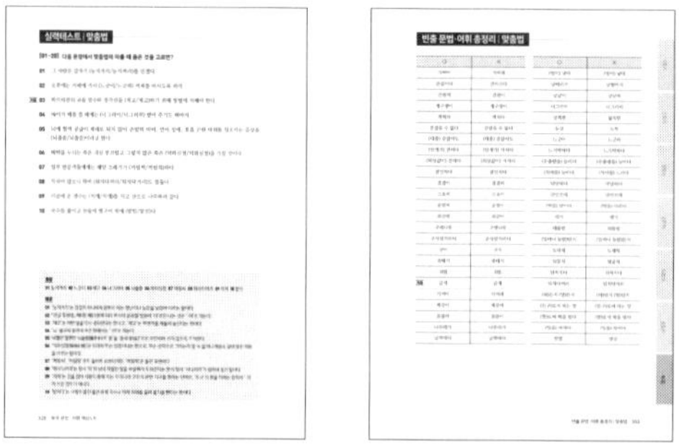

[부록] 문법 · 어휘 핵심노트

문법 · 어휘, 농업 · 농촌 용어 관련 문항은 지역농협 필기시험만의 특징입니다. 간단하지만 헷갈리기 쉬운 맞춤법, 띄어쓰기, 표준어, 외래어, 한자, 사자성어, 속담 등에 대해 자신의 실력을 테스트해 보고, 총정리할 수 있도록 [부록]으로 구성했습니다.

최신개정판
혼JOB
농토피아
지역농협 6급
실전모의고사

목차

회차 구성 안내

실전모의고사 각 회차별로 시험 시간과 문항 개수, 시험 형식을 다르게 구성했습니다.

정오 사항 안내

어느 수험서보다 짜임새 있게 구성하고 상세한 해설을 제공했다고 자부하나, 미처 바로잡지 못한 오류가 있을 수 있습니다. 이 점에 대해서는 독자분들의 양해를 구하며, 정오 문의 및 정오표 다운로드는 **[혼JOB 홈페이지(honjob.co.kr) → 고객센터]**를 이용해 주시기 바랍니다.

PART 1

핵심기출
복원

최신개정판
혼JOB
농토피아
지역농협 6급
실전모의고사

핵심유형 01 / 사자성어

핵심유형 02 / 어휘

핵심유형 03 / 반응의 적절성

핵심유형 04 / 세부정보의 이해 및 추론

핵심유형 05 / 모듈이론_문서작성능력

핵심유형 06 / 수열과 문자열

핵심유형 07 / 일률

핵심유형 08 / 최소공배수와 최대공약수

핵심유형 09 / 방정식과 부등식

핵심유형 10 / 이자와 원리금

핵심유형 11 / 자료계산

핵심유형 12 / 자료해석

핵심유형 13 / 명제논리

핵심유형 14 / 참 · 거짓

핵심유형 15 / 자리배치

핵심유형 16 / 규정의 해석 및 적용

핵심유형 17 / 조건의 적용 · 결과도출

핵심유형 18 / 농협의 CI

핵심유형 19 / 농협의 인재상

핵심유형 20 / 농협의 사업

핵심유형 21 / 농업 · 농촌 · 농협 규정의 해석 및 적용

핵심유형 22 / SWOT

핵심유형 23 / 모듈이론_사고력

핵심유형 24 / 모듈이론_시간관리능력

핵심유형 25 / 모듈이론_물적자원관리능력

핵심유형 26 / 모듈이론_경영이해능력

핵심유형 | 01

사자성어

사자성어(四字成語)는 상황, 감정, 사람의 심리 등을 한자어를 매개로 하여 묘사한 관용구이다. 이 유형은 제시문의 문맥상 빈칸에 들어갈 사자성어를 고르거나 선택지로 제시된 여러 사자성어 중 의미가 다른 한 개를 선택하는 유형으로 출제된다.

유형문항

다음 글의 빈칸 ㉠에 들어갈 사자성어로 가장 적절한 것은?

> 농협중앙회장은 신년사에서 '농업인이 행복한 국민의 농협'을 만들어 나가기 위한 구체적 목표인 '농가소득 5,000만 원' 달성을 향해 농협의 모든 임직원이 한마음 한뜻으로 나아가자는 취지에서 (㉠)을/를 새해 경영 화두로 제시하였다.

① 공하신년(恭賀新年)
② 동심동덕(同心同德)
③ 불위호성(弗爲胡成)
④ 파벽비거(破壁飛去)
⑤ 호시우보(虎視牛步)

유형해설

'목표'를 위해 '한마음 한뜻'으로 나아간다는 의미의 사자성어를 찾으면 된다.
① (X) 공하신년(恭賀新年): 삼가 새해를 축하함
② (O) 동심동덕(同心同德): 같은 목표를 위해 다 같이 힘씀
③ (X) 불위호성(弗爲胡成): 행동하지 않으면 어떤 일도 이룰 수 없음
④ (X) 파벽비거(破壁飛去): 벽을 깨고 날아감. 평범한 사람이 갑자기 출세함
⑤ (X) 호시우보(虎視牛步): 호랑이같이 예리하고 무섭게 사물을 보고 소같이 신중하게 행동함

정답 ②

핵심유형 | 02

| 어휘

이 유형은 제시문의 문맥상 쓰임이 적절한 단어를 선택하는 형태와 유의어·반의어 등을 선택하는 형태로 출제된다. 어휘는 학습범위가 방대하므로 효과적인 시험 준비를 위해서는 틀리기 쉬운 표현을 중심으로 정리해 두는 것이 바람직하다.

유형문항

다음 [예문]의 밑줄 친 ㉠, ㉡과 유사한 의미로서 바꾸어 쓸 수 있는 단어를 옳게 짝지은 것은?

> [예문]
>
> • 부모가 물려주는 거만의 유산은 ㉠ 무릇 불행을 낳기 쉽다.
> • 언제 떠날지 몰라 ㉡ 괭이잠을 잤더니 하루 종일 피곤하다.

	㉠	㉡
①	대저	나비잠
②	대저	여우잠
③	응당	나비잠
④	피차	여우잠
⑤	피차	새우잠

유형해설

㉠ '무릇'은 '대체로 헤아려 생각하건대'의 의미이다.
- 대저: 대체로 보아서
- 응당: 그렇게 하거나 되는 것이 이치로 보아 옳게
- 피차: 이쪽과 저쪽의 양쪽

㉡ '괭이잠'은 '깊이 들지 못하고 자주 깨면서 자는 잠'을 의미한다.
- 나비잠: 갓난아이가 두 팔을 머리 위로 벌리고 자는 잠
- 여우잠: 깊이 들지 않은 잠
- 새우잠: 새우처럼 등을 구부리고 자는 잠. 주로 모로 누워 불편하게 자는 잠

정답 ②

핵심유형 | 03

반응의 적절성

제시된 설명문, 상품 안내, 약관, 업무지시서, 기사, 공고문 등에 대한 이해를 바탕으로 선택지나 보기의 진술이 적절한가를 묻는 유형이다. 단순히 제시문에 대한 이해뿐만 아니라 추론적 사고를 요구하므로 축소·과장된 발언, 정보들 간의 관계를 왜곡하는 발언, 주관적 가치 판단이 담긴 발언 등에 유의하도록 한다.

유형문항 **다음 글을 읽고 보인 반응으로 적절하지 않은 것은?**

최근 유튜브와 SNS 등을 통한 정보의 이동이 활발해짐으로써 소비자들은 제품에 관한 정보를 과거보다 월등히 많이 획득할 수 있게 되었다. 이에 따라 기업들은 그만큼 변화된 환경에 발맞춰 소비자의 심리를 자극할 수 있는 다양한 마케팅 전략을 사용하고 있다. 이 중 대표적인 방법으로는 후광 효과를 이용한 마케팅과 프레이밍 효과를 이용한 마케팅을 들 수 있다.

후광 효과(halo effect)란 한 대상의 두드러진 특성이 그 대상의 다른 세부 특성을 평가하는 데에도 영향을 미쳐 객관적인 평가를 흐리게 하는 것을 말한다. 예컨대, 얼굴이 잘생기면 왠지 성격도 좋을 것으로 생각하고, 상품 포장지가 훌륭하면 내용물도 명품일 것으로 생각하는 것을 들 수 있다.

이러한 원리로 기업들은 스타를 광고모델로 내세워 물건을 판매하는 경우가 많다. 스타의 명성과 인기가 후광 효과를 발휘하여, 고객들의 상품 구매 욕구를 자극하는 것이다. 또한 기업들은 상품 자체를 TV나 언론매체에 자주 노출시켜 상품에 대한 소비자의 신뢰성을 높이는 방법을 사용하기도 한다.

프레이밍 효과(framing effect)란 동일한 사건이나 상황에도 불구하고 어떤 표현이나 방식을 제시하느냐에 선택과 생각이 달라질 수 있는 현상을 말한다. 예를 들어, 투명한 컵에 물이 반쯤 담겨 있는 경우 “물이 반이나 남았네.”라는 반응과 “물이 반밖에 없네.”라는 반응을 보일 수 있는데, 우리는 전자의 반응에서 긍정적인 기분을, 후자의 반응에서는 부정적인 기분을 느끼게 된다. 이때 제시하는 방법, 즉 인식의 틀을 프레임(frame)이라고 하고, 긍정적 틀에 담느냐 부정적 틀에 담느냐에 따라 사람들의 판단이나 선택이 변하는 현상이 바로 프레이밍 효과인 것이다.

프레이밍 효과는 기업들이 마케팅에서 적극 활용하는 기술인데, 예를 들어 판매원이 한 달 구독료가 12만 원인 영어잡지를 판매하는 경우를 들 수 있다. 판매원들은 독자에게 “한 달에 12만 원”이라고 이야기하지 않고, “하루에 4,000원, 친구들과 커피 한잔 마시는 가격”으로 영어 실력을 높일 수 있다고 속삭인다. 한 달에 12만 원이라는 말은 부담으로 다가오지만 하루에 4,000원, 커피 한잔에 불과하다는 표현은 나를 위한 투자에 그 정도쯤은 괜찮다는 생각으로 받아들일 수 있기 때문이다.

① 후광 효과에 따르면 제품의 광고모델이 인지도가 높은 사람일수록 제품 판매에 효과적이겠군.
② 중소기업이 만든 상품을 대기업의 유통망을 통해 판매하는 것은 후광 효과를 노린 전략으로 볼 수 있겠군.
③ 소비자들이 상품에 대한 정보를 얻을 수 있는 통로가 확대됨에 따라 기업들이 펼칠 수 있는 마케팅 전략의 종류는 축소되고 있군.
④ 금융회사에서 금융상품을 판매할 때 위험성보다는 수익성을 강조하는 것은 프레이밍 효과를 이용한 마케팅 전략으로 볼 수 있겠군.
⑤ 기업들이 마케팅에서 프레이밍 효과를 사용한다는 것을 통해 상품에 대해 소비자가 어떤 인식의 틀을 형성하는지가 매우 중요하다는 점을 알 수 있군.

유형해설

① (○) 3문단의 "이러한 원리로 기업들은 스타를 광고모델로 내세워 물건을 판매하는 경우가 많다. 스타의 명성과 인기가 후광 효과를 발하여, 고객들의 상품 구매 욕구를 자극하는 것이다."를 통해 적절한 반응임을 확인할 수 있다.
② (○) '대기업'이라는 명성이 후광 효과로 작용하여 상품 판매에 긍정적인 영향을 미칠 수 있으므로 적절한 반응이다.
③ (X) 1문단에서 소비자들의 제품에 관한 정보 획득이 용이해지면서 "기업들은 그만큼 변화된 환경에 발맞춰 소비자의 심리를 자극할 수 있는 다양한 마케팅 전략을 사용하고 있다."라고 설명하고 있다. 즉, 마케팅 전략의 종류가 축소되고 있다는 것은 적절한 반응이 아니다.
④ (○) 금융상품의 수익성을 강조함으로써 해당 상품에 대한 긍정적인 인식의 틀을 형성하려는 행위, 즉 프레이밍 효과를 사용한 경우이므로 적절한 반응이다.
⑤ (○) 4문단에서 "인식의 틀을 프레임(frame)이라고 하고, 긍정적 틀에 담느냐 부정적 틀에 담느냐에 따라 사람들의 판단이나 선택이 변하는 현상이 바로 프레이밍 효과인 것이다."라고 하였으므로 적절한 반응이다.

정답 ③

핵심유형 | 04

세부정보의 이해 및 추론

이 유형은 선택지와 제시문의 일치 여부를 묻거나 제시문에 대한 이해를 바탕으로 추론하는 능력을 평가한다. 일반적으로 제시문의 양이 많은 편에 속하므로 제한된 시간 내에 제시문과 선택지를 효율적으로 파악할 수 있는 전략이 필요하다.

유형문항 **다음 글을 읽고 '계약'에 대해 이해한 내용으로 적절한 것은?**

계약(contract)은 2인 이상의 당사자 간에 있어서 법에 의하여 강행 가능한 합의(enforceable agreement)를 가리킨다. 여기서 합의란 계약을 체결하려는 당사자들의 의사표시의 합치를 말하고, 이러한 합의를 통하여 당사자는 계약상의 의무(contractual obligation)를 자발적으로 부담하게 된다. 만약 어느 일방이 계약상 의무를 이행하지 않을 경우, 즉 채무불이행의 경우에는 법적 구속력이 인정되기 때문에 소송을 제기하여 구제(강제이행, 손해배상, 계약취소 등)를 청구할 수 있다.

계약은 계약의 효과로서 생기는 채무 자체가 상호적인가의 여부에 따라 쌍무계약과 편무계약으로 분류된다. 쌍무계약은 계약의 쌍방당사자가 서로 대가적 관계에 있는 채무를 부담하는 계약으로서, 각 당사자는 상대방에 대하여 일정한 급부를 할 의무를 부담함과 동시에 그 대가로서 자신도 상대방에 대하여 일정한 급부를 청구할 권리를 가진다. 대가적 관계라는 것은 쌍방의 급부 내용이 객관적·경제적으로 같은 가치를 가진다는 것이 아니라, 쌍방의 급부가 서로 의존관계 내지 교환적 원인관계에 있다는 것이다. 매매·교환·임대차·고용·도급·조합·화해 등이 이에 속하며, 증여·소비대차·위임·임치도 유상으로 한 때에는 쌍무계약이 된다.

편무계약은 계약의 일방당사자만 채무를 부담하거나 또는 쌍방당사자가 서로 채무를 부담하더라도 그 채무가 대가적 관계에 있지 않은 계약이다. 증여·사용대차·현상광고 등이 이에 속하며, 소비대차·위임·임치도 무상으로 한 때에는 편무계약이 된다. 쌍방당사자가 서로 채무를 부담하더라도 그 채무가 대가적 관계에 있지 않은 계약을 특별히 불완전쌍무계약이라 하기도 하지만 이는 본질적으로 편무계약이다.

① 소비대차·위임·임치가 유상으로 이루어지는 경우에 한정하여 쌍무계약으로 본다.
② 자신과의 약속을 지키기 위해 혼자서 의무를 부담하는 법적 행위를 하였다면 이는 계약으로 인정된다.
③ 쌍무계약에서 대가는 경제적 가치가 동일하여야 한다.
④ 당사자들 간에 부담하는 채무가 존재하는 경우 대가적 관계에 있지 않더라도 이는 쌍무계약으로 본다.
⑤ 당사자들 간 의사표시의 합치가 없더라도 대가적 관계에 있지 않는다면 편무계약이 성립된다.

유형해설

① (○) 2문단의 "증여 · 소비대차 · 위임 · 임치도 유상으로 한 때에는 쌍무계약이 된다."를 통하여 해당 계약이 유상으로 이루어지지 않은 때에는 쌍무계약에 해당되지 않지만 유상으로 이루어지는 때에는 쌍무계약으로 본다는 것을 알 수 있다.
② (X) 1문단에서 계약은 '2인 이상'이 당사자가 되어야 함을 알 수 있다.
③ (X) 2문단에서 "대가적 관계라는 것은 쌍방의 급부 내용이 객관적 · 경제적으로 같은 가치를 가진다는 것이 아니라, 쌍방의 급부가 서로 의존관계 내지 교환적 원인관계에 있다는 것"이라는 점을 언급하고 있다.
④ (X) 3문단에서 쌍방당사자가 서로 채무를 부담하더라도 그 채무가 대가적 관계에 있지 않은 계약은 본질적으로 편무계약임을 언급하고 있다.
⑤ (X) 1문단에서 '계약'은 '합의'를 통하여 계약상 의무를 자발적으로 부담하게 된다고 설명하고 있으므로 대가 여부와는 무관하게 당사자들 간 의사표시의 합치가 있어야 계약이 성립된다. 따라서 의사표시의 합치가 없는 경우 편무계약은 성립될 수 없다.

정답 ①

핵심유형 | 05

모듈이론 _ 문서작성능력

이 유형은 문서작성 이론을 묻는 형태와 제시된 문서작성 기준에 부합하도록 문서를 수정하는 형태로 출제된다. NCS국가직무능력표준 사이트에서 제공되는 '의사소통능력: 종류에 따른 문서작성법' 이론에 기초하므로 해당 내용을 미리 숙지해 두면 유리하다.

유형문항

보고서란 특정한 일에 관한 현황이나 그 진행 상황 또는 연구·검토 결과 등을 보고하고자 할 때 작성하는 문서를 말한다. 다음 [보기] 중 보고서 내용 작성 및 제출 시 유의사항으로 옳지 않은 것을 모두 고르면?

| 보기 |

ㄱ. 업무 진행 과정에서 쓰는 보고서인 경우 진행 과정에 대한 핵심내용을 구체적으로 제시하도록 작성한다.
ㄴ. 핵심사항을 강조하기 위해 반복적으로 기재한다.
ㄷ. 복잡한 내용을 작성해야 할 때에는 도표나 그림을 활용한다.
ㄹ. 제출하기 전에 반드시 최종 점검한다.
ㅁ. 보고서 제출 시 참고자료는 내용의 간결성을 위하여 가급적 생략한다.
ㅂ. 보고서 제출 시 내용에 대한 예상 질문을 사전에 추출해 보고, 그에 대한 답을 미리 준비한다.

① ㄱ, ㄴ　　② ㄴ, ㅁ　　③ ㄱ, ㅁ, ㅂ
④ ㄴ, ㄷ, ㅁ　　⑤ ㄷ, ㄹ, ㅁ, ㅂ

유형해설

보고서 내용 작성 및 제출 시 유의사항은 다음과 같다.

- 보고서 내용 작성 시 유의사항
  - 업무 진행 과정에서 쓰는 보고서인 경우 진행 과정에 대한 핵심내용을 구체적으로 제시하도록 작성한다.
  - 핵심사항만을 산뜻하고 간결하게 작성한다(내용 중복을 피한다).
  - 복잡한 내용일 때에는 도표나 그림을 활용한다.
- 보고서 제출 시 유의사항
  - 보고서는 개인의 능력을 평가하는 기본요인이므로, 제출하기 전에 반드시 최종 점검한다.
  - 참고자료는 정확하게 제시한다.
  - 내용에 대한 예상 질문을 사전에 추출해 보고, 그에 대한 답을 미리 준비한다.

정답 ②

핵심유형 | 06

| 수열과 문자열

이 유형은 일정한 규칙에 따라 배열된 숫자 또는 문자에서 배열 규칙을 추론하는 유형이다. 문제에 제시된 배열 규칙을 빠르게 찾아낼 수 있는지가 풀이의 관건이 된다.

유형문항

다음 알파벳들이 일정한 규칙에 따라 나열되어 있다고 할 때, 괄호 안에 들어갈 알파벳은?

Z	Y	W	T	P	K	( )

① G　② F　③ E　④ D

유형해설

알파벳 A~Z를 각각 숫자 1~26으로 변환하면 Z는 26, Y는 25, W는 23, T는 20, P는 16, K는 11이다. 이는 $|25-26|=1$, $|23-25|=2$, $|20-23|=3$, $|16-20|=4$, $|11-16|=5$ 감소하는 계차수열이다. 괄호 안에 들어갈 알파벳을 숫자로 변환한 값을 x라 하면 $|x-11|=6$이므로 x는 5이다. 따라서 괄호 안에는 숫자 5를 알파벳으로 변환한 E가 들어가야 한다.

정답 ③

유형문항

성냥을 이용하여 다음과 같은 삼각형을 만들려고 한다. 열두 번째 삼각형에서 한 변의 길이가 성냥 1개인 삼각형의 개수를 a, 열두 번째 삼각형을 만드는 데 사용된 성냥의 개수를 b라고 할 때, a+b의 값은?

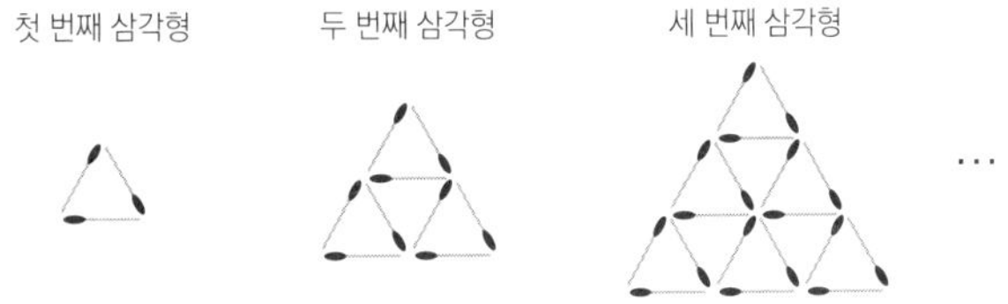

① 366　② 372　③ 378　④ 384

유형해설

첫 번째 삼각형에서 한 변의 길이가 성냥 한 개인 삼각형 개수를 a_1, 두 번째 삼각형에서 한 변의 길이가 성냥 한 개인 삼각형 개수를 a_2, 세 번째 삼각형에서 한 변의 길이가 성냥 한 개인 삼각형 개수를 a_3라고 하면, $a_1=1$, $a_2=4$, $a_3=9$이고, 다음 삼각형에서 한 변의 길이가 성냥 한 개인 삼각형 개수는 16개이다. 이에 따라 각 항의 계차는 3, 5, 7, …이고, n번째 삼각형에서 한 변의 길이가 성냥 한 개인 삼각형 개수 $a_n=1+\sum_{k=1}^{n-1}(2k+1)=n^2$이다. 따라서 열두 번째 삼각형에서 한 변의 길이가 성냥 한 개인 삼각형 개수 $a=12^2=144$개이다.

첫 번째 삼각형을 만드는 데 사용된 성냥의 개수를 b_1, 두 번째 삼각형을 만드는 데 사용된 성냥의 개수를 b_2, 세 번째 삼각형을 만드는 데 사용된 성냥의 개수를 b_3라고 하면, $b_1=1\times3=3$, $b_2=(1+2)\times3=9$, $b_3=(1+2+3)\times3=18$이고, n번째 삼각형을 만드는 데 사용된 성냥의 개수 $b_n=(1+2+\cdots+n)\times3=\frac{3n(n+1)}{2}$이다. 따라서 열두 번째 삼각형을 만드는 데 사용된 성냥의 개수 $b=\frac{36\times13}{2}=234$개이다. 따라서 $a+b=144+234=378$이다.

정답 ③

핵심유형 | 07

일률

일의 능률을 수치로 제시하여 산출량이나 일을 완료하기 위해 소요되는 시간, 인원 등을 계산하는 유형이다. 하루(1시간) 동안 일한 양, 또는 전체 일을 마치는 데 소요되는 일수(시간) 등이 주어진다.

유형문항

농가에서 노부부가 논을 경작하는 데 할아버지 혼자서는 8시간이 걸리고, 할머니 혼자서는 16시간이 걸린다. 할아버지가 혼자서 4시간 동안 경작한 후, 할머니가 돕기 시작했더니, 최종적으로는 전체의 75%를 경작하였다. 노부부가 함께 경작한 시간은?

① 40분
② 1시간
③ 1시간 20분
④ 1시간 40분
⑤ 2시간

유형해설

전체 일의 양을 1로 놓으면 할아버지가 1시간 동안 한 일의 양은 $\frac{1}{8}$, 할머니가 1시간 동안 한 일의 양은 $\frac{1}{16}$이다.

할머니가 도운 시간을 x시간이라 하면 최종적으로 한 일의 양인 75%는 $\frac{3}{4}$이므로 다음과 같은 식이 세워진다.

$$\frac{1}{8}\times 4+\left(\frac{1}{8}+\frac{1}{16}\right)x=\frac{3}{4}$$

$$\frac{3}{16}x=\frac{3}{4}-\frac{2}{4}$$

$$x=\frac{1}{4}\times\frac{16}{3}$$

$$x=1\frac{1}{3}$$

따라서 노부부가 함께 경작한 시간은 1시간 20분이다.

정답 ③

핵심유형 | 08

최소공배수와 최대공약수

최소공배수는 질문지에서 '가장 작은', '가능한 한 적게'의 의미를 가지는 표현으로, 주로 서로 다른 주기를 제시하는 형태로 출제된다. 최대공약수는 질문지에서 '가장 큰', '가능한 한 많이'의 의미를 가지는 표현으로, 주로 직사각형을 가장 큰 정사각형으로 분할하는 형태로 출제된다.

유형문항

두 사람이 함께 토요일에 미용실에 간 이후 한 사람은 20일에 한 번씩 미용실에 가고, 다른 한 사람은 15일에 한 번씩 미용실에 갔다. 다시 두 사람이 모두 미용실에 가게 되는 요일은?

① 월요일
② 화요일
③ 수요일
④ 목요일
⑤ 금요일

유형해설

한 사람은 20일에 한 번씩, 다른 한 사람은 15일에 한 번씩 미용실에 가므로 두 사람이 모두 미용실에 가게 되는 날은 20과 15의 공배수인 60일째이다.
일주일은 7일이므로 56일째(=7일×8)는 토요일이고, 여기에 +4일(=60일−56일)이 되는 요일을 구하면 수요일이 된다.
따라서 두 사람이 모두 미용실에 가게 되는 요일은 수요일이다.

정답 ③

핵심유형 | 09

방정식과 부등식

이 유형은 '거리·시간·속도'(일명 '거시속'), '농도'와 같이 정형화된 공식을 적용하는 문제와 제시문 정보를 공식으로 유도하는 '문장제' 문제를 중심으로 출제되고 있다.

유형문항

남은 재고를 개당 10,000원에 판매하면 예상 수익보다 14,000원이 많고, 개당 9,000원씩 판매하면 예상 수익보다 0원 초과 6,000원 이하로 적다. 남은 재고가 a개 초과 b개 이하일 때, b−a의 값은?

① 4 ② 6 ③ 8 ④ 10

유형해설

남은 재고를 x개라고 하면 다음과 같은 부등식이 성립한다.

$9{,}000x < 10{,}000x - 14{,}000 \leq 9{,}000x + 6{,}000$

$\therefore 14 < x \leq 20$

따라서 $b - a = 20 - 14 = 6$이다.

정답 ②

유형문항

1개의 테이블에 6명씩 앉으면 14명이 테이블에 앉지 못하고, 1개의 테이블에 8명씩 앉으면 모든 테이블에 8명씩 앉고 11개의 테이블이 남는다. 학생은 총 몇 명인가?

① 314명 ② 320명 ③ 328명 ④ 332명

유형해설

테이블이 x개라고 하면 다음과 같은 식이 성립한다.

$6 \times x + 14 = 8 \times (x - 11)$

$\therefore x = 51$

따라서 학생은 $6 \times 51 + 14 = 320$명이다.

정답 ②

핵심유형 | 10

이자와 원리금

이 유형은 수신 업무와 관련된 이자 및 원리합계 계산 방법, 여신 업무와 관련된 상환액 계산 방법을 숙지하고 있는지 검증한다. 실전에서는 질문지에 제시된 여·수신 상품에서 이자 계산방식, 불입 또는 상환 방식 등 가입 조건을 빠르게 파악하여 정형화된 계산식에 적용하면 된다. 따라서 가입 조건을 이해하고 조건별 계산식을 정확히 학습해 두는 것이 중요하다.

유형문항

13,200만 원을 대출 후 연이율 6%로 24개월 동안 원리금 균등 상환으로 상환 시 매월 상환해야 하는 금액은 얼마인가? (단, 1.005^{24}는 1.127로 계산하며, 상환해야 하는 금액은 만 원 미만을 절사한다)

① 582만 원 ② 585만 원 ③ 589만 원 ④ 592만 원

유형해설

원리금 균등 상환 공식은

$$\frac{\text{원금} \times (\text{연이율}/12) \times (1+\text{연이율}/12)^{\text{상환기간}}}{(1+\text{연이율}/12)^{\text{상환기간}}-1}$$이다.

매월 상환해야 하는 금액은

$$\frac{13{,}200 \times (0.06/12) \times (1+(0.06/12))^{24}}{(1+(0.06/12))^{24}-1} = \frac{13{,}200 \times 0.005 \times 1.127}{1.127-1} \fallingdotseq 585\text{만 원이다.}$$

정답 ②

핵심유형 | 11

자료계산

문제에 주어진 공식이나 절차 그리고 일반화된 방법 등을 제시된 상황에 맞추어 사용할 수 있는 능력을 묻는 유형이다.

폭우로 인하여 농작물 피해를 입은 농경지에 대해 재해보험사 A는 총 84억 원의 예산으로 피해 현황 심사와 보상을 진행하고자 한다.

보상대상 선정을 위해 접수를 받은 결과, 총 500건의 피해가 발생했고, 총 5,000m^2의 농경지가 피해를 입었다. A사에서는 실제 피해 현황을 심사하여 보상하기로 하였다. 심사에 소요되는 비용은 보상 예산에서 사용한다. 심사일수가 길어질수록 좀 더 정확한 피해 규모를 파악할 수 있지만, 그에 따라 소요되는 비용 또한 증가하게 된다.

(단위: 억 원, 건)

구분	1일째	2일째	3일째	4일째
일별 심사비용	0.5	0.7	0.9	1.1
일별 보상대상 제외건수	50	45	40	35

○ 보상금 총액=예산−심사비용
○ 표는 누적수치가 아님
○ 4일째 이후에도 일별 심사비용은 매일 0.2억 원씩 증가하고, 제외건수는 매일 5건씩 감소함
○ 제외건수가 0이 되는 날, 심사를 중지하고 보상금을 지급함

유형문항 심사를 중지하는 날까지 소요되는 총비용은 얼마인가?

① 14.5억 원 ② 15억 원 ③ 15.5억 원
④ 16억 원 ⑤ 16.5억 원

유형해설 심사를 중지하는 날까지 소요되는 총비용은 규칙성을 이용하여 구할 수 있다. 제외건수는 매일 5건씩 감소하므로 11일째에 심사가 중지되며, 11일째의 심사비용은 2.5억 원이다. 매일 규칙적으로 감소하므로 1일째의 0.5억 원과 11일째의 2.5억 원을 더하면 3억 원이 되며, 이러한 묶음이 1일&11일, 2일&10일, 3일&9일, 4일&8일, 5일&7일로 5개이고, 나머지 6일째에 1.5억 원이므로 총 16.5억 원이 된다.

정답 ⑤

유형문항 심사 완료 후 확정된 보상대상자가 받는 건당 평균 보상금은 얼마인가?

① 1.5천만 원 ② 2천만 원 ③ 2.5천만 원
④ 3천만 원 ⑤ 3.5천만 원

유형해설 심사 완료 후 보상대상자가 받는 건당 평균 보상금＝보상금 총액/심사 후 보상대상 건수이다.
'보상금 총액＝예산－심사비용'이므로 84－16.5＝67.5억 원,
심사 후 보상대상 건수＝500－275＝225건이므로 건당 평균 보상금＝67.5/225＝0.3억 원, 즉 3천만 원이다.

정답 ④

핵심유형 | 12

자료해석

다양한 통계 자료를 그 특징과 목적에 맞게 구체적으로 읽어 내는 유형이다. 주어진 자료의 구성이나 내용, 특정 항목에 대한 진술, 특정 항목 사이의 관계나 비교, 변화의 방향, 비중이나 변화율의 계산 등을 묻는다.

유형문항 **다음의 조사 결과에 대한 설명으로 옳지 않은 것은?**

[표] 1인당 연간 밭작물 소비량

(단위: kg)

곡물 \ 연도	1985	1990	1995	2000	2005	2010	2015	2020
감자	121.8	136.4	123.6	132.4	128.1	119.6	106.5	93.6
보리	36.8	37.3	36.3	13.9	4.6	1.6	1.5	1.6
참깨	13.8	26.1	29.5	29.4	32.1	29.8	33.9	35.9
옥수수	0.9	1.1	2.4	3.1	3.1	2.7	3.3	5.9
콩	4.4	2.3	6.4	8.0	9.3	8.3	9.0	8.5
메밀	7.3	10.2	7.1	6.3	3.1	3.3	3.0	4.3
녹비작물	3.8	3.0	2.0	2.1	1.4	1.7	3.3	3.5
계	188.8	219.4	207.3	195.2	181.7	167.0	160.5	153.3

① 1인당 소비량이 5년 전에 비해 50% 이상 감소를 보인 적이 있는 밭작물은 2가지이다.

② 1인당 소비량이 1985년에 비하여 2020년에 증가한 밭작물은 3가지이다.

③ 1985년을 기준으로 2020년의 1인당 소비량 증가율이 가장 큰 밭작물은 참깨이다.

④ 연도별 1인당 전체 밭작물 소비량에 대한 1인당 참깨 소비량의 비중은 2020년이 가장 크다.

⑤ 1985년에 비하여 2020년에 1인당 감자 소비량은 감소했다.

유형해설

① (○) 보리(1995 → 2000년, 2000 → 2005년, 2005 → 2010년)와 메밀(2000 → 2005년)이 50% 이상 감소하였다.

② (○) 1인당 소비량이 1985년에 비하여 2020년에 증가한 밭작물은 참깨, 옥수수, 콩 3가지이다.

③ (X) 참깨의 증가율은 160%($\fallingdotseq \frac{35.9-13.8}{13.8} \times 100$)이지만 옥수수의 증가율이 555%($\fallingdotseq \frac{5.9-0.9}{0.9} \times 100$)로 가장 크다.

④ (○) 밭작물 소비량은 도표의 계를 보았을 때 1990년부터 2020년까지 감소 추세이고, 참깨의 소비량은 1985년부터 2020년까지 증가 추세이다. 따라서 1985년의 비중과 2020년의 비중을 확인하면 된다. 1985년도의 비중은 $\frac{13.8}{188.8} \times 100$이고 2020년의 비중은 $\frac{35.9}{153.3} \times 100$인데, 분모는 감소하였고 분자는 증가하였으므로 2020년의 비중이 더 크다는 것을 알 수 있다.

⑤ (○) 감자 소비량은 1985년 121.8kg에서 2020년 93.6kg으로 감소했다.

정답 ③

핵심유형 | 13

| 명제논리

주어진 전제로부터 결론을 이끌어 내는 추론 중 전제 속에 이미 포함되어 있는 내용을 결론으로 제시하는 방법을 연역 추론이라 한다. 연역 추론 중 대표적인 출제 유형이 명제논리이다. 이 유형에서는 주어진 정보를 기호화하여 그 형식이 드러나도록 해야 문제를 빠르게 파악할 수 있다.

유형문항

농협의 A부서 직원들을 대상으로 선호하는 점심식사 메뉴를 조사해 보니 다음 [정보]와 같았다. 이때 반드시 참인 것은?

[정보]

- 김치찌개를 좋아하면 비빔밥을 좋아한다.
- 초밥을 좋아하지 않으면 짜장면을 좋아한다.
- 비빔밥을 좋아하면 짜장면을 좋아하지 않는다.
- 고등어조림을 좋아하지 않으면 초밥을 좋아하지 않는다.

① 고등어조림을 좋아하면 초밥을 좋아한다.
② 김치찌개를 좋아하면 짜장면을 좋아한다.
③ 비빔밥을 좋아하지 않으면 짜장면을 좋아한다.
④ 초밥을 좋아하지 않으면 김치찌개를 좋아하지 않는다.
⑤ 짜장면을 좋아하지 않으면 고등어조림을 좋아하지 않는다.

유형해설

[정보]의 명제를 기호화해 보면 다음과 같다.

- 김치찌개 → 비빔밥 ≡ ~비빔밥 → ~김치찌개
- ~초밥 → 짜장면 ≡ ~짜장면 → 초밥
- 비빔밥 → ~짜장면 ≡ 짜장면 → ~비빔밥
- ~고등어조림 → ~초밥 ≡ 초밥 → 고등어조림

① (△) 고등어조림을 좋아할 경우 초밥을 좋아하는지 여부는 알 수 없다.
② (X) '김치찌개 → 비빔밥 → ~짜장면'이므로, 김치찌개를 좋아하면 짜장면을 좋아하지 않는다.
③ (△) 비빔밥을 좋아하지 않는 경우 짜장면을 좋아하는지 여부는 알 수 없다.
④ (○) '~초밥 → 짜장면 → ~비빔밥 → ~김치찌개'이므로, 초밥을 좋아하지 않으면 김치찌개를 좋아하지 않는다.
⑤ (X) '~짜장면 → 초밥 → 고등어조림'이므로, 짜장면을 좋아하지 않으면 고등어조림을 좋아한다.

정답 ④

유형문항

농협의 신입사원 A~E 중 인사총무부에 배치된 사원에 대해 다음과 같은 [정보]가 주어졌다. A~E 중 인사총무부 사원은 최소 몇 명인가?

[정보]

- A가 인사총무부에 배치됐다면, C는 인사총무부에 배치됐다.
- B 또는 D가 인사총무부에 배치됐다면, E는 인사총무부에 배치되지 않았다.
- C가 인사총무부에 배치되지 않았다면, E도 인사총무부에 배치되지 않았다.
- E는 인사총무부에 배치됐다.

① 1명 ② 2명 ③ 3명
④ 4명 ⑤ 5명

유형해설

[정보]의 1~3번째 내용을 기호화해 보면 다음과 같다.

- A → C ≡ ~C → ~A
- B∨D → ~E ≡ E → ~B∧~D
- ~C → ~E ≡ E → C

이때 [정보]의 4번째 내용에서 E가 인사총무부에 배치됐다고 했으므로, 'E → C', 'E → ~(B∧D)'에 따라 C는 배치되고, B와 D는 배치되지 않았다. A의 배치 여부는 알 수 없는데, 문제에서는 최소 인원을 묻고 있다. 따라서 A는 배치되지 않았다고 가정하면, C, E 2명이 된다.

정답 ②

핵심유형 | 14

| 참·거짓

명제의 참과 거짓을 분석하여 질문지의 내용이 참인지 거짓인지를 파악하거나, 참 또는 거짓인 문장을 정보로 제시한 후에 그것을 추론하여 문제를 해결하는 유형이다.

유형문항

농협 채용시험을 치른 A~E는 합격 여부에 대해 다음 [진술]과 같이 말하였다. 이들 중 3명의 진술은 모두 진실이고 2명의 진술은 모두 거짓이며, 합격자는 2명이다. 이때 합격한 사람은 누구인가?

[진술]

- A: 나는 불합격했고, E는 거짓을 말하고 있다.
- B: C는 불합격했고, D는 합격했다.
- C: E는 합격했고, 나는 진실을 말하고 있다.
- D: 나는 불합격했고, A는 진실을 말하고 있다.
- E: 합격자 중에 B가 있고, C는 거짓을 말하고 있다.

① A, B　② A, C　③ B, D
④ C, E　⑤ D, E

유형해설

[진술]을 보면 C와 E의 진술이 C의 진실/거짓에 대해 모순됨을 알 수 있다. 따라서 'C의 진술이 진실이고 E의 진술이 거짓인 경우'와 'C의 진술이 거짓이고 E의 진술이 진실인 경우'로 나누어 살펴보면 된다.

1) C 진실, E 거짓

다음과 같이 진실을 말한 사람은 A, C, D, 거짓을 말한 사람은 B, E, 합격자는 C, E가 되어, 질문지의 인원수 조건을 모두 충족한다.

구분	합격 여부	진실/거짓
A	불합격	진실
B	불합격	거짓
C	합격	진실
D	불합격	진실
E	합격	거짓

2) C 거짓, E 진실

다음과 같이 진실을 말한 사람은 B, E, 거짓을 말한 사람은 A, C, D, 합격자는 A, B, D가 되어, 질문지의 인원수 조건에서 벗어난다.

구분	합격 여부	진실/거짓
A	합격	거짓
B	합격	진실
C	불합격	거짓
D	합격	거짓
E	불합격	진실

따라서 C의 진술은 진실, E의 진술은 거짓이고, 합격자는 C, E이다.

정답 ④

핵심유형 | 15

자리배치

추론을 통하여 순서(시간적 순서, 크기 순서 등)나 공간적인 배열(앞, 뒤, 좌, 우)을 파악해 내는 능력을 측정하기 위한 유형으로, 순서나 질서를 가진 자리들에 요소들을 어떻게 배치할 것인가를 묻는다.

유형문항

A기업의 6층 건물 맨 꼭대기 층에는 사장실이 위치하고 있으며, 나머지 5개 층은 관리팀, 기획팀, 생산팀, 영업팀, 전산팀이 각각 한 층씩 사용하고 있다. 다음 [조건]에 따를 때 옳은 것은?

[조건]

- 사장실과 위치상으로 가장 가까운 팀은 관리팀이다.
- 전산팀과 영업팀 사이에는 2개의 팀이 위치하고 있다.
- 생산팀은 전산팀보다 아래층에 위치하고 있지만, 바로 아래에 있는 층은 아니다.

① 영업팀은 4층에 위치하고 있다.
② 기획팀과 관리팀은 인접하여 위치하고 있다.
③ 관리팀과 생산팀 사이에는 2개의 팀이 위치하고 있다.
④ 사장실에서 가장 먼 곳에 위치하고 있는 팀은 전산팀이다.
⑤ 생산팀에서 영업팀으로 가기 위해서는 기획팀이 있는 층을 반드시 거쳐야 한다.

유형해설

[조건] 1번째에서 6층에 있는 사장실과 위치상으로 가장 가까운 팀은 관리팀이라고 하였으므로, 관리팀은 5층으로 확정된다. 다음으로 [조건] 2번째에 의해 '전산팀 1층, 영업팀 4층'이 되거나 '영업팀 1층, 전산팀 4층'이 되는데, [조건] 3번째에 의해 전산팀은 1층이 될 수 없다. 따라서 전산팀은 4층, 영업팀은 1층이 되고, 전산팀의 바로 아래에 있는 층이 아닌 생산팀은 2층에 자리 잡게 된다. 그리고 기획팀은 남아 있는 3층이 된다. 이를 정리하면 다음과 같다.

6층	사장실
5층	관리팀
4층	전산팀
3층	기획팀
2층	생산팀
1층	영업팀

정답 ③

핵심유형 | 16

| 규정의 해석 및 적용

규정의 해석 유형은 특정한 업무 목적을 달성하기 위하여 작성된 규정이나 지침을 확인함으로써 문서를 구조적으로 이해하였는가를 묻는 유형이다. 따라서 제시된 문서의 목적에 따라 구성 항목으로부터 파악할 수 있는 정보와 그렇지 않은 정보를 집중적으로 검토할 필요가 있다.
규정의 적용 유형은 크게 사례와 계산 형태로 출제된다. 사례 형태는 문제에서 어떠한 상황을 가정하면서 규정이나 지침의 적용을 요구한다. 계산 형태는 기간의 계산, 금액의 계산, 순서의 계산을 묻는다. 이들은 각각 별도의 문제로 구성되기도 하지만 한 문제로 출제되기도 한다.

다음은 농협과 대한법률구조공단이 공동으로 전개하고 있는 '농업인 무료법률복지사업'에 대한 설명이다. 글을 읽고 이어지는 물음에 답하시오.

■ 농업인 무료법률구조 대상자: 기준 중위소득 150% 이하인 농업인 및 별도의 소득이 없는 농업인의 배우자, 미성년 직계비속, 주민등록상 동일 세대를 구성하는 직계존속 및 성년의 직계비속
※ 2021년 기준 4인 가구 중위소득 50%: 7,314,435원

■ 신청 방법
1. 직접신청: 대한법률구조공단 앞 법률구조신청서 제출
2. 대리신청: 농협을 통해 법률구조신청서 제출
3. 제출서류: 법률구조신청서(공단양식), 신분증, 세대주 및 세대원이 포함된 주민등록표등본, 농업인임을 증명할 수 있는 서류(농협 조합원 증명서, 행정기관 발행증서 등), 건강보험자격(득실)확인서 또는 건강보험증, 중위소득 확인서류(건강보험료납부확인서, 소득금액증명서 등)

■ 구조내용: 소송사건 대리 및 형사사건 변호
1. 소송사건 대리
- 민사·가사사건, 행정심판사건, 행정소송사건, 헌법소원사건 등 형사사건을 제외한 사건
- 제한 사건
  - 세대를 기준으로 승소가액이 3억 원을 초과하는 사건
  - 본안사건 기준 연 3건을 초과하는 사건(동일 청구사건은 상고심까지 1건으로 봄)
  - 무료법률구조를 받은 1·2심 사건에서 각 패소하여 진행하는 상고심
  - 기타 대한법률구조공단 무료법률구조사업 시행지침 등에서 제한하고 있는 사건

2. 형사사건 변호: 법률구조신청사건 중 형사사건, 가정·소년·인신 등 각종 보호사건, 성폭력·아동학대 등 각종 피해자변호사건

■ 소송비용: 공단에서 소송 수행 시 지출되는 비용은 전액 무료(농협의 출연금으로 충당)

유형문항

위 글을 읽고 이해한 내용으로 적절한 것은?

① 기준 중위소득 150% 이하인 농업인과 동일 세대를 구성한 성년의 자녀라도 본인이 농업인이 아니면 농업인 무료법률구조 대상자에 해당되지 않는다.
② 농업인 무료법률구조는 대리신청이 가능하다.
③ 형사사건은 구조내용에서 제외된다.
④ 농업인 무료법률구조 대상자에 해당된다면 모든 소송사건의 대리를 지원받을 수 있다.
⑤ 소송의 비용은 대한법률구조공단과 농협이 공동으로 출연한 기금을 재원으로 한다.

유형해설

① (X) '농업인 무료법률구조 대상자'에서 주민등록상 동일 세대를 구성하는 성년의 직계비속이라면 본인의 직업에 관계없이 사업의 대상에 해당됨을 알 수 있다.
② (O) '신청 방법'에서 농협을 통해 법률구조신청서를 제출하는 경우 대리신청이 가능함을 알 수 있다.
③ (X) '구조내용'의 '2. 형사사건 변호'를 통하여 형사사건도 구조내용에 포함됨을 알 수 있다.
④ (X) '구조내용'의 '1. 소송사건 대리'에서 소송사건 대리가 제한되는 경우가 있음을 확인할 수 있다.
⑤ (X) '소송비용'에서 비용은 농협의 출연금으로 충당됨을 알 수 있다.

정답 ②

유형문항

위 글에 따를 때 다음 [보기] 중 소송이 대리되지 않는 경우를 모두 고르면?

| 보기 |

ㄱ. 동일 세대를 구성하는 A, B에 대하여 A는 2억 원, B는 1억 5천만 원이 각각 청구된 민사사건

ㄴ. 2021년 한 해 동안 동일 청구사건으로 진행된 3심 사건 후 동일 연도에 청구된 새로운 사건

ㄷ. 무료법률구조를 받은 1·2심 사건을 각 패소한 후 진행하는 3심

ㄹ. 대한법률구조공단 무료법률구조사업으로 지원받을 수 있는 사건

① ㄱ, ㄴ　② ㄱ, ㄷ　③ ㄱ, ㄹ

④ ㄴ, ㄷ　⑤ ㄷ, ㄹ

유형해설

'구조내용'의 '1. 소송사건 대리'에서 소송사건 대리가 제한되는 경우가 나열되어 있다.

ㄱ. (X) '세대를 기준으로 승소가액이 3억 원을 초과하는 사건'은 제한 사건에 해당된다. ㄱ의 사례는 A, B가 동일 세대를 구성하므로 이들에 청구된 금액을 합산하면 3억 원을 초과(3억 5천만 원)하여 소송이 대리되지 않는다.

ㄴ. (O) '본안사건 기준 연 3건을 초과하는 사건(동일 청구사건은 상고심까지 1건으로 봄)'은 제한 사건에 해당된다. 따라서 동일 청구사건으로 진행된 3심 사건은 1건으로 보며, 동일 연도에 청구된 새로운 사건은 본안사건을 기준으로 2021년 두 번째 사건이므로 소송이 대리된다.

ㄷ. (X) '무료법률구조를 받은 1 · 2심 사건에서 각 패소하여 진행하는 상고심'은 제한 사건에 해당된다. 따라서 상고심인 3심은 소송이 대리되지 않는다.

ㄹ. (O) '기타 대한법률구조공단 무료법률구조사업 시행지침 등에서 제한하고 있는 사건'은 제한 사건에 해당된다. 따라서 시행지침상 지원받을 수 있는 사건은 소송이 대리됨을 유추할 수 있다.

정답 ②

핵심유형 | 17

| 조건의 적용·결과도출

이 유형은 주어진 조건을 특정 상황에 적용하여 결과를 도출하는 유형이다. 기준에 해당하는 조건을 부여한다는 점과 이 조건을 적용할 상황이 제시된다는 점에서 규정의 적용 유형과 유사한 측면이 있으나, 조건이 정형화된 것은 아니므로 이에 대한 분석이 필요하다. 문항 풀이에 많은 시간이 소요될 수 있으므로 자신만의 효과적인 접근방법을 고민해 보는 것이 바람직하다.

유형문항

본사에서 근무하는 박 대리는 B지점으로 출장을 가려고 한다. 본사에서 9시에 출발하여 A시 기차역에서 가장 먼저 탑승할 수 있는 기차를 타고 이동한다고 할 때, 박 대리가 본사에서 출발하여 B지점까지 가는 데 지불해야 하는 요금은 총 얼마인가?

• 박 대리가 계획한 이동 경로

본사 → 택시 이동(6km) → A시 기차역 → B시 기차역 → 택시 이동(10km) → B지점

※ 택시 하차 후 A시 기차역 탑승장까지 도보로 5분 소요됨

※ B시 기차역 하차장에서 택시 정류장까지 도보로 2분 소요됨

• A시 기차역 출발 기차표 현황

구분	출발 시각	이동거리	요금
KTX	매시 10분, 40분	120km	24,500원
새마을호	매시 50분	130km	21,600원
무궁화호	매시 20분	140km	17,800원

• 택시 요금 현황

구분	기본요금	주행요금
A시	2km까지 3,800원	2km 이후부터 매 500m마다 600원
B시	2km까지 4,000원	2km 이후부터 매 100m마다 100원

※ 택시는 60km/h의 속력으로 이동

① 36,500원 ② 38,400원 ③ 40,800원 ④ 42,200원

유형해설

본사에서 A시 기차역까지의 거리가 6km이고 택시는 60km/h의 속력으로 이동하므로 A시 기차역에 $\frac{6}{60}$=6분 후에 도착한다. 택시 하차 후 A시 기차역 탑승장까지 도보로 5분 소요된다고 하였으므로 박 대리는 9시 11분 이후 기차를 탑승할 수 있다. 가장 먼저 탑승할 수 있는 기차를 이용한다고 하였으므로 박 대리가 이용하는 기차는 무궁화호이다. 박 대리가 이용한 교통수단의 요금은 다음과 같다.

구분	요금
A시 택시	3,800+(4,000/500)×600=8,600원
무궁화호	17,800원
B시 택시	4,000+(8,000/100)×100=12,000원

따라서 박 대리가 지불해야 하는 요금은 8,600+17,800+12,000=38,400원이다.

정답 ②

핵심유형 | 18

| 농협의 CI

농협상식 범위에 해당하는 유형이다. 심볼마크, 로고타입, 패턴과 시그니처 조합, 커뮤니케이션 브랜드 등 농협 홈페이지에 게시된 CI 내용을 미리 숙지해 두는 것이 바람직하다.

유형문항 **다음은 농협의 심볼마크와 이에 대한 설명이다. 빈칸 ㉠에 들어갈 말은?**

농협의 심볼마크에서 상단의 'V' 꼴은 '농' 자의 'ㄴ'을 변형한 것으로 (㉠)을/를 의미한다.

① 승리와 발전
② 협동과 단결
③ 원만과 돈
④ 논과 밭
⑤ 싹과 벼

유형해설 'V' 꼴은 '농' 자의 'ㄴ'을 변형한 것으로 싹과 벼를 의미하여 농협의 무한한 발전을, 'V' 꼴을 제외한 아랫부분은 '업' 자의 'ㅇ'을 변형한 것으로 원만과 돈을 의미하며 협동과 단결을 상징한다. 또한 마크 전체는 '협' 자의 'ㅎ'을 변형한 것으로 'ㄴ+ㅎ'은 농협을 나타내고 항아리에 쌀이 가득 담겨 있는 형상을 표시하여 농가 경제의 융성한 발전을 상징한다.

정답 ⑤

핵심유형 | 19

농협의 인재상

농협상식 범위에 해당하는 유형이다. 농협 홈페이지를 통해 농협의 인재상(시너지 창출가, 행복의 파트너, 최고의 전문가, 정직과 도덕성을 갖춘 인재, 진취적 도전가)을 미리 숙지해 두는 것이 바람직하다.

유형문항 **다음은 농협 신입사원을 대상으로 한 교육에서 강사가 한 이야기이다. 강사가 말한 내용과 가장 가까운 농협의 인재상은 무엇인가?**

> 농협은 항상 열린 마음으로 계통 간, 구성원 간에 존경과 협력을 다하여 조직 전체의 성과가 극대화될 수 있도록 시너지 제고를 위해 노력하는 인재를 추구하여 더욱 신뢰받는 조직으로 발돋움하고자 합니다.

① 시너지 창출가
② 진취적 도전가
③ 최고의 전문가
④ 행복의 파트너
⑤ 정직과 도덕성을 갖춘 인재

유형해설 농협의 인재상은 '시너지 창출가, 행복의 파트너, 최고의 전문가, 정직과 도덕성을 갖춘 인재, 진취적 도전가'로, 제시된 내용은 '시너지 창출가'에 대한 설명이다.

② (X) 진취적 도전가: 미래지향적 도전의식과 창의성을 바탕으로 새로운 사업과 성장동력을 찾기 위해 끊임없이 변화와 혁신을 추구하는 역동적이고 열정적인 인재
③ (X) 최고의 전문가: 꾸준히 자기계발을 통해 자아를 성장시키고, 유통 · 금융 등 맡은 분야에서 최고의 전문가가 되기 위해 지속적으로 노력하는 인재
④ (X) 행복의 파트너: 프로다운 서비스 정신을 바탕으로 농업인과 고객을 가족처럼 여기고 최상의 행복 가치를 위해 최선을 다하는 인재
⑤ (X) 정직과 도덕성을 갖춘 인재: 매사에 혁신적인 자세로 모든 업무를 투명하고 정직하게 처리하여 농업인과 고객, 임직원 등 모든 이해관계자로부터 믿음과 신뢰를 받는 인재

정답 ①

핵심유형 | 20

농협의 사업

이 유형은 범농협 차원에서 농업·농촌을 위해 추진하고 있는 각종 사업 및 지원책을 제시하고 이로부터 도출할 수 있는 정보와 그렇지 않은 정보를 구분하는 유형이다. 시험에서는 정답을 유추할 수 있는 정보가 제시되어 있으나 농정 소식을 전하는 언론 뉴스를 통해 각종 사업 및 지원책을 미리 숙지해 둔다면 보다 수월하게 접근할 수 있다.

유형문항

다음 글에서 설명하는 사업의 이름은?

소득 불평등 심화, 고령화 등으로 경제적 취약계층이 확대되고, 영양 섭취수준과 식습관 악화로 건강 위협이 심화됨에 따라 미래에 부담해야 하는 의료비 등 사회적 비용 감소를 위해 경제적 취약계층 대상으로 채소, 과일, 유제품, 육류 등 농산물 구매가 가능한 카드를 지급하는 제도

① 푸드뱅크
② 농식품바우처
③ 긴급생활지원비
④ 우유바우처

유형해설

① (X) 기업 및 개인 기부자에게 기부받은 식품 및 생활용품을 결식 위기에 놓인 저소득 취약 계층에게 지원하는 사업장이다.
② (O) 경제적 취약계층 대상으로 채소, 과일, 유제품, 육류 등 농산물 구매가 가능한 카드를 지급하는 제도이다.
③ (X) 생계곤란 등의 위기상황에 처하여 도움이 필요한 사람 또는 그와 생계 및 주거를 같이 하고 있는 가구 구성원에게 일시적으로 신속하게 지원하는 제도이다.
④ (X) 기존 학교에서 우유를 공급받는 대신 수혜자가 원하는 제품을 마시고 싶을 때 직접 사먹을 수 있도록 지원하는 사업이다.

정답 ②

핵심유형 | 21

| 농업·농촌·농협 규정의 해석 및 적용

앞서 살펴본 '규정의 해석 및 적용' 유형은 농업·농촌·농협 관련 규정 외에도 상식에 기반한 내용이 출제되기도 한다.

유형문항

「농업·농촌 및 식품산업 기본법 시행령」에서 정의하는 [농업인의 기준]에 근거할 때 [보기] 중 농업인에 해당되지 않는 사람을 모두 고르면?

[농업인의 기준]

농업인이란 다음 중 어느 하나에 해당하는 사람을 말한다.

- 1천m^2 이상의 농지(비농업인이 분양받거나 임대받은 농어촌 주택 등에 부속된 농지는 제외한다)를 경영하거나 경작하는 사람
- 농업경영(작물재배 또는 가축사양 및 농산물가공 등을 함으로써 농산물을 생산하고 이를 이용, 판매, 처분하는 활동)을 통한 농산물의 연간 판매액이 120만 원 이상인 사람
- 1년 중 90일 이상 농업에 종사하는 사람
- 영농조합법인의 농산물 출하·유통·가공·수출활동에 1년 이상 계속하여 고용된 사람
- 농업회사법인의 농산물 유통·가공·판매활동에 1년 이상 계속하여 고용된 사람

| 보기 |

- A: 본인 소유 농지 9백m^2와 비농업인이 분양받은 농어촌 주택 부속 농지 5백m^2를 경작
- B: 농촌진흥청에서 행정보조 아르바이트를 하여 수령한 금액이 연간 200만 원, 농작물을 생산하여 판매한 금액이 연간 100만 원
- C: 농한기인 12~4월에는 제조회사에서 계약직으로 일하고, 이외 기간에는 농업에 종사
- D: 직접 농지를 경작하지는 않지만 농업회사법인에서 유통활동에 3년 동안 계속하여 고용됨

① A, B ② A, C ③ A, D ④ B, C ⑤ B, D

유형해설

A. (X) 비농업인이 분양받은 농지는 제외되므로 A가 경작하는 농지는 1천m^2 미만(9백m^2)이 된다.
B. (X) B가 연간 농업경영을 통해 벌어들인 금액은 120만 원 미만(100만 원)이다.
C. (O) 1년 중 90일 이상 농업에 종사하는 사람은 농업인에 해당된다.
D. (O) 농업회사법인의 농산물 유통 · 가공 · 판매활동에 1년 이상 계속하여 고용된 사람은 직접 농지를 경영하거나 경작하지 않아도 농업인에 해당된다.

정답 ①

핵심유형 | 22

SWOT

기업의 내부환경을 분석하여 강점과 약점을 발견하고 외부환경을 분석하여 기회와 위협을 찾아냄으로써 경영 전략을 세우는 방법이 SWOT 분석이다. 제시된 SWOT 분석을 통해 적절한 전략을 세우는 유형으로 출제된다.

유형문항 **다음은 모바일 앱으로 농산물을 판매하고 있는 A업체에 대한 SWOT 분석 자료이다. 분석 결과에 대한 전략과 그 내용으로 적절하지 않은 것을 [보기]에서 모두 고르면?**

[SWOT 분석]

강점(Strength)	약점(Weakness)
• 타 업체에 비해 판매 가격이 저렴하다. • 젊은 세대를 중심으로 고정적인 소비자층을 확보하고 있다.	• 판매하고 있는 농산물의 종류가 다양하지 않다. • 모바일 판매 앱에 오류가 발생하는 경우가 빈번하다.
기회(Opportunity)	**위협(Threat)**
• 코로나19의 장기화로 온라인을 통한 소비가 확대되고 있다. • 건강에 대한 관심이 증대되면서 가공품보다는 농산물을 선호하는 경향이 높아졌다.	• 농산물 품질에 대한 소비자의 불신이 증가하고 있다. • 온라인 농산물 판매업 시장에 진입하는 경쟁 업체들이 늘어나고 있다.

| 보기 |

ㄱ. SO 전략: 농산물뿐만 아니라 가공품으로까지 판매 품목을 늘린다.

ㄴ. ST 전략: 최근 젊은층 사이에서 인기를 끌고 있는 농산물을 품질인증을 받은 제품으로 판매한다.

ㄷ. WO 전략: 모바일 앱 운용 전문가를 고용하여 소비자들이 불편 없이 앱을 통해 농산품을 구입할 수 있는 환경을 구축한다.

ㄹ. WT 전략: 타 업체들보다 높은 할인율을 적용하여 보다 많은 소비자를 유인한다.

① ㄱ ② ㄴ ③ ㄱ, ㄹ

④ ㄴ, ㄷ ⑤ ㄱ, ㄷ, ㄹ

유형해설

ㄱ. (X) 기회 항목에서 건강에 대한 관심이 증대되면서 가공품보다는 농산물을 선호하는 경향이 높아졌다고 하였으므로, 가공품까지 판매하는 것은 적절한 SO 전략이 아니다. 또한 판매 종류의 확대는 강점과 관련된 내용도 아니다.

ㄴ. (O) 강점 항목에서 고정적인 소비자층이 젊은 세대라고 하였고, 위협 항목에서 농산물 품질에 대한 소비자의 불신이 증가하고 있다고 하였다. 따라서 젊은 소비자층을 계속해서 끌고 가기 위해 젊은 세대가 선호하는 농산물을 품질인증을 받은 제품으로 판매하는 것은 적절한 ST 전략이다.

ㄷ. (O) 약점 항목에서 모바일 판매 앱에 오류가 발생하는 경우가 빈번하다고 하였고, 기회 항목에서 온라인을 통한 소비가 확대되고 있다고 하였다. 따라서 온라인 소비 확대 추세에 걸맞게 모바일 앱 운용 전문가를 고용하여 소비자들의 편리를 도모하는 것은 적절한 WO 전략이다.

ㄹ. (X) 타 업체들보다 높은 할인율을 적용하여 보다 많은 소비자를 유인하는 것은 WT 전략이 아니라 ST 전략이다.

정답 ③

핵심유형 | 23

| 모듈이론 _ 사고력

이 유형은 사고력 이론을 묻는 형태가 주로 출제된다. 특히 창의적 사고, 논리적 사고, 비판적 사고의 세부 내용의 정오를 판단하는 문제가 자주 출제되므로 NCS국가직무능력표준 사이트에서 제공되는 '문제해결능력: 사고력' 이론에서 해당 내용을 미리 숙지해 두면 유리하다.

유형문항 **다음 글에서 설명하고 있는 창의적 사고 개발방법은?**

> 각종 힌트에서 강제로 연결 지어 발상하는 방법으로 아래 그림과 같은 형태로 진행한다.
>
> 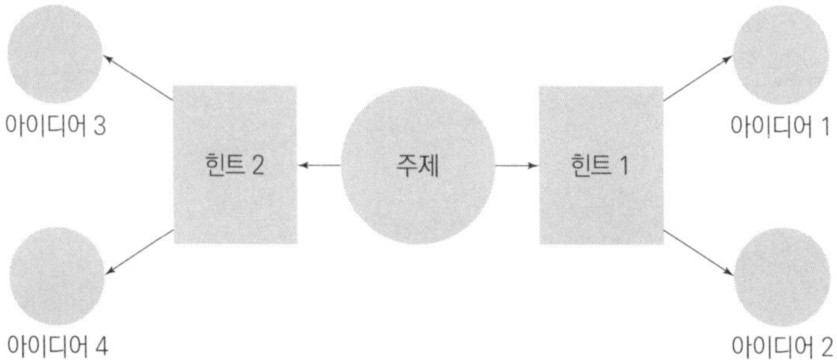
>
>
> 해당 방법은 예를 들어, 신제품 출시와 같은 주제에 대하여 판매방법, 판매대상, 홍보방법 등의 힌트를 통해 사고 방향을 미리 정한 후 발상하는 방법이다. 여러 가지 힌트 중 홍보방법이라는 힌트에 대하여 SNS 홍보 방법을 물색한다. 이와 같은 아이디어를 떠올릴 수 있다. 해당 방법의 대표적인 방법은 체크리스트이다.

① 강제연상법　② 비교발상법　③ 자유연상법　④ 브레인스토밍

유형해설

① (O) 강제연상법은 각종 힌트에서 강제로 연결 지어 발상하는 방법이다.
② (X) 비교발상법은 주제와 본질적으로 닮은 것을 힌트로 하여 새로운 아이디어를 얻는 방법이다.
③ (X) 자유연상법은 어떤 생각에서 다른 생각을 계속해서 떠올리는 작용을 통해 어떤 주제에서 생각나는 것을 계속해서 열거해 나가는 발산적 사고 중 하나의 방법이다.
④ (X) 자유연상법의 대표적인 방법이다.

정답 ①

핵심유형 | 24

모듈이론 _ 시간관리능력

이 유형은 시간관리능력 이론을 묻는 형태가 주로 출제된다. 특히 시간 낭비 요인, 시간관리에 대한 오해가 자주 출제되므로 NCS국가직무능력표준 사이트에서 제공되는 '자원관리능력: 시간관리능력' 이론에서 해당 내용을 미리 숙지해 두면 유리하다.

유형문항

다음 [보기] 중 직장에서 발생할 수 있는 시간 낭비 요인으로 옳지 않은 것만을 모두 고르면?

| 보기 |

ㄱ. 목적이 불명확하며 여러 가지 일을 한 번에 많이 미루는 성격
ㄴ. 예정 외의 방문자가 많고, 불필요한 스마트폰 사용
ㄷ. 충분한 권한위양
ㄹ. 모든 것에 대해 사실을 알고 싶어 하는 성격
ㅁ. 서류 정리를 하거나 서류를 소독(素讀)
ㅂ. 짧은 회의와 적당한 파일링 시스템
ㅅ. 일을 급하게 하는 성격

① ㄱ, ㅁ, ㅂ ② ㄴ, ㄷ, ㅅ ③ ㄷ, ㅁ, ㅂ ④ ㄹ, ㅂ, ㅅ

유형해설

직장에서 발생할 수 있는 시간 낭비 요인은 다음과 같다.

• 목적이 불명확하다. • 여러 가지 일을 한 번에 많이 다룬다. • 1일 계획이 불충분하다. • 서류정리를 하거나 서류를 숙독한다. • 불필요한 스마트폰이나 컴퓨터 사용 • 조정 부족, 팀워크의 부족 • 예정 외의 방문자가 많다. • 불완전한 정보, 정보의 지연 • 일을 끝내지 않고 남겨둔다. • 긴 회의 • 커뮤니케이션 부족 또는 결여 • 일을 느긋하게 하는 성격 • 기다리는 시간이 많다. • 권한위양을 충분히 하지 않고 있다.	• 우선순위가 없이 일을 한다. • 장래의 일에 도움이 되지 않는 일을 한다. • 게으른 성격, 책상 위는 항상 번잡하다. • 부적당한 파일링 시스템 • 일에 대한 의욕 부족, 무관심 • 전화를 너무 많이 한다. • 'No'라고 말하지 못하는 성격 • 극기심의 결여 • 소음이나 주의를 흩트리는 경우 • 회의나 타협에 대한 준비 불충분 • 잡담이 많다. • 모든 것에 대해 사실을 알고 싶어 한다. • 초조하고 성질이 급하다. • 권한위양한 일에 대한 부적절한 관리

정답 ③

핵심유형 | 25

| 모듈이론 _ 물적자원관리능력

이 유형은 물적자원관리능력 이론을 묻는 형태와 제시된 사례를 물적자원관리 과정에 부합하도록 배열하는 형태로 출제된다. NCS국가직무능력표준 사이트에서 제공되는 '자원관리능력: 물적자원관리능력' 이론에 기초하므로 해당 내용을 미리 숙지해 두면 유리하다.

유형문항 **다음 [보기] 중 물품 보관 방법에 대한 설명으로 옳지 않은 것만을 모두 고르면?**

| 보기 |

ㄱ. 회전대응 보관의 원칙: 먼저 입고된 제품 먼저 출고하는 방식
ㄴ. 동일성의 원칙: 같은 품종은 같은 장소에 보관하는 방식
ㄷ. 유사성의 원칙: 유사품은 인접한 장소에 보관하는 방식
ㄹ. 높이 쌓기의 원칙: 평평하게 적재하는 것보다 높이 쌓게 되면 창고의 용적 효율을 높일 수 있는 방식
ㅁ. 선입선출의 원칙: 입·출하의 빈도가 높은 품목은 출입구 가까운 곳에 보관하는 방식

① ㄱ, ㄷ　② ㄱ, ㅁ　③ ㄴ, ㄹ
④ ㄷ, ㅁ　⑤ ㄹ, ㅁ

유형해설 물품 보관 방법은 다음과 같다.

- 회전대응 보관의 원칙: 입 · 출하의 빈도가 높은 품목은 출입구 가까운 곳에 보관하는 방식
- 동일성의 원칙: 같은 품종은 같은 장소에 보관하는 방식
- 유사성의 원칙: 유사품은 인접한 장소에 보관하는 방식
- 높이 쌓기의 원칙: 평평하게 적재하는 것보다 높이 쌓게 되면 창고의 용적 효율을 높일 수 있는 방식
- 선입선출의 원칙: 먼저 입고된 제품 먼저 출고하는 방식

정답 ②

핵심유형 | 26

| 모듈이론 _ 경영이해능력

이 유형은 경영이해능력 이론을 묻는 형태와 제시된 사례로 제시된 문제점을 해결하기 위해 어떠한 경영전략을 선택해야 하는지 묻는 형태로 출제된다. NCS국가직무능력표준 사이트에서 제공되는 '조직이해능력: 경영이해능력' 이론에 기초하므로 해당 내용을 미리 숙지해 두면 유리하다.

유형문항

다음 중 집단의사결정에 관한 설명으로 옳지 않은 것은?

① 한 사람이 가진 지식보다 집단이 가지고 있는 지식과 정보가 더 많아 효과적인 결정을 할 수 있다.
② 다양한 집단구성원이 갖고 있는 능력은 각기 다르므로 각자 다른 시각으로 문제를 볼 수 있어 다양한 견해를 가지고 접근할 수 있다.
③ 집단의사결정은 의사결정에 참여한 사람들이 결정 사항을 수월하게 수용하고, 의사소통의 기회도 향상되는 장점이 있다.
④ 의견이 불일치하는 경우 의사결정을 내리는 데 시간이 많이 소요된다.
⑤ 의견이 불일치하는 경우 특정 구성원에 의해 의사결정이 독점될 가능성이 없다.

유형해설

조직 내에서는 개인이 단독으로 의사결정을 내리는 경우도 있지만 집단이 의사결정을 하기도 한다. 집단의사결정은 한 사람이 가진 지식보다 집단이 가지고 있는 지식과 정보가 더 많아 효과적인 결정을 할 수 있다. 또한 다양한 집단구성원이 갖고 있는 능력은 각기 다르므로 각자 다른 시각으로 문제를 볼 수 있어 다양한 견해를 가지고 접근할 수 있다. 집단의사결정은 의사결정에 참여한 사람들이 결정 사항을 수월하게 수용하고, 의사소통의 기회도 향상되는 장점이 있다. 반면에 의견이 불일치하는 경우 의사결정을 내리는 데 시간이 많이 소요되며, 특정 구성원에 의해 의사결정이 독점될 가능성이 있다.

정답 ⑤

PART 2

실전
모의고사

최신개정판
혼JOB
농토피아
지역농협 6급
실전모의고사

제1회 실전모의고사	4지 선다 / 60문 / 60분
제2회 실전모의고사	4지 선다 / 60문 / 60분
제3회 실전모의고사	4지 선다 / 60문 / 70분
제4회 실전모의고사	4지 선다 / 60문 / 70분
제5회 실전모의고사	5지 선다 / 70문 / 70분
제6회 실전모의고사	5지 선다 / 70문 / 70분

최신개정판

혼JOB 농토피아 지역농협 6급 실전모의고사

제1회 실전모의고사

수험번호	
성명	

[시험 유의사항]

1. 제1회 실전모의고사는 다음과 같이 정해진 시험 시간에 맞추어 풀어 보시기를 권장합니다.

과목	세부 영역	문항 수	시험 형식	권장 풀이 시간
NCS 직무능력평가	의사소통능력 수리능력 문제해결능력 자원관리능력 조직이해능력	60문항	객관식 4지선다	60분

2. 본 모의고사 풀이 시 맨 마지막 페이지의 OMR 카드를 활용하시어 실전 감각을 높이시기 바랍니다.
3. 시험지의 전 문항은 무단 전재 및 배포를 금합니다. 이를 위반할 경우 관련 규정에 따라 처벌을 받을 수 있습니다.

제1회 실전모의고사

01 다음 글의 밑줄 친 ㉠~㉣ 중 문맥의 흐름에 맞게 적절하게 쓰인 것은?

> 우리가 사 먹는 과일과 채소는 품목별로 등급 규격의 항목 기준에 따라 특, 상, 보통으로 ㉠ 분리된다. 이러한 농산물 등급 규격은 농산물의 상품성 향상과 유통 효율을 위하여 ㉡ 도출되었다. 그런데 등급 규격의 항목이 주로 크기, 모양 등 농산물의 외관과 관련되어 있어, 맛이나 영양에는 별다른 문제가 없는 농산물이 등급 외로 분류되는 경우가 생겨난다. 등급 외 농산물은 맛과 영양, 가격 면에서 볼 때 소비 시장에서 충분히 경쟁력이 있음에도 유통 과정에서 ㉢ 누락되어 버려지고 있는 것이다.
>
> 등급 외 농산물이 판매되지 못할 경우 농산물 생산에 사용된 물, 비료, 노동력 등의 자원이 낭비되어 농가에 경제적 손해가 발생한다. 또한 ㉣ 매립된 폐기 농산물은 썩는 과정에서 지구 온난화를 일으키는 메탄을 발생시켜 환경 문제를 더욱 악화시키고 있다.
>
> 따라서 등급 외 농산물로 인한 문제를 해결하기 위해서 등급 외 농산물 구매 활성화 방안을 마련하여 적극적인 소비가 이루어질 수 있도록 해야 한다.

① ㉠ ② ㉡ ③ ㉢ ④ ㉣

02 다음 중 제시된 단어를 활용하여 문장을 적절하게 만든 것은?

① 조리다: 공포 영화는 가슴 조리는 맛으로 본다.
졸이다: 고등어는 졸인 것이 맛있다.

② 곤욕: 뜻밖의 손님을 맞아 몹시 곤욕스럽다.
곤혹: 그의 말투에 심한 곤혹을 당한 기분입니다.

③ 부치다: 귀농을 하려 해도 부칠 땅이 없다.
붙이다: 따귀를 한 대 붙이고 나니 손이 다 얼얼했다.

④ 돋구다: 어머니께서 입맛을 돋구는 보약을 지어 보내셨다.
돋우다: 시력이 나빠질 경우에는 안경의 도수를 돋워야 한다.

03 **다음은 공원 입구에 세워진 [안내문]과 이를 참고하여 만든 [공고문]이다. [공고문]을 작성할 때 고려한 내용으로 적절하지 않은 것은?**

> [안내문] 공원 내 불법 행위 단속 안내
>
> 공원은 시민이 이용하는 공공장소입니다. 다른 이용객의 불편을 초래할 수 있는 행위는 자제하시기 바랍니다. 특히 공원 내에서 밥을 짓는 행위, 고기를 구워 먹는 행위, 애완동물의 목줄을 풀어 놓는 행위, 애완동물의 배설물을 치우지 않는 행위, 상점 외의 곳에서 김밥·음료수 등을 판매하는 행위 등은 불법이므로 관련 법규에 따라 처벌됨을 알려 드립니다. 이러한 행위를 목격하신 분은 공원관리사무소(☏123-4567)에 신고하여 주십시오.
>
> - ○○공원관리소장

> [공고문]
>
> 여기서 이러시면 안 됩니다!
>
> 다음의 행위는 불법이며 이를 위반할 경우 관련 법규에 따라 처벌됩니다.
>
> • 음식물 취사
> • 애완동물 관리 소홀
> • 허가받지 않은 식품 판매
>
> 이러한 행위를 보신 분은 공원관리사무소(☏123-4567)에 신고하여 주시기 바랍니다.
>
> - ○○공원관리소장

① 중요도에 따라 내용의 순서를 재배열해야겠어.
② 제목은 경어를 사용해 독자의 거부감을 줄여야겠어.
③ 중요한 내용을 부각하기 위해 일부 내용은 생략해야겠어.
④ 같은 범주에 속하는 내용들을 포괄하는 말로 항목화해야겠어.

[04~05] 다음은 농업종합자금에 대한 설명이다. 이를 읽고 이어지는 물음에 답하시오.

1. 시설자금
   - 생산·재배시설의 설치(증축 포함)에 소요되는 자금
   - 자가생산·재배시설과 연계된 관련 부대사업에 소요되는 자금
   - 토지매입자금은 현 사업장의 시설 확장을 위해 면접된 토지를 매입하는 경우와 기존 시설물 구매 시 건축물이 있는 토지를 구매하는 경우에만 지원 가능
   - 관광농원, 농촌민박 시설 설치에 소요되는 자금(단, 관광농원은 사업규모가 100,000m^2 미만, 농촌민박은 주택 연면적 230m^2 미만만 허용)
   - 자가배합사료 시설 설치에 소요되는 자금(단, 판매목적 시설자금은 제외)
   - 농기계생산자금(농업용 기계, 기자재의 생산시설 설치비 및 건축비)
   - 농촌가공사업 시설(가공과 연계된 유통, 저장시설 포함) 설치에 소요되는 자금
   - 농업정책자금(지방자치단체 자체사업 포함)이 기지원된 시설물 이외의 기존 시설물 구입에 소요되는 자금
   - 고품질우량종자개발사업 시설 설치(육·채종시설 등)에 소요되는 자금
   - 농기계보관창고 시설 설치에 소요되는 자금
   - 천적 생산에 소요되는 자금
   - 쌀가공사업 시설 설치에 소요되는 자금
   - 수출 및 규모화사업 시설 설치에 소요되는 자금
2. 개·보수자금
   - 기존 시설의 개수·보완 또는 기계·장비 구입에 소요되는 자금
   - 농업경영관리 등 농업 관련 목적을 위한 PC 구입자금
   - 임대차계약기간이 시설자금 대출기간에 미달하는 임차 토지상에 시설을 설치하는 데 소요되는 자금(단, 대출기간은 임대차기간을 초과할 수 없음)
   - 객토에 소요되는 자금
   - 축산분뇨처리시설지원사업으로 시설을 지원받은 농업경영체로서 사후관리기간(5년) 경과 후의 개보수에 소요되는 자금
3. 운전자금
   - 사업의 운영에 소요되는 자금(단, 가축입식, 농산물 매취에 소요되는 자금은 대출 제외)
     ※ 가공을 목적으로 한 국내산 원료구입자금은 대출 가능
   - 농업경영컨설팅 지원사업의 자부담 해당 금액 등 컨설팅 관련 비용
   - 제주도 교잡우 한우대체 입식자금
   - 토지임차자금
     ※ 공증을 필한 토지임대차 계약서에 의거 1년간 임차료 해당 금액을 대출 가능
   - 인삼식재자금(우량묘삼 포함)
   - 농기계 생산 원자재 구입비축자금
4. 농기계자금

   정부지원 대상 농기계 구입에 소요되는 자금

04 다음 [상황]의 A가 받을 수 있는 대출은 무엇인가?

> [상황]
> A는 딸기 농사를 하는 농업인으로, 재배시설을 증축하기 위해 대출이 필요한 상황이다.

① 시설자금대출
② 개보수자금대출
③ 운전자금대출
④ 농기계자금대출

05 다음 [상황]의 B가 받을 수 있는 대출은 무엇인가?

> [상황]
> B는 농산물을 가공하여 판매하고 있다. 최근 B가 가공하여 판매하는 제품의 국내산 원료 가격이 상승하여 원료 구입을 위해 대출이 필요한 상황이다.

① 시설자금대출
② 개보수자금대출
③ 운전자금대출
④ 농기계자금대출

[06~07] 다음은 [귀농 주택 구입 지원사업]의 일부이다. 이를 읽고 이어지는 물음에 답하시오.

[귀농 주택 구입 지원사업]

- 사업 목적: 사업대상자의 신용 및 담보대출을 저금리로 실행하고, 대출금리와 저금리와의 차이를 정부 예산으로 지원
- 지원대상: 귀농인[농촌 외 지역에서 농업 외의 산업분야에 종사한(하는) 자] 또는 재촌 비농업인(농촌 지역에서 거주하면서 농업에 종사하지 않은 자) 중 다음에 해당하는 자
  1) 농업을 전업으로 한 자
  2) 농업에 종사하면서 관련 농식품 가공·서비스업을 겸업하기 위해, 농촌으로 이주하여 농업에 종사하는(하려는) 자(단, 재촌 비농업인 제외되며, 사업신청연도 기준으로 만 65세 이하인 자로서 세대주인 자)

  ※ 농촌 외 지역에 거주하면서 농지원부 또는 농업 경영체를 등록한 자로서 그 기간이 2년 이하인 자 중 이미 농촌으로 이주한 자는 신청 가능
- 자격요건: 귀농인은 이주기한, 거주기간, 교육이수 실적을 모두 충족 시 지원 가능(단, 재촌 비농업인은 거주기간, 교육이수 실적, 비농업기간을 모두 충족 시 지원 가능)
  1) 이주기한: 농촌지역 전입일로부터 만 5년이 경과하지 않은 세대주로 농촌에 가족과 함께 실제 거주하면서 농업에 종사하고 있거나 하고자 하는 자(단, 재촌 비농업인은 이주기한을 적용하지 않으며, 부부의 경우 1인만 지원 가능)
  2) 거주기간: 농촌지역 전입일을 기준으로 농촌지역 이주 직전에 1년 이상 지속적으로 농촌 외의 지역에서 거주한 자(단, 재촌 비농업인은 사업신청일)

  ※ 농촌지역 거주기간이 연속되지 않는 경우는 최종 전입일을 기준으로 농촌지역 이주 직전에 1년 이상 지속적으로 농촌 외 지역에서의 거주기간 필요

  3) 교육이수 실적: 농림축산식품부, 농촌진흥청, 산림청, 지자체가 주관 또는 위탁하는 귀농·영농 교육을 100시간 이상 이수한 자

  ※ 교육 수료증 인증기한은 '귀농 농업창업 및 주택구입 자금' 신청일 기준 5년 이내만 가능하며, 상기 기관에서 위탁·공모로 실시하는 귀농교육 및 일반농업교육의 경우 농업교육포털에 등록, 수료증이 발급되는 경우만 인정함

  ※ 지자체에서 위탁·공모하는 과정에는 지방공기업 교육 및 창조경제혁신센터 귀농교육, 지자체 지정 멘토·멘티 활동, 지자체 귀농투어 참여 등도 포함(단, 공공기관에서 직접 실시하거나 위탁·공모하여 실시하는 귀농교육 및 일반농업교육의 경우, 농식품부와 사전 협의 후 농업교육포털에 등록되고 수료증이 발급되는 경우에 인정)

  ※ 귀농자 중 실제 영농 종사 기간이 6개월 이상인 영농 경험자(증빙자료 제출한 자), 만 40세 미만의 농과계 학교 졸업자, 후계농업인은 귀농 교육을 이수한 것으로 인정

  ※ 농과계 학교 졸업 연령이 만 40세 이상인 경우는 졸업일로부터 5년까지만 인정

  4) 비농업기간: 사업신청일 기준 최근 5년 이내에 영농경험이 없는 경우 신청 가능, 신청일 현재 타 산업분야 전업 직업 및 사업자등록이 없어야 함

06 다음 [보기]의 A~D 중 [귀농 주택 구입 지원사업]의 지원대상에 해당하지 않는 사람은?

| 보기 |

- 농촌으로 이주하여 농촌에 거주하고 있지만, 작년에 농촌 외 지역에 거주하면서 농업 경영체로 등록한 A
- 농업에 종사하면서 관련 농식품 가공업을 겸업하기 위해 농촌으로 이주하여 농업에 종사하려는 재촌 비농업인인 B
- 농업을 전업으로 하는 귀농인인 C
- 농업에 종사하면서 관련 농식품 서비스업을 경업하기 위해 농촌으로 이주하여 농업에 종사하려는 만 60세이며 세대주인 D

① A ② B ③ C ④ D

07 다음 [보기]의 A~D 중 [귀농 주택 구입 지원사업]의 자격요건을 충족하지 못한 사람은? (단, 언급하지 않은 다른 자격요건은 충족하였다고 가정한다)

| 보기 |

- A: 재촌 비농업인으로 이주기한은 만 6년인 세대주로 농촌에 가족과 함께 실제 거주하면서 농업에 종사하고자 한다.
- B: 귀농인으로 전입일을 기준으로 농촌지역 이주 직전에 2년 동안 농촌 외 지역에서 거주했다.
- C: 올해 만 55세인 귀농인으로, 농과계 학교를 만 52세에 졸업하였다.
- D: 재촌 비농업인으로 사업신청일 기준 최근 5년 이내에 영농경험이 없으며, 현재 수산분야 사업자등록을 갖고 있다.

① A ② B ③ C ④ D

제1회 실전모의고사 제2회 실전모의고사 제3회 실전모의고사 제4회 실전모의고사 제5회 실전모의고사 제6회 실전모의고사 부록

[08~09] 다음 [새희망홀씨II 대출상품 안내문]을 읽고 이어지는 물음에 답하시오.

[새희망홀씨II 대출상품 안내문]

1. 상품특징: 저소득·저신용자를 위한 서민금융상품
2. 계약기간: 최대 20년 이내
3. 대출한도: 연소득금액 범위 내 최대 3천만 원 이내(연소득 45백만 원 이내에 해당하는 고객에 한함)
4. 대출금리
   - 고정금리: 기본금리 최저 연 2.2%~최고 연 9.5%+가산금리 2.1%~8.2%
   - 변동금리: 기본금리 최저 연 2.3%~최고 연 9.5%+가산금리 2.6%~8.7%
   - 1년마다 성실상환 시 0.3%p 자동 금리인하 적용
5. 상환방식: 거치기간 없는 매월 원금균등분할상환
6. 필요서류: 재직·소득 입증서류, 신분증
7. 부대비용 일반사항: 인지세는 대출약정 시 납부하는 세금으로 은행과 고객이 각각 50%씩 부담

[인지세 규정]

대출금액	5천만 원 이하	5천만 원 초과 1억 원 이하	1억 원 초과 10억 원 이하	10억 원 초과
인지세액	비과세	7만 원	15만 원	35만 원

8. 유의사항
   - 신용도와 당행 심사기준에 따라 대출 여부 및 한도가 결정됩니다.
   - 대출원리금 납입을 일정기간 지체하거나 만기일이 경과한 경우, 연체이자 부과와 함께 신용 관리대상자로 등재될 수 있습니다.

08 위 [새희망홀씨 II 대출상품 안내문]에 따를 때, 새희망홀씨 II 에 대한 설명으로 옳은 것은?

① 대출한도는 개인 신용도와 무관하며, 연소득금액에 따라 상이하다.
② 대출금리 인하를 받기 위해서는 성실상환 후 매년 금리 인하 요청을 해야 한다.
③ 대출기간 중 매월 상환하는 금액이 동일하다.
④ 대출약정 시 인지세 관련 부대비용이 발생하지 않는다.

09 다음 [상황]은 새희망홀씨 II 대출상품을 이용하고 있는 갑에 대한 내용이다. 갑이 2023년 이후 연체 없이 계속하여 성실상환을 한다면, 갑의 대출금리가 3% 이하가 되는 최초 연도는 언제인가? (당해년도 대출금리 인하 여부는 전년도 5월부터 당해년도 4월의 납부상황을 기준으로 결정된다)

[상황]

갑은 2012년 4월에 새희망홀씨II를 이용하여 고정금리 연 7.0%, 대출기간 20년으로 2,000만 원의 대출을 받았다. 갑은 2012년 4월부터 연체 없이 대출금을 잘 상환하다가, 2019년 3월과 같은 해 8월에 연체를 하였다. 그 외에 2023년 4월 현재까지 연체 없이 잘 상환하고 있는 중이다.

※ 성실상환 이외 다른 금리인하 요인은 없음

① 2024년　　② 2026년　　③ 2028년　　④ 2031년

[10~11] 다음은 근로기준법의 일부이다. 이를 읽고 이어지는 물음에 답하시오.

제42조(계약 서류의 보존) 사용자는 근로자 명부와 대통령령으로 정하는 근로계약에 관한 중요한 서류를 3년간 보존하여야 한다.

제4장 근로시간과 휴식

제50조(근로시간) ① 1주간의 근로시간은 휴게시간을 제외하고 40시간을 초과할 수 없다.

② 1일의 근로시간은 휴게시간을 제외하고 8시간을 초과할 수 없다.

③ 제1항 및 제2항에 따라 근로시간을 산정하는 경우 작업을 위하여 근로자가 사용자의 지휘·감독 아래에 있는 대기시간 등은 근로시간으로 본다.

제54조(휴게) ① 사용자는 근로시간이 4시간인 경우에는 30분 이상, 8시간인 경우에는 1시간 이상의 휴게시간을 근로시간 도중에 주어야 한다.

② 휴게시간은 근로자가 자유롭게 이용할 수 있다.

제55조(휴일) ① 사용자는 근로자에게 1주에 평균 1회 이상의 유급휴일을 보장하여야 한다.

② 사용자는 근로자에게 대통령령으로 정하는 휴일을 유급으로 보장하여야 한다. 다만, 근로자대표와 서면으로 합의한 경우 특정한 근로일로 대체할 수 있다.

제56조(연장·야간 및 휴일 근로) ① 사용자는 연장근로에 대하여는 통상임금의 100분의 50 이상을 가산하여 근로자에게 지급하여야 한다.

② 제1항에도 불구하고 사용자는 휴일근로에 대하여는 다음 각 호의 기준에 따른 금액 이상을 가산하여 근로자에게 지급하여야 한다.

1. 8시간 이내의 휴일근로: 통상임금의 100분의 50
2. 8시간을 초과한 휴일근로: 통상임금의 100분의 100

③ 사용자는 야간근로(오후 10시부터 다음 날 오전 6시 사이의 근로를 말한다)에 대하여는 통상임금의 100분의 50 이상을 가산하여 근로자에게 지급하여야 한다.

제63조(적용의 제외) 근로시간, 휴게와 휴일에 관한 규정은 다음 각 호의 어느 하나에 해당하는 근로자에 대하여는 적용하지 아니한다.

1. 토지의 경작·개간, 식물의 식재(植栽)·재배·채취 사업, 그 밖의 농림 사업
2. 동물의 사육, 수산 동식물의 채취·포획·양식 사업, 그 밖의 축산, 양잠, 수산 사업
3. 감시(監視) 또는 단속적(斷續的)으로 근로에 종사하는 사람으로서 사용자가 고용노동부장관의 승인을 받은 사람
4. 대통령령으로 정하는 업무에 종사하는 근로자

제73조(생리휴가) 사용자는 여성 근로자가 청구하면 월 1일의 생리휴가를 주어야 한다.

10 위 근로기준법에 대한 설명으로 옳지 않은 것은?

① 근로자대표와 서면으로 합의한 경우 대통령령으로 정한 휴일을 특정 근로일로 대체할 수 있다.

② 근로시간이 8시간인 경우 1시간 이상의 휴게시간을 주어야 하며 근로자는 휴게시간을 자유롭게 이용할 수 있다.

③ 일 통상임금이 10만 원인 근로자는 야간근로 시 15만 원 이상을 지급받아야 한다.

④ 근로자는 근로계약에 관한 서류를 3년간 보존해야 한다.

11 토지를 경작하는 사업을 하고 있는 Y는 여성 외국인근로자 A를 고용한 고용주이다. 다음 [외국인근로자의 법적 지위]에 근거할 때 옳지 않은 설명은?

[외국인근로자의 법적 지위]

「외국인근로자의 고용 등에 관한 법률」은 외국인근로자를 내국인과 동일하게 "근로자"로 인정하고 있으며, 이에 따라 외국인근로자는 취업기간 동안 내국인과 동일하게 「근로기준법」, 「최저임금법」 등 노동 관계 법령의 적용을 받는다.

① A의 근로시간이 8시간 이상인 경우 휴게시간이 1시간 미만일 수 있다.

② A에게 부여할 수 있는 주당 휴일은 평균 1회 미만일 수 있다.

③ Y는 A가 청구한 경우라도 월 1일의 생리휴가를 부여하지 않아도 된다.

④ 1일의 근로시간은 8시간을 초과할 수 있다.

12 다음 글의 이해를 돕기 위해 제시할 수 있는 예시로 적절하지 않은 것은?

> 농협 ○○지역본부가 탈퇴조합원이 찾아가지 않은 출자금과 배당금에 대한 환급을 위해 올해 말까지 '탈퇴조합원 미지급 출자금·배당금 찾아 주기 운동'을 전개한다고 밝혔다.
>
> ○○지역본부는 탈퇴조합원 중 출자금과 배당금 환급 안내를 받지 못한 조합원에 대하여 지분환급 청구 안내 통지서 발송과 안내 전화 및 현지 방문 등을 병행해 안내할 예정이며, 시·군지부 및 지역농협 담당자에게 관내 권역별 순회 지도를 하고 있다.
>
> 환급 안내를 받은 탈퇴조합원은 전국 소재 농·축협을 방문해, 본인 확인(신분증 지참) 후 환급신청서를 작성·제출하고 미지급 출자금과 배당금을 수령받으면 된다.
>
> 또한 탈퇴조합원의 주소지가 변경돼 미환급 지분 및 배당금 안내 통지서가 반송된 탈퇴조합원들에게는 행정안전부로부터 최신 주민등록 주소를 제공받아 동 주소로 안내 통지서를 재발송할 예정이다.
>
> 출자금이나 배당금을 받지 못했는지 궁금한 탈퇴조합원은 농협포털이나 금융감독원 금융소비자 정보포털에 접속하여 확인하면 된다. 포털 로그인을 위해서는 공인인증서와 휴대전화 인증을 거쳐야 하며, 배당일 기준일 현재 배당금 잔액, 조합 탈퇴일 현재 출자금 잔액, 조합 지점명과 전화번호 등을 알 수 있다.

① 자신이 배당금을 환급받았는지 기억이 나지 않아 농협포털에 접속하는 농협 탈퇴조합원 A

② 미환급 지분 및 배당금 안내 통지서를 받지 못해 행정안전부로부터 농협 주소를 제공받는 농협 탈퇴조합원 B

③ 그동안 출자금과 배당금 환급 안내를 받지 못해 ○○지역본부로부터 지분환급 청구 안내 전화를 받는 농협 탈퇴조합원 C

④ 환급 안내를 받고 가까운 농협에 방문해 본인 확인 후 환급신청서를 제출하여 미지급 출자금을 수령하는 농협 탈퇴조합원 D

13 **다음은 리조트 측에 예약을 확인하는 고객의 이메일이다. 이 이메일을 읽고 [보기]에서 옳지 않은 것을 모두 고르면?**

> Dear Sir,
>
> Hello, I booked your resort. I'd like to confirm my reservation.
>
> • Name: Gildong Hong
> • Booking Number: 123-4567
> • Date: 2023/07/08-2023/07/10(2nights)
> • Room type: Deluxe room
> • Other: Adult 2, Breakfast included
> • Requests
>   - Please put two beds together. Twin bed please.
>   - We'll late check-in, Please pick us up at the airport. We'll arrive at the airport on March 4th at 23:05. (Korean air, flight number: 3B1000)
>
> Is it correct? Please check it.
>
> I'm waiting for you reply. Thank you.

| 보기 |

ㄱ. 조식이 포함되어 있다.
ㄴ. 침대를 띄워줄 것을 요청하였다.
ㄷ. 레이트 체크인으로 인해 발생하는 비용의 할인을 요청하였다.
ㄹ. 공항 픽업을 요청하였다.

① ㄱ, ㄴ ② ㄱ, ㄹ ③ ㄴ, ㄷ ④ ㄷ, ㄹ

14 A가 혼자 작업하면 4일, B가 혼자 작업하면 6일이 걸리는 업무가 있다. 화요일에 B가 혼자 업무를 시작하여 1일 동안 혼자 업무를 진행하고, 그 뒤 B와 같이 작업했을 때, 업무가 종료되는 날은 언제인가?

① 수요일 ② 목요일 ③ 금요일 ④ 토요일

15 a와 b는 소수이다. $45>a>b>25$이고, a와 b의 최소 공배수는 1,300과 1,500 사이일 때, $(a+b)\times(a-b)$의 값은?

① 882 ② 884 ③ 886 ④ 888

16 강의 상류에서 하류까지의 거리가 600m이다. 배는 상류에서 하류까지 갔다가 다시 하류에서 상류까지 75m/분의 속도로 이동하려고 한다. 유속은 25m/분일 때, 배가 이동한 총 시간은 몇 분인가?

① 16분 ② 18분 ③ 20분 ④ 21분

[17~18] 다음은 고구마 무게 및 이익에 관한 자료이다. 이어지는 물음에 답하시오.

[표] 고구마 종류별 무게 및 이익

구분	무게	이익
왕대	300g	240원
특상	200g	260원
상중	150g	280원
중	100g	300원

[상황]

A는 4개의 밭에 고구마를 심었다. 고구마가 자란 후 A는 4개의 밭에서 고구마를 모두 캤으며, 밭 1개당 왕대 고구마 6kg 5박스, 특상 고구마 6kg 10박스, 상중 고구마 6kg 10박스, 중 고구마 6kg 10박스를 캤다.

17 **위 [상황]의 A가 캔 고구마의 1개당 평균 무게는 몇 g인가?**

① 150g ② 160g ③ 170g ④ 180g

18 **위 [상황]의 A가 고구마로 얻은 이익은 총 얼마인가?**

① 1,552,000원 ② 1,564,000원 ③ 1,576,000원 ④ 1,588,000원

[19~20] 다음 [표]를 보고 이어지는 물음에 답하시오.

[표 1] 시 · 도별 기능성 양잠, 오디 재배 현황

(단위: 호, ha)

시 · 도	재배 농가 수 계			뽕밭 면적 계		
		양잠 재배 농가 수	오디 재배 농가 수		누에용 뽕밭 면적	오디용 뽕밭 면적
서울특별시	0	0	0	0	0	0
부산광역시	0	0	0	0	0	0
대구광역시	1	1	0	0.3	0.3	0
인천광역시	0	0	0	0	0	0
광주광역시	44	0	44	2.1	0	2.1
대전광역시	0	0	0	0	0	0
울산광역시	10	0	10	2.3	0	2.3
세종특별자치시	0	0	0	0	0	0
경기도	101	21	80	33.8	9.3	24.5
강원특별자치도	16	7	9	18.8	16.4	2.4
충청북도	87	20	67	38.6	14	24.6
충청남도	90	19	71	30.4	11.4	19.1
전라북도	580	48	532	193	19	173.9
전라남도	320	51	269	100.4	23.7	76.7
경상북도	337	256	81	198.7	160.4	38.3
경상남도	184	31	153	68.6	12.9	55.7
제주특별자치도	3	0	3	2.7	0	2.7

[표 2] 오디용 뽕밭 면적별 농가 수

(단위: 호)

시 · 도	계	0.1ha 미만	0.1 이상 0.4ha 미만	0.4 이상 0.8ha 미만	0.8 이상 1.2ha 미만	1.2 이상 1.6ha 미만	1.6 이상 2.0ha 미만	2.0ha 이상
서울특별시	0	0	0	0	0	0	0	0
부산광역시	0	0	0	0	0	0	0	0
대구광역시	0	0	0	0	0	0	0	0
인천광역시	0	0	0	0	0	0	0	0
광주광역시	44	39	5	0	0	0	0	0
대전광역시	0	0	0	0	0	0	0	0
울산광역시	10	3	6	0	1	0	0	0
세종특별자치시	0	0	0	0	0	0	0	0
경기도	80	16	45	17	0	1	0	1
강원특별자치도	9	0	9	0	0	0	0	0

충청북도	67	6	45	10	4	1	0	1
충청남도	71	13	46	9	2	1	0	0
전라북도	532	138	285	67	22	7	5	8
전라남도	269	41	197	18	5	1	3	4
경상북도	81	8	49	17	1	1	0	5
경상남도	153	21	96	23	8	2	1	2
제주특별자치도	3	0	1	0	1	0	1	0

19 **위 [표]에 따를 때, 다음 [기사]의 ㉠, ㉡에 들어갈 수치를 옳게 짝지은 것은? (단, 소수점 아래 셋째 자리에서 반올림한다)**

[기사]

최근 농가의 수익성 악화에 대응하여, 국내 농가들은 기능성 작물의 비중을 늘렸다. 특히 양잠의 경우 경상북도에서 재배하는 농가가 (㉠)호로 가장 많고, 오디의 경우 전라북도의 재배 농가가 가장 많다. 한편, 경상남도의 양잠 재배 농가 1호당 가지고 있는 평균 누에용 뽕밭 면적은 약 (㉡)ha인 것으로 나타났다.

	㉠	㉡
①	96	4.2
②	96	0.42
③	256	4.2
④	256	0.42

20 **위 [표]에 대한 설명으로 옳지 않은 것은?**

① 2ha 이상의 오디용 뽕밭을 가진 농가 수가 가장 많은 지역은 전라북도이다.
② 경기도에는 0.1 이상 0.4ha 미만의 오디용 뽕밭을 가진 농가 수가 가장 많다.
③ 0.1ha 미만 오디용 뽕밭을 가진 광주광역시의 농가 수는 0.1 이상 0.4ha 미만 오디용 뽕밭을 가진 경상북도의 농가 수보다 많다.
④ 오디용 뽕밭의 전체 면적이 제일 넓은 시·도와 오디를 재배하는 농가 수가 가장 많은 시·도는 일치한다.

21 다음은 혼인종류별 여성 혼인 건수에 관한 자료이다. 이에 대한 설명으로 옳지 않은 것은?

[표] 혼인종류별 여성 혼인 건수

(단위: 건)

구분	2017년	2018년	2019년	2020년	2021년	2022년
합계	264,455	257,622	239,159	213,502	192,507	191,690
초혼	216,759	210,316	193,894	175,033	156,476	155,966
재혼	47,696	47,306	45,265	38,469	36,031	35,724
사별 후 재혼	2,995	2,882	2,644	2,384	2,121	1,945
이혼 후 재혼	44,701	44,424	42,621	36,085	33,910	33,779

① 2022년 여성 재혼 건수 중 이혼 후 재혼 건수 비중은 2017년 대비 증가했다.

② 조사기간 동안 매년 여성의 초혼과 재혼의 혼인 건수 차이는 전년 대비 증가했다.

③ 조사기간 동안 매년 여성 혼인 건수는 전년 대비 감소했다.

④ 2020년 여성 초혼 건수는 전년 대비 10% 미만 감소했다.

22 다음은 A시의 고령 인구 및 전체 인구 중 고령 인구 비중에 관한 자료이다. 이에 대한 설명으로 옳지 않은 것은? (단, 2030년부터 2070년까지는 예측치이다)

[그림 1] A시의 고령 인구

(단위: 명)

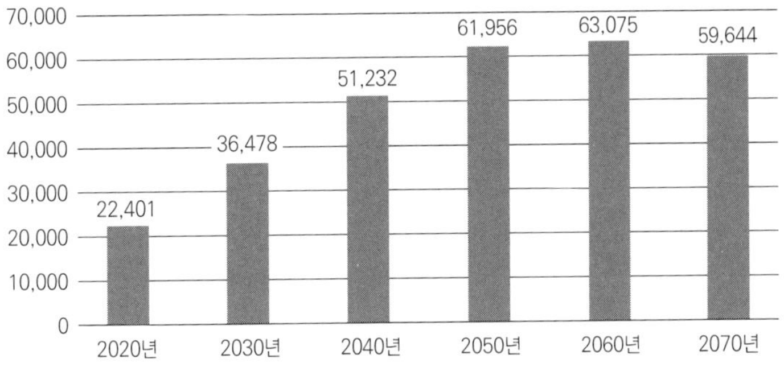

[그림 2] A시의 전체 인구 중 고령 인구 비중

(단위: %)

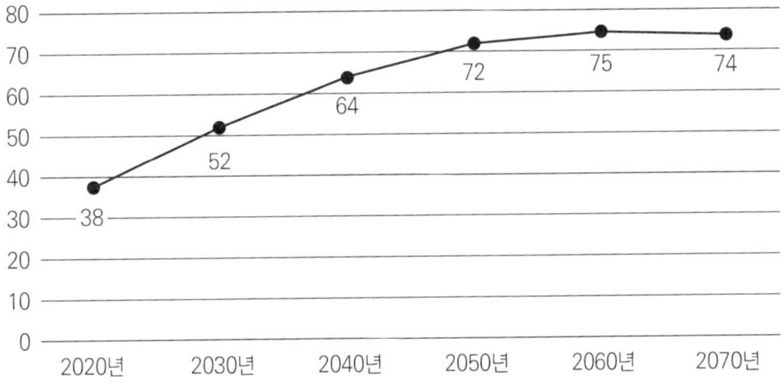

① 2070년 A시의 고령 인구는 2020년 대비 37,243명 증가할 것으로 나타났다.

② 2060년 A시의 전체 인구는 84,100명으로 예측되었다.

③ 2040년 A시의 전체 인구 중 청소년이 6%라면, 2040년 A시의 청소년 인구는 4,803명이다.

④ 조사연도 중 처음으로 A시의 고령 인구가 6만 명을 넘은 해에 A시의 전체 인구 중 고령 인구 비중은 직전 조사연도 대비 10%p 증가할 것으로 나타났다.

제1회 실전모의고사
제2회 실전모의고사
제3회 실전모의고사
제4회 실전모의고사
제5회 실전모의고사
제6회 실전모의고사
부록

23 다음은 주식 대차거래 현황에 관한 자료이다. 이에 대한 설명으로 옳지 않은 것은?

[그림 1] 거래량 및 거래대금

(단위: 만 주, 십억 원)

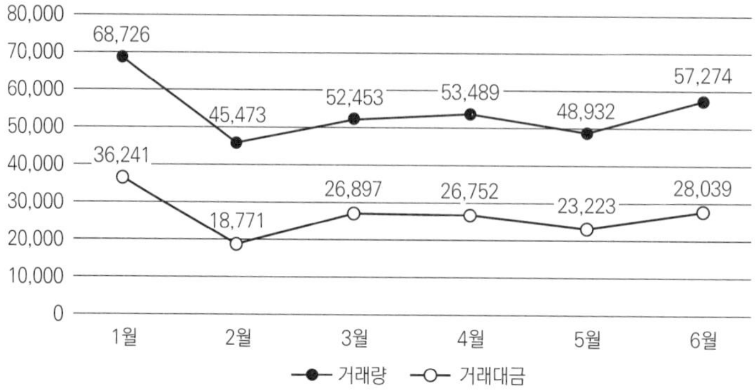

[그림 2] 상환량 및 상환대금

(단위: 만 주, 십억 원)

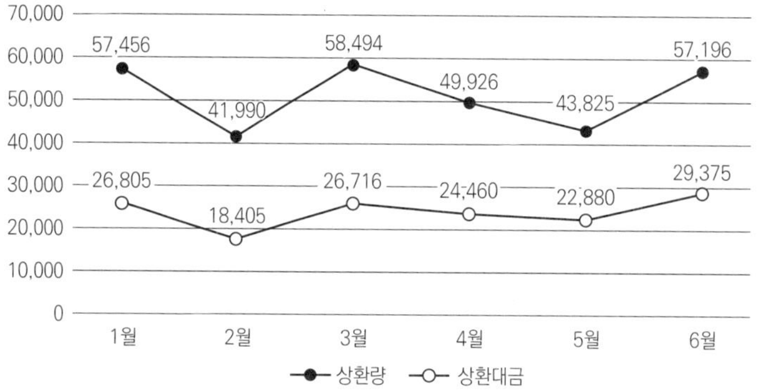

① 거래한 주식 1주당 거래대금은 6월에 1월보다 감소했다.

② 3월 상환량 대비 거래량 비율은 90% 이하이다.

③ 상환대금의 전월 대비 증가율은 3월이 6월보다 낮다.

④ 상반기 상환대금은 거래대금의 90% 이상이다.

24 다음은 가구주 성별, 소득분위별 평균 가구소득에 관한 자료이다. 이에 대한 설명으로 옳은 것은?

[표] 가구주 성별, 소득분위별 평균 가구소득

(단위: 만 원)

구분		2017년	2018년	2019년	2020년	2021년	2022년
남자	소득 1분위	1,080	1,149	1,202	1,263	1,406	1,409
	소득 2분위	2,593	2,698	2,770	2,799	2,987	3,135
	소득 3분위	4,333	4,479	4,593	4,700	4,862	5,056
	소득 4분위	6,597	6,842	6,991	7,135	7,327	7,665
	소득 5분위	12,926	13,563	13,811	13,995	14,309	15,099
여자	소득 1분위	928	973	1,016	1,065	1,192	1,248
	소득 2분위	2,463	2,556	2,617	2,682	2,875	2,973
	소득 3분위	4,268	4,371	4,490	4,505	4,760	4,947
	소득 4분위	6,526	6,671	6,843	7,051	7,308	7,538
	소득 5분위	12,838	12,862	12,881	12,506	12,757	13,477

① 2022년 소득 2분위의 가구주가 여자인 가구 중 평균 가구소득은 2017년 대비 25% 이상 증가했다.

② 조사기간 동안 소득 5분위의 평균 가구소득의 전년 대비 증감 추이는 가구주가 남자인 가구와 가구주가 여자인 가구가 동일하다.

③ 2020년 가구주가 남자인 가구의 평균 가구소득 대비 가구주가 여자인 가구의 평균 가구소득의 비율이 가장 높은 소득분위는 소득 4분위이다.

④ 가구주가 남자인 가구 중 2018년 대비 2021년 평균 가구소득이 가장 많이 증가한 소득분위는 소득 3분위이다.

[25~26] 다음 [표]는 주요 생활시설별 이동수단 및 이동시간을 어촌과 농촌으로 비교하여 정리한 자료이다. [표]를 보고 이어지는 물음에 답하시오.

[표] 생활시설별 이동수단 및 이동시간대별 분포

(단위: 천 호, %)

생활시설	이동수단	가구		이동시간별 구성비							
				계		15분 미만		15분 이상 30분 미만		30분 이상	
		어촌	농촌	어촌	농촌	어촌	농촌	어촌	농촌	어촌	농촌
읍·면·동 사무소	계	79.9	1,273	100.0	100.0	52.6	58.5	32.8	30.7	14.6	10.9
	도보	17.4	274	21.7	21.5	14.4	12.8	5.2	5.3	2.1	3.4
	자동차	49.9	797	62.4	62.6	33.6	38.4	23.1	19.4	5.7	4.9
	기타	12.7	202	15.9	15.9	4.6	7.3	4.5	6.0	6.8	2.6
금융기관	계	79.9	1,273	100.0	100.0	55.9	60.0	29.7	29.4	14.4	10.6
	도보	20.7	293	25.9	23.0	18.9	14.8	4.9	5.0	2.1	3.3
	자동차	46.8	780	58.6	61.3	32.5	37.9	20.4	18.6	5.8	4.8
	기타	12.4	200	15.5	15.7	4.6	7.3	4.4	5.8	6.6	2.5
의료시설	계	79.9	1,273	100.0	100.0	39.3	38.8	33.0	34.5	27.7	26.7
	도보	14.8	194	18.5	15.3	12.3	9.5	4.5	3.4	1.7	2.3
	자동차	51.9	889	65.0	69.9	23.2	24.7	24.6	25.6	17.2	19.6
	기타	13.2	189	16.5	14.9	3.8	4.6	3.9	5.5	8.8	4.8

25 위 [표]에 대한 설명 중 옳은 것을 [보기]에서 모두 고르면?

| 보기 |

ㄱ. 어촌보다 농촌에서 자동차를 보유한 가구의 비율이 높은 것으로 나타났다.
ㄴ. 어촌과 농촌 모두 자동차를 이용하는 비율이 가장 높은 경우는 의료시설을 이용할 때이다.
ㄷ. 어촌과 농촌 모두 도보로 이동하는 비율이 가장 높은 경우는 금융기관을 방문할 때이다.
ㄹ. 어촌과 농촌 모두 모든 생활시설에서 이동시간이 15분 미만인 경우에는 이동수단 중 자동차를 이용하는 비율이 가장 낮은 것으로 나타났다.

① ㄱ, ㄴ　　② ㄴ, ㄷ　　③ ㄷ, ㄹ　　④ ㄴ, ㄹ

26 위 [표]의 조사 대상 중 읍·면·동 사무소를 30분 이상 도보로 이동하는 농촌의 가구의 수는? (단, 백의 자리에서 버림한다)

① 32천 가구　　② 33천 가구　　③ 43천 가구　　④ 62천 가구

27 **다음은 토마토 가공 산업 현황에 관한 자료이다. 이에 대한 설명으로 옳지 않은 것은?**

[표] 가공 토마토 수출량

(단위: 톤)

구분	2018년	2019년	2020년	2021년	2022년	2023년
케첩	2,367	2,420	2,354	2,475	2,511	2,474
소스	950	1,008	987	1,140	1,055	1,254
주스	168	172	182	185	177	170

[그림] 가공 토마토 수출액

(단위: 백만 원)

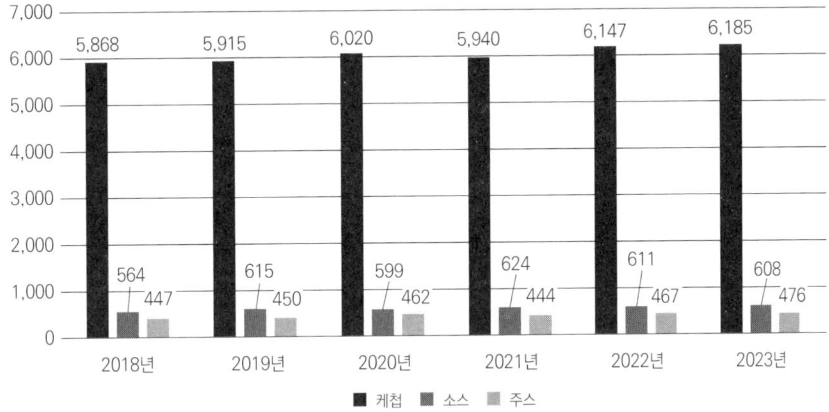

① 2023년 가공 토마토 수출량이 2018년 대비 가장 많이 증가한 종류는 소스이다.
② 2019~2023년 내내 케첩과 주스의 수출액의 전년 대비 증감 추이는 동일하다.
③ 2023년 주스 수출량 1톤당 수출액은 2021년 대비 50만 원 증가했다.
④ 조사기간 중 주스 수출량이 가장 많은 해와 수출액이 가장 적은 해는 동일하다.

28 **다음 제시된 전제들로부터 항상 참이 되는 [결론]은?**

> [전제 1] e-북을 사용하지 않는 사람은 취업준비생이 아니다.
> [전제 2] 태블릿 PC가 있는 사람은 취업준비생이다.
> [결론] (   )

① 태블릿 PC가 없는 사람은 e-북을 사용하지 않는다.
② e-북을 사용하지 않는 사람은 태블릿 PC가 없다.
③ 취업준비생이 아닌 사람은 e-북을 사용하지 않는다.
④ 취업준비생은 태블릿 PC가 없다.

29 **다음 [결론]을 항상 참으로 하는 [전제]는?**

> [전제 1] 유튜브를 시청하는 사람은 OTT 서비스를 이용한다.
> [전제 2] (   )
> [결론] 유선방송을 시청하는 사람은 유튜브를 시청하지 않는다.

① OTT 서비스를 이용하는 사람은 유선방송을 시청한다.
② 유선방송을 시청하는 사람은 OTT 서비스를 이용한다.
③ 유튜브를 시청하는 사람은 OTT 서비스를 이용하지 않는다.
④ 유선방송을 시청하는 사람은 OTT 서비스를 이용하지 않는다.

30 어느 기업은 임직원 중 신청자에 한해 낮은 임대료로 사내기숙사를 제공한다. 기숙사에 대한 [정보]가 다음과 같을 때, 신청자 A~D 4명 모두의 [요구 사항]을 충족한 호실 배치로 가장 적절한 것은?

[정보]

- 기숙사는 총 5층으로 되어 있으며, 각 층당 4가구가 거주할 수 있다.
- 현재 입소 가능한 호실은 1층 101호, 2층 203호, 4층 404호, 5층 503호이다.
- 1호실과 2호실은 24평으로 월 임대료는 30만 원이고, 3호실과 4호실은 36평으로 월 임대료는 40만 원이다.
- 1층 입소자는 건물 밖 텃밭을, 5층 입소자는 옥상 텃밭을 이용할 수 있다(그 외 입소자는 이용 불가).

[요구 사항]

- A: 아이들이 있어 저층을 희망하고, 면적은 넓었으면 좋겠어요.
- B: 예민한 편이라 그나마 소음이 덜한 4층이나 5층이었으면 해요.
- C: 주말부부라 집 평수는 상관없는데 아내랑 주말에 같이 텃밭을 이용하고 싶어요.
- D: 혼자 사용할 예정이라 임대료가 저렴했으면 좋겠네요.

	A	B	C	D
①	101호	404호	503호	203호
②	101호	503호	203호	404호
③	203호	404호	101호	503호
④	203호	404호	503호	101호

제1회 실전모의고사
제2회 실전모의고사
제3회 실전모의고사
제4회 실전모의고사
제5회 실전모의고사
제6회 실전모의고사
부록

31 태우, 지호, 서희, 시우, 아영 5명의 당직 근무 횟수가 다음 [조건]과 같을 때, 항상 거짓인 것은?

[조건]

- 5명의 당직 근무 횟수는 1회 이상 5회 이하이다.
- 시우는 태우보다 당직 근무 횟수가 1회 더 많고, 서희보다는 2회 더 많다.
- 지호와 서희의 당직 근무 횟수 차이는 태우와 아영의 당직 근무 횟수 차이와 같다.
- 서희의 당직 근무 횟수는 3회이다.
- 태우의 당직 근무 횟수는 아영보다 많다.
- 5명 중 당직 근무 횟수가 동일한 사람은 2명뿐이며, 이들의 당직 근무 횟수는 3회가 아니다.

① 태우의 당직 근무 횟수는 4회이다.
② 지호와 서희의 당직 근무 횟수 차이는 2회이다.
③ 아영의 당직 근무 횟수는 1회이다.
④ 지호와 시우의 당직 근무 횟수는 동일하다.

[32~33] A~G 7명의 직원은 다음 [조건]에 따라 발표 주제로 '고객만족', '농촌문화', '인재양성' 중 한 가지를 선택하여야 한다. 세 발표 주제 중 한 주제는 3명, 두 주제는 2명씩 선택하였다. 이를 토대로 물음에 답하시오.

[조건]

- A와 B는 같은 발표 주제를 선택하였다.
- C는 고객만족을 선택하였다.
- G는 농촌문화를 선택하였다.
- G와 D는 각기 다른 발표 주제를 선택하였다.
- D와 E는 같은 발표 주제를 선택하였다.

32 위 [조건]에 따를 때 다음 중 반드시 참인 것은?

① 고객만족을 발표할 직원은 C, D, E이다.
② D가 고객만족을 발표할 직원이라면 F는 인재양성을 발표한다.
③ F가 고객만족을 발표할 직원이라면 A와 B는 농촌문화를 발표한다.
④ F가 농촌문화를 발표할 직원이라면 A와 B는 인재양성을 발표한다.

33 다음 중 어느 조건이 추가로 주어지면 발표 주제별 발표자가 확정될 수 있는가?

① F는 농촌문화를 선택하였다.
② D와 E는 고객만족을 선택하였다.
③ 고객만족을 선택한 사람은 3명이다.
④ 농촌문화를 선택한 사람은 2명이다.

34 **다음 글에서 설명하는 고객요구 조사 방법에 대한 내용으로 옳지 않은 것은?**

> 인터뷰 종료 후 전체 내용에 대한 합의를 하고, 가이드라인에 따라 내용을 열거하고, 열거된 내용의 상호 관련을 생각하면서 결론을 얻어 나간다. 정보 획득이 가능한 그룹으로 분석 작업을 진행해야 하며, 동의 혹은 반대의 경우 합의 정도와 강도를 중시하고, 조사의 목적에 따라 결론을 이끌 수 있도록 해야 한다. 앞뒤에 흩어져 있는 정보들을 주제에 대한 연관성을 고려하여 수집하고, 확실한 판정이 가능한 것은 판정을 하지만 그렇지 않은 경우 판정을 내려서는 안 된다.

① 6~8인으로 구성된 그룹에서 특정 주제에 대해 논의하는 과정이다.
② 구체적인 질문 내용과 순서는 응답자의 응답에 따라 달리 진행한다.
③ 숙련된 사회자의 컨트롤 기술에 의해 집단의 이점을 활용하는 방법이다.
④ 조사 목적 수립, 대상자 분석, 그룹 수 결정, 대상자 모집, 가이드라인 작성 순으로 진행된다.

35 **다음 중 브레인스토밍의 진행 순서를 바르게 나열한 것은?**

> ㄱ. 주제를 구체적이고 명확하게 정한다.
> ㄴ. 독자성과 실현 가능성을 고려해 결합한 뒤 최적의 방안을 찾는다.
> ㄷ. 발언은 누구나 자유롭게 하고 모든 발언 내용을 기록한다.
> ㄹ. 구성원은 다양한 분야의 5~8명으로 구성한다.
> ㅁ. 구성원의 다양한 의견을 도출할 수 있는 사람을 리더로 선출한다.
> ㅂ. 구성원의 얼굴을 볼 수 있도록 좌석을 배치하고 큰 용지를 준비한다.

① ㄱ－ㄹ－ㅁ－ㅂ－ㄷ－ㄴ
② ㄱ－ㅁ－ㄹ－ㅂ－ㄷ－ㄴ
③ ㄱ－ㅁ－ㅂ－ㄹ－ㄷ－ㄴ
④ ㄱ－ㅂ－ㅁ－ㄹ－ㄷ－ㄴ

36 **다음은 농협의 윤리경영에 관한 글이다. 이에 근거할 때 적절한 행동을 한 사람은 누구인가? (단, 언급하지 않은 조건은 모두 만족하는 것으로 간주한다)**

농협은 경제적·법적·윤리적 책임 등을 다함으로써 농협의 모든 이해관계자인 고객, 농민조합원, 협력업체, 지역 농·축협, 직원 등 모두가 함께 성장·발전하여 청렴한 농협, 투명한 농협, 깨끗한 농협을 구현하고 함께 성장하는 글로벌 협동조합을 만들고자 한다. 이러한 윤리경영이 필요한 이유는 사회적 책임 수행 요구, 가치를 추구하는 주주 고객 등장, 국제적인 윤리경영 노력 강화, 기업신뢰도 및 국가신인도 향상 등을 이유로 들 수 있으나 궁극적으로 기업가치를 향상시켜 지속적으로 기업경영을 영위하기 위함이다. 이에 따라 농협에서는 임직원을 대상으로 다음 [표]와 같은 윤리경영 교육 프로그램을 실시하고 있다.

[표] 농협의 윤리경영 교육 프로그램

과정명	교육 시간	교육 방법	교육 시기
행동강령 테마교육	20분	연수원 현장 강의	매월 1일
윤리경영 자기진단	5분	사내통신망 화면교육	매월 21일~말일 수시 진행
윤리경영 직무교육	120분	연수원 현장 강의 후 토의	매년 3월, 9월 첫째 주 월요일
사이버 통신교육	5일	사내통신망 화면교육	매년 5월, 11월 둘째 주 월~금요일

① 5월 8일에 윤리경영 자기진단을 위해 사내통신망에 접속한 A사원
② 사이버 통신교육을 위해 5월 첫째 주 월~금요일의 스케줄을 비워 둔 B과장
③ 윤리경영 직무교육을 위해 3월 첫째 주 월요일에 사내통신망에 접속한 C대리
④ 8월 31일에 윤리경영 자기진단을 한 후, 다음 날 행동강령 테마교육을 받기 위해 연수원에 간 D사원

[37~38] 다음은 S농협 교육지원사업에 대한 [안내문]이다. 이를 읽고 이어지는 물음에 답하시오.

[안내문]

1. 조합원 건강검진
   - ○ 지원 내용: 질병을 사전에 발견·예방함으로써 조합원의 의료비 부담을 경감하고, 정기적인 검사로 건강한 삶을 추구할 수 있는 기회를 마련하여 지역사회에 봉사하는 농협상 구현
   - ○ 지원 대상
     - 짝수년도 검진: 홀수년 출생 조합원
     - 홀수년도 검진: 짝수년 출생 조합원
   - ○ 검진 병원
     - 짝수년도 검진: P대학교병원
     - 홀수년도 검진: T대학교병원
   - ○ 검진 방법: 영농회별 일정에 따른 단체 이동에 의한 단체 검진 및 개별 이동에 의한 개별 검진
   - ○ 검진 시기: 매년도 4~5월 중
2. 마을회관 난방유 지원
   - ○ 지원 내용: 농한기 원로 조합원의 휴식처인 마을회관에 난방유를 지원함으로써 따뜻한 겨울을 보낼 수 있도록 하고, 농촌 지역의 부족한 운영 자금 해소를 위한 지원
   - ○ 지원 대상: 관내 38개 영농회 마을회관에 실내등유 각 5드럼(1,000리터)
   - ○ 지원 시기: 매년도 1월 초
3. 조합원 자녀 장학금 지원
   - ○ 지원 내용: 조합원 자녀 중 품행이 단정하고 학업성적이 우수하며, 다른 학생의 귀감이 되는 학생을 영농회별로 추천을 받아 장학금을 지원
   - ○ 지원 대상: 고등학교 또는 대학교 재학생
   - ○ 지원 금액: 조합원 자녀 1인당 500천 원(고등학생), 700천 원(대학생)
4. 농업인 안전재해보험료 지원
   - ○ 지원 내용: 농업에 직접 종사하는 조합원에 대하여 농작업 중 일어날 수 있는 재해사고에 대비하고, 농가 경영의 안정을 도모하고자 농업인 자부담금을 농협에서 지원
   - ○ 지원 금액: 조합원 1인당 24,000원
   - ○ 가입 자격 및 나이: 농업인 조합원, 만 15~87세
5. 병해충 방제 상담역 운영
   - ○ 지원 내용: 영농기 병해충 방제 상담 기능을 보강하여 농약 사용의 전문성을 강화함으로써, 농업인 조합원에게 실익 제공
   - ○ 지원 기간: 매년도 4~9월

37 위 [안내문]에 대한 설명으로 옳은 것은?

① S농협은 매년 7개월 이상 병해충 방제 상담역 운영 사업을 실시하고 있다.
② 초등학생도 S농협의 조합원 자녀 장학금 지원 사업으로 장학금을 받을 수 있다.
③ S농협이 마을회관 난방유 지원 사업으로 관내 마을회관에 지원하는 실내등유는 총 19,000리터이다.
④ S농협의 농업인 안전재해보험료 지원 사업으로 지원을 받은 사람이라면 나이가 만 87세를 넘지 않을 것이다.

38 위 [안내문]에 따를 때, 다음 [보기] 중 S농협의 조합원 건강검진 지원을 받을 수 없는 사람을 모두 고르면?

| 보기 |

ㄱ. 1956년생 조합원 A는 2022년 5월에 T대학교병원에서 건강검진을 받을 수 있다.
ㄴ. 1969년생 조합원 B는 2022년 2월에 P대학교병원에서 건강검진을 받을 수 있다.
ㄷ. 1983년생 조합원 C는 2024년 4월에 P대학교병원에서 건강검진을 받을 수 있다.
ㄹ. 1948년생 조합원 D는 2023년 5월에 T대학교병원에서 건강검진을 받을 수 있다.

① ㄱ, ㄴ ② ㄱ, ㄷ ③ ㄴ, ㄹ ④ ㄷ, ㄹ

[39~40] 다음 GAP 판로지원사업 지원 대상자 추가모집에 대한 [공고문]을 읽고 이어지는 물음에 답하시오.

[공고문] GAP 판로지원사업 지원 대상자 추가모집

1. 개요

○ 모집분야: 홍보 및 판매 부문

○ 지원기간: 선정일로부터 2022년 11월 말까지(단, 지원금액 정산은 2022년 12월까지임)

○ 지원금액

- 홍보 부문: 1개소당 최대 6백만 원
- 판매 부문: 1개소당 최대 10백만 원

○ 모집 대상자

구분	지원사업 세부내용	모집 대상자 수
홍보 부문	• 전시회 및 박람회 참가비 지원 • 상품 홍보용 동영상 제작 지원 • 디자인 개발(카탈로그, 포장, 상품페이지 등) 지원 • GAP 온 · 오프라인 홍보 지원 • GAP 인증 농산물 홍보 · 기술 교육 지원	3개소
판매 부문	• 온 · 오프라인 몰(홈쇼핑) 입점 및 기획전 · 프로모션 지원 • 유튜브, 라이브커머스 등 뉴미디어 마케팅 지원	3개소

※ 사업지원 확대를 위해 위 7개 지원사업 세부내용 중 1개만 신청 가능

2. 신청기간 및 방법

○ 신청자격: GAP 농산물 취급 농업인 또는 생산자 단체(농협 등)

○ 신청기간: 2022. 9. 6.(화)~2022. 9. 15.(목)

○ 신청방법: 제출서류를 작성한 후 담당자 E-mail로 제출

※ 담당자(농협경제지주 김철수 계장) E-mail: abc1234@nonghyup.com

○ 제출서류

구분	제출서류
필수	• 사업신청서 • GAP 인증 현황 자료 • 사업추진계획서 • 홈쇼핑 입점 신청서(단, 홈쇼핑 입점 희망자 또는 희망 단체에 한함) • 통장 사본
해당 시 제출	• 사업자등록증 사본(단, 단체 신청자에 한함) • 사업결과 보고서 및 예산 사용 증빙서류(단, 사업추진 완료 이후 제출)

※ 사업수행기관의 추가 서류 제출 요청 시, 신청자는 서류 요청에 응해야 함

3. 추진절차

○ 대상자 선정 평가 실시

• 1단계: 사업신청서 평가(2022. 9. 16.~2022. 9. 17.)

• 2단계: 선정위원회 서류평가(2022. 9. 24.)

○ 선정결과 안내: 선정일(2022. 9. 27.) 당일 사업신청 담당자가 선정자에게 SMS 및 유선으로 개별 통보

※ 원활한 사업추진을 위해 최종 선정자 외에는 예비 지원 대상자로 지정함

○ 사업추진: 사업수행기관의 관리하에 별도 수행업체에서 직접 지원 대상자의 신청사업 진행

4. 유의사항

○ 요구한 서류를 기한 내 제출하지 않거나 제출된 서류 등이 미비 또는 불명확한 경우 제출된 서류만으로 평가함

○ 최종 선정 결과에 대하여 이의를 제기할 수 없음

39 위 [공고문]의 내용과 부합하지 않는 것은?

① 판매 부문에 지원한 농업인 또는 생산자 단체가 5개소라면 선정되지 않은 2개소는 예비 지원 대상자로 지정된다.

② 사업수행기관은 직접 지원 대상자의 신청사업을 진행하며, 추가 서류제출을 요청할 수 있다.

③ GAP 판로지원사업 지원 대상자 추가모집에 선정되지 않은 단체는 결과에 대하여 이의를 제기할 수 없다.

④ GAP 판로지원사업 지원 대상자로 선정된 경우 농협경제지주 김철수 계장이 SMS와 유선으로 개별 통보한다.

40 최종 선정자 중 홈쇼핑 입점 지원을 받는 단체에 대한 설명으로 옳은 것은?

① 지원금액은 최대 6백만 원이다.

② 모집 신청 시 제출해야 하는 서류는 총 6개이다.

③ 추가로 GAP 온·오프라인 홍보 지원도 받을 수 있다.

④ 지원 기간은 2개월이고, 지원 종료 후 즉시 지원금액을 정산해야 한다.

41 **다음 [그림 1]에 대한 해결방안과 [그림 2]에 대한 해결방안으로 옳지 않은 것은?**

[그림 1] 2016년, 2021년 복지 지원 대상자

(단위: 명)

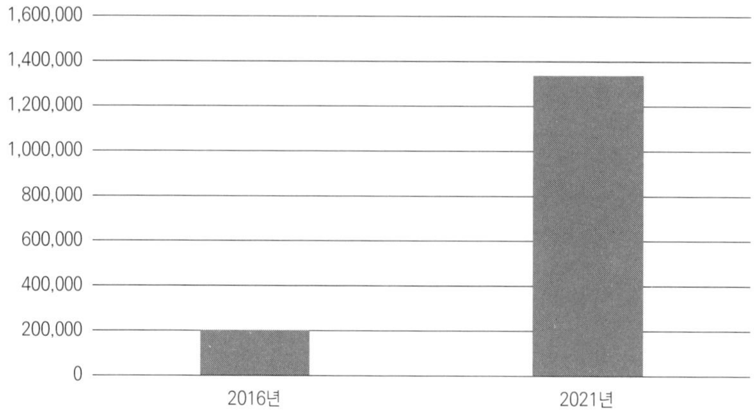

[그림 2] 2015년, 2022년 고령화 비율

(단위: %)

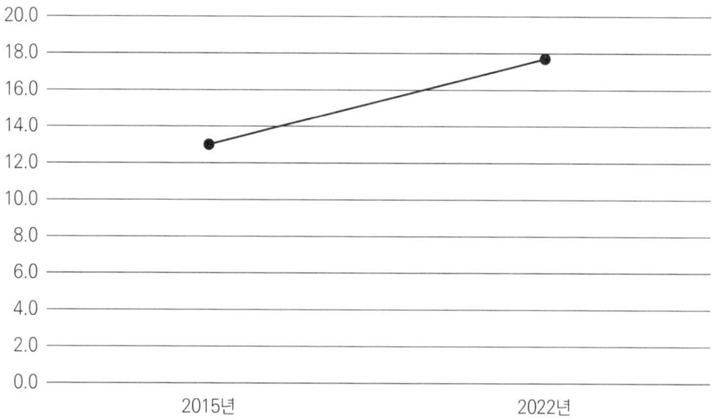

① [그림1]에 대한 해결방안으로 공공부조를 축소시킨다.

② [그림1]에 대한 해결방안으로 난방, 전기료 할인을 확대한다.

③ [그림2]에 대한 해결방안으로 노인 일자리를 창출한다.

④ [그림2]에 대한 해결방안으로 노인 건강 관리 및 의료 인프라를 강화한다.

42 **다음 [그림 1]에 대한 해결방안과 [그림 2]에 대한 해결방안으로 옳지 않은 것은?**

[그림 1] 청년 실업률

(단위: %)

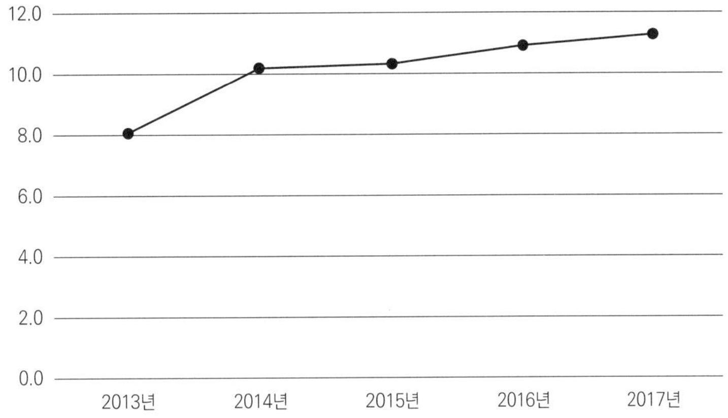

[그림 2] 출산율

(단위: 명)

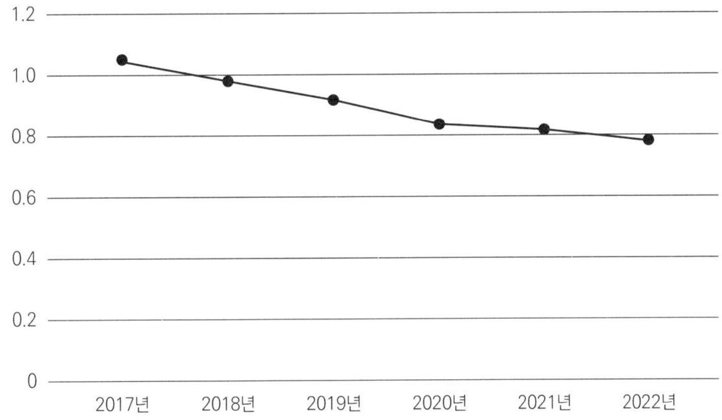

① [그림1]에 대한 해결방안으로 일자리를 증가시킨다.

② [그림2]에 대한 해결방안으로 아동수당을 확대한다.

③ [그림2]에 대한 해결방안으로 일·가정 양립 제도를 축소시킨다.

④ [그림1]에 대한 해결방안으로 교육 훈련을 제공한다.

[43~44] 다음은 A~D업체의 타일 공사 단가에 관한 자료이다. 이를 읽고 이어지는 물음에 답하시오.

[표] 업체별 단가

구분	종류	1장당 단가	사이즈(mm)	1인당 일당
A	디럭스 타일	15,000원	300×300	60,000원
B	PVC 타일	27,000원	300×600	80,000원
C	PVC 타일	14,000원	300×300	100,000원
D	디럭스 타일	31,000원	300×600	80,000원

※ 총 2명의 인부가 작업을 진행함
※ 타일은 작업 중 타일 파손 등을 이유로 10%의 타일을 더 구매해야 함

43 다음 [상황]의 T가 계약할 업체는?

[상황]

T는 가로 6,000mm, 세로 12,000mm의 장소에 타일을 설치하려고 한다. 작업은 2일 동안 진행될 예정이며, T는 타일 종류를 고려하지 않고 비용이 가장 저렴한 업체와 계약을 하고자 한다.

① A ② B ③ C ④ D

44 다음 [상황] M이 지불해야 하는 금액은?

[상황]

M은 가로 4,500mm, 세로 4,800mm인 장소에 디럭스 타일을 설치하고자 한다. 공사는 4일 동안 진행되며, 비용이 더 저렴한 업체와 계약을 하고자 한다.

① 4,440,000원 ② 4,732,000원 ③ 4,860,000원 ④ 4,924,000원

45 **G사의 서류전형에 합격한 네 명의 지원자의 필기점수와 면접점수가 다음과 같다. 이들 중 최종 합격하는 사람은?**

• 합격자 선정
– 필기 점수와 면접 점수 합인 최종 점수가 가장 높은 사람이 선정된다.
– 동점자가 있는 경우 면접 점수가 더 높은 사람을 우선한다.
– 면접 점수도 동일한 경우 의사소통 점수가 더 높은 사람을 우선한다.

• 필기시험

구분	과목	문항 수	문항당 배점
NCS	의사소통, 수리, 자원관리	30문항	5점
전공	지원 관련 전공 시험	20문항	2.5점

• 면접시험

구분	A	B	C	D	E
문제해결	20점	18점	16점	14점	12점
태도	20점	18점	16점	14점	12점
직업윤리	20점	16점	15점	12점	10점

[표]

구분			이○○	김△△	최◇◇	장□□
필기 시험	NCS	의사소통	8	6	8	7
		수리	8	10	8	9
		자원관리	9	9	7	9
	전공		16	14	18	16
면접 시험	문제해결		B	C	B	A
	태도		C	B	C	D
	직업윤리		B	D	C	B

① 이○○ ② 김△△ ③ 최◇◇ ④ 장□□

[46~47] 다음 [甲사 명절 선물 명세]를 읽고 이어지는 물음에 답하시오.

[甲사 명절 선물 명세]

1. 선물세트 가격

○ A세트

구성	가격	비고
카놀라유 2개, 통조림 햄 8개	38,000원	80개 이상 구매 시 10% 할인

○ B세트

구성	가격	비고
카놀라유 3개, 통조림 햄 6개	39,000원	100개 이상 구매 시 570,000원 할인

○ C세트

구성	가격	비고
올리브유 1개, 통조림 햄 10개	40,000원	120개 이상 구매 시 14% 할인

○ D세트

구성	가격	비고
올리브유 2개, 통조림 햄 7개	41,000원	100개 이상 구매 시 820,000원 할인

2. 배송비

세트 개수	10개 미만	10개 이상 20개 미만	20개 이상 30개 미만	30개 이상
배송비	10,000원	15,000원	20,000원	25,000원

※ 세트 100개 이상 구매 시 20,000원

46 N사 B지점에서 근무하는 이 대리는 甲사에 직원들의 명절 선물세트 120개를 주문하려 한다. 배송비를 포함하여 지불해야 할 총 금액이 가장 저렴한 선물세트를 주문한다고 했을 때, 그 금액은 얼마인가?

① 4,120,000원 ② 4,124,000원 ③ 4,128,000원 ④ 4,132,000원

47 甲사는 개별 구성품을 소비자가 선택하여 선물세트를 구성할 수 있도록 하였다. 이에 이 대리는 위 문항에 따라 주문하려던 세트 대신 카놀라유 1개, 올리브유 1개, 통조림 햄 7개를 한 세트로 구성하여 주문하려 한다. 개별 구성품 1개당 비용이 다음 [표]와 같다고 할 때 이 대리가 지불해야 하는 총 금액은 얼마인가?

[표]

카놀라유	올리브유	통조림 햄
7,000원	10,000원	3,000원

※ 통조림 햄 총 700개 이상 구매 시 세트당 12% 할인

① 4,012,800원 ② 4,022,800원 ③ 4,032,800원 ④ 4,042,000원

제1회 실전모의고사
제2회 실전모의고사
제3회 실전모의고사
제4회 실전모의고사
제5회 실전모의고사
제6회 실전모의고사
부록

48 이 대리는 [김 팀장의 지시사항]을 고려하여 다음 [표]의 A~D 중에서 송년회 장소를 예약하려고 한다. 이 대리가 예약할 곳은 어디인가?

[표] 송년회 장소 목록

구분	대관 가능 시간	1인당 식비	회사와의 거리	식사 방식
A	2시간	28,000원	20km	뷔페식
B	4시간	36,000원	3km	메뉴식
C	3시간	25,000원	4km	뷔페식
D	3시간	33,000원	9km	메뉴식

[김 팀장의 지시사항]

이 대리, 이번 송년회를 위해 20명의 인원이 회식할 장소를 예약해 주게. 편의를 고려해 회사와의 거리는 10km 이내였으면 하네. 그리고 대관 시간은 여유롭게 3시간 이상으로 잡아 주게. 대표님이 뷔페식은 좋아하지 않으니 제외하는 것 잊지 말고. 아, 그리고 예산은 70만 원이니 그 안에서만 해결하면 되네. 잘 부탁하네.

① A　② B　③ C　④ D

[49~50] 다음은 U가 사내 기념품 제작을 위해 정리한 자료이다. 이를 읽고 이어지는 물음에 답하시오.

○ 업체별 단가

구분	박스당 제품 개수	박스당 가격	비고
A	10개	55,000원	100박스 이상 주문 시 10% 할인
B	25개	131,000원	5% 할인
C	15개	82,000원	10박스당 1박스 무료 증정
D	20개	100,000원	–

※ 주문은 박스로만 주문 가능하며, 할인은 배송료를 제외한 금액을 할인함

○ 업체별 배송료

A	B	C	D
50,000원	20박스 이상 주문 시 5,000원	무료배송	15,000원

49 U가 1,000개의 기념품을 제작하고자 할 때, 비용이 가장 저렴한 업체는?

① A ② B ③ C ④ D

50 U는 1,000개의 기념품에 프린트를 하기 위해 각 업체로부터 추가 프린트 비용 견적을 받았다. U가 비용이 가장 저렴한 업체에서 주문한다고 할 때, 지불해야 하는 금액은?

[표] 1개당 프린트 비용

A	B	C	D
100원	120원	100원	80원

※ 프린트 비용은 할인 품목에서 제외됨
※ C업체의 경우 무료로 증정받은 기념품의 경우에도 프린트 비용은 지불해야 함

① 5,095,000원 ② 5,100,000원 ③ 5,102,000원 ④ 5,103,000원

51 **다음은 김 사원이 정리해둔 수영장 프로그램이다. [상황]의 두 사람이 선택할 수영장 프로그램은?**

[수영장 프로그램]

구분	시작 시각	등급	신규 모집인원
새벽 1반	오전 6시	초급(자유형 가능자)	1명
새벽 2반	오전 6시	고급(자유형, 배영, 평영 가능자)	2명
저녁 1반	오후 7시	중급(자유형, 배영 가능자)	3명
저녁 2반	오후 8시	초급(자유형 가능자)	3명

※ 모든 수영장 프로그램은 1시간 동안 진행됨

[상황]

김 사원은 동기인 이 사원과 함께 이번 시즌에 출근 전 또는 퇴근 후에 수영장에서 진행하는 프로그램 중 같은 프로그램을 통해 수영을 배우고자 한다. 김 사원은 지난 시즌에 수영을 배워 자유형, 배영 가능자이지만 이 사원은 자유형만 가능하다.

① 새벽 1반 ② 새벽 2반 ③ 저녁 1반 ④ 저녁 2반

52 **다음은 효과적으로 시간 계획 시 우선순위를 정할 때 작성하는 시간관리 매트릭스이다. ㉠~㉣ 중 적절하지 않은 것은?**

	긴급함	긴급하지 않음
중요함	1. 긴급하면서 중요한 일 - 위기상황 - 긴박한 문제 - ㉠ 기간이 정해진 프로젝트	2. 긴급하지 않지만 중요한 일 - 예방 생산 능력 활동 - 인간관계 구축 - ㉡ 중장기 계획, 오락
중요하지 않음	3. 긴급하지만 중요하지 않은 일 - 일부 보고서 및 회의 - 눈앞의 급박한 상황 - ㉢ 인기 없는 활동	4. 긴급하지 않고 중요하지 않은 일 - 바쁜 일, 하찮은 일 - 시간 낭비 거리 - ㉣ 즐거운 활동

① ㉠　② ㉡　③ ㉢　④ ㉣

53 **다음 [보기]는 김 사원이 기사 자격증 취득을 위해 SMART 법칙에 따라 목표를 설정한 것이다. 이 중 적절하지 않은 것은?**

| 보기 |

- S: 나는 기사 자격증 필기시험을 80점을 넘을 것이다.
- M: 나는 매일 과년도 필기시험 1회분을 풀이한다.
- A: 기사 자격증을 취득할 수 있다고 생각한다.
- R: 매일 인터넷 강의를 2개씩 수강한다.
- T: 올해 안에 기사 자격증을 취득한다.

① S　② M　③ A　④ R

54 **다음 [예금상품 세일즈 업무 이해]에 따를 때 [상황]의 A가 고객에게 전달한 말로 옳지 않은 것은? (단, 예입일수는 730일로 계산한다)**

> [예금상품 세일즈 업무 이해]
>
> 1. 저축예금의 정의
>
> 저축예금은 입출금을 자유롭게 할 수 있는 예금으로, 보통예금에 비해 높은 금리를 지급한다는 특성 때문에 현재 입출식예금 중 가장 많이 사용되고 있다.
>
> 2. 예금의 만기일 산정
>
> 예금의 만기일 산정은 다음과 같다.
>
> 1) 월 또는 년으로 정하였을 때에는 그 기간의 마지막 달에 있는 예금한 날의 상당일을 만기일로 한다.
>
> 예 2015년 3월 10일에 1년제 정기예금을 신규할 경우 만기일은 2016년 3월 10일이 된다.
>
> 2) 마지막 달에 있어야 할 날이 없을 때에는 그 달의 말일을 만기일로 한다.
>
> 예 2015년 3월 31일에 1개월 정기예금을 시작한 경우 만기일은 2015년 4월 30일이 된다.
>
> 3) 일로써 예금기간을 정하였을 때에는 예금한 날의 다음 날부터 기산하여 해당일을 만기일로 한다.
>
> 예 2015년 3월 31일에 예금을 시작한 경우 2015년 4월 1일부터 기산하여 계산한다.
>
> 4) 만기일이 공휴일(토요일 포함)에 해당할 때에는 그 다음 첫 영업일에 지급하되 이 경우의 경과일수에 대하여는 가입 당시의 만기이율로 계산한 이자를 지급한다.
>
> 3. 이자계산방법
>
> 1) 예금의 부리기간, 즉 예금에 이자가 붙는 기간은 예금액이 들어온 날로부터 예금했던 돈을 지급한 전일까지로 한다.
>
> 2) 이자 계산은 원금에 연이율과 예입일수를 곱하고 365로 나눈다.
>
> 원금 × 연이율 × 예입일수/365
>
> 3) 산출한 이자금액의 원 미만은 절사한다.

> [상황]
>
> N은행 창구 업무를 맡고 있는 A는 고객의 저축예금 가입을 진행 중이다. 오늘은 2023년 12월 2일이고, 고객은 예금의 기간을 2년으로 설정하였고, 원금은 1,000만 원이고 연이율은 3%이다.

① 입출금을 자유롭게 할 수 있는 예금입니다.

② 예금의 만기일은 2025년 12월 2일입니다.

③ 만기일이 토요일인 경우 그 다음 첫 영업일에 지급됩니다.

④ 이자는 62만 원입니다.

55 다음은 [N사에서 추구하는 인재상]이다. [보기]의 A~D 중 N사에서 추구하는 인재상에 해당하지 않는 사람은?

[N사에서 추구하는 인재상]

| 보기 |

- A: 자신이 하는 일은 누구나 할 수 있는 것이 아니라 해당 분야의 지식과 교육을 밑바탕으로 성실히 수행해야만 가능한 것이라 믿고 수행하는 태도를 가지며, 자기 업무에 전문가로서의 능력과 의식을 가지고 책임을 다하며, 능력을 연마하려고 노력한다.
- B: 업무와 관련된 모든 것을 숨김없이 정직하게 수행하고, 본분과 약속을 지켜 신뢰를 유지하려 노력하고, 관계된 사람과 상호신뢰하고 협력하며 원만한 관계를 유지하려 노력한다.
- C: 팀원들을 신뢰하고 그들의 잠재력을 믿으며, 그 잠재력의 개발을 통해 높은 성과를 내는 팀이 되도록 하는 임파워먼트를 행하며 통제적인 리더십의 스타일로 모든 팀원들로부 시너지적이고 창조적인 에너지를 끌어내려고 연구하고 노력한다.
- D: 새로운 추세나 행동 양식의 변화가 무엇인지 세심하게 살피며 무엇이 변하고 있는지 그 징후를 포착하는 연습을 하여 변화의 상황들에 대하여 효과적으로 대처하기 위한 전략을 세운다.

① A　　② B　　③ C　　④ D

[56~57] 다음은 A지역농협의 결재 규정이다. 이를 읽고 이어지는 물음에 답하시오.

- 결재를 받으려는 업무에 대하여 최고 결재권자(조합장) 포함 이하 직책자의 결재를 받아야 한다.
- '전결'이라 함은 회사의 경영 활동이나 관리 활동을 수행함에 있어 의사결정이나 판단을 요하는 일에 대하여 최고 결재권자의 결재를 생략하고, 자신의 책임하에 최종적으로 의사결정이나 판단을 내리는 행위를 말한다.
- 결재를 올리는 자는 최고 결재권자로부터 전결 사항을 위임받은 자가 있는 경우 그 위임받은 자의 결재란에 '전결'이라고 표시하고 최종 결재권자란에 위임받은 자를 표시한다.
- 최고 결재권자의 결재 사항 및 최고 결재권자로부터 위임된 전결 사항은 다음의 표에 따른다.

구분	내용	금액 기준	결재 서류	팀장	상임이사	조합장
출장비	출장 교통비, 출장 식대비	20만 원 이하	출장계획서, 출장비신청서	◆		
		20만 원 초과 40만 원 이하			◆	
		40만 원 초과			◆	
영업비	영업처 식대비, 경조사비	30만 원 이하	접대비지출품의서, 지출결의서	●◆		
		30만 원 초과 50만 원 이하			●◆	
		50만 원 초과				●◆
소모품비	—	—	기안서, 지출결의서	●		
교육비	본인 교육비	—	기안서, 교육비신청서		●	◆
	자녀 교육비	50만 원 이하			●◆	
		50만 원 초과			●	◆

●: 기안서, 지출결의서
◆: 출장계획서, 출장비신청서, 접대비지출품의서, 교육비신청서

56 A지역농협 채권관리팀 정민국 과장은 자녀 교육비로 35만 원을 지불할 계획이다. 정민국 과장이 작성한 결재 양식으로 옳은 것은?

①

기안서				
결재	담당	팀장	상임 이사	최종 결재
	정민국	전결		팀장

②

기안서				
결재	담당	팀장	상임 이사	최종 결재
	정민국	전결		상임 이사

③

교육비신청서				
결재	담당	팀장	상임 이사	최종 결재
	정민국		전결	팀장

④

교육비신청서				
결재	담당	팀장	상임 이사	최종 결재
	정민국		전결	상임 이사

57 A지역농협 수신팀 최영민 대리는 거래처 직원들과의 식사비로 57만 원을 지불하였다. 최영민 대리가 작성한 결재 양식으로 옳은 것은?

①

지출결의서				
결재	담당	팀장	상임 이사	최종 결재
	최영민		전결	상임 이사

②

지출결의서				
결재	담당	팀장	상임 이사	최종 결재
	최영민			조합장

③

접대비지출품의서				
결재	담당	팀장	상임 이사	최종 결재
	최영민		전결	상임 이사

④

접대비지출품의서				
결재	담당	팀장	상임 이사	최종 결재
	최영민		전결	조합장

58 **다음은 농협의 사업 중 하나인 '농협목우촌'에 대한 설명이다. 이를 읽고 판단한 내용으로 적절하지 않은 것은?**

> ○ 농협목우촌의 역할
> - 목우촌 출하농가에 대해 안정적 소득기반 제공
> - 축산농가 실익증진을 위한 시장견제자 역할: 민간 계열업체가 과점적 위치를 차지하는 축산계열화 시장에서 사육수수료 정산 및 거래관행 등에 대한 시장견제 기능 수행
> - 축산물을 도축·가공·판매하는 판매농협 기능: 축산농가에서 생산된 국내산 축산물을 도축 및 가공하여 계통매장, 대형마트, 소매점, 외식가맹점 등 소비자 접점 판매처에 공급
> - 고품질 축산물 공급을 통한 소비자 및 농업인 실익 증진: 전체 육가공품 시장의 품질 향상을 견인함으로써 소비자 후생 증진 및 국내산 원료육 사용을 통한 가격지지로 농업인 실익 증진
>
> ○ 수출현황
>
> 농협목우촌은 1995년 출범 이후 안심, 등심, 후지 등을 일본에 수출하며 국내 돈육수출 1위 업체로 발돋움하였으며, 1998년 3천만 달러 수출탑을 수상하였다. 또한 2008년 이후에는 육가공품을 홍콩에 유수한 백화점 및 유통점에 꾸준히 입점시키며 한국의 햄, 소세지 및 냉동식품 등의 우수한 맛을 세계에 알리고 있다.

① 농협목우촌은 가공육 수출의 선두주자이다.
② 농협목우촌은 육가공품 시장의 품질 향상을 위해 노력 중이다.
③ 농협목우촌은 축산농가를 위해 시장견제 기능을 수행한다.
④ 농협목우촌은 1995년 이후 다양한 제품을 수출하고 있다.

59 **다음 [그림]의 A에 해당하는 경영전략은?**

[그림]

전략적 우위 요소

전략적 목표		차별화	낮은 원가
	넓은 시장		
	좁은 시장	A	

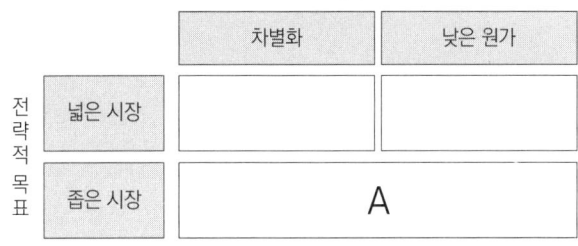

① 다각화 전략　　② 집중화 전략
③ 차별화 전략　　④ 원가우위 전략

60 **다음 중 업무의 특성에 대한 설명으로 옳지 않은 것은?**

① 조직 내에서 업무는 궁극적으로 같은 목적을 지향한다.
② 개별 업무들은 요구되는 지식, 기술, 도구의 종류가 다르고 이들 간의 다양성도 차이가 있다.
③ 업무가 독립적으로 이루어지므로 조직 내 다른 업무와 밀접한 관련성은 적다.
④ 목적을 달성하기 위하여 업무는 통합되어야 하므로, 개인이 선호하는 업무를 임의로 선택할 수 있는 재량권이 적다.

최신개정판

혼JOB 농토피아 지역농협 6급 실전모의고사

제2회
실전모의고사

수험번호	
성명	

[시험 유의사항]

1. 제2회 실전모의고사는 다음과 같이 정해진 시험 시간에 맞추어 풀어 보시기를 권장합니다.

과목	세부 영역	문항 수	시험 형식	권장 풀이 시간
NCS 직무능력평가	의사소통능력 수리능력 문제해결능력 자원관리능력 조직이해능력	60문항	객관식 4지선다	60분

2. 본 모의고사 풀이 시 맨 마지막 페이지의 OMR 카드를 활용하시어 실전 감각을 높이시기 바랍니다.
3. 시험지의 전 문항은 무단 전재 및 배포를 금합니다. 이를 위반할 경우 관련 규정에 따라 처벌을 받을 수 있습니다.

제2회 실전모의고사

01 **다음 문장의 밑줄 친 단어를 문맥에 맞게 고친 것으로 적절하지 않은 것은?**

① 그는 주말마다 영화를 보는 것이 취미이다. → 감상하는
② 보던 신문을 끊고 다른 신문으로 바꾸었다. → 구독하던
③ 그는 상대를 만만하게 보는 나쁜 버릇이 있다. → 평가하는
④ 남의 단점을 보기는 쉬우나 자기의 단점을 보기는 어렵다. → 목격하기는

02 **다음 [한글 맞춤법]과 [해설]을 참고할 때, 문장의 밑줄 친 단어의 표기가 옳지 않은 것은?**

[한글 맞춤법]

제1장 총칙

(중략)

제2항 문장의 각 단어는 띄어 씀을 원칙으로 한다.

[해설]

'안되다'는 국어사전에 등재되어 있는 하나의 단어로, '안되다'의 의미를 국어사전에서 찾아보면 다음과 같다.

- 일, 현상, 물건 따위가 좋게 이루어지지 않다.
- 사람이 훌륭하게 되지 못하다.
- 일정한 수준이나 정도에 이르지 못하다.
- 섭섭하거나 가엾어 마음이 언짢다.
- 근심이나 병 따위로 얼굴이 많이 상하다.

따라서 이와 같은 의미를 나타낼 때 '안되다'는 하나의 단어이므로 붙여 써야 한다. 그러나 '안 되다'와 같이 '되다'의 앞에 부정 부사 '안'이 쓰인 부정문의 경우에는 하나의 단어가 아니므로 띄어 써야 한다.

① 자식이 안 되기를 바라는 부모는 없다.
② 몸살을 앓더니 얼굴이 참 안돼 보이는구나.
③ 우리 집은 아직 저녁 식사 준비가 안 되었다.
④ 그 사람이 나간 지 얼마 안 되어서 전화가 왔다.

03 다음 [통상임금 산정지침]과 [통상임금 판단기준 예시]에 따를 때, 통상임금에 해당하는 것은?

[통상임금 산정지침]

제○○조(목적) 이 지침은 근로기준법 시행령 제6조에 규정된 통상임금의 산정기초가 되는 임금 및 산정기준시간에 대하여 그 개념과 범위를 명확히 정함으로써 근로기준법 등 노동관계법령상의 통상 임금을 일관성 있게 산정·적용함을 목적으로 한다.

제○○조(용어의 정의) "통상임금"이라 함은 근로자에게 정기적·일률적으로 소정근로 또는 총근로에 대하여 지급하기로 정하여진 시간급금액, 일급금액, 주급금액, 월급금액 또는 도급금액을 말한다.

제○○조(산정기초임금) ① 통상임금의 산정기초가 되는 임금은 근로계약이나 취업규칙 또는 단체협약 등에 의하여 소정근로시간에 대하여 근로자에게 지급하기로 정하여진 기본급 임금과 정기적·일률적으로 1임금산정기간에 지급하기로 정하여진 고정급 임금으로 한다.

② 제1항의 규정에 불구하고 도급금액으로 정하여진 임금에 대하여는 그 임금산정기간에 있어서 도급제에 의하여 계산된 임금의 총액(연장·야간·휴일근로 등에 대한 가산수당은 제외한다)으로 한다.

제○○조(통상임금의 판단기준) 통상임금에 포함되는 임금의 범위는 [통상임금 판단기준 예시]에 따라 판단한다. 다만, 그 명칭만으로 판단하여서는 아니되며, 통상임금의 의의, 근로계약·취업규칙·단체협약 등의 내용, 직종·근무형태, 지급관행 등을 종합적으로 고려하여야 한다. 상여금은 정기적·일률적으로 지급하더라도 통상임금의 범위로 보지 아니한다.

[통상임금 판단기준 예시]

1. 소정근로시간 또는 법정근로시간에 대하여 지급하기로 정하여진 기본급 임금
2. 일·주·월 기타 1임금산정기간 내의 소정근로시간 또는 법정근로시간에 대하여 일급·주급·월급 등의 형태로 정기적·일률적으로 지급하기로 정하여진 고정급 임금
   ① 담당업무나 직책의 경중 등에 따라 미리 정하여진 지급조건에 의해 지급하는 수당
   ② 물가 변동이나 직급 간의 임금 격차 등을 조정하기 위하여 지급하는 수당
   ③ 기술이나 자격·면허증소지자, 특수작업종사자 등에게 지급하는 수당
   ④ 특수지역에 근무하는 근로자에게 정기적·일률적으로 지급하는 수당
   ⑤ 버스, 택시, 화물자동차, 선박, 항공기 등에 승무하여 운행·조종·항해·항공 등의 업무에 종사하는 자에게 근무일수와 관계없이 일정한 금액을 일률적으로 지급하는 수당
   ⑥ 생산기술과 능률을 향상시킬 목적으로 근무성적에 관계없이 매월 일정한 금액을 일률적으로 지급하는 수당
   ⑦ 기타 ① 내지 ⑥에 준하는 임금 또는 수당

① 노동조합과의 합의에 따라 현물 또는 구매권의 형태로 모든 직원에게 제공된 중식의 평가액
② 근로계약·취업규칙·단체협약에 규정되어 있지 않은 일시적 가족수당
③ 생산기술과 능률을 향상시킬 목적으로 근무성적에 따라 정기적으로 지급된 생산장려수당
④ 지급조건, 금액, 지급시기가 정해져 있는 정기상여금

[04~05] 다음은 농기계 구입자금 대출에 관한 자료이다. 이를 읽고 이어지는 물음에 답하시오.

농기계 구입자금 대출: 정부지원대상 농기계 구입 시 낮은 금리로 지원받을 수 있는 농업정책자금 상품

1. 대상: 농업인, 농업법인(농업회사법인, 영농조합법인)
   ※ 당행 신용평가 및 대출심사 결과에 따라 대출이 제한될 수 있음
2. 대출기간: 5~8년 이내(1년 거치 4~7년 원금균등분할상환, 농기계별 상이)
3. 대출한도: 농기계별 정부융자지원한도 이내에서 구입금액의 100% 이내(예 정부융자지원한도 1,000만 원, 구입금액 1,200만 원 ⇒ 대출가능금액 1,000만 원)
   ※ 중고 트랙터나 중고 콤바인을 폐차 후 신품 구입하는 경우 해당 신품 트랙터나 콤바인의 정부융자지원한도액의 110%와 구입금액 중 적은 금액 이내
4. 상환방법: 원금균등분할상환
5. 원금 또는 이자상환 안내: 거치 기간 동안 이자납입일에 이자를 납부하고, 거치 기간 종료 후 대출원금을 약정내용에 따라 정기적으로 균등하게 분할하여 상환
6. 대출금리
   - 고정금리(연 2.0%) 또는 변동금리(6개월 주기)
   - 대출시점 변동금리는 영업점에서 확인 가능함
7. 이자 계산방법
   - 대출원금×연이자율×[대출일수/365(윤년은 366)]
   - 대출일수는 대출 취급일부터 상환일 전일까지의 일수를 말하며, 대출금이자는 원 단위로 계산(원 단위 미만 절사)
   - 대출금(이자)을 상환기일(이자납입일)에 납입하지 않은 경우, 상환기일(이자납일일) 당일까지는 기한 내 이자율을 적용하고 상환기일(이자납입일) 다음 날부터는 연체이자율(지연배상금율)을 적용
   - 이자 입금기일이 휴일인 때에는 그 다음 영업일에 이자의 입금기일에 납입하여야 할 기한 내 이자를 납입
   - 이자 계산방법 및 징수 기준은 상품에 따라 달리 정할 수 있음
8. 필요서류: 실명확인서류, 농업경영체등록확인서, 전자세금계산서, 융자금지불위임장 및 기대인수확인서, 농기계사후관리 이행확약서, 기타 필요한 서류(폐차입고확인서 등)
   ※ 추가 필요서류나 자세한 사항은 영업점으로 문의 바랍니다.
9. 유의사항
   - 거래가격 70만 원 이상의 형식표지판이 훼손되지 않은 신제품 농기계 구입 시 지원(단, 70만 원 미만의 부속작업기를 본체와 같이 구입할 경우에는 대출 가능)
   - 본 대출은 농업정책자금으로 별도의 특약사항이 있을 수 있음
   - 정부정책, 금융시장 환경변화 및 고객의 신용평가 결과 등에 따라 대출자격, 대출한도, 대출금리 등 대출조건이 변경될 수 있음
   - 신용관리대상정보 등록 및 농협은행 및 농축협 대출심사기준에 따라 대출이 불가할 수 있음

04 다음 [보기]의 A~D 중 농기계 구입 대출을 받을 수 없는 사람은? (단, 제시하지 않은 조건은 모두 충족함)

| 보기 |

- A: 농업인으로 가격이 50만 원인 부속작업기와 본체를 같이 구매
- B: 영농조합법인으로 중고 트랙터를 폐차 후 가격이 900만 원인 트랙터를 구매
- C: 농업인으로 가격이 800만 원인 정부지원 미대상 트랙터를 구매
- D: 농업회사법인으로 정부융자지원 한도 이내의 가격이 1,000만 원인 콤바인을 구매

① A ② B ③ C ④ D

05 다음 [상황]의 A가 대출받을 수 있는 한도는 최대 얼마인가?

[상황]

농업인인 A는 이전에 사용하던 콤바인을 폐차 후 신품 콤바인을 구입 후 농기계 구입자금 대출을 받고자 한다. A가 구매하려고 하는 콤바인은 정부지원대상 콤바인이고, 가격은 1,500만 원이고, 정부융자지원한도액은 1,200만 원이다.

① 1,200만 원 ② 1,320만 원 ③ 1,500만 원 ④ 1,650만 원

[06~07] 다음은 「청년농업인 육성 규정」의 주요 내용이다. 이를 읽고 이어지는 물음에 답하시오.

제2조(정의) ① 청년'을 사업 시행연도 기준 만 18세 이상, 만 40세 미만으로 정의한다.

> 「청년창업농 선발 및 영농정착 지원사업 시행지침」
>
> 청년창업농 신청 자격 및 요건
>
> 가. 연령: 사업 시행연도 기준 만 18세 이상, 만 40세 미만

② '농업인'을 「농업·농촌 및 식품산업 기본법」 제3조 제2호의 농업인으로 정의한다.

> 「농업·농촌 및 식품산업 기본법」
>
> 제3조(정의)
>
> 2. "농업인"이란 농업을 경영하거나 이에 종사하는 자로서 대통령령으로 정하는 기준에 해당하는 자를 말한다.
>
> 「농업·농촌 및 식품산업 기본법 시행령」
>
> 제3조(농업인의 기준) ① 법 제3조 제2호에서 "대통령령으로 정하는 기준에 해당하는 자"란 다음 각 호의 어느 하나에 해당하는 사람을 말한다.
>
> 1. 1천 제곱미터 이상의 농지를 경영하거나 경작하는 사람
> 2. 농업경영을 통한 농산물의 연간 판매액이 120만 원 이상인 사람
> 3. 1년 중 90일 이상 농업에 종사하는 사람
> 4. 「농어업경영체 육성 및 지원에 관한 법률」 제16조 제1항에 따라 설립된 영농조합법인의 농산물 출하·유통·가공·수출활동에 1년 이상 계속하여 고용된 사람
> 5. 「농어업경영체 육성 및 지원에 관한 법률」 제19조 제1항에 따라 설립된 농업회사법인의 농산물 유통·가공·판매활동에 1년 이상 계속하여 고용된 사람

제4조(교육) 지원 전담조직은 청년을 대상으로 영농정착에 필요한 교육을 실시한다.

제5조(영농정착 지원) ① 교육생 및 농업 종사 희망자에 대한 영농정착을 지원한다.

② 영농정착 지원과 관련된 사항에 대해 중앙회 및 중앙회 계열사의 관련 부서의 장에게 협조 요청을 할 수 있다.

(중략)

제7조(자문위원회 설치) 청년농업인 육성과 관련된 다양한 의견 청취를 위하여 각계 전문가로 구성된 자문위원회를 설치할 수 있다.

부칙

이 규정은 2021년 5월 1일부터 시행한다.

06 **위 규정을 참고할 때 옳은 것은?**

① 2019년 5월, 만 40세인 사람은 위 규정에서 정의하는 '청년'에 해당한다.

② IT 회사에 재직 중인 사람이 취미로 주말농장을 이용하고 있다면 위 규정에서 정의하는 '농업인'에 해당하지 않는다.

③ 청년농업인 육성 지원 전담조직은 농업인이라면 누구에게나 영농정착에 필요한 교육을 실시할 수 있다.

④ 농업계열 전문가가 아니라면 자문위원회 구성원이 될 수 없다.

07 **위 규정을 읽은 농업인과 청년농업인 육성 사업 담당자의 상담 내용으로 옳지 않은 것은? (단, 해당 농업인의 연령은 사업 시행연도 기준 만 30세이다)**

① 농업인: 청년창업농 선발 및 영농정착 지원사업에 지원하려 합니다. 5백 제곱미터의 농지를 경영하고 있는데 지원할 수 없는 거죠?

담당자: 아니요, 농업경영을 통한 농산물의 연간 판매액이나 1년 중 농업에 종사하는 일수 등 여러 기준 중 하나를 충족하면 됩니다. 농업경영을 통한 농산물의 연간 판매액이 얼마인가요?

② 농업인: 아직 판매가 원활하지 않아 농업경영을 통한 농산물의 연간 판매액은 100만 원이 되지 않습니다.

담당자: 농업경영을 통한 농산물의 연간 판매액 기준은 충족하지 못합니다. 1년 중 농업에 종사하는 일수는 며칠인가요?

③ 농업인: 1년 중 200일을 농업에 종사합니다. 지원이 가능한가요?

담당자: 네, 1년 중 90일 이상 농업에 종사하여 지원할 수 있습니다.

④ 농업인: 저와 함께 귀농한 친구가 농산물을 출하하는 영농조합법인에서 6개월 정도 근무했습니다. 이 친구도 지원이 가능한가요?

담당자: 네, 해당 영농조합법인이 「농어업경영체 육성 및 지원에 관한 법률」 제16조 제1항에 따라 설립되었는지 확인되면 지원 대상입니다.

[08~09] 다음 글을 읽고 이어지는 물음에 답하시오.

도시와 농촌 간에 소통 여건을 조성하고 상호 교류를 정착시키기 위하여 매년 7월 7일을 '도농교류의 날'로 제정하고 농촌 체험 활동, 1사 1촌 자매결연, 농촌 사회 공헌 인증 등을 통해 도농교류 활성화에 기여한 기업·단체, 마을리더, 개인에게 '농촌 발전 유공 정부포상'을 수여하고자 하오니, 다음 내용을 참고하시기 바랍니다.

○ 기업·단체 분야: 도농교류를 통해 농촌 지역 활력 증진에 기여한 기업·단체
- 1사 1촌 자매결연 건수(누계)
- 도농교류 금액(누계): 농산물 직거래, 기부·기증, 마을 시설 지원 등
- 연간 교류 횟수(최근 2년간 연평균 실적): 농산물 직거래, 지역 봉사(의료, 일손 돕기 등), 직원 연수 등 포함
- 교류 활동 참여 인원(최근 2년간 연평균 실적)
- 도농교류 경과 연수(누계)
- 도농교류 홍보 건수(최근 2년간 연평균 실적)
- 도농교류 전담 조직 구성·운영
- 농업·농촌 기여 실적: 농산물의 생산·가공·유통·관광 등 지원, 농촌 부존 자원 개발 및 마을·지역 개발 컨설팅 지원, 창업, 일자리 창출, 기술 지원, 농업 경영·마케팅 지원 등 지원 실적(누계)

○ 마을리더 분야: 농촌 현장에서 농업·농촌 지역에 종사하고 있으면서 도농교류를 통해 마을 발전에 기여한 자
- 자매결연 등 도농교류 건수(최근 2년간 연평균 실적)
- 체험 및 방문객 등 교류·유치 실적(최근 2년간 연평균 실적)
- 교류·유치를 통한 매출액(최근 2년간 연평균 실적)
- 마을 자체 홍보 실적(최근 2년간 연평균 실적): 박람회·지역행사 참여, 자체 소식지 발행, 마을 자체 축제 개최 건수
- 정부, 지자체 등 정책 사업 유치 건수(최근 2년간 누계)
- 마을지도자 활동 기간(누계)
- 기타 도농교류 발전에 공헌한 실적

○ 개인 분야
- 도농교류(농촌 관광 등) 활동 기간(누계)
- 연간 교류 횟수(최근 2년간 연평균 실적): 지역 봉사(의료, 일손 돕기 등) 등
- 도농교류 활동을 통한 마을 및 농업·농촌 홍보 실적(최근 2년간 연평균 실적): TV, 라디오, 신문, 인터넷 등
- 도농교류 활동을 통한 농업·농촌 발전 기여도

08 **위 글의 제목으로 가장 적절한 것은?**

① 농촌 발전 유공 정부포상의 포상 규모
② 농촌 발전 유공 정부포상의 포상 절차
③ 농촌 발전 유공 정부포상의 추진 배경 및 목적
④ 농촌 발전 유공 정부포상의 포상 분야별 심사 항목

09 **위 글을 읽고 보인 반응으로 적절하지 않은 것은?**

① A: 농촌 지역 일손 돕기 봉사 실적은 개인 분야의 포상에만 영향을 끼치겠군.
② B: 지금까지 도농교류에 사용한 금액이 많은 기업·단체일수록 수상에 유리하겠군.
③ C: 3년 전의 도농교류 홍보 활동은 기업·단체 분야의 연간 교류 횟수에 포함되지 않겠군.
④ D: 도농교류를 통해 마을 발전에 기여했다고 하더라도 도시의 대기업에 종사하고 있는 사람은 마을리더 분야의 수상자가 될 수 없겠군.

[10~11] 다음은 농지법의 일부이다. 이를 읽고 이어지는 물음에 답하시오.

제2절 농지의 임대차 등

제23조(농지의 임대차 또는 사용대차) ① 다음 각 호의 어느 하나에 해당하는 경우 외에는 농지를 임대하거나 무상사용하게 할 수 없다.

1. 제6조 제2항 제1호·제4호부터 제9호까지·제9호의2 및 제10호의 규정에 해당하는 농지를 임대하거나 무상사용하게 하는 경우
2. 제17조에 따른 농지이용증진사업 시행계획에 따라 농지를 임대하거나 무상사용하게 하는 경우
3. 질병, 징집, 취학, 선거에 따른 공직취임, 그 밖에 대통령령으로 정하는 부득이한 사유로 인하여 일시적으로 농업경영에 종사하지 아니하게 된 자가 소유하고 있는 농지를 임대하거나 무상사용하게 하는 경우
4. 60세 이상인 사람으로서 대통령령으로 정하는 사람이 소유하고 있는 농지 중에서 자기의 농업경영에 이용한 기간이 5년이 넘은 농지를 임대하거나 무상사용하게 하는 경우
5. 제6조 제1항에 따라 개인이 소유하고 있는 농지 중 3년 이상 소유한 농지를 주말·체험영농을 하려는 자에게 임대하거나 무상사용하게 하는 경우, 또는 주말·체험영농을 하려는 자에게 임대하는 것을 업(業)으로 하는 자에게 임대하거나 무상사용하게 하는 경우

5의2. 제6조 제1항에 따라 농업법인이 소유하고 있는 농지를 주말·체험영농을 하려는 자에게 임대하거나 무상사용하게 하는 경우

6. 제6조 제1항에 따라 개인이 소유하고 있는 농지 중 3년 이상 소유한 농지를 한국농어촌공사나 그 밖에 대통령령으로 정하는 자에게 위탁하여 임대하거나 무상사용하게 하는 경우
7. 다음 각 목의 어느 하나에 해당하는 농지를 한국농어촌공사나 그 밖에 대통령령으로 정하는 자에게 위탁하여 임대하거나 무상사용하게 하는 경우
   가. 상속으로 농지를 취득한 사람으로서 농업경영을 하지 아니하는 사람이 제7조 제1항에서 규정한 소유 상한을 초과하여 소유하고 있는 농지
   나. 대통령령으로 정하는 기간 이상 농업경영을 한 후 이농한 사람이 제7조 제2항에서 규정한 소유 상한을 초과하여 소유하고 있는 농지
8. 자경 농지를 농림축산식품부장관이 정하는 이모작을 위하여 8개월 이내로 임대하거나 무상사용하게 하는 경우
9. 대통령령으로 정하는 농지 규모화, 농작물 수급 안정 등을 목적으로 한 사업을 추진하기 위하여 필요한 자경 농지를 임대하거나 무상사용하게 하는 경우

② 제1항에도 불구하고 농지를 임차하거나 사용대차한 임차인 또는 사용대차인이 그 농지를 정당한 사유 없이 농업경영에 사용하지 아니할 때에는 시장·군수·구청장이 농림축산식품부령으로 정하는 바에 따라 임대차 또는 사용대차의 종료를 명할 수 있다.

제24조(임대차·사용대차 계약 방법과 확인) ① 임대차계약(농업경영을 하려는 자에게 임대하는 경우만 해당한다. 이하 이 절에서 같다)과 사용대차계약(농업경영을 하려는 자에게 무상사용하게 하는 경우만 해당한다)은 서면계약을 원칙으로 한다.

② 제1항에 따른 임대차계약은 그 등기가 없는 경우에도 임차인이 농지소재지를 관할하는 시·구·읍·면의 장의 확인을 받고, 해당 농지를 인도(引渡)받은 경우에는 그 다음 날부터 제삼자에 대하여 효력이 생긴다.

③ 시·구·읍·면의 장은 농지임대차계약 확인대장을 갖추어 두고, 임대차계약증서를 소지한 임대인 또는 임차인의 확인 신청이 있는 때에는 농림축산식품부령으로 정하는 바에 따라 임대차계약을 확인한 후 대장에 그 내용을 기록하여야 한다.

제25조(묵시의 갱신) 임대인이 임대차 기간이 끝나기 3개월 전까지 임차인에게 임대차계약을 갱신하지 아니한다는 뜻이나 임대차계약 조건을 변경한다는 뜻을 통지하지 아니하면 그 임대차 기간이 끝난 때에 이전의 임대차계약과 같은 조건으로 다시 임대차계약을 한 것으로 본다.

제26조(임대인의 지위 승계) 임대 농지의 양수인(讓受人)은 이 법에 따른 임대인의 지위를 승계한 것으로 본다.

10 농지 임대차계약에 대한 설명으로 옳지 않은 것은?

① 임대차계약은 농지소재지를 관할하는 지역의 장의 확인을 받고, 해당 농지를 인도받은 경우, 그날부터 제삼자에 대한 효력이 생긴다.

② 농업경영을 하려는 자에게 무상사용하게 하는 경우, 사용대차계약은 서면계약을 원칙으로 한다.

③ 임대 농지의 양수인은 농지법에 따른 임대인의 지위를 승계한 것으로 본다.

④ 임대인이 임대차 기간 끝나기 3개월 전까지 계약 갱신하지 않겠다는 뜻이나 조건을 변경한다는 뜻을 통지하지 않은 경우, 해당 계약 종료 후 이전과 동일한 조건으로 계약을 한 것으로 본다.

11 다음 [보기]의 A~D 중 소유한 농지를 임대 또는 무상사용하게 할 수 없는 사람은? (단, 제시된 정보 이외에는 고려하지 않는다)

| 보기 |

- A: 질병으로 일시적으로 농업경영에 종사하지 못하게 된 자
- B: 4년 동안 소유하고 있는 농지를 주말·체험영농을 하려는 자에게 임대하거나 무상사용하고자 하는 자
- C: 66세로, 자신이 60세부터 소유하고 있는 농지를 친구가 농업경영에 이용한 기간이 6년인 자
- D: 선거에 따른 공직취임으로 농업경영에 종사하지 못하게 된 자

① A　② B　③ C　④ D

[12~13] 다음 규정을 읽고 이어지는 물음에 답하시오.

제1조(목적) 이 규정은 회원조합(이하 "회원"이라 함)이 고객만족(이하 "CS"라 함) 업무를 수행함에 있어 중앙회가 회원을 지도·지원하는 데 필요한 사항을 정함을 목적으로 한다.

제2조(용어의 정의) 이 규정에서 사용하는 용어의 정의는 다음과 같다.

1. '고객'이라 함은 회원을 이용하는 모든 사람을 말한다.
2. '고객만족(Customer Satisfaction)'이라 함은 고객이 서비스에 대해 원하는 것을 기대 이상으로 충족하여 고객을 ㉠ 감동시킴으로써 서비스에 대한 고객의 선호도가 지속되도록 하는 상태를 의미한다.
3. '고객만족도'란 회원이 제공하는 상품, 서비스 및 기업 이미지에 대한 고객의 생각을 전화·방문·설문 조사 등을 통하여 분석하고 계량화하여 나온 지수를 말한다.
4. 'CS 컨설팅'이란 회원의 영업점에 조사원이 방문 관찰, 방문 상담, 전화 상담 등을 통하여 CS 품질 표준표 기준으로 서비스 내용을 평가하여 보고하는 과정을 말한다.
5. '맵시(MAPSI)'란 새로운 사고로 적극적인 행동을 하는 ㉡ 역량있는 직원이 되어, 혁신된 서비스를 제공하고 브랜드 이미지를 제고하며 고객에게 감동을 주는 활동을 말한다.
6. '소관 부서'라 함은 회원의 CS 업무에 관한 지도업무를 수행하는 중앙회의 담당 부서를 말한다.

제3조(지도 원칙) 회원에 대한 CS 업무 지도는 실효성을 검토하여 합리적인 ㉢ 일련의 방법으로 수행한다.

제4조(지도 내용) 회원의 CS 업무에 관한 중앙회의 지도·지원 내용은 다음 각호와 같다.

1. CS 추진 전략 수립·시행
2. 회원의 임직원에 대한 서비스 교육
3. CS 컨설팅 조사로 직원 서비스 수준 평가·분석
4. 고객만족도 조사
5. 불친절 민원 청취 및 활용
6. 맵시 활동을 활발히 한 직원에 대한 맵시스타 선정 및 포상
7. CS 강사 요원 양성 및 활용
8. 기타 CS 부대 업무 등

제5조(계획의 수립·시행) ① 소관 부서장은 회원의 CS 업무의 지도·지원을 위해 필요한 사항을 해당 ㉣ 연도 사업 계획에 반영하고 그 시행을 위한 계획을 수립하여 회원에 시달할 수 있다.

② 소관 부서장은 회원으로 하여금 제1항에 의한 중앙회의 지도·지원 계획을 사업에 반영하여 시행하고 그 결과를 소관 부서에 제출하도록 할 수 있다.

제6조(교육 훈련 및 연수) ① 소관 부서장은 회원의 임직원이 원활한 CS 업무를 수행할 수 있도록 CS 전문 인력 육성을 위한 교육 훈련 및 연수를 실시할 수 있다.

② 교육 훈련 및 연수 비용은 회원의 부담을 원칙으로 하되, 제반 사항을 고려하여 중앙회의 부담으로 할 수 있다.

12 **위 규정을 읽고 보인 반응으로 적절하지 않은 것은?**

① A: 맵시스타로 선정된 직원이라면 고객만족 업무를 잘 수행한 직원일 거야.
② B: 고객만족이란 서비스에 대한 회원의 선호도가 지속되도록 하는 상태를 말해.
③ C: CS 업무를 위한 연수 비용을 회원이 100% 부담하는 경우도 있을 수 있어.
④ D: 고객만족도를 산출하기 위해서는 고객에 대한 전화·방문·설문 조사 등의 행위가 필요해.

13 **위 규정의 밑줄 친 ㉠~㉣ 중 잘못 쓰인 것을 바르게 고치면?**

① ㉠ 감동시킴으로써 → 감동시킴으로서
② ㉡ 역량있는 → 역량 있는
③ ㉢ 일련의 → 일년의
④ ㉣ 연도 → 년도

14 A 혼자서 작업 시 2시간이 걸리고, B 혼자서 작업 시 6시간이 걸리는 업무가 있다. A와 B가 같이 작업 시 업무를 완료하는 데 몇 시간이 걸리는가?

① 1.5시간 ② 2시간 ③ 2.5시간 ④ 3시간

15 a＞b＞16인 a와 b의 최대공약수는 6이고, b와 5보다 큰 소수인 c의 최소공배수는 126이다. a＋b＋c의 최솟값은?

① 45 ② 47 ③ 49 ④ 51

16 A용기에는 농도가 10%인 설탕물이 300g, B용기에는 농도가 15%인 설탕물이 200g, C용기에는 농도 13%인 설탕물이 100g 들어 있다. A용기와 B용기의 설탕물을 혼합한 다음 이 중 400g을 마셨다. 그리고 남은 설탕물에 C용기의 설탕물을 혼합하고 다시 100g을 마셨을 때, 남은 설탕물 중 설탕의 양은?

① 12.5g ② 13.0g ③ 13.5g ④ 14.0g

[17~18] 다음은 업체별 비닐하우스 가격에 관한 자료이다. 이어지는 물음에 답하시오.

[표] 비닐하우스 가격

구분	소형	중형	대형	비고
A업체	550,000원	940,000원	1,240,000원	–
B업체	580,000원	970,000원	1,260,000원	40개 이상 구매 시 200만 원 할인
C업체	600,000원	980,000원	1,300,000원	9% 할인

※ 사이즈(가로×세로): 소형(4m×3m), 중형(4m×6m), 대형(5m×6m)

17 가로 40m, 세로 18m인 밭에 비닐하우스를 설치하려고 한다. 밭에는 소형 비닐하우스만 설치하며 가장 저렴한 업체에서 구매한다고 할 때, 지불해야 하는 금액은 얼마인가? (단, 비닐하우스 간 간격은 무시하며, 밭의 가로에는 비닐하우스가 가로로 오도록 한다)

① 32,680,000원 ② 32,720,000원
③ 32,760,000원 ④ 32,800,000원

18 위 17번에서 결정한 내용을 토대로 김 팀장과 이 사원이 다음과 같이 [대화]를 나누었다. 이때 최종 지불해야 하는 금액은 얼마인가? (단, 비닐하우스 간 간격은 무시하며, 밭의 가로에는 비닐하우스가 가로로 오도록 한다)

[대화]

- 김 팀장: 이번에 비닐하우스를 구매할 업체는 결정됐나요?
- 이 사원: 네, 결정됐습니다. 그런데 밭에 설치할 비닐하우스 크기는 꼭 소형이어야 하나요?
- 김 팀장: 꼭 그렇지는 않습니다. 그럼 결정된 업체에서 중형과 대형의 비용도 확인해주세요.
- 이 사원: 네, 그럼 가장 저렴한 유형으로 주문하겠습니다.

① 26,754,000원 ② 27,300,000원
③ 27,846,000원 ④ 28,392,000원

[19~20] 다음 [표]를 보고 이어지는 물음에 답하시오.

[표] 지역별 채소류 생산 실적

(단위: ha, 톤)

구분	계		노지채소		시설채소	
	재배면적	생산량	재배면적	생산량	재배면적	생산량
서울특별시	87	2,156	52	1,278	35	878
부산광역시	1,444	59,653	817	28,950	627	30,703
대구광역시	2,958	111,328	2,025	71,008	933	40,320
인천광역시	1,310	46,461	1,020	33,233	290	13,228
광주광역시	989	37,823	439	16,217	550	21,606
대전광역시	357	12,497	233	7,978	124	4,519
울산광역시	871	27,283	641	18,800	230	8,483
세종특별자치시	543	17,000	298	6,954	245	10,046

19 **위 [표]에서 노지채소 재배면적 1ha당 생산량이 가장 높은 지역은 어디인가?**

① 대구광역시
② 대전광역시
③ 광주광역시
④ 인천광역시

20 **위 [표]에 대한 설명으로 옳지 않은 것은?**

① 시설채소의 재배면적이 가장 넓은 지역과 생산량이 가장 많은 지역은 일치한다.
② 노지채소의 생산량이 가장 적은 지역과 시설채소의 생산량이 두 번째로 적은 지역은 일치한다.
③ 전체 생산량이 두 번째로 많은 지역은 노지채소의 생산량이 세 번째로 많다.
④ 광주광역시의 전체 채소류 재배면적은 서울특별시의 전체 채소류 재배면적의 11배를 넘는다.

21 **다음은 국내공급물가지수에 관한 자료이다. [표]에 대한 설명으로 옳지 않은 것을 [보기]에서 모두 고르면?**

[표] 국내공급물가지수

구분	2018년	2019년	2020년	2021년	2022년
국내 원재료	116.8	115.4	123.1	134.8	138.0
수입 원재료	121.0	120.7	93.3	128.7	198.4
국내 제조용 원재료	119.2	117.5	127.8	137.4	137.1
수입 제조용 원재료	121.3	120.7	94.2	132.1	196.1
국내 연료원재료	118.3	126.1	126.1	126.1	125.9
수입 연료원재료	117.2	118.1	88.5	111.8	205.0
국내 기타 원재료	109.0	108.9	110.3	127.9	142.4
수입 기타 원재료	78.5	124.9	126.2	141.2	153.8

※ 원재료, 제조용 원재료, 연료원재료는 2015년 지수를 100으로 기준한다.
※ 기타 원재료는 2016년 12월 지수를 100으로 기준한다.

| 보기 |

ㄱ. 2015년 대비 2021년에 제조용 원재료의 국내공급물가지수의 증가율은 국내가 수입보다 높다.
ㄴ. 조사기간 중 원료원재료의 국내공급물가지수가 국내보다 수입이 더 높은 해는 1개년이다.
ㄷ. 조사기간 동안 수입 기타 원재료의 국내공급물자지수의 2016년 12월 대비 증가량이 가장 큰 해는 2021년이다.
ㄹ. 2023년 국내 원재료의 국내공급물가지수가 전년 대비 10% 증가했을 때, 2023년 국내 원재료의 국내공급물가지수는 2015년 대비 50% 이상 증가했다.

① ㄱ ② ㄷ ③ ㄱ, ㄹ ④ ㄴ, ㄷ

제1회 실전모의고사
제2회 실전모의고사
제3회 실전모의고사
제4회 실전모의고사
제5회 실전모의고사
제6회 실전모의고사
부록

22 **다음은 금융공동망 처리건수 및 처리금액에 관한 자료이다. 이에 대한 설명으로 옳은 것은?**

[표 1] 상반기 금융공동망 처리건수

(단위: 천 건)

구분	1월	2월	3월	4월	5월	6월
타행환	5,048	4,668	5,020	4,794	5,111	4,847
현금자동인출기	31,639	25,472	29,116	30,060	32,204	29,343
전자금융	617,082	563,410	630,956	626,950	673,409	645,104
자금관리서비스	79,223	84,716	83,996	80,132	86,906	84,275
오픈뱅킹	139,721	132,827	150,152	154,041	169,768	165,658

[표 2] 상반기 금융공동망 처리금액

(단위: 십억 원)

구분	1월	2월	3월	4월	5월	6월
타행환	120,553	95,687	106,284	99,442	100,364	103,506
현금자동인출기	19,958	16,183	17,832	17,838	19,074	17,943
전자금융	2,799,660	2,281,455	2,609,582	2,490,469	2,505,542	2,506,916
자금관리서비스	8,254	9,071	8,876	8,432	9,396	9,130
오픈뱅킹	38,684	35,121	38,507	39,059	41,725	41,563

① 상반기 타행환 처리금액은 오픈뱅킹의 3배 이상이다.

② 1월에 금융공동망 처리건수 중 전자금융의 비중은 75% 이상이다.

③ 2~6월 동안 모든 금융공동망에서 전월 대비 처리건수가 감소한 달에 처리금액 또한 전월 대비 감소했다.

④ 현금인출기의 처리건수 1건당 처리금액은 2월이 5월보다 많다.

23 **다음은 한국 맥주 시장에 관한 자료이다. 이에 대한 설명으로 옳지 않은 것은?**

> 한국의 맥주 매출액은 2016년 이후로 매년 전년 대비 증가하는 추세를 보였다. 2016년에 21,500억 원을 시작으로 전년 대비 2017년에 850억 원, 2018년에 6,050억 원, 2019년에 4,770억 원, 2020년에 3,330억 원, 2021년에 5,000억 원 증가했다. 한국의 맥주 매출액 중 수입 맥주의 비중은 2016년에 11.6%, 2017년에 16%, 2018년에 22.5%, 2019년에 30%로 매년 전년 대비 증가했지만, 2020년에는 24.2%, 2021년에는 22.8%로 전년 대비 감소하는 추세를 보였다.
>
> 한국의 수입 맥주 수입량은 2016년에 220,508톤, 2017년에 331,221톤, 2018년에 385,889톤을 기록하였고, 2019년부터 전년 대비 감소하기 시작했으며, 2019년에 360,131톤, 2020년에 282,687톤, 2021년에 245,877톤이다.

① 2021년 한국의 맥주 매출액은 2016년 대비 20,000억 원 증가했다.

② 조사기간 중 한국의 맥주 매출액 중 수입 맥주의 비중이 처음으로 20%를 넘은 해에 수입맥주 수입량은 35만 톤 이상이다.

③ 2018년 한국의 수입 맥주 매출액은 전년 대비 증가했다.

④ 2018년 한국의 수입 맥주 수입량은 2016년 대비 80% 이상 증가했다.

[24~25] 다음은 2023년 A지역 농산물 소득조사 결과에 관한 자료이다. 이어지는 물음에 답하시오.

[표] 2023년 A지역 농산물 소득조사 결과

(단위: kg, 원, %)

품목	작물	생산량	총수입	경영비	소득	소득률
식량작물	겉보리	463	342,918	266,817	76,101	22.2
	쌀보리	406	479,994	290,869	189,124	39.4
	밀	294	291,715	233,227	58,488	20.0
	노지풋옥수수	2,899	1,594,683	731,258	863,425	54.1
	고구마	1,515	3,456,606	1,632,174	1,824,432	52.8
	봄감자	2,271	2,039,543	1,185,492	854,051	41.9
	가을감자	1,533	2,182,754	1,316,887	865,867	39.7
노지채소	노지수박	4,273	3,844,725	1,991,279	1,853,446	48.2
	가을무	6,168	2,346,947	1,117,386	1,229,561	52.4
	고랭지무	6,396	3,480,761	1,467,239	2,013,522	57.8
	당근	3,726	4,024,269	2,141,367	1,882,902	46.8
	봄배추	7,552	2,174,295	997,529	1,176,766	54.1
	가을배추	6,490	2,661,351	1,148,867	1,512,484	56.8
	고랭지배추	6,219	2,743,161	1,477,101	1,266,060	46.2
	노지시금치	1,190	3,077,492	1,051,402	2,026,090	65.8
	양배추	6,502	2,487,204	1,292,507	1,194,697	48.0
	대파	3,192	3,511,459	1,392,701	2,118,758	60.3
	쪽파	1,698	6,311,104	1,915,364	4,395,740	69.7
	생강	1,568	7,315,847	3,952,043	3,363,804	46.0

※ 1) 소득＝총수입－경영비

2) 소득률$=\frac{\text{소득}}{\text{총수입}}\times 100$

24 위 자료에 대한 설명으로 옳지 않은 것은?

① 노지채소 중 가장 높은 소득률을 보이는 작물과 총수입이 가장 많은 작물은 서로 다르다.
② 동일한 총수입에서 소득이 더 높기를 바란다면 겉보리보다 밀을 재배해야 한다.
③ 경영비가 가장 많은 작물이 총수입 역시 가장 많다.
④ 노지채소의 절반 이상이 50% 이상의 소득률을 나타내고 있다.

25 위 자료에 근거하여 [상황]의 박 씨가 재배할 작물을 옳게 나열한 것은?

[상황]

최근 A지역으로 귀농한 박 씨는 어떤 작물을 재배할지 고민하고 있다. 고민 끝에 다음 1~3을 모두 만족하는 작물들을 재배하기로 결정하였다.
1. 재배 방법의 유사성을 고려하여 식량작물과 노지채소 중 한 가지 품목을 선택
2. 희소성을 감안하여 A지역 연간 생산량이 3,000kg 미만인 작물을 선택
3. 위 1, 2를 만족하는 작물 중 소득률이 가장 높은 두 가지 작물을 선택

① 노지풋옥수수, 고구마
② 노지풋옥수수, 노지시금치
③ 노지시금치, 고구마
④ 노지시금치, 쪽파

26 **다음은 합계 출산율에 관한 자료이다. [그림]에 대한 설명으로 옳지 않은 것은?**

[그림] 합계 출산율

(단위: 명)

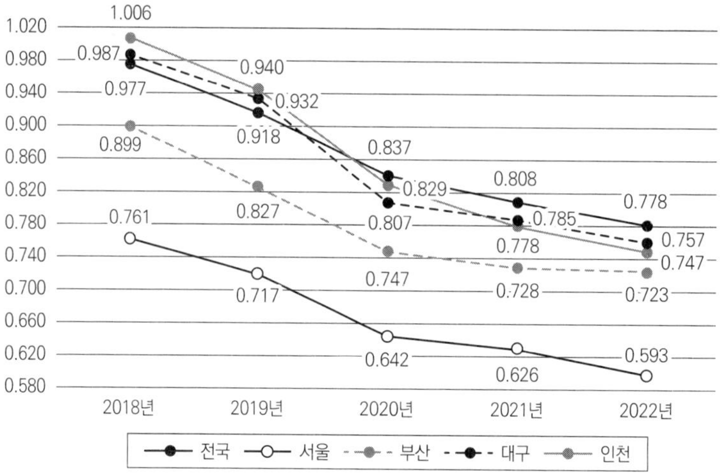

※ 합계 출산율: 한 여성이 가임기간(15~49세)에 낳을 것으로 기대되는 평균 출생아 수

① 2022년 서울의 합계 출산율은 2018년 대비 25% 이하 감소했다.

② 서울, 부산, 대구, 인천의 합계 출산율은 각각 매년 전년 대비 감소했다.

③ 2020년부터 2022년까지 전국의 합계 출산율보다 합계 출산율이 높은 지역은 없다.

④ 매년 전국의 합계 출산율 대비 부산의 합계 출산율의 비율은 90% 이상이다.

27 다음 [표]에 대한 설명으로 옳지 않은 것은?

[표] 전국 화훼재배농가 현황

(단위: 호)

지역	화훼재배농가	전업농가	겸업농가
전국	7,069	5,106	1,963
서울특별시	103	101	2
부산광역시	368	367	1
대구광역시	62	55	7
인천광역시	40	39	1
광주광역시	51	46	5
대전광역시	38	35	3
울산광역시	35	30	5
세종특별자치시	54	33	21
경기도	2,153	2,057	96
강원특별자치도	160	124	36
충청북도	270	211	59
충청남도	577	352	225
전라북도	587	260	327
전라남도	1,254	406	848
경상북도	312	227	85
경상남도	881	671	210
제주특별자치도	124	92	32

※ 화훼재배농가 = 전업농가 + 겸업농가

① 서울특별시의 경우, 화훼재배농가 중 겸업농가의 비율이 2%를 넘는다.
② 화훼재배농가 중 전업농가의 비율이 가장 높은 지역은 부산광역시이다.
③ 화훼재배농가 중 겸업농가의 비율이 가장 높은 지역은 전라남도이다.
④ 화훼재배농가 수가 가장 많은 두 지역의 호수를 합쳐도 전국 화훼재배농가 수의 절반을 넘지 못한다.

28 **다음 제시된 전제들로부터 항상 참이 되는 [결론]은?**

> [전제 1] 활달한 강아지는 화분을 깨뜨린 적이 있다.
> [전제 2] A가 키우는 강아지는 활달하다.
> [결론] (   )

① A가 키우는 강아지는 화분을 깨뜨린 적이 없다.
② A가 키우는 강아지는 활달하지 않다.
③ A가 키우는 강아지는 화분을 깨뜨린 적이 있다.
④ 화분을 깨뜨린 적이 없는 강아지는 활달하다.

29 **다음 제시된 전제들로부터 항상 참이 되는 [결론]은?**

> [전제 1] 카페라테를 좋아하는 어떤 사람은 아메리카노를 좋아한다.
> [전제 2] 아이스초코를 좋아하지 않는 사람은 아메리카노를 좋아하지 않는다.
> [결론] (   )

① 아이스초코를 좋아하지 않는 모든 사람은 카페라테를 좋아한다.
② 아이스초코를 좋아하지 않는 사람은 아메리카노를 좋아한다.
③ 카페라테를 좋아하는 어떤 사람은 아이스초코를 좋아한다.
④ 카페라테를 좋아하는 사람 중 아이스초코를 좋아하는 사람은 없다.

30 **[그림]의 교실에 A~F 6명의 학생이 (가)~(아) 자리에 앉아 있다. 다음 [조건]에 따를 때, 비어 있는 자리를 모두 고르면?**

[그림]

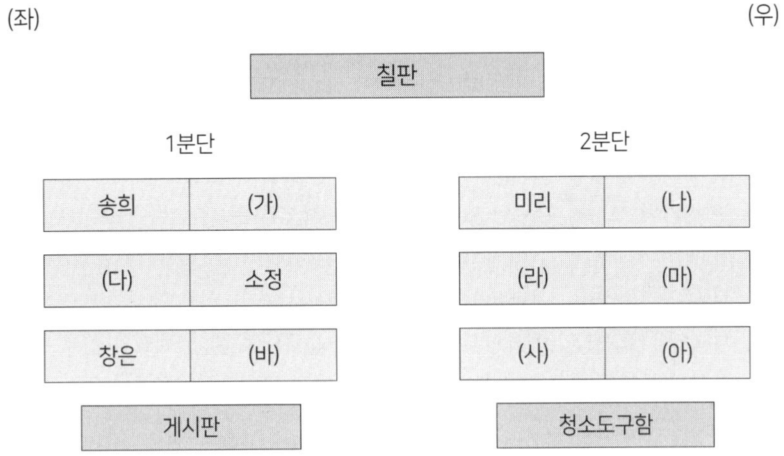

[조건]

- A와 B는 다른 분단에 있다.
- A와 E는 짝꿍이다.
- B와 D는 각 분단의 좌측 자리에 앉아 있다.
- C는 청소도구함과 가장 가까이 앉아 있다.
- F는 소정이와 같은 세로 라인에 앉아 있지만, 소정이보다 칠판과 가깝지 않다.

① (가), (나)　② (가), (바)　③ (가), (사)　④ (나), (바)

31 **다음 ㄱ~ㄹ이 설명하고 있는 논리적 오류로 옳지 않은 것은?**

ㄱ. '제정신을 가진 사람이라면 그런 주장을 펼칠 수 없다.'처럼 상대방의 주장이 아니라 상대방의 인격을 공격하는 게 대표적 사례로, 위대한 성인이나 유명한 사람의 말을 활용해 자신의 주장을 합리화하는 것도 오류가 될 개연성이 높은 오류
ㄴ. '담배가 암을 일으킨다는 확실한 증거는 없다. 따라서 정부의 금연 정책은 잘못이다.'와 같이 얼핏 들어 보면 그럴 듯해 보이지만 증명되지 않았다고 해서 그 반대의 주장이 참인 것처럼 주장하는 오류
ㄷ. '머리카락 하나가 빠지면 대머리가 되지 않는다. 두 개가 빠져도, 100개가 빠져도 그렇다. 따라서 1만 개가 빠져도 대머리가 되지 않는다.'와 같이 하나의 사례에는 오류가 없지만 이처럼 여러 사례를 잘못 결합한 오류
ㄹ. 성경에 나오는 '이웃을 사랑하라'는 말을 문구대로 과대 해석할 경우 도피 중인 중범죄자까지 보호해 주는 오류를 범할 수 있는 것과 같이 문맥을 무시하고 과도하게 문구에만 집착하는 논리적 오류

① ㄱ: 권위나 인신공격에 의존한 논증
② ㄴ: 무지의 오류
③ ㄷ: 복합 질문의 오류
④ ㄹ: 과대 해석의 오류

32 다음 중 [대화]의 빈칸 ㉠에 들어갈 내용으로 옳지 않은 것은?

[대화]

- A: 강사님, 문제해결에 관한 강의 잘 들었습니다. 한 가지 질문이 있습니다.
- B: 네, 감사합니다. 질문이 무엇이죠?
- A: 문제해결을 잘하기 위한 기본적인 사고에 대해 다시 한번 설명해주실 수 있나요?
- B: 네, 알겠습니다. 문제해결을 잘하기 위해서는 (㉠)
- A: 답변 감사합니다.

① 현재 당면하고 있는 문제와 그 해결방법에 집착해야 합니다.

② 문제에 성격에 따라 성과 지향의 문제, 가설 지향의 문제, 사실 지향의 문제의 사고가 요구됩니다.

③ 사물과 세상을 바라보는 인식의 틀을 전환하여 새로운 관점에서 바로 보는 사고를 지향해야 합니다.

④ 기술, 재료, 방법, 사람 등 필요한 자원 확보 계획을 수립하고 내·외부자원을 효과적으로 활용해야 합니다.

33 **A~E 5명에 대한 정보가 [조건]과 같을 때 항상 거짓인 것은?**

[조건]

- A~E 5명은 영업 1팀, 영업 2팀, 재무팀, 인사팀, 총무팀 중 서로 다른 팀이다.
- A~E는 서로 다른 시각에 출근했다.
- A는 인사팀인 직원보다 먼저 출근했고, E보다 늦게 출근했다.
- B와 C 사이에 총무팀 직원만이 출근했다.
- 재무팀 직원 출근 직후에 A가 출근했다.
- E는 영업 2팀 직원이고, D는 영업 1팀 직원이 아니다.

① A는 세 번째로 출근한다.
② B는 재무팀 직원이다.
③ C가 출근한 바로 직후에 D가 출근한다.
④ 영업 1팀 직원이 출근한 바로 직후에 재무팀 직원이 출근한다.

34 **5명의 직장인 A~E는 차로 출근한다. 이들의 차종은 각각 소나타, 제네시스, SM5, 아반테, 산타페이고, 출근할 때 걸리는 시간은 각각 10분, 20분, 50분, 1시간 20분, 1시간 40분이다. 다음 [조건]에 의할 때 운전자와 차종, 그리고 출근할 때 걸리는 시간을 옳게 연결한 것은?**

[조건]

ㄱ. C와 E의 운전 시간을 더하면 2시간이고, E는 C보다 5배가 긴 시간을 운전한다.
ㄴ. 소나타 운전자는 C의 운전시간의 절반이면 가고, B는 A보다 5배 더 시간이 걸린다.
ㄷ. E는 제네시스를 운전하는 것보다 시간이 2배 더 걸리고, SM5를 운전하는 사람은 D가 걸리는 시간의 1/4밖에 걸리지 않는다.

① A – 소나타 – 10분
② B – 아반테 – 50분
③ C – SM5 – 1시간 20분
④ D – 제네시스 – 10분

35 다음 [S사 주말 프로그램]이 [조건]에 따라 [S사 주말 편성표]에 편성된다고 할 때, 비어 있는 시간은 언제인가?

[S사 주말 프로그램]

- 예능: 영화를 보다, 미션 달리기
- 시사: 진실을 알고 싶다, 오늘의 한국
- 드라마: 로얄하우스, 남신강림

[조건]

- 토요일 오후 8시와 일요일 오후 9시에는 1시간 동안 뉴스가 이미 편성되었다.
- 드라마는 뉴스 방송 후에, 시사는 뉴스 방송 전에 편성된다. 드라마는 드라마끼리, 시사는 시사끼리 동일한 시간대에 편성되지 않는다.
- 토요일에는 '로얄하우스'가 2시간, 일요일에는 '남신강림'이 1시간 편성된다.
- '진실을 알고 싶다'는 2시간으로 토요일에 편성된다.
- '오늘의 한국'은 1시간으로 편성된다.
- '영화를 보다', '미션 달리기'는 동일한 요일에 각각 2시간, 1시간씩 편성된다.

[S사 주말 편성표]

방송 시작 시간	18:00	19:00	20:00	21:00	22:00	23:00
토요일						
일요일						

① 토요일 19시　　② 토요일 23시
③ 일요일 18시　　④ 일요일 22시

[36~37] 다음은 ○○군에서 시행하는 인구증대사업에 관한 [공고문]이다. 이를 읽고 이어지는 물음에 답하시오.

[공고문]

1. 내용

인구증대를 목적으로 다음 조건에 해당하는 가구의 출생아를 ○○군에서 출생등록을 할 경우, 일정 금액의 출산지원금을 지급

2. 신청방법

○ 신청시간: 평일 09:00~18:00

○ 신청장소: 출생등록 주소지 읍·면사무소

○ 신청서류: 출생아와 주민등록등본상 함께하고 있는 부 또는 모의 초본·등본(상세), 지급받을 통장사본(단, 출생아와 주민등록등본상 함께하고 있는 부모 또는 주양육자의 것에 한함)

3. 신청자격

출생아의 부모(단, 한부모가정 또는 조손가정의 경우 주양육자에 한함)가 출생아와 주민등록등본상 함께하고 있는 경우로, 출생아 등록일을 포함하여 2년 이상 ○○군에 거주하고 있는 경우

4. 지급금액 및 지급일

○ 지급금액: 신청자격을 충족할 경우 첫 생일이 속한 달부터 매월 50만 원씩 각 출생아에 대하여 다음의 한도 내에서 출산지원금을 지급

[표]

구분	첫째아	둘째아	셋째아	넷째아 이상
한도액	100만 원	200만 원	300만 원	500만 원

※ 주민등록상 등록 순위로 구분함(단, 다둥이의 경우 주민등록상 순위에 따라 구분하여 지급)

○ 지급일: 매월 20일(2023년 12월분부터는 익월 10일에 지급함)

5. 기타사항

주민등록등본상 함께하고 있는 부 또는 모(또는 주양육자)가 전출 시에는 다음 달부터 지급 중지(이혼으로 인한 경우 제외)

36 위 [공고문]에 대한 설명으로 옳은 것은? (단, 언급되지 않은 조건은 모두 만족하는 것으로 간주한다)

① 주민등록등본상 거주지 소재의 읍·면사무소에서도 신청 가능하다.
② 출생아의 부 또는 모에 한하여 출산지원금이 지급된다.
③ 출생일 기준 2년 이상 ○○군에 거주하고 있는 경우 지원금을 지급받을 수 있다.
④ 첫 출산이 쌍둥이인 경우 출산지원금은 최대 300만 원이다.

37 다음은 위 사업을 신청한 A에 대한 [정보]이다. 신청자 A가 2023년 말일까지 셋째아에 대하여 지급받는 금액은 총 얼마인가? (단, 언급되지 않은 조건은 모두 만족하는 것으로 간주한다)

[정보]

- 출생일: 2022년 8월 10일
- 출생아: 단일아로 주민등록상 셋째아에 해당

① 100만 원 ② 200만 원 ③ 250만 원 ④ 300만 원

제1회 실전모의고사
제2회 실전모의고사
제3회 실전모의고사
제4회 실전모의고사
제5회 실전모의고사
제6회 실전모의고사
부록

[38~39] 다음은 [경험형 스마트마켓 지원 공고]이다. 이를 읽고 이어지는 물음에 답하시오.

[경험형 스마트마켓 지원 공고]

○ 사업목적

오프라인에 특화된 경험요소와 스마트기기를 결합한 경험형 스마트마켓 육성을 통해 소상공인의 경쟁력기반 조성 및 디지털역량 강화

○ 지원 규모

수도권·강원권(40개소), 경상권(30개소), 충청권·호남권(제주 지역 포함)(30개소)의 경험형 스마트마켓

○ 지원대상

경험요소 및 스마트요소 구현이 가능한 소상공인(도·소매업 중 매출액 50억 원 이하, 상시근로자 5인 미만)

※ 비영리 영위, 세금체납, 단순 무인점포, 허위신청의 경우 신청 불가

○ 지원 내용

- 희망점포를 선별하여 '사전진단 → 관련 인프라 도입 → 점포 경영 활성화를 위한 방문지도 및 컨설팅 → 사후관리'의 단계별 맞춤 지원
- 경험요소(온라인 매장과는 다른 오프라인 매장만의 이색체험 또는 색다른 경험)와 스마트요소(경험요소 구현을 위한 보조수단의 스마트기기)를 모두 지원

  ※ 경험요소와 스마트요소 모두 신청 필요

  ※ 경험형 스마트마켓 전용 현판 별도 제공
- 1개 업체별 지원 내용

구분	세부지원 내용	국가지원금액 한도(70%)
경험요소	경험형 콘텐츠 구현을 위한 시설, 장비, 인테리어 등 인프라 구축비용 ※ 사무용품, 프린터 토너, 재료 등 소모품 용도의 비용은 지원 불가	14백만 원
스마트요소	- 키오스크, 무인계산대, 테이블오더, 사이니지, 빔프로젝터, CCTV 등 스마트기기 구입 비용 - 이외 경험요소 구현을 위한 보조수단의 스마트기기라고 인정되는 경우 스마트 요소로 분류 ※ 매장 외 이동이 가능하거나, 단순 자산취득 목적으로 판단되는 경우 등 지원 목적에 부합하지 않는 기기는 지원 불가	7백만 원
소계		21백만 원

※ 지원 대상 비용의 70%를 지원하되, 요소별(경험요소, 스마트요소)별 한도금액을 초과한 금액은 자기 부담금으로 지불해야 함

○ 신청·접수

경험형 스마트마켓 홈페이지에서 신청 접수

38 **위 [경험형 스마트마켓 지원 공고]에 관한 설명으로 옳지 않은 것은?**

① 매출액이 30억 원인 소매 단순 무인점포는 경험형 스마트마켓에 지원 불가능하다.
② 전국의 총 100개 점포의 경험형 스마트마켓을 지원한다.
③ 희망 점포에게 사전진단부터 사후관리까지 단계별로 맞춤 지원한다.
④ 희망 점포는 경험요소와 스마트요소 중 한 가지만 지원한다.

39 **다음은 위 [경험형 스마트마켓 지원 공고]를 통해 선정된 A점포의 구축 및 구입내역 자료이다. A 점포의 자기 부담금은 총 얼마인가?**

[표] A점포의 구축 및 구입내역

품목	금액	품목	금액
경험형 콘텐츠 구현 장비	700만 원	키오스크	300만 원
경험형 콘텐츠 구현 시설	1,200만 원	테이블오더	300만 원
사무용품	150만 원	CCTV	200만 원
경험형 콘텐츠 구현 인테리어	500만 원	빔프로젝터	100만 원

① 900만 원 ② 1,270만 원 ③ 1,400만 원 ④ 1,450만 원

40 다음 [하나로마트 문화센터 겨울학기 회원모집 공고문]을 토대로 [상황]의 A가 지불해야 하는 총 수강료를 구하면?

[하나로마트 문화센터 겨울학기 회원모집 공고문]

1. 접수안내
   ○ 강좌기간: 20○○년 12월 1일~20○○년 2월 28일
   ○ 접수기간: 20○○년 10월 26일~개강일 오전 10시~오후 6시
   ○ 전화접수: 20○○년 11월 2일부터 가능(단, 신규 회원은 방문접수만 가능)
   ○ 접수문의: 3층 문화센터

2. 수강료 할인 혜택

구분	할인 가능 접수기간	할인액	비고
방문접수 할인	10월 26일~11월 1일	5,000원 할인	• 회원 1인당 1회 적용 • 중복 할인 적용 가능 • 다른 할인 혜택 적용 후 할인
1인 3강좌 이상 접수 할인	10월 26일~11월 30일	10,000원 할인	
영유아강좌 할인	10월 26일~11월 15일	15,000원 할인	만 36개월 이하 영유아에 한함
	11월 16일~11월 30일	10,000원 할인	
농협 채움회원 할인	10월 26일~11월 30일	3,000원 할인	• 11주 이상 정규강좌에 한함 • 회원 1인당 1회 적용
이전 학기 동일 정규강좌 수강 할인	10월 26일~11월 15일	5,000원 할인	이전 학기에 6주 이상 수강한 경우에 한함
다자녀가족, 쌍둥이 회원 정규강좌 할인	10월 26일~개강일	30% 할인	• 1가정당 1개 강좌에 한함 • 성인강좌 할인 불가 • 쌍둥이 할인은 영유아강좌만 가능 • 다자녀가족 할인은 접수 시 다자녀카드 제시 필수

3. 주의사항
   ○ 할인 가능 접수기간 이후 할인은 불가하며, 할인 혜택은 방문접수 시 가능
   ○ 실버회원, 노래교실 강좌는 모든 할인에서 제외

[상황]

농협 채움회원인 A는 10월 30일에 하나로마트 3층 문화센터에 방문하여 다음과 같이 강좌를 접수하였다.

강좌명	강좌구분	수강료	비고
노래교실	성인 / 6주 정규	50,000원	이전 학기 6주 이상 수강
한식교실	성인 / 11주 정규	50,000원	–
오감통합놀이	영유아 / 8주 정규	45,000원	만 40개월 자녀가 수강
네일아트	성인 / 단기	60,000원	–

① 172,000원 ② 177,000원 ③ 182,000원 ④ 187,000원

41 **다음 글에 따를 때, 김 과장이 내년 1월 1일부터 12월 31일까지 프로젝트 A~D만을 수행하여 최대로 얻을 수 있는 수익과, 최대 수익을 얻기 위해 프로젝트를 시작해야 하는 날짜를 바르게 짝지은 것은?**

김 과장은 프로젝트별 기간과 가능 시기를 고려하여 프로젝트 수행 계획을 세우고자 한다. 아래 [표]의 A~D 네 가지 프로젝트 중 어느 프로젝트든 수행할 수 있으나, 동시에 두 가지 이상의 프로젝트를 수행할 수는 없다. 또한 하나의 프로젝트를 같은 해에 두 번 이상 수행할 수도 없다.

[표] 프로젝트 수행 조건

프로젝트	1회 기간	가능 시기	1회 수행으로 얻을 수 있는 수익
A	4개월	3월 1일~11월 30일	3,000만 원
B	5개월	2월 1일~11월 30일	5,000만 원
C	3개월	3월 1일~11월 30일	2,500만 원
D	3개월	2월 1일~12월 31일	1,500만 원

	최대 수익	프로젝트 시작 날짜
①	8,000만 원	3월 1일
②	9,000만 원	3월 1일
③	9,000만 원	2월 1일
④	1억 2,000만 원	2월 1일

42 다음 [그림 1]에 대한 해결방안과 [그림 2]에 대한 해결방안으로 옳지 않은 것은?

[그림 1] 학교폭력 피해 경험자

(단위: 만 명)

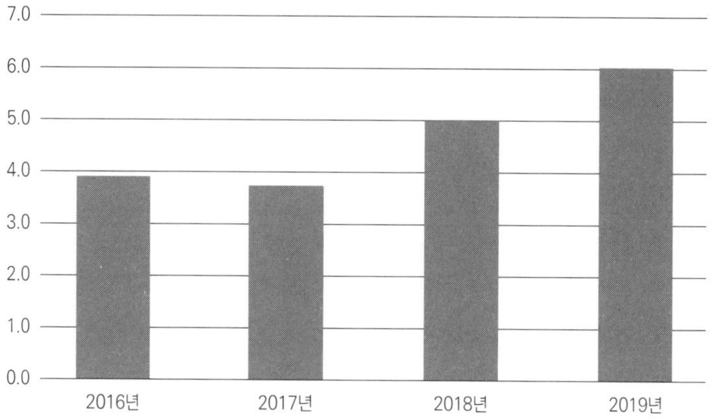

[그림 2] 국가별 미세먼지 농도

(단위: μg/ m³)

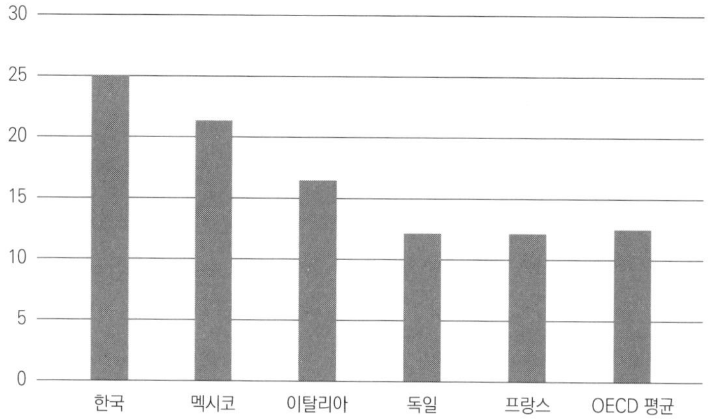

① [그림1]에 대한 해결방안으로 피해학생을 우선 보호한다.

② [그림1]에 대한 해결방안으로 학교폭력예방 지원센터를 설치한다.

③ [그림2]에 대한 해결방안으로 재생에서지 사용을 확대한다.

④ [그림2]에 대한 해결방안으로 마스크 사용을 생활화한다.

[43~44] 다음은 A어린이집에서 체험활동을 위해 정리한 자료이다. 이를 읽고 이어지는 물음에 답하시오.

○ 마을별 평가 점수

구분	거리	선호도	예산	프로그램 개수
은빛마을	7km	상	200만 원	4가지
달빛마을	5km	하	210만 원	6가지
구름마을	12km	중	150만 원	3가지
햇빛마을	10km	중	180만 원	5가지

○ 점수 계산 방법

- 각 항목별 1등~4등의 점수를 차등 지급하며, 최고점은 10점이고, 점수 차이는 2점이다(단, 항목별 점수가 같은 경우 같은 등수를 부여하며, 후순위의 경우 바로 직후의 등수를 부여한다. 예 2등이 2명인 경우, 다음 등수는 3등으로 부여한다).
- 거리는 가까울수록, 선호도는 높을수록, 예산은 낮을수록, 프로그램 개수는 많을수록 등수가 높다.
- 항목별 가중치는 거리 20%, 선호도 30%, 예산 30%, 프로그램 개수 20%이다.
- 각 점수에 가중치를 곱한 뒤 합한 점수가 높은 마을을 최종 선정한다(단, 동점인 후보지가 있는 경우, 프로그램 개수가 많은 후보지를 선정한다).

43 위 자료에 따를 때 최종 선정되는 마을은 어디인가?

① 은빛마을　② 달빛마을　③ 구름마을　④ 햇빛마을

44 다음 [조건]을 토대로 할 때 최종 선정되는 마을은 어디인가?

[조건]

최근 체험활동 시 안전사고가 많이 발생하여, 안전성 항목을 부여하며, 가중치와 동점인 후보지가 있는 경우의 선정방법을 다음과 같이 수정하였다.

○ 안전성 평가 점수

은빛마을	달빛마을	구름마을	햇빛마을
하	중	상	하

○ 가중치: 거리 10%, 선호도 20%, 예산 20%, 프로그램 개수 20%, 안전성 30%

○ 동점인 후보지가 있는 경우, 안전성이 높은 후보지를 선정한다.

① 은빛마을　② 달빛마을　③ 구름마을　④ 햇빛마을

45 N사 A지점에서 근무하는 권 주임은 동기 2명과 자격증 취득을 위해 스터디카페를 이용하려고 한다. 다음 [조건]과 [표]에 근거할 때, 권 주임과 동기 2명이 스터디카페를 이용할 수 있는 가장 빠른 시작 시각은?

[조건]

- 오전 11시부터 오후 5시 사이에 2시간을 연속으로 이용할 예정이다.
- 예약 우선순위는 다음과 같다.
  - 1순위: 장소 이동 없이 3인실 이용
  - 2순위: 장소 이동 없이 5인실 이용
  - 3순위: 장소 이동을 한다면 예약이 가능한 가장 빠른 시각

[표] 스터디카페 예약 현황

장소 \ 시작 시각	10시	11시	12시	13시	14시	15시	16시	17시	18시
A(3인실)	○	×	×	×	×	○	×	○	○
B(3인실)	×	×	×	○	×	×	×	○	○
C(5인실)	○	×	×	○	×	×	○	×	○
D(5인실)	×	×	○	×	×	○	○	×	○

※ 1) ○: 예약 가능, ×: 예약 불가
2) 스터디카페는 1시간 단위로만 예약이 가능함

① 12시　② 13시　③ 14시　④ 15시

[46~47] 다음 [숙소 요금 체계]를 읽고 이어지는 물음에 답하시오.

[숙소 요금 체계]

1. 객실 안내

객실 형태	기준 인원	객실요금(비수기/성수기)	비고
A형	2인실	80,000원/100,000원	–
	4인실	120,000원/140,000원	
	6인실	180,000원/230,000원	
B형	2인실	70,000원/90,000원	–
	4인실	100,000원/130,000원	
C형	2인실	80,000원/90,000원	–
	4인실	120,000원/130,000원	
	6인실	200,000원/220,000원	
D형	2인실	80,000원/95,000원	• 최대 3인까지 이용 가능 • 기준 인원에서 1인 추가 시 13,000원 추가

※ 반려동물 동반 시 1마리당 2만 원씩 요금 추가(10kg 이하 반려동물만 가능)

2. 환불 안내

이용일 10일 전	이용금액의 2%
이용일 5일 전	이용금액의 10%
이용일 1일 전	이용금액의 20%

46 N사 Y지점에서 근무하는 강 사원은 친구 5명과 5kg인 반려동물 2마리를 데리고 성수기에 여행을 가기 위해 숙소를 예약하려고 한다. A~D형 중 이용금액이 가장 저렴한 형태의 객실을 예약하려고 할 때, 강 사원이 예약할 객실 형태는 무엇인가? (단, 예약 시 모두가 같은 객실 형태를 예약하되, 한 개의 객실을 이용할 필요는 없다)

① A형　② B형　③ C형　④ D형

47 위 문항에 따라 강 사원은 10월 24일에 이용할 수 있도록 숙소를 예약했으나, 친구 T의 출장으로 인하여 10월 18일에 숙소 예약을 취소하였다. 강 사원이 지불해야 하는 환불 수수료는 얼마인가?

① 25,600원　② 26,000원　③ 26,400원　④ 27,000원

48 다음은 조 사원이 외근을 위해 정리해둔 자료이다. 조 사원이 사무실에 다시 복귀하는 시각은?

[외근 일정]

- 오전 9시에 사무실에서 출발하여 A업체, B업체, C업체에 순서대로 방문한 뒤 사무실로 복귀한다.
- 세 업체에 방문하여 각각 1시간 20분 동안 업무를 볼 예정이다.
- B업체에서 업무를 본 뒤 1시간 동안 식사 후 C업체로 이동할 예정이다.
- A업체는 사무실에서 12km, B업체는 A업체에서 20km, C업체는 B업체에서 12km, 사무실은 C업체에서 24km 떨어져 있다.
- 이동 시 자차로 이동하며, 이동 속도는 80km/h로 이동하고, C업체에서 사무실로 이동 시 차량 정체로 20분 더 소요될 예정이다.

① 14시 51분 ② 15시 1분 ③ 15시 11분 ④ 15시 21분

[49~50] 다음은 N사 1차 시험 및 1차 시험 응시자에 관한 자료이다. 이를 읽고 이어지는 물음에 답하시오.

○ 1차 시험 응시 과목

과목명	문항 수	가중치
언어능력	30	20%
수리능력	30	20%
문제해결능력	30	30%
자원관리능력	30	15%
전공	20	15%

○ 가점 사항

- 기사 자격증 보유 시 1개당 총점에 5점 가점, 기능사 자격증 보유 시 1개당 총점에 3점 가점 (단, 자격증으로 인한 가점은 최대 10점임)
- 6개월 이상 12개월 미만 인턴 경험 시 총점에 3점 가점, 12개월 이상 인턴 경험 시 총점에 5점 가점

○ 면접 대상자 선정

- 1차 시험 응시 과목별로 맞힌 문항 수에 가중치를 적용한 점수와 가점 사항을 합산하여 총점이 높은 순서로 2명을 면접 대상자로 선정함
- 동점자가 있는 경우 문제해결능력 점수가 더 높은 응시자를 면접 대상자로 선정함

○ 1차 시험 응시자

구분	언어능력	수리능력	문제해결 능력	자원관리 능력	전공	비고
A	26	25	24	20	14	인턴 7개월 경험, 기사 자격증 1개
B	28	24	24	28	18	기사 자격증 1개
C	20	25	27	20	14	기사 자격증 2개
D	26	22	22	24	16	기사 자격증 1개, 인턴 15개월 경험
E	24	24	24	24	14	기사 자격증 2개
F	30	28	21	22	20	인턴 20개월 경험, 기능사자격증 1개

※ 1차 시험 응시 과목의 수치는 정답을 맞힌 문항 수를 나타냄

49 **위 자료에 따를 때 1차 시험 응시자 A~F 중 면접 대상자로 선정되는 인원은?**

① C, D ② C, E ③ D, E ④ E, F

50 **면접 대상자 선정 방법을 다음과 같이 수정하였을 때, A~F 중 면접 대상자로 선정되는 인원은?**

[면접 대상자 선정 방법]

- 전공을 제외한 과목 중 과목별로 정답을 맞힌 문항이 70% 미만인 과목이 있는 응시자는 선발 제외함
- 1차 시험 응시 과목별 점수에 가중치를 적용한 점수와 가점 사항을 합산하여 총점이 높은 순서로 2명을 면접 대상자로 선정함
- 동점자가 있는 경우 문제해결능력과 전공의 합산 점수가 더 높은 응시자를 면접 대상자로 선정함

① B, E ② C, E ③ D, F ④ E, F

51 다음 [상황]과 [표]에 근거할 때, 최 대리가 본사에 도착하는 시각은?

[상황]

N사 A지점에 근무하는 최 대리는 서울에 있는 본사에서 진행하는 교육에 참석할 예정이며, 본사에서 진행되는 교육은 14시에 시작될 예정이다.

최 대리는 A지점에서 9시부터 2시간 동안 회의에 참석한 뒤, 30분 동안 점심을 먹은 후 버스, 무궁화호, 새마을호 중 본사에 가장 빨리 도착하는 교통수단을 이용할 예정이다. 교통수단 이용 전후에는 도보로 이동한다.

A지점에서 버스터미널까지는 도보 5분, 기차역까지는 도보 10분이 소요되며, 서울 버스터미널에서 본사까지는 도보 15분, 서울역에서 본사까지는 도보 20분이 소요된다.

[표] 최 대리가 이용할 수 있는 교통수단

구분	속도	이동거리	비고
버스	80km/h	100km	매시 20분에 출발
무궁화호	60km/h	90km	매시 50분에 출발
새마을호	120km/h	90km	매시 30분에 출발

① 13시 35분　② 13시 40분　③ 13시 45분　④ 13시 50분

52 다음 [대화]에서 B가 A에게 해줄 조언으로 적절하지 않은 것은?

[대화]

- A: 선배님, 요즘 업무가 너무 많아서 너무 힘듭니다.
- B: 그렇지 않아도 요즘 업무가 많아 보여서 걱정이 많았습니다. 제가 도움을 드릴게요.
- A: 아닙니다. 말씀만으로 감사합니다. 혹시 선배님은 업무 과중에 힘듦이 없으신가요?
- B: 네, 저는 업무 시 시간 관리를 철저히 하고 있어서 괜찮아요.
- A: 그럼 시간 관리할 때 조심해야 할 점이 있나요?
- B: (   )

① 시간 계획을 정기적 체계적으로 체크하여 일관성 있게 마무리해야 합니다.
② 꼭 해야만 할 일을 끝내지 못했을 경우, 바로 마무리해야 합니다.
③ 적절한 시간 프레임을 설정하고 특정의 일을 하는 데 소요되는 꼭 필요한 시간만을 계획에 삽입해야 합니다.
④ 시간 계획은 계획 자체가 중요한 것이 아니고 목표달성을 위해 필요한 것입니다.

53 다음 중 효율적이고 합리적인 인사관리 원칙으로 옳지 않은 것은?

① 해당 직무 수행에 가장 적합한 인재를 배치해야 하는 적재적소 배치의 원리
② 근로자의 인권을 존중하고 공헌도에 따라 노동의 대가를 공정하게 지급해야 하는 공정 인사의 원칙
③ 직장에서 신분이 보장되고 계속해서 근무할 수 있다는 믿음을 갖게 하여 근로자가 안정된 회사 생활을 할 수 있도록 해야 하는 종업원 안정의 원칙
④ 직장 내에서 구성원들이 소외감을 갖지 않도록 배려하고, 서로 유대감을 가지고 협동, 단결하는 체제를 이루도록 하는 단결의 원칙

54 다음 [무통장입금거래 수행 순서]에 따를 때 [상황]의 A가 바로 다음에 수행해야 할 행동으로 옳은 것은?

> [무통장입금거래 수행 순서]
>
> 1. 고객으로부터 무통장 입금의뢰서를 접수한다.
> 고객이 작성한 입금의뢰서의 수취인 계좌번호가 분명한지 고객에게 확인하여 사후 분쟁을 방지한다.
> 2. 고객이 작성한 입금의뢰서상의 금액과 인도받은 금액을 확인한다.
> 고객에게 인도받은 금액은 입금자원(현금, 수표 등)별로 구분하여 확인한다.
> 3. 인도받은 금액이 현금 100만 원을 초과하는 경우 실명확인을 한다.
> 현금 100만 원 이하는 실명확인을 생략할 수 있지만 그 외의 경우에는 반드시 실명확인을 해야 한다. 실명확인 방법은 예금관리의 금융실명제 내용을 참조하여 수행한다.
> 4. 당일의 거래금액을 합산하여 일회성 금융거래 합산 내역을 조회한다.
> 1) 고객주의 의무(CDD)가 미이행된 고객, 비고객(은행 내 CIF가 없는 고객, KYC 미수행 고객)의 경우 6개월간 합산하여 거래금액이 2,000만 원 이상이면 CDD를 수행한다.
> 2) CDD 수행 시에는 '고객거래목적확인서'를 징구하여 확인한다.
> 5. 타행환 송금일 경우 수수료를 안내한다.
> 타행환 송금 시 수수료를 전산에 입력하고 실행하기 전에 고객에게 안내한다.
> 6. 산출된 수수료를 징수하고 송금거래확인증을 고객에게 교부한다.

> [상황]
>
> N은행에서 창구 업무를 맡고 있는 A는 무통장입금 거래 처리 중이다. A는 고객으로부터 무통장 입금의뢰서를 접수하였고, 고객이 작성한 입금의뢰서상의 금액과 인도받은 금액을 확인하였다. A가 확인한 금액은 500만 원이었다.

① 타행환 송금인 경우 수수료를 안내한다.
② 당일 거래금액을 합산하여 일회성 금융거래 합산 내역을 조회한다.
③ 실명확인을 한다.
④ 수수료를 징수하고 송금거래확인증을 고객에게 교부한다.

55 **농협의 심볼마크, 커뮤니케이션 브랜드, 캐릭터에 대한 설명으로 옳지 않은 것은?**

① 농협의 심볼마크는 항아리에 쌀이 가득 담겨 있는 형상을 표시하여 농가 경제의 융성한 발전을 상징한다.

② 'NH'는 고객과의 커뮤니케이션을 위해 농협의 이름과는 별도로 사용되는 영문 브랜드로 미래지향적이고 글로벌한 농협의 이미지를 표현하고 있다.

③ 'NH'는 New Happiness, Nature & Human, New Hope의 의미를 담고 있다.

④ 농협의 캐릭터인 '아랑'은 농업의 근간인 씨앗을 모티브로 하여 쌀알, 밀알, 콩알에서의 '알'을 따와 이름을 붙였다.

[56~57] 다음 [그림]은 A지역농협의 조직도이다. 이를 보고 이어지는 물음에 답하시오.

[그림] A지역농협 조직도

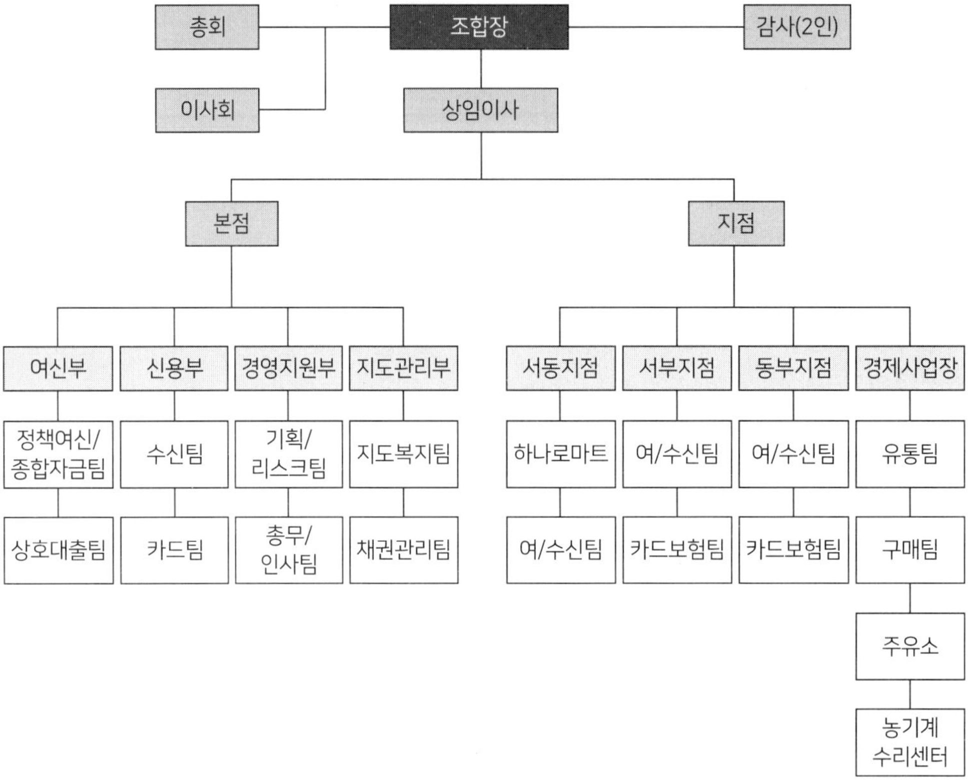

56 위 [그림]의 조직도를 바르게 이해한 것은?

① 하나로마트가 있는 지점은 2개이다.

② 본점에는 총 4개 부, 8개 팀이 있다.

③ 감사 2인은 각각 총회, 이사회 소속이다.

④ 농기계수리센터는 본점에 소속되어 있다.

57 A지역농협에서는 다음의 [홍보물]과 관련된 팀을 신설하려고 한다. 해당 팀이 소속될 부서로 적절한 것은?

[홍보물]

○ 화재/재물보험으로 고객님의 행복을 지키세요.
화재 및 재물 손해의 다양한 위험을 보장하는 소중한 내 집, 내 사업장을 위한 튼튼한 파트너!

○ 연금/저축보험이 안정된 미래를 함께합니다.
행복한 내 노후를 위해, 위험 보장 기능 외에 재테크 기능을 강화한 연금/저축보험!

○ 운전자/상해보험으로 고객님의 안전을 채우세요.
안심하고 운전하실 수 있도록 든든한 필수품을 준비하세요. 고객님의 안전을 지켜 드리겠습니다!

○ 여행/레저보험으로 행복한 여행 되세요.
이젠 언제 어디서나 걱정하지 마세요. 행복하고 안전한 여행/레저를 위한 첫 번째 필수품!

○ 건강/어린이보험, 내 가족을 위한 맞춤 보험입니다.
나와 사랑하는 내 가족을 위해 상해에서 질병까지 든든하게 지켜 드립니다.

○ 가축/농기계보험은 농업인을 위하고 생각합니다.
축산 농가의 안정과 국민 건강까지 생각하는 보험, 농업 경영 목적의 농기계를 대상으로 한 농촌 복지형 보장보험!

○ 농작물재배보험은 농업인을 위하고 생각합니다.
자연재해로 인해 발생하는 농작물 피해를 보상하는 보험으로서, 국가에서 보험료의 일부를 지원하는 사회보장적 보험입니다.

① 본점 신용부
② 본점 경영지원부
③ 본점 지도관리부
④ 지점 경제사업장

58 다음은 농협의 사업 중 하나인 '안성팜랜드'에 대한 설명이다. 이를 읽고 판단한 내용으로 적절하지 않은 것은?

○ 안성팜랜드: 다양한 문화체험시설, 우리나라 축산업에 관한 교육시설, 이색자전거, 어린이 전용 바이킹, 회전목마 등 다양한 놀이시설을 즐길 수 있는 테마파크이다. 또한 직접 만지고 먹이를 주며 즐거운 체험을 할 수 있는 곳으로, 소, 양, 거위, 돼지, 당나귀 등 다양한 가축들과 함께 즐거운 체험 프로그램을 진행하고 있는 테마파크이다.

○ 체험시설
- 면양마을, 토끼마을, 산양놀이터, 가축체험장 등 동물을 직접 보고 만져볼 수 있는 시설 보유
- 실내외 마장에서 승마 이론교육과 승마체험 프로그램 운영
- 선진 애견문화 창출을 위한 반려동물과 함께 즐길 수 있는 가족형 애견 파크 운영

○ 조경 캘린더

구분	종류	개화시기
봄	냉이	2~3월
	청보리	2~5월
	호밀	3~5월
	유채꽃	4~5월
	장미	5~6월
	황화 코스모스	5~6월
여름	양귀비꽃	5~6월
	해바라기	6~8월
	연꽃	7~8월
	수국	6~7월
	백합	7월
가을	해바라기	9월
	코스모스	9~10월
	황화 코스모스	9~10월
	핑크뮬리	9~11월

※ 냉이만 캐기 체험을 진행함

① 안성팜랜드는 반려견과 함께 방문하여 즐길 수 있다.
② 안성팜랜드는 승마 교육을 받을 수 있다.
③ 안성팜랜드는 직접 동물을 만져볼 수 있는 기회를 가질 수 있다.
④ 안성팜랜드는 월별로 다양한 조경 식물을 관람할 수 있으며, 모든 조경 식물에 대하여 캐기 체험을 할 수 있다.

59 다음 [대화]에서 질문자의 질문에 대하여 옳지 않은 답변을 한 사람은?

[대화]

- 질문자: 조직의 체제는 조직목표와 조직구조, 업무 프로세스, 조직문화, 규칙 및 규정 등으로 이루어집니다. 그렇다면 조직의 구조에 대해 설명해 주세요.
- A: 조직의 구조는 조직 내의 부문 사이에 형성된 관계로 조직목표를 달성하기 위한 조직 구성원들의 상호작용을 보여 줍니다.
- B: 조직구조는 의사결정권의 집중 정도, 명령계통, 최고경영자의 통제, 규칙과 규제의 정도에 따라 달라집니다.
- C: 구성원들의 업무나 권한이 분명하게 정의된 유기적 조직과 의사결정권이 하부구성원들에게 많이 위임되고 업무가 고정적이지 않은 기계적 조직으로 구분할 수 있습니다.
- D: 조직도는 구성원들의 임무와 수행하는 과업, 일하는 장소 등을 알 수 있기 때문에 조직도를 통해 조직의 구조를 쉽게 파악할 수 있습니다.

① A ② B ③ C ④ D

60 다음 중 경영참가제도에 관한 설명으로 옳지 않은 것은?

① 경영참가제도의 가장 큰 목적은 경영의 민주성을 제고하는 것이다.
② 근로자 또는 노동조합이 경영과정에 참여하여 자신의 의사를 반영함으로써 공동으로 문제를 해결하고, 노사 간의 세력 균형을 이룰 수 있다.
③ 노사 간 대화의 장을 마련하고 상호 신뢰를 증진시킬 수 있다.
④ 조직의 경영에 참가하는 공동의사결정제도, 이윤에 참가하는 이윤분배제도, 자본에 참가하는 노사협의회제도가 있다.

최신개정판

혼JOB 농토피아 지역농협 6급 실전모의고사

제3회 실전모의고사

수험번호	
성명	

[시험 유의사항]

1. 제3회 실전모의고사는 다음과 같이 정해진 시험 시간에 맞추어 풀어 보시기를 권장합니다.

과목	세부 영역	문항 수	시험 형식	권장 풀이 시간
NCS 직무능력평가	의사소통능력 수리능력 문제해결능력 자원관리능력 조직이해능력	60문항	객관식 4지선다	70분

2. 본 모의고사 풀이 시 맨 마지막 페이지의 OMR 카드를 활용하시어 실전 감각을 높이시기 바랍니다.
3. 시험지의 전 문항은 무단 전재 및 배포를 금합니다. 이를 위반할 경우 관련 규정에 따라 처벌을 받을 수 있습니다.

제3회 실전모의고사

01 다음 글의 밑줄 친 ㉠의 의미로 적절한 것은?

> 「농촌공간 재구조화, 신재생에너지 역할과 과제 토론회」 참석자들은 농촌특화 지구의 체계적인 조성과 발전 방향, 신재생에너지 활성화를 통한 탄소 감축 방안 등을 주제로 열띤 토론을 진행했다. 농협신재생에너지협의회장은 "재생에너지 지구의 성공적인 모델 구축을 위해서는 주민들이 공동으로 참여하는 대단위 영농형 태양광 사업이 적극 추진되어야 한다"며 "식량 안보를 위해서는 농촌공간 재구조화와 함께 농지 보전 방안에 대한 대책도 마련해야 한다"고 말했다. 또한 농업경제대표이사는 "이번 토론회에서 제시된 여러 전문가들의 의견이 농촌 지역 신재생에너지 보급 확대의 ㉠ <u>마중물이 되기</u>를 기대한다"며 "글로벌 2050 탄소중립 실현 및 농업인의 삶의 질 개선에 기여할 수 있도록 농협의 역할을 다하겠다"고 전했다.

① 목표가 되다
② 계기가 되다
③ 대안이 되다
④ 해결책이 되다

02 다음 [정보]에 따를 때, [예문]의 ㉠~㉢에 들어갈 말의 원형을 A~E 중 골라 옳게 짝지은 것은?

[정보]

A. 밭다[1]: 액체가 바싹 졸아서 말라붙다.
B. 밭다[2]: 건더기와 액체가 섞인 것을 체나 거르기 장치에 따라서 액체만을 따로 받아 내다.
C. 밭다[3]: 시간이나 공간이 다붙어 몹시 가깝다.
D. 밭다[4]: 지나치게 아껴 인색하다.
E. 밭다[5]: 어떤 사물에 열중하거나 즐기는 정도가 너무 심하다.

[예문]

- 그는 (㉠) 목에 침을 넘겼다.
- 약속 날짜를 너무 (㉡) 잡았다.
- 사람이 재물에 (㉢) 오히려 재물을 늘릴 수가 없다.

	㉠	㉡	㉢
①	A	B	E
②	A	C	D
③	B	A	C
④	B	E	D

03 다음 문장의 밑줄 친 부분의 표기가 올바른 것은?

① 비가 와서 우산을 받히고 갔다.
② 그는 기획안을 꼼꼼히 작성하였다.
③ 나는 이별 후 긴 머리를 싹뚝 잘랐다.
④ 이번 연구는 실패률이 높았으나 성공적으로 마무리하였다.

04 다음 [로마자 표기법]을 참고할 때, 로마자 표기가 잘못된 것은?

[로마자 표기법]

제3장 표기상의 유의점

제1항 음운 변화가 일어날 때는 변화의 결과에 따라 다음 각 호와 같이 적는다.

1. 자음 사이에서 동화 작용이 일어나는 경우

백마[뱅마] Baengma

2. 'ㄴ, ㄹ'이 덧나는 경우

알약[알략] allyak

(중략)

4. 'ㄱ, ㄷ, ㅂ, ㅈ'이 'ㅎ'과 합하여 거센소리로 소리 나는 경우

좋고[조코] joko

다만, 체언에서 'ㄱ, ㄷ, ㅂ' 뒤에 'ㅎ'이 따를 때에는 'ㅎ'을 밝혀 적는다.

묵호 Mukho

【붙임】 된소리되기는 표기에 반영하지 않는다.

압구정 Apgujeong

① 거북호: Geobukho
② 낙동강: Nakdonggang
③ 왕십리: Wangsimni
④ 집현전: Jipyeonjeon

05 다음 [예문]의 빈칸 ㉠에 공통으로 들어갈 어휘로 가장 적절한 것은?

[예문]

• 그 극단은 전국 각처를 (㉠)하며 활동한다.
• 삭막해진 농촌을 등지고 많은 농민들이 (㉠)의 길을 떠났다.

① 토착(土着)
② 유랑(流浪)
③ 표류(漂流)
④ 정착(定着)

06 **다음 글의 빈칸 ㉠~㉣에 들어갈 한자어를 순서대로 바르게 배열한 것은?**

> 인류는 그동안 물질의 풍요로움과 생활의 편리함을 추구(㉠)하여 살아 왔으며, 20세기의 과학 기술은 이러한 보편적인 인류의 욕구를 충족시키기 위한 물질 문명의 발달에 그 목표를 두고 발전해 왔다. 따라서 과학 기술자는 물질 문명의 발달에 기여한 바도 크지만, 그에 못지않게 환경 오염 문제를 유발(㉡)한 책임도 있다고 하겠다. 그러나 오존층의 파괴, 지구 온난화 문제 등 환경 오염의 구체적인 실상을 밝혀낸 것도, 그리고 그에 대한 구체적인 해결 방안(㉢)을 제시할 수 있는 것도 과학 기술자이다. 만약 현대 과학의 연구 개발 능력을 쾌적한 환경 만들기에 집중(㉣)시킨다면, 환경 문제의 해결은 결코 어렵지 않을 것이다.

① 推究 – 有發 – 方案 – 集重
② 推究 – 誘發 – 方安 – 集重
③ 追求 – 誘發 – 方案 – 集中
④ 追求 – 有發 – 方安 – 集中

07 **다음 글의 밑줄 친 ㉠, ㉡을 한자로 표기했을 때, 옳은 것은?**

> 농협은 여름철을 맞아 전국 농협 축산물 관련 사업장에 대한 ㉠ <u>위생</u> 안전 점검을 실시한다. 이번 점검에서는 전국 농협 축산물 판매장과 가공장 등 전 사업장이 자체적으로 실시하는 특별 점검과 16개 지역 본부에서 사업장을 예고 없이 방문하는 ㉡ <u>불시</u> 점검이 병행될 계획이다.

	㉠	㉡
①	衛生	不時
②	衛生	不詩
③	違生	不時
④	違生	不詩

[08~10] 다음 글을 읽고 이어지는 물음에 답하시오.

사람들은 은퇴 이후 소득이 급격하게 줄어드는 위험에 처할 수 있다. 이러한 위험이 발생할 경우 일정 수준의 생활(소득)을 보장해 주기 위한 제도가 공적연금제도이다. 우리나라의 공적연금제도에는 대표적으로 국민의 노후 생계를 보장해 주는 국민연금이 있다.

㉠ 공적연금제도는 강제 가입을 원칙으로 한다. 연금은 가입자가 비용을 현재 지불하지만 그 편익은 나중에 얻게 된다. 그러나 사람들은 현재의 욕구를 더 긴박하고 절실하게 느끼기 때문에 불확실한 미래의 편익을 위해서 당장은 비용을 지불하지 않으려는 경향이 있다. 또한 국가는 사회보장제도를 통하여 젊은 시절에 노후를 대비하지 않은 사람들에게도 최저 생계를 보장해 준다. 이 경우 젊었을 때 연금에 가입하여 성실하게 납부한 사람들이 방만하게 생활한 사람들의 노후 생계를 위해 세금을 추가로 부담해야 하는 문제가 생긴다. 그러므로 국가가 나서서 강제로 연금에 가입하도록 하는 것이다.

공적연금제도의 재원을 충당하는 방식은 연금 관리자의 입장과 연금 가입자의 입장에서 각기 다르게 나누어 볼 수 있다. 연금 관리자의 입장에서는 '적립방식'과 '부과방식'의 두 가지가 있다. 적립방식은 가입자가 낸 보험료를 적립해 기금을 만들고 이 기금에서 나오는 수익으로 가입자가 납부한 금액에 비례하여 연금을 지급하지만, 연금액은 확정되지 않는다. 적립방식은 인구 구조가 변하더라도 국가는 재정을 투입할 필요가 없고, 받을 연금과 내는 보험료의 비율이 누구나 일정하므로 보험료 부담이 공평하다. 하지만 일정한 기금이 형성되기 전까지는 연금을 지급할 재원이 부족하므로, 제도 도입 초기에는 연금 지급이 어렵다. 부과방식은 현재 일하고 있는 사람들에게서 거둔 보험료로 은퇴자에게 사전에 정해진 금액만큼 연금을 지급하는 것이다. 이는 적립방식과 달리 세대 간 소득 재분배 효과가 있으며, 제도 도입과 동시에 연금 지급을 개시할 수 있다는 장점이 있다. 다만 인구 변동에 따른 불확실성이 있다. 노인 인구가 늘어나 역삼각형의 인구 구조가 만들어질 때는 젊은 세대의 부담이 증가되어 연금제도를 유지하기가 어려워질 수 있다.

연금 가입자의 입장에서는 납부하는 금액과 지급받을 연금액의 관계에 따라 '확정기여방식'과 '확정급여방식'으로 나눌 수 있다. 확정기여방식은 가입자가 일정한 액수나 비율로 보험료를 낼 것만 정하고 나중에 받을 연금의 액수는 정하지 않는 방식이다. 이는 연금 관리자의 입장에서 보면 적립방식으로 연금 재정을 운용하는 것이다. 그래서 이 방식은 ㉡ 이자율이 낮아지거나 연금 관리자가 효율적으로 기금을 관리하지 못하는 경우에 개인이 손실 위험을 떠안게 된다. 또한 물가가 인상되는 경우 확정기여에 따른 적립금의 화폐 가치가 감소되는 위험도 가입자가 감수해야 한다. 확정급여방식은 가입자가 얼마의 연금을 받을지를 미리 정해 놓고, 그에 따라 개인이 납부할 보험료를 정하는 방식이다. 이는 연금 관리자의 입장에서는 부과방식으로 연금 재정을 운용하는 것이다. 나중에 받을 연금을 미리 정하면 기금 운용 과정에서 발생하는 투자의 실패는 연금 관리자가 부담하게 된다. 그러나 이 경우에도 물가 상승에 따른 손해는 가입자가 부담해야 하는 단점이 있다.

08 **위 글의 밑줄 친 ㉠의 이유로 가장 적절한 것은?**

① 국민들은 은퇴 이후 소득이 급격하게 감소하는 위험을 인지하지 못하므로
② 국가가 국민의 최저생계를 보장해 주지 않으므로
③ 미래의 편익보다 현재의 욕구를 긴박하고 절실하게 느끼지 않으므로
④ 노후 대비가 안 된 사람들의 생계 보장 비용을 기존 가입자가 추가 부담해야 하는 문제가 발생하므로

09 **위 글을 읽은 ○○회사 직원이 다음 [상황]에 대하여 보일 반응으로 적절하지 않은 것은?**

[상황]

○○회사는 이번에 공적연금 방식을 준용하여 퇴직연금제도를 새로 도입하기로 하였다. 이에 회사는 직원들이 퇴직연금 방식을 확정기여방식과 확정급여방식 중에서 선택할 수 있도록 하였다.

① 확정기여방식은 가입자의 보험료 부담이 공평하다는 측면에서 장점이 있어.
② 확정기여방식은 기금을 운용할 회사의 능력에 따라 나중에 받을 연금액이 달라질 수 있어.
③ 확정기여방식은 지속적으로 물가가 하락하고 이자율이 상승하면 지급받을 연금액의 실질적 가치가 상승할 수 있어.
④ 확정급여방식은 투자 수익이 부실할 경우 가입자가 보험료를 추가로 납부해야 하는 문제가 있어.

10 **위 글의 밑줄 친 ㉡과 관련하여 맞춤법에 따른 표기가 옳지 않은 것은?**

① 실패율(失敗率) ② 백분율(百分率)
③ 자급율(自給率) ④ 점유율(占有率)

11 **다음 글의 (가)에 이어지는 문단 순서로 가장 자연스러운 것은?**

> (가) 영국인 사회언어학자 피터 트럿길은 자신의 고향 노리지를 포함한 여러 영어사용지역을 조사한 끝에 여성화자의 언어가 남성화자의 언어보다 대체로 더 규범지향적이라는 사실을 밝혀냈다. 예컨대 문법에 어긋나는 것으로 간주되는 중복부정문은 영어 사용자들의 일상 회화에서 흔히 들리지만, 모든 계급에 걸쳐서 이런 식의 표현을 여성이 남성보다 훨씬 덜 사용한다는 것이 밝혀졌다.
>
> (나) 영어화자들을 대상으로 한 트럿길의 이러한 관찰은 한국어화자들에게도 뜻을 지니는 것 같다. 지방 출신 서울 거주자 가운데 서울말을 능숙하게 쓰는 여성은 같은 조건의 남성보다 훨씬 많다. 다시 말해 여성화자들은 남성화자들에 견주어 더 쉽게 자신의 방언을 버리고 표준어에 동화/순응하는 경향이 있다. 서울에 살아 본 적이 없는 지방 사람들도 서울말을 능숙하게 구사하는 경우가 있다. 대개 여성이다. 교육받은 서울내기도 특정한 맥락에서 일부러 방언이나 비속어를 사용하는 경우가 있다. 대개 남성이다.
>
> (다) 그래서 표준적 규범언어가 사용되는 지역과 위세가 약한 방언이 사용되는 지역에서는 여성과 남성의 역할이 뒤바뀐다. 표준어가 사용되는 지역에서는 여성이 이 규범언어에 집착한다는 점에서 보수적이다. 반면에 위세가 약한 방언이 사용되는 지역에서는 남성이 그 방언에 집착한다는 점에서 보수적이다.
>
> (라) 문법에 어긋나는 비표준 언어가 남성 일반에 스며 있는 이유를 설명하면서 트럿길은 또 다른 사회언어학자 윌리엄 레이보브의 '은밀한 위세' 개념을 차용했다. 이런 비표준 언어는 대체로 노동계급의 언어지만, 그 '거칢'의 이미지가 '남성다움'의 위세를 은밀히 드러내 모든 계급의 남성화자들에게 매력적으로 비친다는 것이다. 반면에 여성화자들은 남성에 견주어 사회로부터 '올바른' 행동을 할 것이 더 기대되는 경향이 있고, 그래서 표준어 규범에 더 쉽게 순응한다는 것이다.

① (나) – (다) – (라)　　② (다) – (나) – (라)

③ (다) – (라) – (나)　　④ (라) – (나) – (다)

12 다음 글의 빈칸 ㉠에 들어갈 문장으로 가장 적절한 것은?

> 인간은 자기가 속한 환경 속에서 여러 가지를 경험하고 배우며 살아간다. 이러한 경험의 결과 상당히 지속적으로 변화가 일어나는 경우를 두고 '학습'이라고 말한다. 약을 복용한 후나 우리 몸이 피로할 때 일어나는 일시적 변화는 학습이라 하지 않는다.
>
> 학습을 개념화하는 데는 어떤 측면을 강조하여 보느냐에 따라 약간 차이가 있을 수 있다. 행동에 초점을 맞추어 행동의 변화를 학습이라 하기도 하고, 지식에 초점을 두어 지식의 획득을 학습으로 보기도 하며, 정의적 측면을 강조하여 유의미한 인간적 경험, 예를 들면 무엇을 배운 결과 삶의 보람을 느낀 것을 학습이라 보기도 한다.
>
> 따라서 (㉠)

① 삶의 보람은 행동의 변화나 지식의 획득보다 가치 있는 학습이다.
② 지속적으로 경험하고 배울 수 있는 환경을 조성하는 것이 중요하다.
③ 인간의 행동, 지식, 정의의 발달은 학습에 의한 결과라고 할 수 있다.
④ 학습은 경험에 의한 지속적인 지적, 정의적, 행동적 변화를 의미한다고 볼 수 있다.

13 다음은 일정한 규칙을 가진 숫자를 나열한 것이다. A와 B에 들어갈 숫자의 합은?

> 512 256 128 (A) 32 16 8 (B) 2

① 68 ② 70 ③ 72 ④ 74

14 다음에 나열된 알파벳들은 일정한 규칙을 따른다. 괄호 안에 들어갈 알파벳은?

> A B D G K ( ) V

① P ② Q ③ R ④ S

15 연속한 세 개의 자연수의 곱은 1,320이다. 이 세 개의 자연수에 각각 차례로 1, 2, 3을 더한 수를 a, b, c라고 할 때, $a+b+c$는 얼마인가?

① 36 ② 39 ③ 42 ④ 45

16 A조합원이 200만 원을 연 3%의 금리로 2년간 농협에 저축하였을 경우, 만기 후 단리와 복리로 계산한 원리금의 차액은?

① 1,800원 ② 5,454원 ③ 6,000원 ④ 60,000원

17 $\sqrt{2}=1.414$, $\sqrt{3}=1.732$일 때 $\sqrt{18}$은 얼마인가?

① 2.449 ② 3.464 ③ 4.242 ④ 4.732

18 A제품은 1개에 10,000원, B제품은 1개에 8,000원이다. A제품과 B제품을 총 14개 구매하며, 지불하는 금액이 12만 원 이하일 때, 구매한 A제품의 최대 개수는?

① 3개 ② 4개 ③ 5개 ④ 6개

19 0~9 중 0을 제외한 숫자는 중복으로 사용하지 않고 5자리 비밀번호를 만들려고 한다. 뒤의 세 자리가 1, 2, 3으로만 구성된 경우 비밀번호를 만들 수 없다고 할 때, 만들 수 없는 비밀번호는 총 몇 개인가?

① 252개 ② 254개 ③ 256개 ④ 258개

20 A사와 B사의 작년 임직원 수의 합은 1,500명이다. A사의 올해 임직원 수는 작년 대비 15% 증가했고, B사의 올해 임직원 수는 작년 대비 117명 증가하여 A사와 B사의 임직원 수의 합은 작년 대비 14% 증가했다. A사의 올해 임직원 수는?

① 711명 ② 713명 ③ 715명 ④ 717명

21 농도 10% 소금물 500g에 물 xg을 넣었더니, 소금물의 농도가 5% 이상 8% 이하이다. 이때의 x가 ag 이상 bg 이하일 때, b−a의 값은?

① 275 ② 315 ③ 355 ④ 375

22 T사는 입사시험을 A시험장과 B시험장에서 치렀다. A시험장과 B시험장의 응시자 수 비율은 7 : 3이었으며, A시험장의 합격률은 50%였고, B시험장의 합격률은 70%였다. T사 입사시험을 본 응시자 중 합격자 1명을 선정했을 때, 그 응시자가 A시험장에서 응시했을 확률은?

① 58.5% ② 61% ③ 62.5% ④ 64%

23 **다음은 점포 중 핵심점포 현황에 관한 자료이다. 핵심점포 수가 전국 평균보다 많은 지역 수는? (단, 계산 시 소수점 첫째 자리에서 반올림한다)**

[표] 점포 중 핵심점포 현황

(단위: 개)

구분	전체 점포	핵심점포
전국	22,663	4,407
서울	4,810	492
부산	3,851	427
대구	3,436	465
인천	384	122
광주	210	55
대전	213	98
울산	342	57
세종	34	7
경기	1,401	852
강원	697	303
충북	518	95
충남	530	171
전북	465	212
전남	561	90
경북	2,186	362
경남	2,817	599
제주	208	0

① 5개 ② 6개 ③ 7개 ④ 8개

24 다음은 연령별 연구책임자 수에 관한 자료이다. 이에 대한 설명으로 옳지 않은 것은?

[표 1] 연령별 남성 연구책임자 수

(단위: 명)

구분	2019년	2020년	2021년	2022년	2023년
합계	30,102	34,013	36,002	36,777	38,783
30세 이하	673	706	809	804	774
31세 이상 40세 이하	4,695	5,950	6,323	6,311	6,765
41세 이상 50세 이하	13,168	14,470	15,014	14,972	15,457
51세 이상 60세 이하	9,673	10,483	11,049	11,367	12,059
61세 이상 70세 이하	1,823	2,323	2,725	3,220	3,620
71세 이상	70	81	82	103	108

[표 2] 연령별 여성 연구책임자 수

(단위: 명)

구분	2019년	2020년	2021년	2022년	2023년
합계	5,147	6,533	7,252	7,801	8,154
30세 이하	435	497	552	546	562
31세 이상 40세 이하	1,634	2,229	2,494	2,496	2,554
41세 이상 50세 이하	2,104	2,598	2,826	3,195	3,309
51세 이상 60세 이하	868	1,058	1,177	1,343	1,474
61세 이상 70세 이하	106	150	200	219	250
71세 이상	0	1	3	2	5

① 2020~2023년 동안 연구책임자 수의 전년 대비 증감 추이는 남성과 여성이 동일하다.

② 2021년 31세 이상 40세 이하 남성 연구책임자 수는 전년 대비 5% 이상 증가했다.

③ 여성 연구책임자 중 2019년 대비 2023년에 가장 많이 증가한 연령은 31세 이상 40세 이하이다.

④ 조사기간 중 51세 이상 60세 이하 연구책임자가 가장 많은 해는 남성과 여성이 동일하다.

25 **다음은 사육 목적별 말 사육두수에 관한 자료이다. 이에 대한 설명으로 옳지 않은 것은?**

[표] 사육 목적별 말 사육두수

(단위: 마리)

구분	2019년	2020년	2021년	2022년	2023년
합계	27,405	27,243	27,246	26,525	26,868
승용	11,458	11,292	11,915	10,985	11,367
경주용	7,303	7,808	8,129	8,332	8,257
번식용	4,549	4,806	4,530	4,124	4,391
식용	865	1,515	1,220	1,193	813
관상용	172	178	476	733	880
교육용	173	391	193	178	306
기타	2,885	1,253	783	980	854

① 2022년 말 사육두수가 전년 대비 감소한 데 가장 큰 영향을 미친 사육 목적은 승용이다.

② 2023년 경주용 말 사육두수와 관상용 말 사육두수의 차이는 전년 대비 감소했다.

③ 2019년 말 사육두수가 전년 대비 5% 증가했을 때, 2018년 말 사육두수는 26,100마리이다.

④ 말 사육두수 중 번식용 비중은 2020년이 2022년보다 낮다.

26 다음 [그림]은 범죄 발생 및 검거 현황에 관한 자료이다. 이에 대한 설명으로 옳지 않은 것은?

[그림] 범죄 발생 및 검거 현황

(단위: 천 건, 천 명)

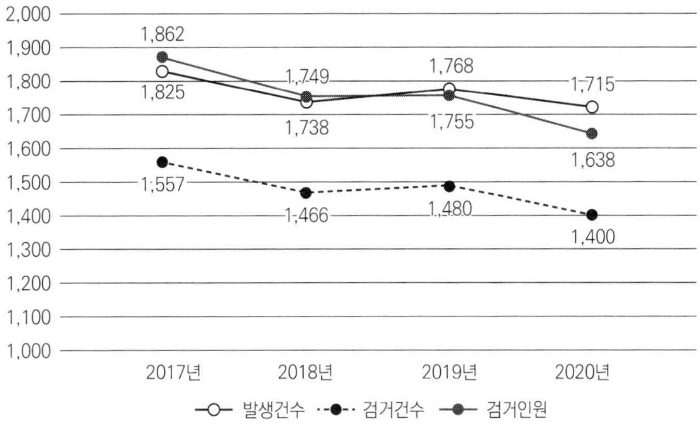

※1) 검거인원은 해당년도에 발생한 범죄에 대한 검거인원임
2) 검거율은 발생건수 대비 검거건수 비율임

① 조사기간 중 검거인원이 발생건수보다 많은 해는 2개년이다.

② 조사기간 중 검거율이 가장 높은 해는 2018년이다.

③ 조사기간 동안 총 검거건수는 5,903천 건이다.

④ 조사기간 중 검거인원이 가장 많은 해에 미검거건수는 268천 건이다.

27 다음 [그림]은 시·도별 지역발전지수에 대한 자료이다. 이에 대한 해석으로 옳지 않은 것은? (단, 지역발전지수는 지역경제력지수와 주민활력지수의 평균이다)

[그림] 시 · 도별 지역발전지수 좌표

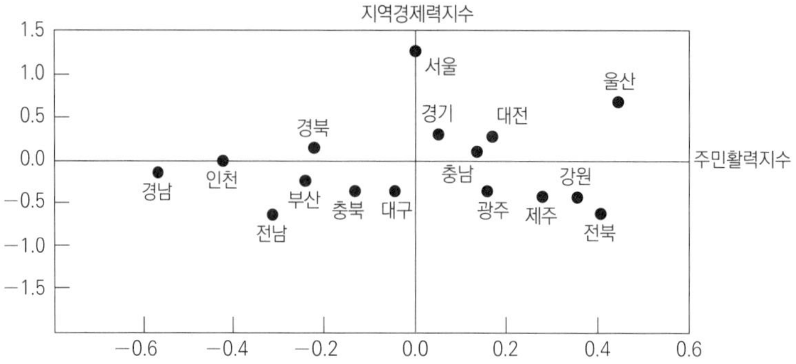

① 지역경제력지수의 차이가 주민활력지수의 차이보다 더 크다.
② 지역발전지수가 가장 높은 지역은 서울이다.
③ 주민활력지수가 가장 낮은 지역은 경남이다.
④ 지역발전지수가 가장 낮은 지역은 경남이다.

28 다음 제시된 전제들로부터 항상 참이 되는 [결론]은?

> [전제 1] 커피를 좋아하는 사람은 녹차를 좋아하지 않는다.
> [전제 2] 홍차를 좋아하는 사람은 녹차를 좋아한다.
> [결론] (   )

① 홍차를 좋아하는 사람은 녹차를 좋아하지 않는다.
② 녹차를 좋아하는 사람은 커피를 좋아한다.
③ 홍차를 좋아하는 사람은 커피를 좋아한다.
④ 커피를 좋아하는 사람은 홍차를 좋아하지 않는다.

29 다음 제시된 전제들로부터 항상 참이 되는 [결론]은?

[전제 1] A가 키우는 고양이는 애교가 많다.
[전제 2] 사람을 좋아하지 않는 고양이는 애교가 많지 않다.
[결론] (   )

① 애교가 많지 않은 고양이는 사람을 좋아하지 않는다.
② A가 키우는 고양이는 사람을 좋아한다.
③ A가 키우는 고양이는 사람을 좋아하지 않는다.
④ 애교가 많은 고양이는 사람을 좋아하지 않는다.

30 다음 제시된 전제들로부터 항상 참이 되는 [결론]은?

[전제 1] 골프를 잘 치는 사람은 집중력이 좋다.
[전제 2] 집중력이 좋은 사람은 다트 게임에서 높은 점수를 받을 수 있다.
[결론] (   )

① 골프를 잘 치는 사람은 다트 게임에서 높은 점수를 받을 수 있다.
② 다트 게임에서 높은 점수를 받을 수 없는 사람은 골프를 잘 치는 사람이다.
③ 집중력이 좋은 사람은 다트 게임에서 높은 점수를 받을 수 없다.
④ 집중력이 좋은 사람은 골프를 잘 치는 사람이다.

31 **다음 제시된 전제들로부터 항상 참이 되는 [결론]은?**

> [전제 1] 게으른 사람은 성공하지 못한다.
> [전제 2] 메모를 잘하는 사람은 성공한다.
> [결론] (   )

① 성공하지 못하는 사람은 게으르다.
② 성공하지 못하는 사람은 메모를 잘한다.
③ 메모를 잘하는 사람은 게으르지 않다.
④ 게으른 사람은 메모를 잘한다.

32 **S기업의 승진대상자들은 다음 주 월요일부터 목요일까지 매일 한 명씩 돌아가면서 리더십교육을 받아야 한다. 다음 [조건]과 [표]에 따를 때 A~D 4명의 승진대상자가 리더십교육을 받는 순서는?**

> [조건]
>
> • 대리 승진대상자는 과장 승진대상자보다 먼저 리더십교육을 받아야 한다.
> • 과장 승진대상자끼리는 연속해서 리더십교육을 받을 수 없다.
> • 정보보호교육을 아직 수강하지 않은 승진대상자는 다음 주 화요일에 있을 정보보호교육을 수강한 후 리더십교육을 받을 수 있다(단, 정보보호교육과 리더십교육을 같은 날에 받을 수는 없음).

[표] 승진대상자 정보

구분	A	B	C	D
승진 예정 직급	과장	차장	대리	과장
정보보호교육 수강 여부	수강	미수강	수강	미수강

① A – D – C – B
② B – C – D – A
③ C – A – B – D
④ C – D – B – A

33 A는 가축, 말, 돼지, 염소, 젖소, 양을 키우고 있다. 5종류 가축의 축사 위치가 다음 [조건]과 같을 때 왼쪽에서 네 번째에 위치한 축사에 있는 가축은?

[조건]

- 한 종류당 한 개의 축사를 사용하며, 축사는 일렬로 위치한다.
- 염소와 젖소의 축사는 왼쪽에서 세 번째가 아니다.
- 돼지의 축사는 염소와 양의 축사보다 오른쪽에 위치한다.
- 젖소의 축사는 염소의 축사보다 왼쪽에 위치하지만, 말의 축사보다 오른쪽에 위치한다.

① 양 ② 말 ③ 염소 ④ 돼지

34 약국, 옷가게, 팬시점은 서로 이웃한다. 이들 가게의 입구 모양은 네모, 세모, 동그라미의 각각 다른 형태이다. 가게 정면에서 바라볼 때 다음 [조건]을 따른다면, 이때 반드시 성립하는 내용은?

[조건]

ㄱ. 옷가게는 약국 좌측 방향에 위치한다.
ㄴ. 팬시점의 입구 형태는 네모이다.
ㄷ. 동그라미 형태의 입구는 우측 끝에 위치한 가게의 것이다.

① 약국의 입구 형태는 세모이다.
② 약국은 가운데에 위치한다.
③ 옷가게의 입구 형태는 세모이다.
④ 팬시점은 가장 좌측에 위치한다.

35 다음의 [명제]가 모두 참일 때, 반드시 참인 명제는 무엇인가?

[명제]

- 도덕적인 사람들은 의사소통을 잘한다.
- 의사소통을 못하는 사람들은 감정표현이 서투르다.
- 감정표현이 능숙한 사람은 행복지수가 높다.
- 도덕적이지 못한 사람들은 행복지수가 낮다.

① 도덕적이지 못한 사람들은 감정표현이 서투르다.
② 도덕적이지 못한 사람들은 의사소통을 못한다.
③ 도덕적인 사람들은 행복지수가 높다.
④ 감정표현이 능숙한 사람들은 도덕적이지 못하다.

36 다음 글의 해결방법에 따른 문제의 유형에 해당하는 것은?

문제를 효과적으로 해결하기 위해 문제의 유형을 파악하는 것이 가장 먼저 진행되어야 한다. 문제의 유형은 그 기준에 따라 아래와 같이 구분할 수 있다.

- 기능에 따른 문제 유형
- 해결방법에 따른 문제 유형
- 시간에 따른 문제 유형
- 업무수행 과정 중 발생한 문제 유형

① 기술상 문제
② 논리적 문제
③ 발생형 문제
④ 미래 문제

37 **다음 글의 빈칸 ㉠에 들어갈 문제에 대한 설명으로 옳지 않은 것은?**

문제의 유형을 지도할 때에는 발생 시점, 지향점에 따라 발생형 문제, (㉠), 설정형 문제의 세 가지 문제로 구분되며, 각 문제 유형의 특징이 무엇인지를 강조한다.

① 현재의 상황을 개선하거나 효율을 높이기 위한 문제를 의미한다.
② 눈에 보이지 않는 문제로 이를 방치하면 뒤에 큰 손실이 따르거나 결국 해결할 수 없는 문제로 확대되기도 한다.
③ 잠재 문제, 예측 문제, 발견 문제의 세 가지 형태로 구분할 수 있다.
④ 문제의 원인이 내재되어 있기 때문에 원인지향적인 문제라고 하기도 한다.

38 **다음 [대화]의 B의 답변으로 가장 적절한 것은?**

[대화]

- A: 이번 시즌 재고가 너무 많아 대책회의를 진행해야 할 것 같습니다.
- B: 그렇지 않아도 심각한 사안이라 의사결정에 도움이 될 수 있는 퍼실리테이터를 추천받았습니다.
- A: 그럼 이번 대책회의에 퍼실리테이터도 참석하는 건가요?
- B: 네, 맞습니다.
- A: 그렇다면 저희가 주의해야 할 사항이 있나요?
- B: ( )

① 문제해결을 위해서 직접 표현하는 것이 바람직하지 않다고 여겨야 합니다.
② 제3자가 합의점이나 줄거리를 준비해 놓고 예정대로 결론이 도출되어 가도록 해서는 안 됩니다.
③ 타협점의 단순 조정에 그칠 수 있습니다.
④ 무언가를 시사하거나 암시를 통하여 의사를 전달하고 기분을 서로 통하게 함으로써 문제해결을 도모해야 합니다.

39 다음 [대화]의 A~D면접관 중 옳지 않은 답변을 한 사람은?

[대화]

- 인사팀장: 이번 신입사원 면접은 다섯 분의 면접관님들의 의견을 수렴하여 심층면접법으로 진행하도록 하겠습니다.
- A면접관: 심층면접법은 일대일로 진행하니 다섯 개의 면접실이 필요하겠네요.
- B면접관: 면접은 30분에서 1시간 동안 진행해야 하며, 면접관은 편안한 분위기를 조성해야 합니다.
- C면접관: 인터뷰 시간을 집중적으로 투입해야 하지만 비용은 최소로 소모된다는 장점으로 인하여 심층면접법을 추천하였습니다.
- D면접관: 첫 번째 질문을 던지고 이에 대한 응답에 따라 면접을 진행하며 면접관은 진행과정과 조사문제에 대한 개인적인 윤곽을 갖고 있어야 함에 유의해주세요.

① A면접관 ② B면접관 ③ C면접관 ④ D면접관

[40~41] 다음 [NH 햇살론 상품 설명서]를 읽고 이어지는 물음에 답하시오.

[NH 햇살론 상품 설명서]

1. 상품소개
대부업 등에서 고금리를 부담해야 하는 저신용·저소득 서민에게 저금리로 대출해 주는 서민 대출상품

2. 대출대상
연간소득 4,500만 원 이하이며, 다음에 해당하는 자

근로자	자영업자
신용등급 6등급 이하 또는 연간소득 3,500만 원 이하의 3개월 이상 재직 중인 근로자	신용등급 6등급 이하 또는 연간소득 3,500만 원 이하의 자영업자(농림어업인 포함)

3. 생계자금
○ 대출대상: 3개월 이상 계속하여 재직하고 있는 근로자(일용직, 임시직 포함)
○ 대출한도: 최고 1,500만 원 한도 내에서 신용등급(서민금융진흥원 CSS 평가등급)에 따라 보증 한도 차등 적용

신용등급	6등급	7등급	8등급	9등급
대출금액	1,000만 원	800만 원	600만 원	400만 원

○ 보증기간 및 상환방법: 3년과 5년 중 택일, 매월 원금균등분할상환
○ 보증수수료: 연 2%

4. 자영업자 지원자금

○ 대출대상: 영업 중인 자영업자, 농림어업인

○ 대출한도: 최고 2,000만 원 한도 내에서 지역신용보증재단의 '햇살론 소상공인 평가표'에 의한 평가점수에 따라 대출한도 차등 적용

평가점수	평가등급	대출한도
384~249점	1등급	2,000만 원
248~184점	2등급	1,500만 원
183~147점	3등급	1,200만 원
146~119점	4등급	1,100만 원
118~98점	5등급	1,000만 원
97~73점	6등급	800만 원
72~56점	7등급	700만 원
55~30점	8등급	600만 원
29~12점	9등급	500만 원
11~0점	10등급	400만 원

※ 회생 지원 프로그램(개인회생 및 개인워크아웃) 진행 중인 자, 빈번한 연체자는 최저등급(10등급) 대출한도 적용

○ 보증기간 및 상환방법: 5년 이내(보증조건에 따라 1년 거치 가능), 매월 원금균등분할상환

○ 보증수수료: 연 1%

5. 창업자금

○ 대출대상

- 정부, 공공기관의 창업교육을 이수한 창업자
- 무등록 무점포 자영업자가 사업자등록 후 점포를 구비하는 경우(사업경력이 존재하므로 창업교육 이수 조건 미적용)

○ 대출요건

- 창업교육 이수: 12시간(장애인 사업자 10시간) 이상 이수
- 창업요건: 사업장 확보 및 사업자등록을 마친 후 개업한 지 1년 이내이어야 함(단, 무등록 무점포 자영업자는 개업한 지 3개월 이내)

○ 대출한도: 사업장 마련을 위한 임대차 계약서를 제출하는 경우 5천만 원 범위 내에서 임차보증금을 대출하고, 필요한 경우 5천만 원에서 임차보증금을 제외한 나머지 한도 내에서 운영자금까지 지원

○ 보증기간 및 상환방법: 5년 이내(보증조건에 따라 1년 거치 가능), 매월 원금균등분할상환

○ 보증수수료: 연 1%

40 위 [NH 햇살론 상품 설명서]에 따를 때 대출요건을 만족하지 못한 사람은? (단, 언급되지 않은 조건은 모두 만족하는 것으로 본다)

① 신용등급이 7등급이고, 3개월 이상 계속하여 재직하고 있는 일용직 근로자로, 생계자금을 신청한 A

② 창업교육을 이수하지 않았으며, 개업한 지 5개월 된 무등록 무점포 자영업자로, 창업자금을 신청한 B

③ 빈번한 연체자이고, 연간소득 3,500만 원 이하의 영업 중인 어업인으로, 자영업자 지원자금을 신청한 C

④ 공공기관의 창업교육을 10시간 이수하고, 사업장 확보와 사업자등록을 하였으며, 개업한 지 10개월 된 장애인 사업자로, 창업자금을 신청한 D

41 다음 [표]는 '햇살론 소상공인 평가표'에 의한 평가점수가 150점인 자영업자 갑이 2년의 보증기간으로 자영업자 지원자금을 최대로 대출받은 후 1회차 월상환금을 계산한 것이다. [표]의 ㉠~㉢에 들어갈 값을 옳게 짝지은 것은?

[표]

납입원금	대출이자	월상환금	대출잔금
(㉠)만 원	10,000원	(㉡)만 원	(㉢)만 원

※ 1) 납입원금＝대출원금/납입횟수
2) 월상환금＝납입원금＋대출이자
3) 대출잔금＝직전 회차 대출잔금－납입원금(단, 1회차인 경우 대출원금－납입원금)

	㉠	㉡	㉢
①	41	42	1,159
②	41	44	1,159
③	50	51	1,150
④	50	53	1,150

42 다음은 [2023년 하반기 착한 가격 업소 신규 지정 공고]에 관한 자료이다. 이에 대한 설명으로 옳지 않은 것은?

[2023년 하반기 착한 가격 업소 신규 지정 공고]

1. 신청서 접수
   - 접수기간: 2023. 11. 14.~12. 09.
   - 접수장소: ○○구청 지역경제과
   - 신청방법: 영업자 직접 신청, 동장 등 추천
   - 구비서류: 신청서, 사업자등록증 사본
   - 제출방법: 방문 및 이메일 제출
2. 신청자격
   공고일 현재 ○○구에서 영업하고 있는 개입서비스 업소
3. 지정절차

11. 14.~12. 09.	신청자 모집
12. 10.~12. 16.	현지실사 평가 및 지방세 체납, 행정처분 등 부적합 여부 확인
12. 19.	최종 확정 및 통보

4. 지정방법
   - 심사방법: 평가표에 의거 현장실사 및 심사 후 결정, 평점 총합이 70점 이상 및 가격 기준 평점이 29점 이상인 업소 중 상위 점수를 획득한 업소를 우선 선정(단, 위생 모범 업소의 가격이 지역 평균가격 이하인 경우 우선 지정)
   - 선정결과: 신청인에게 개별통보 및 지정서 교부
5. 신청 제외 업소
   - 지역의 평균가격을 초과하는 업소
   - 최근 2년 이내 행정처분을 받은 적이 있는 업소
   - 최근 1년 이내 휴업한 사실이 있는 업소
   - 지방세를 3회 이상 및 1회에 100만 원 이상 체납하고 있는 업소
   - 영업 개시 후 6개월이 경과하지 않은 업소
   - 프랜차이즈 업소
6. 지정 제외 업소
   점검결과, 가격기준 평점 29점 미만, 위생청결기준 평점 15점 미만, 품질서비스 기준 평점 10점 미만, 평점 총합이 70점 미만

① 지방세를 2회 총 100만 원을 체납한 업소는 신청 제외되지 않는다.
② 현지실사 평가 및 지방세 체납, 행정처분 등 부적합 여부 확인에 7일 소요된다.
③ 평점 총합이 65점이더라도 위생 모범 업소의 가격이 지역 평균가격 이하인 경우 착한 가격 업소에 우선 지정될 수 있다.
④ 착한 가격 업소에 신청 후 2개의 구비서류를 방문 또는 이메일로 제출 가능하다.

[43~44] 다음은 T사 연차 유급휴가에 관한 규정이다. 이를 읽고 이어지는 물음에 답하시오.

- 연차 유급휴가 발생 기준: 1년에 80퍼센트 이상 근무한 근로자에게 15일의 연차 유급휴가를 주어야 한다. 또한 근속연수 3년 차 이상 출근한 근로자는 1일의 연차 유급휴가를 가산하여 지급한다. 이후 2년마다 1일씩 가산하여 연차 유급휴가를 지급하고, 최대 연차 유급휴가 일수는 25일이다.
- 1년 미만의 신입사원의 경우 1개월 만근 시 1일의 연차 유급휴가가 발생한다. 연차 유급휴가는 5인 이상 사업장에서 근무할 때 적용된다. 연차 유급휴가 청구권은 1년 안에 사용해야 한다. 연차 유급휴가 수당의 청구권 소멸시효는 3년이다.
- 연차 유급휴가 수당은 사용기간이 지나 사용하지 않았을 때 미사용 연차 유급휴가에 대한 수당으로 지급받을 수 있다. 연차 유급휴가 1일당 20만 원으로 지급한다.

43 다음 [상황] A과장이 사용해야 하는 연차 유급휴가의 개수는?

[상황]

A과장은 5월 4일에 출발하여 5월 20일까지 가족들과 유럽으로 여행을 떠나려고 한다. A과장은 월요일부터 금요일까지 근무하며, 공휴일에는 근무하지 않는다.

[5월 달력]

일	월	화	수	목	금	토
			1	2	3	4
5 어린이날	6 어린이날 대체 공휴일	7	8	9	10	11
12	13	14	15	16	17	18
19	20	21	22	23	24	25
26	27 부처님 오신 날	28	29	30		

① 7일 ② 8일 ③ 9일 ④ 10일

44 근속연수 9년 차인 B가 받는 전체 연차 유급휴가의 개수와 9일 사용 후 잔여 연차 유급휴가에 대해 지급받는 연차 유급휴가 수당은 얼마인가? (B는 1년에 80% 이상 근무한 근로자이다)

① 18개, 180만 원
② 18개, 200만 원
③ 19개, 180만 원
④ 19개, 200만 원

45 다음 [업체 평가 기준]을 토대로 계약을 맺는 업체는?

[업체 평가 기준]

1. 평가요소별 실적

구분	A업체	B업체	C업체	D업체
공사실적 평가	24점	25점	23점	22점
경영 평가	27점	25점	26점	24점
기술능력 평가	27점	28점	29점	30점
신인도 평가	23점	25점	22점	24점

2. 평가 실적에 따른 점수

구분	상위 1개 기관	중위 1개 기관	최하위 2개 기관
공사실적 평가	5점	4점	3점
경영 평가	10점	8점	6점
기술능력 평가	10점	8점	6점
신인도 평가	5점	3점	2점

※ 최종 점수는 평가 실적에 따른 점수의 합산 점수임
※ 최종 점수가 동일한 경우 경영 평가 실적이 높은 업체와 계약을 맺음

① A업체 ② B업체 ③ C업체 ④ D업체

[46~47] 다음 [표]는 A~D업체의 제품별 가격을 나타내는 자료이다. [표]를 보고 이어지는 물음에 답하시오.

[표 1] A업체의 제품가격

구분	가격	비고
골프 우산	7,300원	• 400개 이상 구매 시 5% 할인 • 배송비는 100개당 2,500원
2단 우산	5,000원	
3단 우산	6,500원	

[표 2] B업체의 제품가격

구분	가격	비고
골프 우산	7,400원	• 500개 이상 구매 시 250,000원 할인 • 배송비는 500개당 15,000원
2단 우산	5,200원	
3단 우산	6,300원	

[표 3] C업체의 제품가격

구분	가격	비고
골프 우산	6,850원	배송비는 100개당 5,500원
2단 우산	5,100원	
3단 우산	6,500원	

[표 4] D업체의 제품가격

구분	가격	비고
골프 우산	7,050원	500개 이상 구매 시 배송비 무료
2단 우산	5,200원	
3단 우산	6,600원	

46 **N사 H지점에서 근무하는 이 대리는 다음 [조건]에 따라 우수고객을 위한 우산을 구매하라는 지시를 받았다. [조건]과 [선호 인원 조사 결과]에 따를 때, 이 대리가 선택할 업체는?**

[조건]

• 선호 인원이 가장 많은 우산 500개를 구매할 것
• 배송비를 포함한 총비용이 가장 저렴한 업체에서 구매할 것

[선호 인원 조사 결과]

구분	골프 우산	2단 우산	3단 우산
선호 인원	220명	150명	130명

① A업체 ② B업체 ③ C업체 ④ D업체

47 **다음 [대화]를 토대로 이 대리가 위 문항에서 선택한 업체에 주문한 내용을 수정할 때, 배송비를 포함하여 우산 구매에 드는 총비용은 얼마인가?**

[대화]

• 채 팀장: 이 대리님, 지난번에 말씀드린 우산은 주문하셨나요?
• 이 대리: 네, 말씀하신 직후 바로 주문하였습니다.
• 채 팀장: 혹시 제작 전이라면, 우산별로 선호 인원에 맞게 구매하고 모든 우산에 로고를 추가하는 것으로 주문을 수정하면 좋겠습니다.
• 이 대리: 네, 확인해 보고 말씀드리겠습니다.

(몇 분 후)

• 이 대리: 팀장님, 확인해 보니 아직 제작 전이라서 주문을 수정하였습니다.
• 채 팀장: 로고 추가 비용은 얼마였나요?
• 이 대리: 로고 추가 비용은 1개당 500원이었고, 현금 결제 시 전체 금액에서 100,000원을 할인해 준다고 하였습니다.
• 채 팀장: 네, 그럼 현금으로 결제하는 것으로 진행해 주세요.

① 3,264,000원 ② 3,294,500원 ③ 3,325,000원 ④ 3,355,500원

48 **다음 [표]와 [정 대리의 선호 기준]에 따를 때 정 대리가 구입할 사무실 복사기는 무엇인가?**

[표] 복사기 목록

구분	가격	내구성	디자인	팀장 추천 여부
A	55,000원	★★★	★★	추천
B	39,000원	★★★	★★	비추천
C	47,000원	★★	★★	추천
D	43,000원	★	★★★	추천

[정 대리의 선호 기준]

사무실에서 사용할 복사기는 내구성이 가장 중요해. 내구성 별점은 적어도 2개 이상이 되어야 해. 그다음 중요한 것은 아무래도 가격 아니겠어? 가격은 저렴할수록 좋겠지. 디자인은 크게 신경 쓰지 않아. 참, 그리고 팀장님께서 추천하시지 않은 제품은 절대 구입할 수 없어.

① A　② B　③ C　④ D

49 **한국 지사와 두바이 지사의 직원들이 함께 화상회의를 하려고 한다. 회의 시작 시각으로 적절하지 않은 것은?**

[정보]

- 한국 시각이 두바이보다 5시간 빠르다.
- 한국 지사의 업무시간은 오전 9시부터 오후 6시까지이며, 점심시간은 오후 12시부터 오후 1시까지이다.
- 한국 지사의 경우 출근 후 30분 동안 회의를 진행할 수 없다.
- 두바이 지사의 업무시간은 오전 8시부터 오후 5시까지이며, 점심시간은 오후 12시부터 오후 2시까지이다.
- 회의는 1시간 동안 진행된다.

① 한국 시각으로 오전 10시　② 한국 시각으로 오후 1시
③ 한국 시각으로 오후 3시　④ 한국 시각으로 오후 4시

[50~51] **A지역에서 직장생활을 하고 있는 세은이는 추석연휴를 맞이하여 고향인 B지역으로 이동하려고 한다. 다음 [표]와 [정보]를 보고 이어지는 물음에 답하시오.**

[표] 교통수단별 현황

교통수단	소요시간(시간)	비용(만 원)	화장실 유무	탑승 가능 시간
KTX	2.5	6.5	○	06:00~23:00
고속버스	5	4.5	×	08:00~23:00
택시	4	11.5	×	00:00~24:00
비행기	1	8.5	○	09:30~22:00

[정보]

- 세은이의 효용 계산식은 다음과 같다.

효용＝50－소요시간 가중치×(소요시간×2)－비용 가중치×(비용×2)

※ 소요시간 가중치＝0.3, 비용 가중치＝0.7

- 고소공포증이 있는 세은이는 비행기 탑승 시 효용에서 5만큼 차감한다.
- 세은이는 교통수단 내에 화장실이 있는 경우 효용에서 2만큼 가산한다.

50 **세은이의 효용이 높은 순으로 우선순위를 정할 때, 최우선 순위 교통수단은?**

① KTX ② 고속버스 ③ 택시 ④ 비행기

51 **세은이는 추석연휴 전날 정시 퇴근을 하고 바로 고향에 내려가려고 하였으나 밀린 업무 때문에 추가 근무를 한 후 가게 되었다. 다음 [상황]에 따를 때, 세은이가 가장 빨리 고향에 도착할 수 있는 교통수단은? (단, 가장 빠르게 도착할 수 있는 교통수단을 최우선으로 하므로 효용은 고려하지 않으며, 환승시간은 무시한다)**

[상황]

- 추가 근무로 인한 퇴근 시간: 20시 40분
- 교통수단을 이용하기 위한 이동시간

구분	KTX역	고속버스 터미널	택시 정거장	공항
이동시간	1시간 50분	10분	10분	2시간

※ 각 교통수단 이용장소에 도달한 직후 바로 탑승할 수 있음

① KTX ② 고속버스 ③ 택시 ④ 비행기

52 다음 [상황]의 B가 A에게 해줄 조언으로 적절하지 않은 것은?

[상황]

신입사원인 A는 업무 습득으로 인해 정신이 없는 나머지 책상 주변 정리를 하지 못하여 팀장에게 꾸중을 듣게 되었다. A의 옆자리에 앉아 있는 B는 항상 책상 주변 정리가 잘되어 있어 A 책상 주변과 비교하며 더욱 혼나게 되었다. 이에 A는 B에게 조언을 구하였고, B는 A에게 서류상자 정리하기 방법에 대해 이야기해주고 있다.

① 서류상자를 6~7개 준비해서 책상 아래쪽 큰 서랍에 가로로 세워야 합니다.
② 서류상자가 잘 보이는 곳에 분류해서 표제용 라벨을 붙여야 합니다.
③ 넣을 때 투명 표지에 끼워 두면 볼 때 더욱 편리하고 정리에도 도움이 됩니다.
④ 넣어둔 서류나 자료는 생각났을 때 점검해야 합니다.

53 다음 [사례]에서 김 대리가 조 사원에게 한 조언으로 적절하지 않은 것은?

[사례]

입사 1년차 조 사원은 최근 업무량이 많아 업무를 처리하기 위해 야근이 잦아 고민이 많다. 옆자리 김 대리는 조 사원보다 업무량이 더 많음에도 불구하고 야근을 하지 않아 조 사원은 김 대리에게 업무를 처리하는 노하우를 물었다. 이에 김 대리는 시간 계획을 철저하게 하고 업무를 처리한다고 하였고 시간 계획을 할 때 명심해야 할 사항을 조언해주었다.

① 시간 계획 자체가 중요한 것이 아니고, 목표달성을 위해 필요하며, 예정 행동만을 계획하는 것입니다.
② 무리한 계획을 세우지 말고, 실현 가능한 것만을 계획해야 합니다.
③ 중요한 일에는 좀 더 시간을 할애하고 그렇지 않은 일에는 시간을 단축시켜 전체적인 계획을 정리해야 합니다.
④ 체크리스트나 스케줄표를 사용하여 계획을 반드시 기록하여 전체 상황을 파악해야 합니다.

54 **다음은 농협의 사업 중 하나인 '농협몰'에 대한 설명이다. 이를 읽고 판단한 내용으로 적절하지 않은 것은?**

> ○ 농협몰: 농협에서 운영하는 농협 대표 온라인 쇼핑몰로 품질 좋은 우리 농산물을 합리적인 가격에 살 수 있는 쇼핑몰
>
> ○ 기획전
> - 농협쌀대전: 팔도 대표브랜드 쌀을 최대 24% 할인된 금액으로 구매할 수 있음
> - 갓성비: 모양, 크기, 흠집으로 정품이 되지 못한 농산물, 합리적인 가격의 축수산물, 유통기한이 임박하였어도 소비기한이 남아 섭취에 지장 없는 가공식품을 저렴한 가격으로 구매할 수 있음
> - 특가존: 산지직송, 유통마진을 줄여 저렴한 가격으로 구매할 수 있음
> - 과일 정기배송: 농협 인증을 통과한 산지에서 과일 엄선, 비파괴 당도 검사로 당도 높은 과일 선별, 잔류농약 정밀 검사 실시를 통해 고품질의 과일을 농협이 선정한 월별 과일을 배송받을 수 있음

① 농협몰은 산지직송으로 유통마진을 줄여 저렴한 가격으로 구매할 수 있는 장점이 있다.
② 농협몰은 다양한 기획전을 기획하여 소비자에게 저렴한 물품을 제공하려고 노력한다.
③ 농협몰은 모든 제품에 잔류농약 정밀 검사 등을 실시하여 고품질 제품을 판매한다.
④ 농협몰은 상품가치가 떨어져 정품이 되지 못한 농산물 판매로 농가의 이익 창출에도 도움을 줄 수 있다.

55 **다음 ㄱ~ㅁ은 농협의 역사를 서술한 것이다. 이를 시대순으로 바르게 나열한 것은?**

> ㄱ. '쌀 수입 개방 반대 범국민 서명운동', '신토불이'와 '농도불이' 운동을 통해 국산 농축산물 애용을 전개하였다.
> ㄴ. 사업 부문별 전문성과 효율성 강화를 위해 사업구조개편을 실시하였다. 중앙회, 경제지주, 금융지주 등의 형태를 갖추게 되었다.
> ㄷ. 「농업협동조합법」 공포 후 같은 해 8월 15일 종합농협 성격의 '농협중앙회'를 발족하였다.
> ㄹ. 연쇄점 방식의 현대식 소매점을 개설해 농가가 생활물자를 저렴하게 구입할 수 있도록 하여 농가의 가계비 절감은 물론 농촌 물가 안정에 기여하였다.
> ㅁ. 농기계 보급 활성화를 위해 농기계 구입자금 융자 확대, 농기계 공동이용사업, 농기계 서비스센터 운영, 유류취급소 설치 등을 진행했다.

① ㄱ－ㄴ－ㄹ－ㄷ－ㅁ
② ㄱ－ㄷ－ㄹ－ㄴ－ㅁ
③ ㄷ－ㄹ－ㅁ－ㄱ－ㄴ
④ ㄷ－ㅁ－ㄱ－ㄴ－ㄹ

56 **민츠버그(Mintzberg)는 경영자의 역할을 대인적 역할, 정보적 역할, 의사결정적 역할의 3가지로 구분하였다. 이 중 의사결정적 역할에 대한 설명으로 옳은 것은?**

① 지도자로서 대내적으로 조직을 이끈다.
② 상징자로서 대외적으로 조직을 대표한다.
③ 조직 내의 문제를 조정하고 자원을 배분한다.
④ 조직을 둘러싼 외부 환경을 모니터링하고 이를 조직에 전달한다.

57 다음은 [농협의 5대 핵심가치]와 [핵심가치 해석]이다. 핵심가치와 해석의 연결이 적절하지 않은 것은?

[농협의 5대 핵심가치]

ㄱ. 농업인과 소비자가 함께 웃는 유통 대변화
ㄴ. 미래 성장동력을 창출하는 디지털 혁신
ㄷ. 경쟁력 있는 농업, 잘사는 농업인
ㄹ. 지역과 함께 만드는 살고 싶은 농촌
ㅁ. 정체성이 살아 있는 든든한 농협

[핵심가치 해석]

ⓐ 농협의 정체성 확립과 농업인 실익 지원 역량 확충을 통해 농업인과 국민에게 신뢰받는 농협 구현
ⓑ 4차 산업혁명 시대에 부응하는 디지털 혁신으로 농업·농촌·농협의 미래 성장동력 창출
ⓒ 농업인 영농지원 강화 등을 통한 농업경쟁력 제고로 농업인 소득 증대 및 삶의 질 향상
ⓓ 지역 사회의 구심체로서 지역 사회와 협력하여 살고 싶은 농촌 구현 및 지역경제 활성화에 기여
ⓔ 소비자에게 합리적인 가격으로 더 안전한 먹거리를, 농업인에게는 더 많은 소득을 제공하는 유통개혁 실현

① ㄱ－ⓔ ② ㄷ－ⓒ ③ ㄹ－ⓓ ④ ㅁ－ⓑ

58 **다음은 농협의 사업 중 하나인 '농업박물관'에 대한 설명이다. 이를 읽고 판단한 내용으로 적절하지 않은 것은?**

> ○ 농업박물관은 전통 농경의 역사와 농업의 가치를 배우고 다양한 농경 체험을 즐길 수 있는 도심 속 농업 문화 교육의 장이다.
>
> ○ 인사말
>
> 농업박물관은 소중한 전통 농경유물이 사라져가는 것을 안타깝게 여겨 이를 잘 보존하여 후대 교육용으로 활용하기 위해 1987년 설립되었습니다. 설립 당시 영농기계화로 전통 농기구들은 방치 또는 훼손되어 있었고, 농협에서 전통 농기구와 생활용품들에 대한 대대적인 기증 운동을 벌이기로 했습니다. 농업인들의 기증유물로만 꾸며진 농업박물관은 국내 최초의 농업 전문박물관입니다. 2005년부터 다양한 전시와 풍성한 교육 체험 프로그램을 마련하여 획기적 변혁을 도모하여 왔습니다. 2017년 개관 30주년을 계기로 더욱 알차고 질 좋은 전시와 교육으로 도시민들에게 농경 문화 서비스를 제공하고 있습니다.
>
> ○ 관람 안내
>
> – 관람시간: 매주 화~일요일 09:30~18:00
> – 휴무일: 매주 월요일, 법정공휴일, 설·추석 연휴, 근로자의 날
> – 관람료: 무료
>
> ○ 농업박물관의 프로그램
>
> – 상설전시 연계 프로그램(무료)
> – 박물관에서 배우는 교과 연계 프로그램(무료)
> – 초·중등 진로탐색 교육(무료)
> – 절기별 전통농경 체험
> – 쌀을 이용한 다양한 요리 체험
> – 방학 문화 교실

① 농업박물관은 전통 농기구 사용 권장을 목적으로 한다.
② 농업박물관은 다양한 프로그램으로 도시민에게 농경 문화 서비스를 제공한다.
③ 농업박물관은 기증으로 전통 농기구와 생활용품을 전시 중이다.
④ 농업박물관은 무료로 교과 연계 프로그램 등을 참여할 수 있다.

59 **다음 [그림]의 업무 수행 절차에 대한 설명으로 옳지 않은 것은?**

[그림]

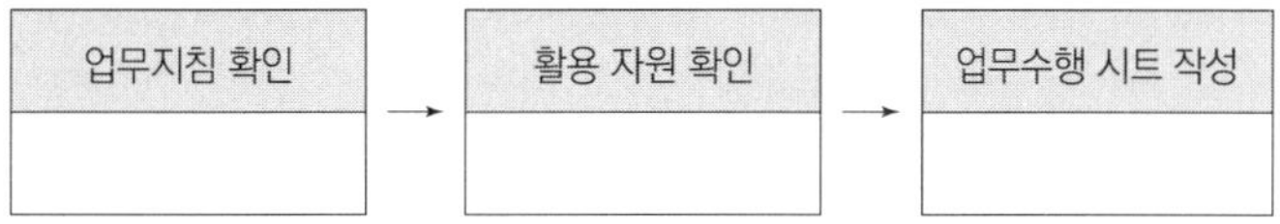

① 조직이나 개인의 업무지침 모두 환경에 영향을 받지 않으므로 개정이 필요하지 않다.
② 업무와 관련된 자원으로는 시간, 예산, 기술 등의 물적 자원과 인적 자원이 해당한다.
③ 자신의 업무를 수행하는 데 요구되는 지식이나 기술이 부족하다면 이를 향상하기 위한 계획을 수립해야 한다.
④ 활용자원과 구성원을 확인한 다음 간트 차트, 워크 플로 시트 등과 같은 업무수행 시트를 이용하여 구체적인 업무 수행 계획을 수립한다.

60 **다음 중 업무효율화 도구에 대한 설명으로 옳지 않은 것은?**

① 책임분석표는 업무책임을 명확히 할 때 이용하는 도구로, 간트 차트를 바탕으로 작성한다.
② 세부업무추진구조도는 목표를 이루는 데 필요한 업무를 결정할 때 이용하는 도구이다.
③ PERT/Critical Path는 일의 순서와 소요기간을 결정할 때 이용하는 도구로, 업무를 달성하는 데 필요한 전 작업을 작업내용과 순서를 기초로 하여 네트워크상으로 표시하는 도구이다.
④ 간트 차트는 일의 시작일과 완료일을 결정할 때 이용하는 도구로, 작업공정이나 제품별로 진행 과정을 보여주며 시간적 일정 관리를 가능하게 하는 도구이다.

최신개정판

혼JOB 농토피아 지역농협 6급 실전모의고사

제4회
실전모의고사

수험번호	
성명	

[시험 유의사항]

1. 제4회 실전모의고사는 다음과 같이 정해진 시험 시간에 맞추어 풀어 보시기를 권장합니다.

과목	세부 영역	문항 수	시험 형식	권장 풀이 시간
NCS 직무능력평가	의사소통능력 수리능력 문제해결능력 자원관리능력 조직이해능력	60문항	객관식 4지선다	70분

2. 본 모의고사 풀이 시 맨 마지막 페이지의 OMR 카드를 활용하시어 실전 감각을 높이시기 바랍니다.
3. 시험지의 전 문항은 무단 전재 및 배포를 금합니다. 이를 위반할 경우 관련 규정에 따라 처벌을 받을 수 있습니다.

제4회 실전모의고사

01 **다음 중 보고서의 문장이 알맞게 수정된 것은?**

① 농작물 재해보험 보상률이 적어짐에 따라 냉해를 입은 과수 농가의 부담이 커졌다.
→ 농작물 재해보험 보상률이 작아짐에 따라 냉해를 입은 과수 농가의 부담이 커졌다.

② 매년 전 임직원을 대상으로 정보 보호 교육을 보안 문화 정착을 위하여 실시하고 있다.
→ 정보 보호 교육을 매년 전 임직원을 대상으로 보안 문화 정착을 위하여 실시하고 있다.

③ 농산물 유통의 새로운 틀을 마련하여 농촌 경제와 활력을 불어넣고자 유통 위원회 운영을 하고 있다.
→ 농산물 유통 새로운 틀을 마련하여 농촌 경제 활력을 불어넣고자 유통 위원회 운영을 하고 있다.

④ 현재 우리나라 농업인은 수입 농산물의 국내 시장 진출 확대로 많은 어려움을 겪고 있다고 말할 수 있다.
→ 현재 우리나라 농업인은 수입 농산물의 국내 시장 진출 확대로 많은 어려움을 겪고 있다.

02 **다음 문장의 밑줄 친 단어 중 어문 규범에 맞는 것은?**

① 우리는 사회에 첫발을 <u>내디뎠다</u>.
② 살을 <u>에이는</u> 듯한 눈보라가 몰아쳤다.
③ 고객의 만족도를 <u>높힐</u> 수 있도록 하겠다.
④ 시험이 끝나고 답안지를 정답과 <u>맞혀</u> 보았다.

03 다음 [대화]의 밑줄 친 ㉠~㉣ 중 적절하지 않은 것은?

[대화]

- A: 한글 맞춤법 제19항에 따르면 어간에 '-이'나 '-음/ㅁ'이 붙어서 명사로 된 것은 그 어간의 원형을 밝혀 적어야 한다고 되어 있어.
- B: '일주일 내내 일을 해서 ㉠ 힘듦.'과 같이 써야 하는구나.
- C: '마음에 든다.'에서 '든다'를 명사형으로 바꾸면 '마음에 ㉡ 듦.'이라고 써야겠네.
- A: 우리가 흔히 '설레임'으로 쓰는 것도 틀린 표기야. ㉢ '설렘'이라고 해야지.
- B: 그러면 '나는 이제 맞춤법에 대해 ㉣ 앎.'이라고 써야겠네?

① ㉠ ② ㉡ ③ ㉢ ④ ㉣

04 다음 글의 전후 맥락상 밑줄 친 ㉠~㉣에 들어갈 적절한 단어를 골라 짝지은 것은?

오늘날 기술 정보 사회의 시민이 ㉠ 수취/취득해야 할 상식과 정보는 무량하게 많다. 간단한 읽기, 쓰기와 셈하기 능력만 갖추고 있으면 얼마 전까지만 하더라도 문맹 상태를 벗어날 수 있었다. 오늘날 사정은 이미 동일하지 않다. 자동차 운전이나 컴퓨터 ㉡ 조작/조종이 바야흐로 새 시대의 '문맹' 탈피 조건으로 ㉢ 부상/부유하고 있다. 현대인 앞에는 그만큼 ㉣ 구비/정비해야 할 기본적 조건과 자질이 수없이 기다리고 있다. 사회가 복잡해짐에 따라 신경과 시간을 바쳐야 할 세목도 증가하게 마련이다.

	㉠	㉡	㉢	㉣
①	수취	조작	부유	구비
②	수취	조종	부상	정비
③	취득	조작	부상	구비
④	취득	조종	부유	정비

05 다음 문장 중 밑줄 친 한자성어의 쓰임이 적절하지 않은 것은?

① 그의 승진은 발분망식(發憤忘食)의 노력을 기울인 대가이다.
② 상황이 너무 급박하여 좌고우면(左顧右眄)의 겨를도 없이 일을 결정해 버렸다.
③ 이번 신제품은 화려한 광고에 비해 성능은 별 볼 일 없어 양두구육(羊頭狗肉)이다.
④ 김 교수는 자존심이 강했지만 모르는 것이 있을 때 견강부회(牽强附會)할 줄 아는 사람이었다.

06 **다음 [보기] 중 한자 표기가 적절하지 않은 것을 모두 고르면?**

| 보기 |

ㄱ. 그 기업은 심의(心意)에 걸려 운영을 멈췄다.
ㄴ. 협력사에 제출(除出)할 기획안을 작성하였다.
ㄷ. 두 회사는 기존에 맺었던 계약을 철회(撤回)했다.
ㄹ. 보고서 작성 후 상사의 결재(訣裁)를 받아야 한다.

① ㄱ, ㄴ ② ㄴ, ㄷ ③ ㄱ, ㄴ, ㄹ ④ ㄱ, ㄷ, ㄹ

07 **다음 글의 빈칸 ㉠에 들어갈 내용으로 가장 적절한 것은?**

농촌계몽운동은 한말부터 시작된 운동으로 당시에는 계몽운동의 일환으로 시작되었다. 그 후, 식민통치 항쟁기에는 독립기반을 형성하기 위한 민족운동의 한 형태로 추진되었으며, 광복 후에는 농촌사회의 근대화를 목표로 전개되었다.

이 운동은 을사조약 이후부터 민족의 대중적 역량을 증대시키기 위해 시작되었다. 국권을 상실한 후 일제의 무단통치로 사회교육 현상은 차단되었지만 계몽운동은 의병운동과 합류하여 민족교육으로 재조직되었다.

그 뒤 3·1운동이 일어나고 뒤이어 일제가 무단통치를 철회하게 됨에 따라, 한국인은 계몽운동의 정신적 맥락에서 민족의 대중적인 역량을 증대시키기 위한 농촌계몽운동으로 전개하며 농촌 계몽에 앞장섰다.

'(㉠)'는 문구 아래 농촌의 생활개선과 농업의 개량, 사상계도 등에 대한 야학을 실시하였는데, 이는 농촌계몽운동이 주로 농사에 종사하는 사람을 대상으로 한 것이기 때문에 농사일을 끝낸 밤 시간인 경우가 일반적이었으며, 농한기인 겨울에 더욱 폭넓게 실시되었다.

① 노력을 이기는 재능은 없다.
② 아는 것이 힘이다.
③ 중요한 것은 행동이다.
④ 훌륭한 가르침은 현장에서 이루어진다.

08 다음 글의 (가)~(라)를 문맥에 맞게 배열하면?

> 연극 〈촌선생〉은 촌선생이라 불리는 아버지와 아들 형제의 갈등을 중심으로 농촌에 대한 철저한 파악 없이 벌인 지식인의 심정적인 농촌운동의 결말을 단적으로 보여준 사실주의 작품이다.
>
> (가) 한편 차남 달근과 약혼녀 옥정은 큰아들 내외와 대조적이다. 그들은 교육을 별로 못 받았지만 농촌의 현실을 제대로 파악하고, 그 안에서 최선을 다하며 긍정적이고 견실하게 산다. 달근은 형을 위해 교육 등 모든 기회를 누리지 못했는데도 낙담하기보다는 실질적으로 더 나은 농촌을 건설하려고 애쓴다.
>
> (나) 장남 달훈은 농촌계몽의 꿈에 부풀어 '대지주의 퀸'이라는 허상을 가진 아내 성희와 금의환향한다. 그러나 달훈은 자신이 배운 지식이 농촌현실과 거리가 있음에 당황해하고, 성희는 생존이 절박한 농촌을 이해하지 못하고 이들의 모든 것을 무식의 탓으로 돌린다.
>
> (다) 작가는 당시 도시인의 농촌계몽운동이 펼쳐지고 있는 중에 농촌 계몽가의 허상과 문제점을 분명하게 제시하였다. 또한 지식인의 소영웅적 귀거래사가 얼마나 무의미한 것인가를 농촌의 실상을 통해서 보여주어 당시 관객들의 높은 호응을 받았다.
>
> (라) 겨우 집안 사정을 알게 된 달훈은 한탄한다. 그는 일가를 구할 수 있었던 퇴직금을 어이없게 아내의 처분으로 무산되게 내버려두고, 마지막 소 판 돈으로 기차표를 사서 서울로 돌아간다.

① (나) - (가) - (다) - (라)　　② (나) - (라) - (가) - (다)
③ (다) - (가) - (나) - (라)　　④ (다) - (나) - (가) - (라)

[09~10] 다음 글을 읽고 이어지는 물음에 답하시오.

A연구소는 지난 5월 발표한 '노령화사회'라는 보고서에서 빠르게 노령화가 진행되고 있는 국내의 사회·경제적 상황에서 생길 수 있는 문제점과 대책을 제시하였다. 우선 보고서는 연령별 취업 구조의 노령화 양상이 두드러지고 있음을 지적하고 있다. 보고서에 따르면, 2011년 취업자 중 40대의 비율이 27.1%로 나타나 30대를 넘어섰고, 50세 이상의 노령 인구가 취업자에서 차지하는 비중도 25.5%에 이른다. 또한 보고서는 이런 추세대로라면 2025년에는 50대 취업자 비중이 21.5%에 달하고, 2030년에는 21.7%로 40대 취업자 비중을 넘어설 것으로 추산된다는 점을 밝히고 있다. 그리고 2040년에는 60세 이상 인구의 취업자 비중이 27.8%로 전체 인구 구조상 가장 높은 취업자 비중을 차지하게 되며, 2050년에는 50세 이상 인구가 전체 취업자 비중에서 차지하는 비중이 51.3%로 절반을 넘어설 것으로 전망하였다. 나아가 2011년 60.8%인 경제활동 참가율은 2020년을 정점으로 떨어지기 시작, 2030년에는 1960년대보다 낮은 55.9%를 기록할 것으로 예상된다는 점도 보고서는 밝히고 있다. 여기에 실업자까지 감안한다면 실제 2050년경에 취업해 생산 활동에 참여하는 인원은 49.7%를 기록할 것이라고 보고서는 내다보았다.

한편 보고서는 노동 인구의 감소 역시 심각하다고 지적하고 있다. 전체 취업자 수는 2020년 2,460만 명을 정점으로 하락하기 시작해 2050년에는 1,970만 명 수준으로 하락할 것으로 보이며, 2020년 비경제활동 인구의 40%가 50대 이상이 되고, 2030년경에는 50%를 넘어서, 2050년경에는 62.7%까지 이를 것으로 추산하고 있다. 실업자 비중의 경우, 상대적으로 청년층의 실업자 비중이 점차 줄어드는 반면 50대와 60세 이상 노령 인구의 실업자 비중이 점차 확대될 것으로 전망된다. 이처럼 취업 구조의 노령화가 기업에 미치는 영향이 적지 않을 것으로 보고 있다. 경력 증대에 따른 생산성 향상 효과가 크지 않은 업종에서는 취업 구조 고령화에 따른 생산비용의 증대가 우려되는 반면, 경력에 따른 기술 습득 효과가 큰 업종에서는 취업 구조의 고령화와 베이비 붐 세대의 조기 퇴직, 청년 계층의 제조업 기피현상이 맞물리면서 고부가 기술의 젊은층 이전에 어려움을 겪을 것으로 우려된다고 밝히고 있다.

이를 토대로 보고서는 사회·경제적으로 큰 파장을 불러올 노령화에 대한 대비책으로 첫째, 고령 인구의 경제 활동 참가율과 취업을 확대하는 것, 둘째, 젊은 여성 인구의 경제 활동 참가율을 증대시키는 것, 셋째, 경제 전반의 기술 혁신과 생산성 향상에 박차를 가해야 하는 것 등 세 가지를 제시하였다.

09 **위 글에서 말하고 있는 보고서에 담겨 있는 내용으로 볼 수 없는 것은?**

① 노동 인구의 감소로 인한 사회적 부담이 점차 커질 것이다.
② 취업 구조의 노령화는 경제성장을 악화시키는 주요 요인으로 작용할 것이다.
③ 청년 실업 문제의 심각성은 인구 구조 변화에 따라 지속적으로 확대될 것이다.
④ 여성 인력을 적극 활용함으로써 노동 구조의 노령화를 지연시키는 효과를 낳을 수 있다.

10 **위 글에서 말하고 있는 보고서의 주제로 가장 적절한 것은?**

① 노령화 사회를 대비한 고령 인구의 취업 확대
② 노령화 사회가 가져올 문제점 및 대책
③ 여성의 경제 참여 확대 필요성
④ 기술 혁신과 생산성 향상 사회의 대두

11 **다음 글의 내용과 부합하지 않는 것은?**

동아일보사는 1931~1934년까지 4회에 걸쳐 전국적인 문맹퇴치운동을 전개하였다. 제3회까지 이 운동은 '브나로드'라고 불렸으나 제4회부터는 계몽운동으로 바뀌었다. 본래 브나로드는 '민중 속으로'라는 뜻의 러시아말로, 러시아 말기에 "지식인들이 이상사회를 건설하려면 민중을 깨우쳐야 한다"는 취지로 만든 구호이다. 이 구호를 앞세우고 1874년에 수많은 러시아 학생들이 농촌으로 가서 계몽운동을 벌였는데, 그 뒤부터 이 말은 계몽운동의 별칭으로 사용되었다.

국내의 계몽운동은 1920년대 초 서울의 학생과 문화단체, 도쿄의 유학생 중심으로 시작되었다. 대표적인 예로 1926년 천도교 조선농민사에서 펼친 귀농운동과 1930년대 수원고등농림학교 한국학생들의 문맹퇴치운동을 들 수 있다. 이처럼 당시 농촌계몽운동과 함께 한글보급운동은 활발하게 전개되었는데, 1928년 동아일보사가 창간 8주년 행사의 하나로 문맹퇴치운동을 펼치려다 조선총독부에 의하여 좌절되었고 이듬해에는 조선일보사가 귀향남녀학생문자보급운동을 전개하였다.

1931년부터 1934년까지 동아일보사가 전개한 브나로드운동은 고등보통학교 4, 5학년 학생으로 이루어진 학생계몽대와 전문학교 이상의 학생으로 조직된 학생강연대, 학생기자대를 주축으로 하여 행해졌다. 이들은 야학을 열고 음악과 연극, 위생생활을 가르치면서 계몽운동과 문화운동을 병행해나갔다. 이들과는 별도로 1931년에 새로 조직된 조선어학회의 후원으로 전국 주요 도시에서 조선어강습회를 열기도 하였다. 이러한 민중계몽운동은 언론계와 문화단체, 청년학생들이 힘을 모아 일제의 식민통치에 저항하고 독립의 기초를 다지기 위하여 전개하였던 거국적인 민족자강운동으로 평가된다.

① 동아일보사가 전개한 문맹퇴치운동은 4회부터 이전과 다른 성격을 띠었다.
② 러시아 내에서도 농촌계몽운동이 전개되었었다.
③ 일제강점기에 농촌계몽운동은 어려움을 겪기도 했다.
④ 브나로드운동은 교육적인 성격과 문화적인 성격을 모두 갖고 있었다.

12 **다음은 ○○농협의 직원 채용 공고문이다. 채용 공고문과 [지원자 정보]를 참고로 할 때, 채용 가능한 인원수는?**

○○농협 직원 채용 공고문

○○농협에서 성실하고 유능한 인재를 채용하고자 아래와 같이 공고합니다.

– 아 래 –

1. 모집 분야

직렬	직종	채용인원	비고
기술관리직	농약 판매	n명	
기술관리직	영농지도	n명	
기능직	농축산물 판매	n명	

2. 지원자격

□ 공통사항

○ 농협 인사규정상 채용 결격사유가 없는 자

○ 만 18세 이상 고등학교 이상 졸업자

○ 남자는 병역필자 또는 면제자(여성의 경우 해당 없음)

○ 자동차 1종 보통 면허 소지자

○ 채용공고일 전일 기준 본인, 부 또는 모의 주민등록상 주소지가 △△도인 자

□ 자격 요건

○ 일반직(농약 판매)

– 농약 판매관리인으로 등록 후 경력 7년 이상이거나 관련 국가기술자격증을 소지한 자

※ 「국가기술자격법」에 따른 농화학기술사, 식물보호산업기사 이상의 자격 소지자 (종전의 국가기술자격법에 따른 농화학 기능사, 농예화학기능사 또는 농약기능사 각 2급 이상과 농화학기사 이상, 식물보호기능사를 포함)

○ 일반직(영농지도)

– 농과계 졸업자 및 20□□년 8월 농과계 졸업예정자[단, 영농지도 업무와 직접 관련 없는 축산·수산·산림·식품가공·농업경제(유사학과 포함) 등 관련 졸업(예정)자는 제외]

○ 기능직(농축산물 판매)

– 식육처리기능사 자격증 소지자로 유통업체에서 3년 이상 종사 경력자

□ 기타 우대사항

○ 건설기계(지게차, 굴삭기) 조종 자격 보유자, 드론(항공방제용) 자격 보유자 우대

○ 「NH 서포터즈」 중 연도 말 활동 우수 수상자

[지원자 정보] • A: 기술관리직(농약 판매), 「NH 서포터즈」 활동 우수 수상자로, 서포터즈 활동 중 농화학기술사 자격증을 취득함. 자동차 2종 보통 자격증 소지 • B: 기술관리직(농약 판매), 20□□년에 만기 전역하였으며, 농약기능사 2급과 농화학기사 자격증 보유 • C: 기술관리직(영농지도), 만 18세로 낙농학과 졸업자. 굴삭기 조종 자격 보유 • D: 기술관리직(영농지도), 만 26세로 대학에서 식품영양학과를 전공함. 자동차 1종 보통면허 소지자 • E: 기능직, 부모의 주민등록상 주소지가 △△도임. 건설기계 조종 자격증 보유하였으며, 식육처리기능사 자격증 소지자로 식육유통업체에서 4년간 근무함

① 1명 ② 2명 ③ 3명 ④ 4명

13 다음 숫자들이 일정한 규칙에 따라 나열되어 있다고 할 때, 괄호 안에 들어갈 숫자는?

4 7 13 25 ( ) 97

① 45 ② 47 ③ 49 ④ 51

14 다음 숫자들은 일정한 규칙에 따라 나열되어 있다. 이 중 규칙에 맞지 않는 숫자는?

2 1 3 4 7 11 17 29

① 3 ② 7 ③ 17 ④ 29

15 다음 알파벳들이 일정한 규칙에 따라 나열되어 있다고 할 때, 괄호 안에 들어갈 알파벳은?

Z X V T R P ( ) L J

① M ② N ③ O ④ Q

16 연속한 세 개의 자연수의 제곱의 합은 434이다. 이 세 개의 자연수에 차례로 2, 3, 4를 곱한 수를 a, b, c라고 할 때, a+b+c는 얼마인가?

① 108 ② 110 ③ 112 ④ 114

17 다음 중 제곱수가 아닌 것은?

① 2,481 ② 2,601 ③ 2,704 ④ 2,809

18 조합원 A는 농협은행에서 거치식 예금 통장을 개설하고 3,000만 원을 넣어 두었다. 만기는 2년, 연이율은 2.0%, 이자 소득세는 조합원 세금 우대를 적용하여 1.2%이다. 연 복리로 계산할 경우 2년 뒤 A가 받게 될 금액은 얼마인가?

① 31,185,600원 ② 31,197,456원
③ 31,200,456원 ④ 31,212,456원

19 한 개에 500원인 펜을 50개 묶음으로 구매 시 10% 할인하여 판매한다. 이 대리는 펜을 총 210,500원에 구매했고, 묶음으로 구매한 펜의 가격과 낱개로 구매한 펜의 가격 차이는 194,500원일 때, 이 대리가 구매한 펜은 몇 개인가?

① 458개 ② 462개 ③ 466개 ④ 470개

20 가로, 세로, 높이가 6cm인 정육면체를 1층에 8개, 2층에 4개, 3층에 1개를 쌓아 만든 탑의 부피는 몇 cm^3인가?

① $2,766cm^3$ ② $2,808cm^3$ ③ $2,912cm^3$ ④ $3,084cm^3$

21 U사의 A공장의 올해 생산량은 작년 대비 10% 증가했고, B공장의 올해 생산량은 작년 대비 220개 증가했다. A공장과 B공장의 작년 총 생산량은 2,600개였고, 올해 총 생산량은 작년 대비 15% 증가했다. B공장의 올해 생산량은 몇 개인가?

① 900개 ② 1,120개 ③ 1,700개 ④ 1,870개

22 다음 [상황]에서 제품을 판매했을 때 1개당 손실액은 얼마인가?

[상황]
원가 60,000원인 제품에 20%의 이익을 붙여 정가로 산정하였다. 정가로 판매하였을 때의 판매율이 저조하여 정가의 80%의 가격으로 판매하였다.

① 2,700원 ② 2,400원 ③ 2,100원 ④ 1,900원

23 A동아리 동아리원들이 야유회를 갔다. 방 1개에 4명씩 자면 2명이 남으며, 방 1개에 6명씩 자면 방이 3개가 남고 방 1개에는 2명이 잔다고 할 때, A동아리 인원은 총 몇 명인가?

① 48명 ② 50명 ③ 52명 ④ 54명

24 다음은 배추, 무, 콩 재배면적 및 재배량에 관한 자료이다. 이에 대한 설명으로 옳은 것은?

[그림 1] 배추, 무, 콩 재배면적

(단위: ha)

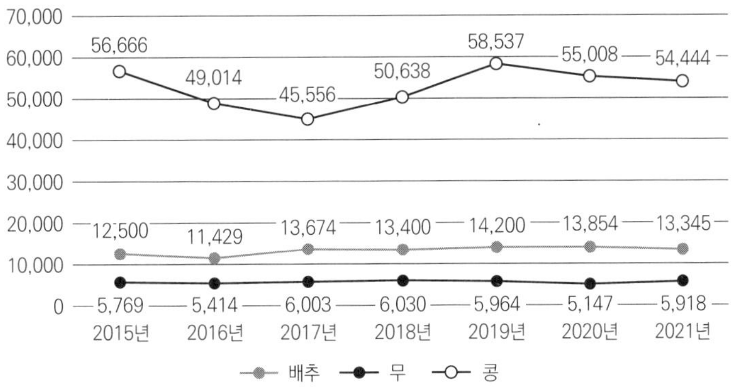

[그림 2] 배추, 무, 콩 재배량

(단위: 천 톤)

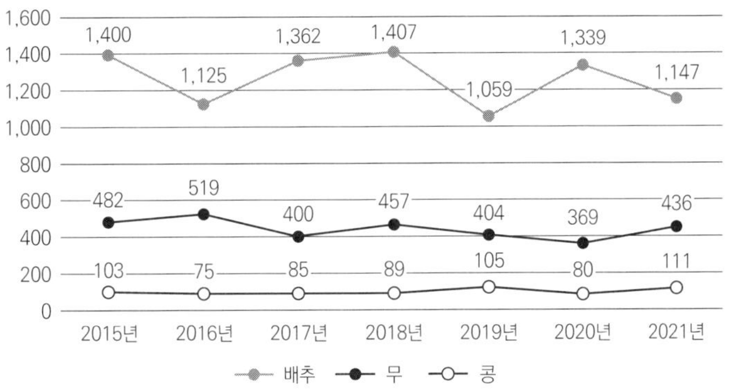

① 2018년 배추 재배면적 1ha당 재배량은 2015년 대비 7톤 감소했다.

② 조사기간 중 무 재배량이 처음으로 500천 톤을 넘은 해에 배추 재배량은 콩 재배량의 18배였다.

③ 2016~2019년 내내 콩 재배면적의 전년 대비 증감 추이는 무 재배면적의 전년 대비 증감 추이와 동일하다.

④ 2019년 배추 재배면적 대비 무 재배면적 비율은 전년 대비 증가했다.

25 **다음은 개인보증 주택금융신용보증 공급 현황에 관한 자료이다. 이에 대한 설명으로 옳지 않은 것은?**

[표 1] 개인보증 주택금융신용보증 공급 세대수

(단위: 호)

구분	2019년	2020년	2021년	2022년	2023년
합계	621,601	712,875	787,411	898,596	857,813
구입	91,037	88,213	92,863	125,151	86,232
전세	465,570	564,736	630,692	717,973	710,086
중도금	56,965	52,476	53,686	45,285	50,994
개량	8,019	7,407	10,060	10,144	10,436
임대보증금반환	10	43	110	43	65

[표 2] 개인보증 주택금융신용보증 공급 금액

(단위: 억 원)

구분	2019년	2020년	2021년	2022년	2023년
합계	344,599	430,732	509,425	601,359	588,873
구입	18,215	18,159	20,395	27,033	21,034
전세	237,258	336,073	403,257	507,015	493,404
중도금	88,451	75,782	84,744	66,274	73,319
개량	672	705	995	1,025	1,096
임대보증금반환	3	13	34	12	20

① 2022년에 전체 공급 금액 중 전세가 차지하는 비중은 2019년보다 15%p 이상 증가했다.

② 조사기간 중 전체 공급 세대수가 가장 많은 해는 각 항목의 공급 금액이 가장 많은 해와 동일하다.

③ 개량 공급 세대수 1호당 공급 금액은 2020년이 2023년보다 낮다.

④ 2023년에 개량 공급 세대수는 임대보증금반환 공급 세대수의 150배 이상이다.

26 **다음은 2023년 개인 신용카드 사용 현황에 관한 자료이다. 이에 대한 설명으로 옳지 않은 것은?**

[표 1] 2023년 개인 신용카드 사용건수

(단위: 십만 건)

구분	1분기	2분기	3분기	4분기
합계	31,768	35,973	36,580	37,480
일반구매	30,630	34,755	35,361	36,165
할부구매	993	1,068	1,074	1,165
현금서비스	145	150	145	150

[표 2] 2023년 개인 신용카드 사용금액

(단위: 십억 원)

구분	1분기	2분기	3분기	4분기
합계	156,230	167,395	170,400	179,207
일반구매	111,010	120,583	122,110	128,342
할부구매	31,851	32,851	34,441	36,520
현금서비스	13,369	13,961	13,849	14,345

① 1분기에 사용건수 1건당 사용금액이 가장 큰 항목은 현금서비스이다.

② 2~4분기 동안 할부구매 사용건수의 전분기 대비 증감 추이는 할부구매 사용금액의 전분기 대비 증감 추이와 동일하다.

③ 3분기 할부구매 사용금액은 전분기 대비 4% 이상 증가했다.

④ 2~4분기 중 현금서비스 사용건수가 전분기 대비 감소한 분기에 현금서비스 사용금액은 전분기 대비 114십억 원 감소했다.

27 다음은 산업별 재해 현황에 관한 자료이다. 이에 대한 설명으로 옳지 않은 것은?

[표 1] 2022년 산업별 재해 현황

(단위: 개소, 명)

구분	사업장 수	근로자 수	요양재해자 수	사망자 수
총계	2,680,874	18,725,160	109,242	2,020
광업	1,082	11,108	2,543	406
제조업	386,119	4,045,048	29,274	492
전기 · 가스 · 증기 및 수도사업	2,814	76,687	111	5
건설업	378,343	2,487,807	27,211	517
운수 · 창고 및 통신업	81,424	910,585	6,173	153
임업	12,289	91,682	1,017	17
어업	1,858	5,121	60	3
농업	18,785	79,482	642	9
금융 및 보험업	42,320	777,764	400	12
기타	1,755,840	10,239,876	41,811	406

[표 2] 2023년 산업별 재해 현황

(단위: 개소, 명)

구분	사업장 수	근로자 수	요양재해자 수	사망자 수
총계	2,719,308	18,974,513	108,379	2,062
광업	1,087	10,664	2,753	424
제조업	395,141	4,012,541	28,840	469
전기 · 가스 · 증기 및 수도사업	3,103	79,034	105	9
건설업	329,279	2,284,916	26,799	567
운수 · 창고 및 통신업	87,059	936,449	7,251	150
임업	12,919	101,404	1,030	17
어업	1,898	4,973	48	1
농업	19,382	78,940	639	10
금융 및 보험업	42,858	782,173	341	16
기타	1,826,582	10,683,419	40,573	399

① 2023년 전체 사업장 수에서 기타 산업 사업장 수가 차지하는 비중은 전년 대비 증가했다.

② 2023년 건설업 요양재해자 수는 전년 대비 412명 감소했다.

③ 기타를 제외한 산업 중 사망자 수가 많은 5개 산업은 2022년과 2023년에 동일하다.

④ 2023년 전체 요양재해자 수 대비 사망자 수 비율은 전년 대비 감소했다.

28 다음 [결론]을 항상 참으로 하는 [전제]는?

> [전제 1] 콜라를 좋아하는 사람은 사이다를 좋아하지 않는다.
> [전제 2] (   )
> [결론] 콜라를 좋아하는 사람은 주스를 좋아하지 않는다.

① 사이다를 좋아하는 사람은 주스를 좋아하지 않는다.
② 사이다를 좋아하지 않는 사람은 주스를 좋아하지 않는다.
③ 주스를 좋아하는 사람은 사이다를 좋아하지 않는다.
④ 콜라를 좋아하는 사람은 주스를 좋아한다.

29 다음 [결론]을 항상 참으로 하는 [전제]는?

> [전제 1] 영화를 좋아하는 사람은 드라마를 좋아하지 않는다.
> [전제 2] (   )
> [결론] 연극을 좋아하지 않는 사람은 영화를 좋아하지 않는다.

① 영화를 좋아하는 사람은 연극을 좋아하지 않는다.
② 드라마를 좋아하는 사람은 영화를 좋아하지 않는다.
③ 연극을 좋아하지 않는 사람은 드라마를 좋아한다.
④ 연극을 좋아하는 사람은 드라마를 좋아하지 않는다.

30 다음 [결론]을 항상 참으로 하는 [전제]는?

[전제 1] 아침에 운동을 하는 사람은 부지런한 사람이다. [전제 2] (   ) [결론] 아침에 운동을 하는 사람은 타인에게 모범이 되는 사람이다.

① 부지런한 사람은 타인에게 모범이 되는 사람이다.
② 부지런하지 않은 사람은 타인에게 모범이 되는 사람이다.
③ 부지런하지 않은 사람은 아침에 운동을 한다.
④ 타인에게 모범이 되는 사람은 아침에 운동을 하지 않는다.

31 다음 제시된 전제들로부터 항상 참이 되는 [결론]은?

[전제 1] 빅데이터 전문가는 A자격증을 취득했다. [전제 2] B자격증을 취득하지 않은 사람은 A자격증을 취득하지 않았다. [결론] (   )

① 빅데이터 전문가는 A자격증을 취득하지 않았다.
② 빅데이터 전문가가 아닌 사람은 B자격증을 취득하지 않았다.
③ B자격증을 취득한 사람은 빅데이터 전문가이다.
④ B자격증을 취득하지 않은 사람은 빅데이터 전문가가 아니다.

32 심사위원 A는 내일 있을 면접에서 갑~무 다섯 사람을 각각 오전 10시, 오후 2시, 오후 4시 중 하나로 정하여 면접을 진행하려고 한다. 면접시간이 [조건]에 따라 정해진다고 할 때, 다음 중 반드시 옳은 것은?

> [조건]
>
> • 각 시간에 면접 가능한 최대인원은 3명이다.
> • 갑, 정, 무의 면접시간은 모두 다르다.
> • 을과 병의 면접시간은 같다.
> • 오후 시간대 면접자는 2명이다.
> • 정의 면접시간은 을보다 늦지만, 마지막은 아니다.

① 갑의 면접시간은 10시이다.
② 을과 면접을 함께 본 사람은 을을 포함하여 2명이다.
③ 병의 면접시간은 무보다 빠르다.
④ 정의 면접시간은 오후이다.

33 A~D 4명이 4층 짜리 건물에 방문하였고 이에 대한 [정보]가 다음과 같을 때, 다음 중 항상 거짓인 것은?

> [정보]
>
> • A~D는 건물의 1~4층 중 1개 층 이상을 방문하였다.
> • 2층에 방문한 사람은 3명 이상이고, 1층에 방문한 사람은 1명이다.
> • 3층에 방문한 사람 수와 4층에 방문한 사람 수는 동일하다.
> • A가 방문하지 않은 층은 B도 방문하지 않았다.
> • A와 D는 C가 방문한 층을 방문하지 않았다.
> • A와 B가 모두 방문한 층은 2개이다.
> • B는 4층에 방문하지 않았다.

① B는 가장 많은 층에 방문하였다.
② D는 2개 층에 방문하였다.
③ A는 3층에 방문하였다.
④ C는 1층만 방문하였다.

34 **다음 [그림]과 같이 복도를 가운데 놓고 두 라인으로 방이 늘어선 고시원이 있다. 이 고시원에는 취준생, 공시생, 직장인 세 부류의 사람들이 [규칙]에 따라 1인 1실로 살고 있다. 이때 직장인이 살고 있는 방이 총 5개라면 10호실에 들어갈 부류의 사람은?**

[그림] 고시원 구조

1호실	2호실	3호실	4호실	5호실
		복도		
6호실	7호실	8호실	9호실	10호실

[규칙]

ㄱ. 마주 보고 있는 방이나 옆방에 같은 부류의 사람이 살지는 않는다.
ㄴ. 취준생 1명은 정가운데(3호실이나 8호실)에 산다.
ㄷ. 취준생은 총 2명이 사는데, 같은 라인에 살지 않는다.

① 공시생 ② 취준생 ③ 직장인 ④ 알 수 없음

35 **다음 [그림]과 같이 도로를 두고 미연, 성호, 영재, 정희, 초원, 혁우 6명의 집이 (가)~(바)에 위치하고 있다. [조건]에 따를 때, (가)에 위치한 집은 누구의 집인가?**

[그림]

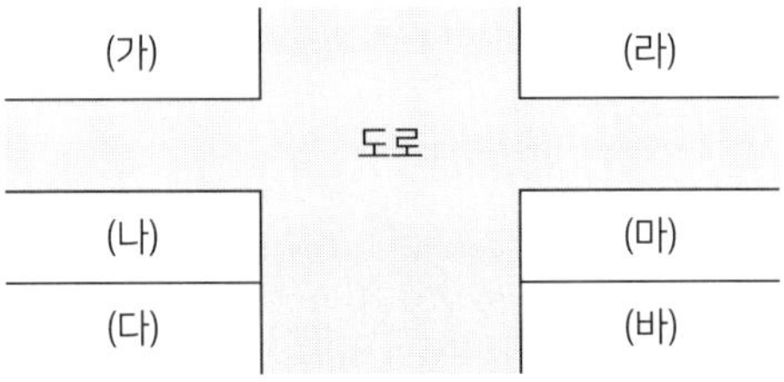

[조건]

• 혁우네 집과 성호네 집은 붙어 있다.
• 성호네 집은 도로를 사이에 두고 영재네 집을 마주 보고 있다.
• 미연이네 집은 도로를 사이에 두고 (나), (라)와 마주 보고 있다.
• 영재네 집과 미연이네 집은 붙어 있다.
• 정희네 집은 미연이네 집보다는 혁우네 집과 가깝다.

① 미연 ② 정희 ③ 초원 ④ 혁우

36 **다음 중 스캠퍼 기법의 7가지 질문의 형태로 옳지 않은 것은?**

① Substitute
② Combine
③ Put to same use
④ Eliminate

37 **다음 [대화]의 빈칸 ㉠에 들어갈 용어로 가장 적절한 것은?**

[대화]

- 이 사원: 문제해결을 위해 체계적인 교육훈련 중입니다. 김 대리님은 다른 노하우가 있을까요?
- 김 대리: 저는 분석적 사고, 발상의 전환을 하려고 노력 중입니다.
- 이 사원: 교육훈련 때 분석적 사고에는 세 가지 사고가 요구된다고 배웠습니다.
- 김 대리: 맞습니다. 기대하는 결과를 명시하고 효과적으로 달성하는 방법을 사전에 구상하고 실행하는 성과 지향의 문제, 현상 및 원인분석 전에 지식과 경험을 바탕으로 일의 과정이나 결과, 결론을 가정한 다음 검증 후 사실일 경우 다음 단계의 일을 수행하는 (㉠), 일상 업무에서 일어나는 상식, 편견을 타파하여 객관적 사실로부터 사고와 행동을 출발하는 사실 지향의 문제가 있습니다.

① 과정 지향의 문제
② 결과 지향의 문제
③ 가설 지향의 문제
④ 경험 지향의 문제

38 다음 [대화]의 A~D 중 질문자의 질문에 대하여 옳지 않은 답변을 한 사람은?

[대화]

- 질문자: 창의적인 사고는 사회나 개인에게 새로운 가치를 창출하는 능력으로 공동체 생활을 하는 사람은 기본으로 갖추어야 할 덕목입니다. 창의적인 사고에 대한 의미를 한 가지씩 이야기해보세요.
- A: 창의적인 사고는 새롭고 유용한 아이디어를 생산해 내는 정신적인 과정입니다.
- B: 창의적인 사고는 새로운 정보들을 특정한 요구조건에 맞거나 유용하도록 조합시킨 것입니다.
- C: 창의적인 사고는 통상적인 것이 아니라 기발하거나 신기하며 독창적인 것입니다.
- D: 창의적인 사고는 유용하고 적절하며 가치가 있어야 합니다.

① A ② B ③ C ④ D

39 다음 [귀농·귀촌 사업 시행 계획]을 근거로 판단할 때 옳지 않은 것은?

[귀농·귀촌 사업 시행 계획]

1. 사업목적
   귀농·귀촌을 희망하는 도시민이 안정적으로 농업·농촌에 정착할 수 있도록 교육, 상담, 정보제공 및 '농촌에서 살아 보기' 프로그램 등을 지원함으로써 농업인력구조 개선 및 지역 활성화 도모
2. 귀농·귀촌 활성화 지원 세부사업
   ○ 귀농·귀촌 유치 지원
   - 지자체의 도시민 유치를 위한 지원센터 운영, 체험 및 지역융화 프로그램 운영, 임시주거 등 지원
   - '농촌에서 살아 보기' 프로그램을 통해 귀농·귀촌을 희망하는 도시민들에게 농업·농촌 생활 체험 및 주민들과의 교류 기회를 제공하여 안정적인 정착 유도

   ○ 귀농·귀촌 교육: 교육기관을 통해 예비 귀농·귀촌인을 대상으로 기본소양 및 영농기술 교육 지원(국고 70%, 자부담 30%)
   ○ 청년 귀농 장기교육: 영농경험이 적은 청년층을 대상으로 농장에서 장기간(6개월) 체류하는 실습교육 지원(국고 70%, 자부담 30%)
   ○ 귀촌인 농산업 창업 지원: 귀촌인을 대상으로 농산물 가공, 유통, 홍보 등 농산업 분야 실무중심 창업 교육 지원(국고 70%, 자부담 30%)

3. 귀농·농업 창업 및 주택 구입 지원사업

○ 지원내용: 귀농인이 농업 창업에 필요한 농지와 시설 등의 마련, 주택 구입 및 신축에 필요한 자금을 대출받고자 할 때 시중 은행보다 저금리(2%)로 장기간(5년 거치, 10년 상환) 대출해 주는 사업(농업 창업 300백만 원, 주택 75백만 원 한도)

○ 지원대상: 사업대상자는 농촌 이주 전 도시 거주 및 비농업 분야 종사, 농촌 지역 전입 5년 이내, 귀농·귀촌 관련 교육 100시간 이상 이수 등의 지원자격 및 요건 충족 필요(단, 2019년 7월 1일부터 농촌에 거주하는 비농업인도 지원대상에 포함)

4. 귀농·귀촌 종합센터 운영

○ 운영 목적: 귀농·귀촌 희망 도시민의 안정적인 귀농·귀촌 정착 지원

○ 주요 업무

- 기본 정보 상담: 정책, 자금 융자, 교육, 농지·주거지, 임업, 농가 실습 등 기본 정보 제공 및 상담
- 지역 정보 제공: 귀농·귀촌 종합센터 홈페이지를 통해 귀농·귀촌 희망자가 관심을 갖는 지자체의 귀농·귀촌 관련 다양한 정보를 원하는 방식으로 제공받을 수 있도록 지원
- 교육 운영: 귀농·귀촌 아카데미(기본공통교육 12시간, 유형특화 2시간) 운영, 공모 교육과정 선정·평가·점검, 전문강사 발굴, 귀농·귀촌 교육프로그램 개발
- 정책 홍보: 박람회 출장상담 및 정책설명회 등을 통해 지원 정책 홍보
- 조사·협력: 귀농 닥터 지원, 귀농·귀촌 유치지원사업 성과 평가, 귀농·귀촌 실태조사, 간담회 운영

① 귀촌인에게는 농산물 가공, 유통, 홍보 등 농산업 분야 실무중심 창업 교육을 전액 지원한다.

② 지원자격 및 요건을 충족한 귀농인은 주택 구입 목적으로 7,500만 원까지 2% 금리로 대출받을 수 있다.

③ 영농경험이 적은 청년층을 대상으로 30%의 자부담으로 농장에서 6개월 동안 체류하는 실습교육을 지원한다.

④ 기본 정보 상담, 지역 정보 제공, 교육 운영, 정책 홍보, 조사·협력 등의 업무를 하는 귀농·귀촌 종합센터를 운영한다.

[40~41] 다음 [팜스테이마을 신규 지정 및 취소 기준]을 읽고 이어지는 물음에 답하시오.

[팜스테이마을 신규 지정 및 취소 기준]

1. 신규 지정 기준

팜스테이마을로 신규 지정을 받기 위해서는 다음 사항을 모두 충족하여야 한다.

- 「도시와 농어촌 간의 교류촉진에 관한 법률」에 의해 '농어촌체험·휴양마을사업자'로 지정받을 것
- 마을 주민의 1/4 이상이 사업에 동의하고 5호 이상의 농가의 사업 참여가 가능한 마을일 것
- 농촌관광 관련 교육 등을 수료하고 마을 주민들의 적극적 참여를 유도할 수 있는 지도자가 있을 것
- 단체배상책임보험에 가입할 것
- 고객이 사용할 수 있는 편의시설을 갖추고 농업·농촌체험프로그램을 개발 완료한 마을일 것
- 우수 농산물을 생산하는 마을일 것
- 농협 조합장 및 지역본부장의 추천이 있을 것
- 신청일 현재 마을 홈페이지, 밴드 등을 운영하고 SNS상 교류가 활발한 곳일 것
- 사업자 대표가 「농업협동조합법」상의 조합원일 것

2. 취소 기준

팜스테이마을로 지정을 받은 마을이 다음 중 하나의 경우에 해당할 때에는 팜스테이마을 지정을 취소할 수 있다.

- 회원의 의무를 이행하지 아니한 때
- 본회의 사업을 방해하거나 중대한 손실을 초래한 때
- 마을등급제를 위한 마을 평가 후 평가표상 2회 이상 60점 미만 득점하였거나 특별한 사유 없이 2회 이상 등급평가에 응하지 않을 경우
- 본래의 사업 추진 목적에 어긋나거나 전체 마을의 사업 진행에 큰 영향을 미칠 민원을 발생시킨 경우 또는 참여 농가 간 분쟁 발생 등으로 더 이상 사업을 유지할 수 없다고 판단될 경우
- 팜스테이 사업의 추진 실적이 없거나 향후 추진 의사가 없다고 판단될 경우
- 팜스테이마을이 소수 1~2호 참여 농가에 의해서만 운영되거나 단순히 음식판매업 또는 민박으로 전업화된 경우

40 **위 [팜스테이마을 신규 지정 및 취소 기준]에 따를 때, 다음 [보기]의 마을 중 팜스테이마을로 지정받을 가능성이 가장 높은 곳은? (단, 언급되지 않은 조건은 모두 충족하는 것으로 본다)**

| 보기 |

- A마을: 신청일 현재는 마을 SNS가 전혀 없지만, 팜스테이마을로 지정받으면 마을 홈페이지를 개설할 계획이다.
- B마을: 마을 주민이 총 100명, 30가구인데, 이 중 35명이 사업에 동의하고 4호의 농가가 사업에 참여할 수 있다.
- C마을: 사업자 대표는 「농업협동조합법」상의 조합원이지만, 그의 아내와 직계존·비속 중에는 조합원이 없다.
- D마을: 관할 농협 조합장의 추천은 받지 못했지만 지역본부장의 추천은 받았다.

① A마을 ② B마을 ③ C마을 ④ D마을

41 **위 [팜스테이마을 신규 지정 및 취소 기준]에 따를 때, 다음 [보기] 중 팜스테이마을 지정이 취소되는 경우는 모두 몇 개인가? (단, 언급되지 않은 조건은 고려하지 않는다)**

| 보기 |

ㄱ. 팜스테이마을 참여 농가들이 민박 운영만 하고 있다.
ㄴ. 팜스테이마을 참여 농가들이 사업을 그만하기로 합의하였다.
ㄷ. 팜스테이마을이 참여 농가 6호에 의해서만 운영되고 있다.
ㄹ. 마을등급제를 위한 마을 평가 후 연달아 60점, 59점, 61점을 득점하였다.

① 1개 ② 2개 ③ 3개 ④ 4개

42 다음 [상품 설명서]를 토대로 [상황]의 A가 지급받는 총 이자금액을 구하면?

[상품 설명서]

○ 상품명: NH 내가 Green 초록세상예금

○ 가입기간: 1년 이상~3년 이하

○ 가입금액: 3백만 원 이상

○ 적립방법: 거치식 예금

○ 우대금리: 우대조건을 충족하고 만기 해지 시, 기본금리에 우대금리 가산

구분	조건	우대금리
온실가스 줄이기 실천 서약서 제출	탄소포인트제 동참 등 친환경 활동 목록이 제시된 서약서에 동의	0.1%p
통장 미발급	가입 시 통장 미발급 선택한 경우 우대금리 적용 및 만기까지 통장 발급 불가	0.1%p
ESG 콜라보 적금과 예금 동시 보유	이 예금의 만기 시점에 'NH 내가 Green 초록세상적금'의 유효계좌를 보유하거나 이 예금의 가입 기간 동안 'NH 내가 Green 초록세상적금'의 만기 해지 내역이 있는 경우	0.1%p

○ 이자 지급 방법

- 만기일시지급식: 가입 기간 동안 약정이율로 계산하여 만기에 일시지급
- 월이자지급식: 가입 기간 동안 약정이율로 계산한 총이자를 월수로 나눠 매월 지급

※ 신규일부터 해지 전일까지 기간(예치일수)에 대하여 약정이율로 계산한 이자금액(=신규금액×약정이율×예치일수/365)을 합산하여 지급

○ 만기지급금리

구분	가입 기간	기본금리
만기일시지급식	12개월 이상 24개월 미만	1.35%
	24개월 이상 36개월 미만	1.4%
	36개월	1.55%
월이자지급식	12개월 이상 24개월 미만	1.25%
	24개월 이상 36개월 미만	1.3%
	36개월	1.45%

[상황]

A는 'NH 내가 Green 초록세상예금'에 가입하였고, 가입금액은 5,000만 원이었다. 가입 시 통장 미발급을 선택하였고, 온실가스 줄이기 실천 서약서를 제출하였다. 예치일수는 24개월(730일)이며, 이자 지급 방법은 만기일시지급식으로 선택하였다.

① 140만 원 ② 150만 원 ③ 160만 원 ④ 170만 원

[43~44] 다음은 A~D 페인트에 관한 자료이다. 이를 읽고 이어지는 물음에 답하시오.

[표] 페인트 단가

구분	종류	1캔당 단가	1캔당 용량
A	무광 페인트	48,000원	4L
B	유광 페인트	28,000원	2L
C	무광 페인트	35,000원	3L
D	유광 페인트	52,000원	4L

※ 1L 기준 $8m^2$ 면적을 2회 도장할 수 있음
※ 페인트는 1캔 단위로만 구매가 가능함
※ 무광 페인트의 경우 유광 페인트로 변경할 수 있으며, 1L당 2,000원이 추가됨. 유광 페인트의 경우 무광 페인트로 변경할 수 없음
※ 페인트 작업 시 롤러가 필요하며, 롤러는 1개당 15,000원임
※ 페인트는 작업 중 손실 등의 이유로 5%의 용량을 더 구매해야 함

43 다음 [상황]의 H가 선택할 페인트는?

[상황]

H는 면적 $240m^2$의 장소에 무광 페인트를 1회만 도장하려고 하며, 롤러 1개를 포함한 금액이 가장 저렴한 페인트를 선택한다.

① A ② B ③ C ④ D

44 다음 [상황] S가 지불해야 하는 금액은?

[상황]

S는 면적 $520m^2$의 장소에 유광 페인트를 2회 도장하려고 하며, S는 T와 같이 작업을 하기 위해 롤러 2개를 포함한 금액이 가장 저렴한 페인트를 선택한다.

① 966,000원 ② 973,000원 ③ 1,010,000원 ④ 1,038,000원

45 **다음은 증정품의 구성을 위해 정리한 내용이다. 증정품 제작 시 지불해야 하는 계약금은 얼마인가?**

- 제작 수량은 500개이며, 제작 시 계약금으로 15%를 지불한다.
- 가장 저렴한 구성으로 선택하되, 총 제작비용 차이가 15만 원 이하인 구성 중 선호도가 가장 높은 구성으로 선택한다.
- 구성별 제작 단가

구분	선호도	1개당 제작 단가
A구성	하	5,300원
B구성	중	5,500원
C구성	상	5,700원

- 구성별 포장 단가

구분	1개당 포장 단가
A구성	320원
B구성	250원
C구성	240원

① 421,500원 ② 431,250원 ③ 445,500원 ④ 459,750원

[46~47] 다음은 당직 근무 계획에 관한 자료이다. 이어지는 물음에 답하시오.

[자료 1] 당직 근무 규정

- 8월 당직 근무는 7일부터 시작하며, 시작일부터 3일씩 묶었을 때 3일 중에 1회씩 꼭 당직근무를 해야 한다.
- 2일 연속 당직 근무는 불가하다.
- 오전 당직 근무를 한 사람은 2일 후 오후 당직 근무가 불가하다.
- 오후 당직 근무를 한 사람은 2일 후 오전 당직 근무가 불가하다.
- 토요일에 당직 근무를 한 사람은 월요일에 당직 근무가 불가하다.

[자료 2] 8월 당직 근무표

일	월	화	수	목	금	토
7	8	9	10	11	12	13
오전: B 오후: A	오전: E 오후: D	오전: C 오후: F	오전: E 오후: A	오전: F 오후: B	오전: D 오후: C	오전: E 오후: B
14	15	16	17	18	19	20
오전: A 오후: F	오전: C 오후: D	오전: 오후:	오전: 오후:	오전: 오후:	오전: 오후:	오전: 오후:

46 8월 16일 오전에 B, 오후에 F가 당직 근무를 하고, 8월 19일 오전에 F, 오후에 D가 당직 근무를 할 때, 8월 17일 오후에 당직 근무를 하는 사람은 누구인가?

① A ② C ③ D ④ E

47 8월 20일까지의 당직 근무가 다음과 같이 확정되었을 때, 8월 22일에 당직 근무를 할 수 있는 사람을 바르게 짝지은 것은?

일	월	화	수	목	금	토
7	8	9	10	11	12	13
오전: B 오후: A	오전: E 오후: D	오전: C 오후: F	오전: E 오후: A	오전: F 오후: B	오전: D 오후: C	오전: E 오후: B
14	15	16	17	18	19	20
오전: A 오후: F	오전: C 오후: D	오전: B 오후: F	오전: E 오후: D	오전: A 오후: C	오전: F 오후: D	오전: A 오후: E

① A, E ② B, C ③ B, E ④ D, F

48 다음은 A사가 야외 행사에 필요한 용품과 용품 구매 사이트에 관한 자료이다. 주문 시 지불해야 하는 금액은 얼마인가?

[야외 행사 참여 인원 및 지급 물품]

- 참여 인원: 150명
- 지급 물품
  - 종이컵: 1명당 3개 지급
  - 일회용 접시: 3명당 5개 지급
  - 돗자리: 3인당 1개 지급
  - 500ml 생수: 1인당 2개 지급
  - 기념품 배지: 1인당 1개 지급

[구매 사이트 제품별 금액]

품명	1묶음당 금액	비고
종이컵	1,500원	1묶음당 50개
일회용 접시	5,600원	1묶음당 10개
돗자리	10,000원	1묶음당 2개
500ml 생수	4,000원	1묶음당 20개
기념품 배지	8,000원	1묶음당 3개

※ 부가세 10% 별도

① 863,500원 ② 892,950원 ③ 921,300원 ④ 949,850원

49 다음은 사원, 대리, 본부장, 과장의 승진 평가 점수이다. 승진자로 선정되는 사람은?

[승진 평가 점수]

구분	가중치	사원	대리	본부장	과장
어학	30%	6	7	6	5
실적	40%	7	6	8	7
토론	30%	5	6	5	6
직무능력	40%	8	7	7	8

※ 총점이 가장 높은 1명을 승진자로 선정함(단, 동점자가 있는 경우 실적이 가장 높은 1명을 선정한다)

① 사원 ② 대리 ③ 본부장 ④ 과장

50 다음 [사례]에서 주 대리가 고 사원에게 한 조언으로 적절하지 않은 것은?

[사례]

A사의 고 사원은 팀장으로부터 팀의 새로운 프로젝트에 예산을 수립해 오라는 지시를 받았다. 예산 수립 기한은 4일이었지만 고 사원은 예산을 수립해본 경험이 없어서 어떻게 해야 할지 망설이고 있었다. 사수였던 주 대리는 고 사원이 예산 수립에 대해 고민이 많다는 것을 알아채고 메신저로 예산 수립에 대해 조언을 해주었다.

① 예산을 수립할 때 가장 먼저 예산이 필요한 모든 활동을 도출해야 합니다.
② 예산 수립 시에 활동별로 예산 지출 규모를 확인하고 우선적으로 추진해야 하는 활동을 선정해야 합니다.
③ 프로젝트에 필요한 활동을 구명할 때는 과업세부도를 활용하는 것이 효과적입니다.
④ 무조건 비용을 적게 책정하는 것이 가장 좋은 예산 수립입니다.

51 다음 A~D가 설명하고 있는 물품 보관 원칙을 바르게 짝지은 것은?

- A: 입출하 빈도가 높은 화물은 출입구에 가까운 장소에 보관하고 낮은 경우에는 먼 장소에 보관
- B: 시각에 의하여 보관품을 용이하게 인식할 수 있도록 보관
- C: 물품의 창고 내 입고와 출고를 용이하게 하고 창고 내의 원활한 흐름과 활성화를 위하여 통로에 면하여 보관
- D: 형상에 따라 보관방법을 변경하며, 화물의 형상특성에 부응하여 보관

① A: 선입선출의 원칙
② B: 위치 표시의 원칙
③ C: 통로대면의 원칙
④ D: 동일성 및 유사성의 원칙

[52~53] 구매업무를 담당하는 갑 사원은 사무실 비품을 구입하기 위해 인터넷 쇼핑몰을 이용하였다. 다음 [표]를 보고 이어지는 물음에 답하시오.

[표 1] 인터넷 쇼핑몰별 취소 및 환불 규정

쇼핑몰	취소	환불
A	주문 후 7일 이내 취소 가능	• 판매자 귀책사유에 의한 환불 시 100% 환불 • 고객 귀책사유에 의한 환불 시 '10% 환불수수료＋송금수수료' 차감
B	주문 후 5일 이내 취소 가능	• 판매자 귀책사유에 의한 환불 시 100% 환불 • 고객 귀책사유에 의한 환불 시 '5% 환불수수료＋송금수수료' 차감
C	주문 당일 상품 발송 전에만 취소 가능	• 판매자 귀책사유에 의한 환불 시 100% 환불 • 고객 귀책사유에 의한 환불 시 '5% 환불수수료＋송금수수료' 차감
D	판매자 귀책사유에 의한 경우에만 취소 가능	원칙적으로 환불 불가능(판매자 귀책사유일 때만 100% 환불)

[표 2] 인터넷 쇼핑몰별 배송비 및 포인트 적립 규정

쇼핑몰	배송비	포인트 적립	비고
A	무료	주문금액의 5% (취소 또는 환불 시 포인트 회수)	—
B	주문금액 20만 원 이상 시 무료	없음	주문금액 20만 원 이상 시 판매가 5% 할인
C	주문 1회당 1만 원	주문금액의 3% (취소 또는 환불 시 포인트 회수)	—
D	주문금액 1만 원 이상 시 무료	주문금액의 5%	—

52 **다음 [상황]에 따를 때, 갑 사원이 이용한 인터넷 쇼핑몰은 어디인가?**

> [상황]
>
> 갑 사원은 사무실에서 사용할 스테이플러를 무통장입금으로 대량 구매하였는데, 주문 7일 후 집게가 도착하였다. 환불 문의 통화에서, 판매자는 "발송 과정에서 착오가 있었다"며 주문금액 그대로 통장에 입금해 줄 것과 구입 시 발생한 포인트도 유지해 줄 것을 약속하였다.

① 쇼핑몰 A ② 쇼핑몰 B ③ 쇼핑몰 C ④ 쇼핑몰 D

53 **다음 상사의 [지시 사항]에 따를 때 갑 사원이 앞으로 이용할 것으로 예상되는 쇼핑몰은 어디인가? (단, 상사의 지시 외 다른 조건은 고려하지 않는다)**

> [지시 사항]
>
> 갑 사원님, 회계부서에서 말하기를 비품 구입 때 포인트를 사용하면 회계 처리에 어려움이 있다고 합니다. 포인트 사용은 하지 않는 것이 좋겠습니다. 그리고 앞으로는 분기별로 사무실 비품 수요를 조사하여 한 번에 대량으로 주문하려 합니다. 대량 주문 시 혜택이 많은 곳을 이용 바랍니다.
>
> 위 두 가지 사항을 고려해서 향후 사무실 비품 구매를 진행해 주세요.

① 쇼핑몰 A ② 쇼핑몰 B ③ 쇼핑몰 C ④ 쇼핑몰 D

[54~55] 다음은 농협의 사업 중 하나인 '팜스테이'에 대한 설명이다. 이를 읽고 이어지는 질문에 답하시오.

○ 팜스테이: 농협이 주관하는 농촌체험브랜드로 농가에서 숙식하면서 농사, 생활, 문화체험과 주변관광지 관광 및 마을축제 등에 참여할 수 있는 농촌, 문화, 관광이 결합된 농촌체험여행을 의미

○ 사업배경

- 농협은 주 5일제에 따른 여가 수요가 증가하고 도시민들의 안전한 먹거리 및 가족단위 체험관광에 대한 관심이 높아짐에 따라 농업인들의 농외소득 창출과 농업, 농촌에 대한 도시민들의 이해를 도모하고자 추진함
- 가족여행은 물론 학생들의 농촌체험 현장학습과 단체 모임 등 다양한 형태로 활용되면서 농촌에 활력을 불어넣고 도시민에게는 고향의 향수와 정을 느끼게 함으로써 도농상생의 장을 제공함

○ 체험 활동

- 생태문화 관광: 계곡, 강, 해변, 섬, 자연 박물관, 생태체험, 명승지, 유명산, 지역축제, 갯벌체험
- 숙박, 농산물 직거래: 황토방 펜션, 친환경 농산물
- 전통공예 체험: 장승 만들기, 솟대 만들기, 대나무공예
- 야외놀이 문화체험: 등산, 레프팅, 물고기 잡기, 곤충채집
- 전통놀이 체험: 활쏘기, 농악, 탈춤, 제기차기, 널뛰기
- 영농체험: 과일 수확, 감자 캐기
- 전통먹거리: 장, 김치 담그기, 전통한과 만들기, 떡메 치기, 순두부/국수 만들기

○ 팜스테이 마을 현황

구분	마을 수	구분	마을 수
경기	46	제주	4
강원	48	부산	1
충북	29	대구	2
충남	30	인천	7
전북	21	광주	1
전남	24	대전	2
경북	27	울산	3
경남	38	합계	283

54 **위 글을 읽고 판단한 내용으로 적절하지 않은 것은?**

① 팜스테이는 농업인들의 농외소득 창출에 도움을 주기 위한 역할을 한다.
② 팜스테이는 전국 다양한 지역에서 이용할 수 있다.
③ 팜스테이는 농촌에 대한 도시민들의 이해를 돕는 데 큰 역할을 한다.
④ 팜스테이는 체험 활동으로 도시 아이들에게만 다양한 경험을 제공한다.

55 **다음 [정보]를 참고하여 위 글을 이해한 내용으로 적절하지 않은 것은?**

[정보]

- 경영목표: 경영의 목적 달성을 위한 활동을 계획적으로 실천하기 위해 그 방향을 제시하는 것
- 경영전략: 변동하는 경영환경 아래서 기업의 존속과 성장을 도모하기 위해 환경의 변화에 대하여 기업 활동을 전체적, 계획적으로 적응시켜 나가는 전략
- 소비자 분석: 주 타깃을 설정할 제품의 소비층이 어떤 소비행동을 하는지, 소비행동을 하기까지 의사결정 과정은 어떤 형태인지, 그러한 소비행동에 영향을 미치는 요소가 무엇인지 등을 파악하는 작업

① 팜스테이를 경영하기 위해서는 농촌에 활력을 줄 수 있는 활동 개발을 고려한 경영목표를 세워야 한다.
② 팜스테이의 최신 유행 아이템을 접목한 체험 활동만을 공급하는 데 힘써야 한다.
③ 팜스테이는 소비자 분석 시 가족 단위와 학생들의 소비행동을 파악해야 한다.
④ 팜스테이는 도시민들이 선호하는 체험 활동을 분석하여 체험활동을 구성해야 한다.

[56~57] 다음 [그림]과 [표]를 보고 이어지는 물음에 답하시오.

[그림] 농협의 윤리시스템 조직도

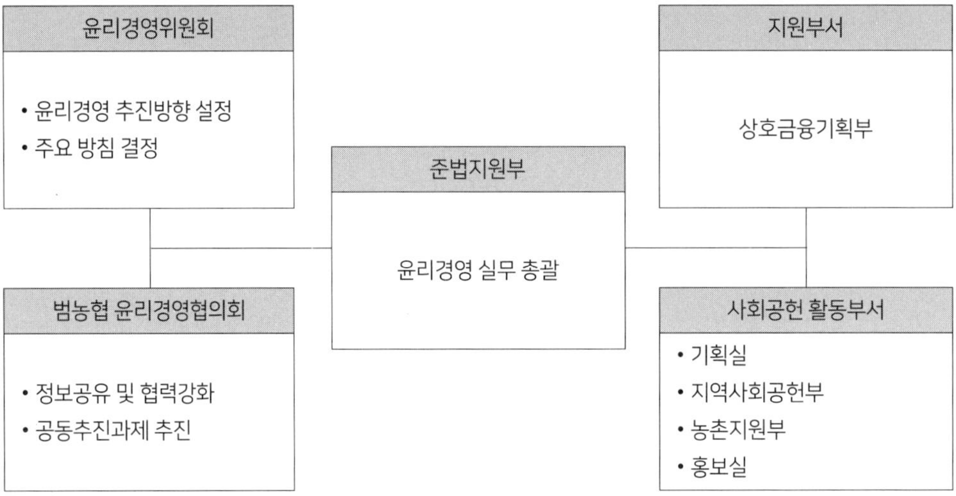

[표] 농협의 윤리경영을 위한 교육프로그램

사내인트라넷 구축/운영	• 임직원 행동강령 등 윤리경영 이해 • 사이버교육프로그램 • 청렴생활 표어/신문 공모 • 행동강령 준수서약
윤리경영 네트워크 운영	• 참여기관: 농협중앙회, 경제지주, 금융지주, 농협자회사 • 범농협 윤리경영협의회 개최 - 윤리경영 최근 소식 등록/공유 - 윤리경영 사례, 실천프로그램 등록/공유 - 윤리경영 시스템 도입/구축 상호지원
윤리경영 실천매뉴얼	• 윤리경영 비전/활동성과 • 윤리경영 업무매뉴얼 • 임직원 행동강령 • 행동강령 상담코너/Q&A
준법지원부 윤리경영 추진	• 임직원 행동강령 월별 테마운동 • LED전광판 윤리경영 캠페인운동 전개(표어 삽입광고) • 사내통신망 팝업창으로 청렴문화 확산 • 준법감시 자기점검 실시 등

56 위 자료의 내용과 부합하는 진술은?

① 농협하나로유통 직원은 윤리경영을 위한 사이버교육프로그램에 참여하지 않아도 된다.
② 범농협의 윤리경영은 지속적으로 네트워크를 만들어 사례를 교환하고, 실천프로그램을 공유하면서 운영해야 한다.
③ 윤리는 법이 아니므로 준법교육이 필요하지 않다.
④ 윤리경영 이해는 객관성과 공정성을 위해 외부 서버를 통해서만 운영한다.

57 다음은 농협의 윤리경영을 위한 임직원 준법 자기점검 시스템에 대한 [안내문]이다. 이에 대한 이해로 적절하지 않은 것은?

[안내문]

농협은 임직원 준법 자기점검(Compliance Self Check) 시스템 운영을 통해 임직원 스스로 내부통제기준 준수 여부를 점검함으로써 법규·규정 위반을 예방하고 임직원의 준법·윤리의식을 제고하고 있습니다.

1. 특징
   - Pop-Up 화면으로 처리하여 임직원의 접근경로가 용이
   - 매월 초(5일간) "준법감시 자기점검" 항목을 현실성 있게 개인 스스로 점검, 교육효과 배가
2. 주요 내용
   - 업무 수행 시 관련 법규 및 내부통제 기준을 숙지하고, 정해진 절차와 방법에 따른 직무수행 여부
   - 본회 이용자 및 재산을 보호하기 위하여 선량한 관리자로서의 주의 의무 여부
   - 공정한 직무수행, 부당이득 수수금지 등 임직원 행동강령 이행 여부
   - 본회 및 고객의 중요 정보 외부 유출 여부
   - 직무 관련자 및 임직원 간 금품 등의 부당한 이득을 제공받거나 제공한 사실 여부 등

① 직원 간의 금품을 주고받거나 부당한 이득을 제공하는 경우 윤리경영에 어긋난 행동이라고 볼 수 있다.
② 임직원은 조합원의 재산을 보호하는 선량한 관리자라는 의식을 가져야 한다.
③ 임원은 고객의 중요한 정보가 외부에 유출되지 않도록 스스로 노력해야 한다.
④ 업무를 수행하는 경우 정해진 절차보다는 자기점검이 뛰어난 상사의 경험에 의존하는 것이 바람직하다.

58 다음 중 조직구조에 대한 설명으로 옳지 않은 것은?

① 조직구조는 조직마다 다양하게 이루어지며, 조직목표의 효과적 달성에 영향을 미친다.
② 안정적이고 확실한 환경에서는 유기적 조직이 적합하고, 급변하는 환경에서는 기계적 조직이 적합하다.
③ 조직구조의 결정 요인은 전략, 규모, 기술, 환경이다.
④ 소량생산기술을 가진 조직은 유기적 조직구조를, 대량생산기술을 가진 조직은 기계적 조직구조를 따른다.

59 다음 글을 읽고 3C 분석을 한 내용으로 적절하지 않은 것은?

3C 분석은 일본의 경영컨설턴트인 오마에 겐이치가 고안한 모델로, 자사(Company), 경쟁사(Competitor), 고객(Customer)의 3가지 관점에서 비즈니스를 분석하는 방법이다. 즉, 기업이 마케팅 전략을 펼칠 표적 시장을 선정할 때 자사, 경쟁사, 고객의 3C를 고려해야 한다는 것이다. 항목별 구체적인 평가 요소는 다음과 같다.

- 자사: 기업 목표, 주요 제품, 매출, 기술력, 판매력
- 경쟁사: 현재의 경쟁자, 잠재적 경쟁자, 강점과 약점, 경쟁사의 성공이 자사에 주는 의미
- 고객: 시장 규모, 시장 성장률, 잠재 수요, 구매 결정 과정

① 자사 분석: 지난해 자사에서 가장 많이 생산된 주요 제품 10가지를 조사한 후, 해당 제품별 매출액을 살펴보았다.
② 자사 분석: 새롭게 진입하려는 제품 시장에서 목표한 매출을 달성하기 위해 자사가 어느 정도까지 기술력을 끌어올려야 할지 분석하였다.
③ 경쟁사 분석: 자사의 매출 1위 제품 시장에 진출을 노리고 있는 경쟁사가 있는지 조사한 후, 해당 기업의 강점이 무엇인지 분석하였다.
④ 고객 분석: 경쟁사 제품의 광고 효과로 자사의 브랜드 이미지가 어느 정도 하락하였는지 조사하였다.

60 다음 경영전략의 추진과정을 나타낸 [그림]에서 A~D단계의 ㉠~㉣에 들어갈 내용으로 옳은 것은?

[그림]

A
㉠

↓

B
㉡

↓

C
㉢

↓

D
㉣

↓

평가 및 피드백
경영전략 결과를 평가하고, 전략목표 및 경영전략을 재조정한다.

① ㉠: 조직전략, 사업전략, 부문전략의 수행방법을 결정한다.
② ㉡: SWOT 분석을 이용하여 조직의 내·외부 환경을 분석한다.
③ ㉢: 경영전략을 실행하여 경영목적을 달성한다.
④ ㉣: 미래 비전을 규명하고, 전략목표를 설정한다.

최신개정판

혼JOB 농토피아 지역농협 6급 실전모의고사

제5회 실전모의고사

수험번호	
성명	

[시험 유의사항]

1. 제5회 실전모의고사는 다음과 같이 정해진 시험 시간에 맞추어 풀어 보시기를 권장합니다.

과목	세부 영역	문항 수	시험 형식	권장 풀이 시간
NCS 직무능력평가	의사소통능력 수리능력 문제해결능력 자원관리능력 조직이해능력	70문항	객관식 5지선다	70분

2. 본 모의고사 풀이 시 맨 마지막 페이지의 OMR 카드를 활용하시어 실전 감각을 높이시기 바랍니다.
3. 시험지의 전 문항은 무단 전재 및 배포를 금합니다. 이를 위반할 경우 관련 규정에 따라 처벌을 받을 수 있습니다.

제5회 실전모의고사

01 **다음 글의 빈칸 ㉠에 들어갈 단어로 가장 적절한 것은?**

> 이 사업은 민간 기업이 출연한 기금을 활용해 농산물 판매 가격을 인하하고 생산 농가에 해당 금액을 지원하는 것으로, 좋은 품질의 농산물을 저렴하게 판매함으로써 기업은 매출을 증대시키고, 농업인은 판매 금액을 보장받게 되어 기업과 농촌이 (㉠)할 수 있는 협력 사업이다.

① 경합 ② 상충 ③ 상생
④ 상존 ⑤ 병치

02 **다음 [정보]는 발음이 비슷하여 일상생활에서 혼동하기 쉬운 말들을 조사한 것이다. 이를 참고하여 잘못 사용되고 있는 어휘를 고친 것 중 적절하지 않은 것은?**

> [정보]
>
> • 바치다[1]: 무엇을 위하여 모든 것을 아낌없이 내놓거나 쓰다.
> • 바치다[2]: 주접스러울 정도로 좋아하여 찾다.
> • 받히다: '받다(머리나 뿔 따위로 세차게 부딪치다)'의 피동사
> • 받치다[1]: 심리적 작용이 강하게 일어나다.
> • 받치다[2]: 물건의 밑이나 옆 따위에 다른 물체를 대다.

① 그는 설움에 받혀 울음을 터뜨렸다. (→ 받쳐)
② 그는 길을 건너다가 차에 받쳐 크게 다쳤다. (→ 받혀)
③ 그녀는 두 손으로 쟁반을 받치고 조심조심 걸어 나왔다. (→ 받히고)
④ 이분을 위해서라면 몸과 마음을 받쳐야 된다는 생각뿐이었다. (→ 바쳐야)
⑤ 매일 그렇게 술을 받히더니 결국 간에 이상이 생겨 병원에 입원했다. (→ 바치더니)

03 다음은 '열다'에 대한 국어사전의 뜻풀이이다. 각 뜻에 대한 예문으로 적절한 것은?

[1] […을]
❶ 닫히거나 잠긴 것을 트거나 벗기다.
❷ 모임이나 회의 따위를 시작하다.
❸ 하루의 영업을 시작하다.
[2] […에 …을]
❶ 사업이나 경영 따위의 운영을 시작하다.
❷ 새로운 기틀을 마련하다.
[3] […에/에게 …을]
❶ 자기의 마음을 다른 사람에게 터놓거나 다른 사람의 마음을 받아들이다.
❷ 다른 사람에게 어떤 일에 대하여 터놓거나 이야기를 시작하다.

① [1]-❶: 그는 결국에는 아내에게 굳게 닫혔던 마음을 열었다.
② [1]-❷: 아직 교육의 혜택을 제대로 받지 못한 오지에 학교를 열었다.
③ [1]-❸: 21대 국회의원들이 모여 국회를 열었다.
④ [2]-❶: 사람들이 토지에 정착하면서 인류 역사에 농경 시대를 열게 되었다.
⑤ [3]-❷: 용의자는 마침내 형사에게 입을 열었다.

04 다음과 같은 [방식]으로 만들어진 단어끼리 묶인 것은?

[방식]
꽃이 나팔 같다 → 나팔 같은 꽃 → 나팔꽃

① 어깨동무, 촛불, 콧노래, 팔베개
② 나무배, 싸락눈, 여우비, 검버섯
③ 솜사탕, 띠구름, 소걸음, 실고추
④ 불꽃놀이, 새그물, 쌀가게, 썰매길
⑤ 첫사랑, 종이비행기, 콩떡, 흙가루

05 **다음 문장 중 띄어쓰기 및 맞춤법이 바르게 표기된 것은?**

① 방문객의 수가 걷잡아도 수백 명은 넘어 보였다.
② 이번 시험에서 우리 중 안 되어도 셋은 합격할 것이다.
③ 작년까지만 해도 전셋방을 구하는 것이 예삿일이 아니다.
④ 몇 가지 서류를 검토한 바 그것은 사실이 아님이 들어났다.
⑤ 그와 대화를 하면 할수록 타협점을 찾기는커녕 갈등만 커진다.

06 **다음 중 밑줄 친 단어의 표기가 옳은 것은?**

① 그 안건을 회의에 붙입시다.
② 그 업무는 걷잡아서 이틀은 걸릴 일입니다.
③ 얼마나 놀랐든지 등줄기에 땀이 흠뻑 났다.
④ 여유가 생길 때 우리 사무실에 들러 주세요.
⑤ 김 과장님께서 퇴사하신 지 몇일이나 되었나요?

07 **다음 중 밑줄 친 외래어의 표기가 옳은 것은?**

① 그 빵은 케찹(ketchup)과 함께 먹어야 맛있다.
② 연주가 끝나자 사람들이 앙코르(encore)를 외쳤다.
③ 후배와 커피샵(coffee shop)에서 많은 대화를 나누었다.
④ 어제 시청한 방송은 컨텐츠(contents)가 아주 풍부하였다.
⑤ 팀원들을 이끌기 위해서는 리더쉽(leadership)을 키워야 한다.

08 다음 글의 빈칸 ㉠~㉢에 들어갈 단어를 바르게 짝지은 것은?

인간은 얼마나 많은 것을 기억할 수 있을까? 앞에서 단기 기억 능력에는 한계가 있음을 설명하였다. 단기 기억은 그 기억 용량에서나 기억 시간 면에서 모두 그 한계가 뚜렷하다. 장기 기억은 어떠한가?

우리가 어떤 기념식 행사에 참석했다고 가정하자. 국민의례 순서에서 애국가를 부르게 되었다. 이때 애국가 1절의 가사를 기억하지 못하는 사람은 거의 없을 것이다. 애국가 1절의 가사는 이미 (㉠)하게 우리의 장기 기억 창고에 저장되어 있으며 언제라도 오류 없이 그 가사를 회상해 낼 수 있다. 그러나 애국가 2, 3, 4절로 갈수록 우리의 기억은 부정확해진다.

이처럼 어떤 기억은 평생 동안 유지되는 반면, 어떤 기억은 얼마간 지속되다가 (㉡) 되거나 부정확해진다. 시험 준비를 하는 학생은 자기가 공부하는 내용을 시험 날까지 잘 기억할 수 있기를 바라며, 사회생활을 하는 직장인은 자기가 만나는 거래처 사람들의 이름과 직위 등을 정확하게 기억하고자 애쓴다. 그러나 그런 우리의 바람과는 다르게 시험 전에 분명히 공부했던 내용을 시험 시간에 회상해 내지 못해 안타까웠던 경험, 분명히 인사를 나눈 바 있는 거래처 직원의 이름을 기억해 내지 못해서 (㉢)스러웠던 경험을 우리는 누구나 가지고 있다.

	㉠	㉡	㉢
①	건실(健實)	소거(消去)	곤욕(困辱)
②	견고(堅固)	소실(消失)	혼곤(昏困)
③	확고(確固)	소멸(消滅)	곤혹(困惑)
④	확실(確實)	소진(消盡)	혼란(混亂)
⑤	확연(擴延)	유실(遺失)	혼동(混同)

09 다음 글의 밑줄 친 ㉠~㉣ 중 한자의 표기가 옳은 것만을 모두 고르면?

프레젠테이션이란 여러 사람 앞에서 자신의 생각이나 의견 또는 어떤 사실에 대해서 시각 자료를 활용하여 ㉠ 陳述하는 말하기를 가리킨다. 프레젠테이션은 조사한 내용을 ㉡ 設明하거나 새로운 아이디어를 보고하는 등 정보 공유의 효과적인 수단으로 널리 ㉢ 使用되고 있다. 최근 들어 핵심적인 정보를 짧은 시간 내에 효과적으로 ㉣ 制視하는 프레젠테이션 능력이 더욱 중시되고 있다.

① ㉠, ㉡　② ㉠, ㉢　③ ㉡, ㉢
④ ㉡, ㉣　⑤ ㉢, ㉣

10 다음 글의 밑줄 친 ㉠과 가장 관련이 있는 한자성어는?

> 기술 혁신의 과정은 과다한 비용 지출이나 실패의 위험이 도사리고 있는 험난한 길이기도 하다. 그렇지만 그러한 위험을 감수하면서 기술 혁신에 도전했던 기업가와 기술자의 노력 덕분에 산업의 생산성은 지속적으로 향상되었고, 지금 우리는 그 혜택을 누리고 있다. 우리가 ㉠ 기술 혁신의 역사를 돌아보고 그 의미를 되짚는 이유는, 그러한 위험 요인들을 예측하고 적절히 통제할 수 있는 능력을 갖춘 자만이 앞으로 다가올 기술 혁신을 주도할 수 있으리라는 믿음 때문이다.

① 선견지명(先見之明)　② 부화뇌동(附和雷同)　③ 각주구검(刻舟求劍)
④ 온고지신(溫故知新)　⑤ 수서양단(首鼠兩端)

11 다음 글의 밑줄 친 ㉠~㉤을 고쳐 쓰기 위한 방안으로 적절하지 않은 것은?

> 사막이 확대되고 있다. 사막화의 가장 큰 원인은 인간의 자연 파괴이다. ㉠ 인간은 식량 생산을 위해 삼림 개간을 확대한 결과를 들 수 있다. 지금도 아마존이나 아프리카에서는 농경지와 초지를 만들기 위해 삼림에 불을 지르고 있다. 삼림이 훼손되면 생태계가 파괴되고 토양의 생산력은 저하된다. 농경지와 초지는 삼림과 같은 수준의 물 저장 능력을 갖고 있지 않으므로, 나무나 풀이 자라기가 어려운 황무지로 변하기 쉽다. 이러한 상황에 가뭄이라도 닥치면 황무지는 ㉡ 금세 사막으로 변한다. ㉢ 사막의 오아시스는 그나마 물이 남아 있는 곳이다.
>
> 사막으로 변한 곳은 경작과 목축에 이용할 수 없다. 인간은 다시 삼림에 불을 질러 농경지와 초지를 만든다. 그렇게 만든 농경지나 초지는 다시 황폐화되고 사막으로 변하는 악순환이 거듭된다.
>
> 아마존의 삼림은 지구의 허파로 불린다. 이런 아마존의 숲이 사라지면 지구의 탄소 순환 과정에 문제가 생긴다. ㉣ 그리고 대기 중 이산화탄소량이 증가하고 그에 따라 지구온난화가 심화되어 사막화는 한층 가속화된다.
>
> 삼림을 개간하여 농경지를 늘리고 초지에 많은 가축을 풀면 당장의 이익은 증가할지 모른다. 그러나 현재처럼 사막화가 급속하게 진행된다면 인간의 생존조차 장담할 수 없는 날이 올 수도 있다. 더 늦기 전에 사막화를 막아야 한다, ㉤ 재주는 곰이 넘고 돈은 왕 서방이 받는…….

① ㉠: 문장의 호응이 어색하므로, '확대한 결과를 들 수 있다.'를 '확대해 왔다.'로 고친다.
② ㉡: 맞춤법에 어긋나므로 '금세'를 '금새'로 고친다.
③ ㉢: 논지의 흐름에 비추어 보아 불필요한 문장이므로 삭제한다.
④ ㉣: 접속어의 사용이 적절하지 않으므로 '그리고'를 '그러면'으로 바꾼다.
⑤ ㉤: 속담의 사용이 적절하지 않으므로 '호미로 막을 것을 가래로 막는…….'으로 바꾼다.

12 다음 글의 빈칸 ㉠~㉣에 들어갈 단어를 적절하게 짝지은 것은?

농어촌기금은 2015년 여·야·정 합의로 농어업인 장학 사업, 복지 증진, 정주여건 개선, 기업과 농어업의 협력사업 지원 등을 목표로 만들어졌다. FTA로 피해를 본 농어업인에 대한 시혜적 차원이 아니라, 농어촌의 지속 가능한 발전과 기업 비즈니스 기회의 확대에 기여하고자 한 것이다. 실제로 농어촌기금은 공공 투자만으로 해결이 어려운 농어촌 현안에 민간 부문의 참여와 투자를 유도해 문제 해결의 물꼬를 터 온 (㉠) 역할을 해 왔다.

어려운 여건에서도 농어촌기금은 지난 2년간 상당한 (㉡)을(를) 거두었다. 예를 들면 제주도 서귀포 한라봉 농가는 커피 찌꺼기로 만든 친환경 비료로 한라봉을 생산하고 있다. L사에서 커피 찌꺼기 비료를 무상으로 공급해 농가의 지출은 줄고, 토양개량 효과로 한라봉의 상품성은 높아졌다. 그리고 품질이 좋아진 한라봉을 다시 L사에서 매입해 자사 음료의 재료로 사용하여 농가와 기업 모두의 매출 증대를 도모하고 있다.

화력발전소의 온배수를 간척지의 스마트팜 조성에 활용하는 사례도 있다. S발전은 35억 원을 농어촌상생협력기금으로 출연하여 충남 태안군 이원간척지 내에 1ha 넓이의 한국형 첨단 유리온실 및 스마트팜을 조성하여 곧 (㉢)을(를) 앞두고 있다. 스마트팜은 에너지 비용이 운영의 가장 중요한 요소인데, 발전소에서 배출하는 연간 약 30억 톤의 온배수 중 일부를 원예 단지 난방 열원으로 (㉣)하여 에너지비용을 연간 70~80%까지 절감할 수 있게 되었다. 이 프로젝트는 농작물을 키우기 적합하지 않은 간척지를 비옥한 땅으로 바꾸고, 이를 통해 농가의 소득과 일자리를 창출하여 지역 경제를 살리는 새로운 상생협력모델이라고 할 수 있다.

	㉠	㉡	㉢	㉣
①	길잡이	점수	매각	유통
②	마중물	성과	준공	재활용
③	파수꾼	성장	설치	매립
④	보안관	개선	운영	분산
⑤	실타래	평가	생산	전환

[13~14] 다음은 농협중앙회 임직원 행동강령의 일부이다. 이를 읽고 이어지는 물음에 답하시오.

제5조(사적 이해관계의 신고 등) ① 임직원은 다음 각 호의 어느 하나에 해당하는 경우에는 지역행동강령책임관 또는 행동강령책임관에게 해당 사실을 "별지 제3호 서식"에 따라 서면으로 신고하여야 한다. 다만, 사무소장이 정하는 단순 민원업무를 수행하는 경우에는 그러하지 아니하다.

1. 임직원 자신이 직무관련자인 경우
2. 임직원의 4촌 이내 친족(「민법」 제767조에 따른 친족을 말한다)이 직무관련자인 경우
3. 임직원 자신이 2년 이내에 재직하였던 법인·단체가 직무관련자인 경우
4. 임직원 자신 또는 그 가족(「민법」 제779조에 따른 가족을 말한다. 이하 같다)이 임직원 또는 사외이사로 재직하고 있는 법인·단체가 직무관련자인 경우
5. 임직원 자신 또는 그 가족이 직무관련자를 대리하거나 직무관련자에게 고문·자문 등을 제공하거나 해당 대리·고문·자문 등의 업무를 하는 법인·단체에 소속되어 있는 경우
6. 임직원 자신 또는 그 가족이 다음 각 목에 해당하는 비율 이상의 주식·지분, 자본금 등을 소유하고 있는 법인·단체(이하 "특수관계사업자"라 한다)가 직무관련자인 경우
   가. 임직원 자신 또는 그의 가족이 소유하는 주식 총수가 발행주식총수의 100분의 30 이상인 사업자
   나. 임직원 자신 또는 그의 가족이 소유하는 지분 총수가 출자지분총수의 100분의 30 이상인 사업자
   다. 임직원 자신 또는 그의 가족이 소유하는 자본금 합산금액이 자본금 총액의 100분의 50 이상인 사업자
7. 그 밖에 행동강령책임관이 공정한 직무수행이 어려운 관계에 있다고 정한 자가 직무관련자인 경우

② 직무관련자 또는 임직원의 직무수행과 관련하여 이해관계가 있는 자는 해당 임직원이 제1항 각 호의 어느 하나에 해당하는 경우에는 그 임직원의 지역행동강령책임관 또는 행동강령책임관에게 "별지 제4호의 서식"에 따라 서면으로 직무 재배정 등의 조치를 신청할 수 있다.

③ 임직원은 직무관련자와 제1항 각 호 외의 사적 이해관계가 있다고 인정하는 경우에도 지역행동강령책임관 또는 행동강령책임관에게 "별지 제6호 서식"에 따라 서면으로 직무 재배정 등의 조치를 신청할 수 있다.

④ 제1항 본문에 따른 신고나 제2항 및 제3항에 따른 신청을 받은 지역행동강령책임관 또는 행동강령책임관은 소속 임직원의 공정한 직무수행을 저해할 수 있다고 판단하는 경우에는 해당 임직원에게 다음 각 호의 조치를 할 수 있다.

1. 직무 참여의 일시중지
2. 직무 대리자 또는 직무 공동수행자의 지정
3. 직무 재배정
4. 전보

⑤ 제4항에도 불구하고 지역행동강령책임관 또는 행동강령책임관은 다음 각 호의 어느 하나에 해당하는 경우에는 해당 임직원에게 그 직무를 수행하도록 할 수 있다. 이 경우 행동강령책임관은 지역행동강령책임관에게 공정한 직무수행 여부를 확인·점검하도록 하여야 한다.

1. 직무를 수행하는 임직원을 대체하기 지극히 어려운 경우
2. 공익 증진을 이유로 직무수행의 필요성이 더 큰 경우
⑥ 지역행동강령책임관 또는 행동강령책임관은 제1항 본문에 따른 신고, 제2항 및 제3항에 따른 신청, 제4항에 따른 조치 및 제5항 후단에 따른 확인·점검에 관한 현황을 기록·관리하여야 한다.
⑦ 제1항부터 제6항까지에서 규정한 사항 외에 임직원의 사적 이해관계 신고 등에 관하여 필요한 사항은 행동강령책임관이 정한다.

13 **위 행동강령에 대한 설명으로 옳지 않은 것은?**

① 지역행동강령책임관은 제1항 본문에 따른 신고에 따른 확인 및 점검에 관한 현황을 기록한 후 관리해야 한다.
② 임직원은 직무관련자와 제1항의 사적 이해관계가 있다고 인정하는 경우에 지역행동강령책임관에게 서면으로 직무 재배정 조치를 신청할 수 있다.
③ 제1~6항에서 규정한 사항 외에 임직원의 사적 이해관계 신고 등에 관하여 필요한 사항은 행동강령책임관이 정한다.
④ 행동강령책임관은 공익 증진을 이유로 직무수행의 필요성이 작은 경우 해당 임직원에게 그 직무를 수행하도록 할 수 있다.
⑤ 제1항 본문에 따른 신고를 받은 행동강령책임관은 소속 임직원의 공정한 직무수행을 저해할 수 있다고 판단하는 경우에는 해당 임직원에게 직무 참여의 일시중지 조치를 할 수 있다.

14 **다음 [보기]의 A~E 중 행동강령책임관에게 해당 사실을 서면으로 신고하지 않아도 되는 임직원은? (단, 제시된 정보 이외에는 고려하지 않는다)**

| 보기 |

- A: 임직원 자신이 직무관련자인 경우
- B: 행동강령책임관이 공정한 직무수행이 어려운 관계에 있다고 정한 자가 직무관련자인 경우
- C: 직무관련자인 법인의 발행주식총수의 25%를 임직원 자신이 소유하고 있는 주식 총수인 경우
- D: 임직원 자신이 1년 전 재직하였던 단체가 직무관련자인 경우
- E: 임직원의 가족이 직무관련자를 대리하는 업무를 하는 법인에 소속되어 있는 경우

① A　② B　③ C　④ D　⑤ E

[15~16] **다음은 ○○군의 대학생 등록금 지원 사업에 대한 [공고문]이다. 이를 읽고 이어지는 물음에 답하시오.**

[공고문]

○ 지원자격
- 지원대상: 다자녀가정 셋째 이상 미혼 대학생으로 공고일 기준 잔여학기가 2학기 이상인 자(단, 최초 입학자에 한함)
- 거주기준: 대학생 본인과 부 또는 모(또는 보호자)가 공고일 기준 ○○군에 주소를 두고 2년 이상 계속 거주한 자
- 연령기준: 공고일 기준 만 30세 미만 대학생
- 대상대학: 4년제 이상의 국내대학
- 성적기준: 직전학기 12학점 이상 이수하여 100분위 성적 70점 이상 취득한 자(단, 신입생은 성적 미적용, 복학생은 휴학 직전학기 성적 적용)

○ 지원액: 등록금 내 다른 기관 등에서 받는 지원액을 제외한 실제 본인 부담액 중 아래의 표에 따라 차등적용

구분	2년 이상 3년 미만 거주	3년 이상 5년 미만 거주	5년 이상 거주
셋째	40%	50%	70%
넷째 이상	60%	70%	80%

○ 지원횟수: 최대 6회 내에서 잔여학기 수만큼 2월·8월 20일 지급
○ 지원기간: 매년 1월 15일~2월 10일, 7월 15일~8월 10일(평일 9:00~18:00)
○ 접수처: 거주지 주소별 읍·면사무소 방문접수
○ 지원중지(제외) 및 환수사유
- 등록금 내 다른 기관 등에서 받는 지원액을 제외한 실제 본인 부담액을 거짓으로 신청한 경우: 전액 환수
- 자퇴·퇴학 등의 사유로 학업을 중단한 경우: 등록금 환급금이 있을 경우 지원액 내에서 환수(예 등록금 환급금이 250만 원일 때, 지원액이 200만 원인 경우 200만 원 환수 또는 지원액 300만 원인 경우 250만 원 환수)
- ○○군 외로 거주지를 변경한 경우: 개강일 이전 거주지 변경 시, 전액 환수(단, 개강일 이후 변경 시, 환수는 하지 않으나 이후 지원대상에서 제외)

15 위 사업에 대한 설명으로 옳지 않은 것은?

① 기혼자는 대학생 등록금 지원을 받을 수 없다.
② 이전 대학에서 자퇴·퇴학·졸업한 후, 새로 입학 시에는 지원대상자에 해당되지 않는다.
③ ○○군에 2년 이상 계속하여 대학생 본인과 아버지가 거주하여도 거주기준을 충족한다.
④ 실제 본인이 부담한 금액보다 많은 지원금액을 신청한 경우 초과분은 환수된다.
⑤ 개강일 이후 거주지를 변경한다면 해당 학기에는 지원금을 받을 수 있다.

16 A~E는 ○○군 대학생 등록금 지원 사업 신청자이다. [신청자 정보]에 따를 때 이 중 실제로 지원금을 받을 수 있는 사람을 모두 고르면? (단, 언급하지 않은 내용은 모두 만족하는 것으로 한다)

[신청자 정보]

- 다자녀 가구로 첫째·셋째보다 대학교를 늦게 입학한 둘째 A
- 부모의 이혼으로 부모만 타지에 거주하고 ○○군에서 2년 이상 조부모와 함께 지내고 있는 셋째 B
- 학교에서 전액 장학금을 받은 넷째 C
- 3월 개강 후, 대학생 본인만 ○○군 외로 거주지를 변경한 D
- 이전에 대학교에 합격했지만 입학포기 후 재수를 하여 대학교에 입학한 E

① A, B, C ② A, B, D ③ B, C, E
④ B, D, E ⑤ C, D, E

17 다음 숫자들이 일정한 규칙에 따라 나열되어 있다고 할 때, 괄호 안에 들어갈 숫자는?

3	5	8	13	21	34	55	( )

① 63 ② 72 ③ 81
④ 89 ⑤ 96

18 다음 숫자들이 일정한 규칙에 따라 나열되어 있다고 할 때, 괄호 안에 들어갈 숫자는?

- 2 4 6 8
- 3 6 9 12
- 4 8 12 16
- 5 ( ) 15 20

① 6 ② 8 ③ 10
④ 12 ⑤ 14

19 이 대리는 조 사원보다 나이가 많다. 6년 뒤에 조 사원의 나이는 이 대리의 나이의 90%이고, 10년 뒤에 이 대리의 나이는 조 사원의 나이의 1.1배이다. 이 대리와 조 사원의 나이 차이는 몇 살인가?

① 1살 ② 2살 ③ 3살
④ 4살 ⑤ 5살

20 A는 혼자서 1시간에 제품 22개를 만들 수 있다. A와 B가 4시간 동안 총 160개의 제품을 만들었다고 할 때, B는 혼자서 1시간에 몇 개의 제품을 만들 수 있는가?

① 12개　② 15개　③ 18개
④ 21개　⑤ 24개

21 문서 작성 프로그램을 이용하여 자소서를 작성할 때, 영어는 1바이트, 한글은 2바이트로 인식한다. A가 작성한 자소서는 총 672글자이고, 한글의 바이트 수가 영어의 바이트 수의 19배일 때, A가 작성한 자소서는 총 몇 바이트인가?

① 1,280바이트　② 1,283바이트　③ 1,286바이트
④ 1,289바이트　⑤ 1,292바이트

22 원가가 4,500원인 A제품의 정가에 10%를 할인하여 판매하려고 한다. A의 정가가 a원 이상 b원 이하일 때, A제품 1개를 판매하면 이익은 원가의 15% 이상 20% 이하이다. 이때 $b-a$의 값은?

① 100　② 150　③ 200　④ 250　⑤ 300

23 A지역농협의 조합원 김갑돌은 농협은행에 거치식 예금 통장을 개설하고 2,000만 원을 넣어 두었다. 만기는 2년, 연이율은 3.0%, 이자소득세는 조합원 세금 우대를 적용하여 1.1%일 때, 연 복리로 계산할 경우 만기에 김갑돌이 내야 할 이자소득세는 얼마인가?

① 13,398원 ② 36,540원 ③ 60,000원
④ 220,000원 ⑤ 233,398원

24 A는 기차 탑승 전 식사를 하기 위해 1시간 전에 기차역에 도착했다. A는 식사를 하는 데 30분이 걸리고, 4km/h의 속력으로 이동할 수 있을 때, A가 다녀올 수 있는 식당은 기차역과의 거리가 최대 몇 km인가?

① 0.5km ② 1km ③ 1.5km ④ 2km ⑤ 2.5km

25 A자격증이 있는 남성 중 B자격증이 있는 사람은 40%이고, A자격증이 있는 여성 중 B자격증이 있는 사람은 70%이다. A자격증이 있는 사람의 남녀 비율은 3 : 2이고, 임의로 선정한 A자격증이 있는 사람이 B자격증이 있을 때, 그 사람이 여성일 확률은?

① $\frac{6}{13}$ ② $\frac{7}{13}$ ③ $\frac{8}{13}$
④ $\frac{9}{13}$ ⑤ $\frac{10}{13}$

26 **다음은 과정 평가형 국가기술자격 취득자 수에 관한 자료이다. 이에 대한 설명으로 옳지 않은 것은?**

[표] 과정 평가형 국가기술자격 취득자 수

(단위: 명)

구분		2017년	2018년	2019년	2020년	2021년	2022년
남자	합계	883	1,596	2,282	3,527	4,995	6,085
	기사	1	18	71	210	417	501
	산업기사	466	897	1,398	2,193	3,167	4,362
	기능사	408	625	743	1,039	1,253	1,103
	서비스	8	56	70	85	158	119
여자	합계	757	1,642	1,998	2,647	3,680	3,274
	기사	0	2	7	42	111	191
	산업기사	72	179	332	640	940	1,272
	기능사	667	1,250	1,397	1,663	2,215	1,506
	서비스	18	211	262	302	414	305

① 조사기간 중 서비스 자격 취득자 수가 가장 많은 해는 남자와 여자가 동일하다.

② 2018년 남자와 여자의 자격 취득자 수 중 산업기사 비중의 차이는 40%p 이상이다.

③ 조사기간 동안 매년 자격 취득자 수가 가장 많은 국가기술자격은 남자는 산업기사, 여자는 기능사이다.

④ 2022년 전체 자격 취득자 수의 전년 대비 증가량이 가장 큰 국가기술자격은 기능사이다.

⑤ 2020년 자격 취득자 수의 전년 대비 증가율은 남자가 여자보다 높다.

27 **다음은 산업별 보증 건수 및 보증 금액에 관한 자료이다. [그림]에 대한 설명으로 옳은 것은?**

[그림 1] 산업별 보증 건수

(단위: 건)

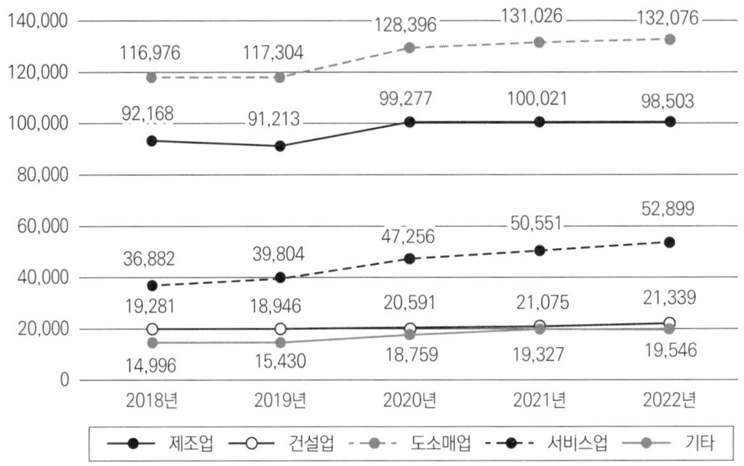

[그림 2] 산업별 보증 금액

(단위: 억 원)

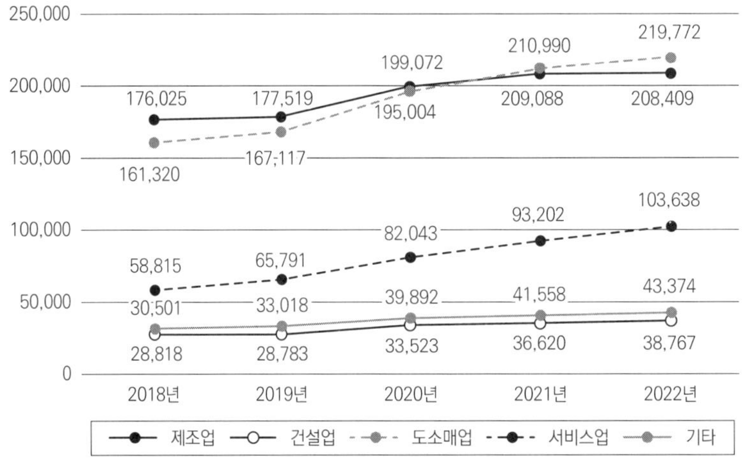

① 기타를 제외하고, 매년 보증 건수가 많을수록 보증 금액도 많다.

② 조사기간 중 도소매업 보증 금액의 전년 대비 증가율이 가장 높은 해는 2021년이다.

③ 기타를 제외하고 2022년 보증 건수 1건당 보증 금액이 가장 높은 산업은 제조업이다.

④ 서비스업 보증 건수의 전년 대비 증감 추이와 서비스업 보증 금액의 전년 대비 증감 추이는 동일하지 않다.

⑤ 조사기간 중 기타의 보증 건수가 가장 많은 해에 제조업의 보증 금액은 건설업의 5배 이하이다.

[28~29] 다음은 농기구 보유 대수에 관한 자료이다. 이어지는 물음에 답하시오.

[표 1] 전국 농기구 보유 대수

(단위: 대)

구분	2017년	2018년	2019년	2020년	2021년
경운기	567,050	544,411	544,005	539,200	533,027
트랙터	290,146	290,258	298,680	302,570	312,548
이앙기	195,700	187,466	184,122	180,900	182,001
콤바인	77,000	74,700	74,087	74,300	75,460
건조기	324,344	315,159	318,879	325,000	326,545

[표 2] 2020년 5개도 농기구 보유 대수

(단위: 대)

구분	경운기	트랙터	이앙기	콤바인	건조기
경기	40,828	38,191	20,568	8,213	20,124
강원	31,217	21,628	11,117	3,314	16,470
전라	134,800	77,524	41,887	21,247	99,388
충청	99,470	57,350	36,697	14,856	70,181
경상	192,759	87,948	61,506	22,212	109,817

28 위 자료에 대한 설명으로 옳지 않은 것은?

① 2020년 5개도 외 지역의 콤바인 보유 비중은 6%이다.
② 조사기간 내내 5개 농기구 중 전국 보유 대수가 가장 적은 농기구는 동일하다.
③ 2020년 경상의 이앙기 보유 비중은 전라의 경운기 보유 비중보다 높다.
④ 2018년에 전국 보유 대수가 건조기보다 적은 농기구의 보유 대수는 전년 대비 감소했다.
⑤ 2020년 5개도 농기구 보유 대수의 순위는 5개 농기구 모두 동일하다.

29 2021년 5개 농기구 중 전국 농기구 보유 대수의 2017년 대비 감소율이 가장 높은 농기구의 감소율은 몇 %인가?

① 4% ② 5% ③ 6% ④ 7% ⑤ 8%

30 **다음은 시장 평균 금리 추이에 관한 자료이다. 이에 대한 설명으로 옳지 않은 것은?**

[표] 시장 평균 금리

(단위: %)

구분	2018년	2019년	2020년	2021년	2022년	2023년
국고채 3년	1.44	1.80	2.10	1.53	0.99	1.39
국고채 5년	1.53	2.00	2.31	1.59	1.23	1.72
국고채 10년	1.75	2.28	2.50	1.70	1.50	2.07
회사채 3년	1.89	2.33	2.65	2.02	2.13	2.08
CD 91물	1.49	1.44	1.68	1.69	0.92	0.85
콜금리(1일물)	1.34	1.26	1.52	1.59	0.70	0.61
기준금리	1.25	1.50	1.75	1.25	0.50	1.00

※ 기간 중 평균 금리임

① 2018년 대비 2023년에 평균 금리가 증가한 항목은 3개이다.

② 조사기간 내내 국고채 3개 항목 중 기준금리와 차이가 가장 많이 나는 것은 국고채 10년이다.

③ 조사기간 중 회사채 3년 평균 금리가 가장 높은 해에 CD 91물과 콜금리의 평균 금리 차이는 0.16%p이다.

④ 전년 대비 2022년 평균 금리의 감소량이 가장 많은 항목은 CD 91물이다.

⑤ 2019~2023년 중 기준금리가 가장 낮은 해에 기준금리는 전년 대비 60% 감소했다.

31 **다음은 지로시스템 처리건수 및 처리금액에 관한 자료이다. 이에 대한 설명으로 옳지 않은 것은?**

[표] 지로시스템 처리건수 및 처리금액

(단위: 천 건, 십억 원)

구분		1월	2월	3월	4월	5월	6월
처리건수	합계	83,060	70,895	95,864	76,686	81,050	84,218
	일반계좌이체	11,663	11,390	10,556	8,367	9,152	11,046
	자동계좌이체	62,847	51,555	76,768	60,261	63,960	64,999
	대량지급	8,550	7,950	8,540	8,058	7,938	8,173
처리금액	합계	29,329	23,521	26,554	22,800	27,902	24,097
	일반계좌이체	8,592	8,432	8,341	7,662	11,394	8,527
	자동계좌이체	9,444	8,833	10,696	9,002	10,052	9,186
	대량지급	11,293	6,256	7,517	6,136	6,456	6,384

① 지로시스템 처리금액 중 대량지급 비중이 가장 높은 달은 3월이다.
② 조사기간 동안 매월 자동계좌이체 처리건수가 가장 많고, 대량지급 처리건수가 가장 적다.
③ 조사기간 중 일반계좌이체 처리금액이 두 번째로 많은 달에 일반계좌이체 처리건수 1건당 처리금액은 70만 원 이상이다.
④ 3월 지로시스템 처리건수의 전월 대비 증가율은 33% 이상이다.
⑤ 매월 자동계좌이체 처리건수는 일반계좌이체 처리건수의 4배 이상이다.

32 **다음은 전자지급 결제대행 이용건수 및 이용금액에 관한 자료이다. 이에 대한 설명으로 옳지 않은 것은?**

[그림 1] 전자지급 결제대행 이용건수

(단위: 만 건)

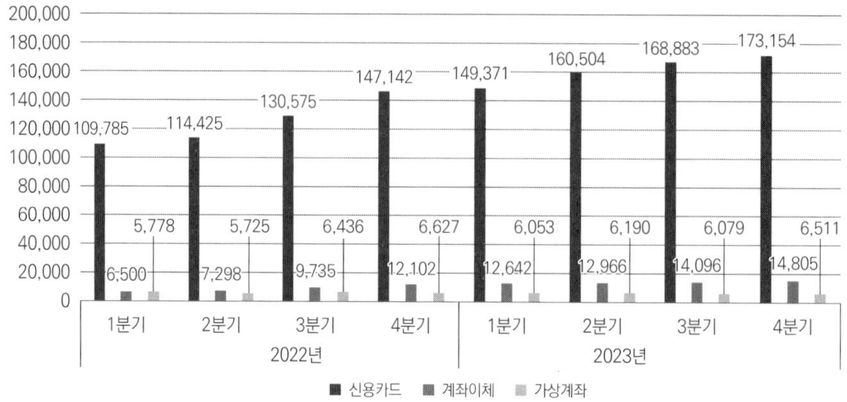

[그림 2] 전자지급 결제대행 이용금액

(단위: 십억 원)

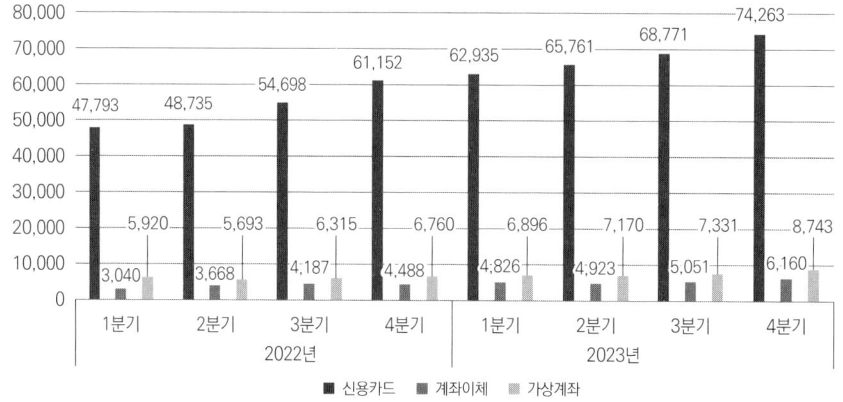

① 2023년 3분기 전자지급 결제대행 이용건수 1건당 이용금액은 전년 동분기 대비 감소했다.

② 2023년 신용카드 전자지급 결제대행 이용건수는 전년 대비 25% 이상 증가했다

③ 2022년 2분기~2023년 4분기 동안 계좌이체의 이용금액은 매분기마다 전분기 대비 증가했다.

④ 2022년 1분기에 전자지급 결제대행 이용건수 중 가상계좌가 차지하는 비중은 5% 이상이다.

⑤ 2023년 4분기에 가상계좌 이용금액 대비 계좌이체 이용금액 비율은 전년 동분기 대비 증가했다.

33 A~E 5명의 퇴근 시간이 다음 [조건]과 같을 때 가장 마지막으로 퇴근한 사람은?

[조건]

- B는 A보다 늦게 퇴근했지만 A 퇴근 직후에 퇴근하지는 않았다.
- D는 C 퇴근 직후에 퇴근했다.
- B는 E보다 먼저 퇴근했다.
- 가장 늦게 퇴근한 사람은 D가 아니다.

① A ② B ③ C
④ D ⑤ E

34 다음 글에 따를 때, [보기] 중 인척이 아닌 사람은 모두 몇 명인가?

법률상 친족은 배우자, 혈족, 인척을 말한다. 혈족은 혈연관계가 있는 경우를 말한다. 인척은 혈족의 배우자, 배우자의 혈족, 배우자의 혈족의 배우자를 말하고 혈족의 배우자의 혈족은 인척에 포함되지 않는다.

| 보기 |

ㄱ. 동생의 아내
ㄴ. 외조부의 형
ㄷ. 처제의 남편
ㄹ. 형수의 오빠
ㅁ. 계모의 아버지
ㅂ. 계모와 계모의 전남편 사이에서 태어난 아들

① 2명 ② 3명 ③ 4명
④ 5명 ⑤ 6명

35 **A~H 8명의 콘서트 예매 결과가 다음 [조건]과 같을 때, 항상 예매에 성공하는 사람은?**

[조건]

- B와 C 중 1명만 예매에 성공했다.
- D와 E 중 1명만 예매에 성공했다.
- A와 E의 예매 결과는 같다.
- F와 H는 예매에 실패했다.
- 8명 중 예매에 성공한 사람은 4명 이상이다.

① B, G ② E, G ③ A, B, E
④ A, C, G ⑤ A, E, G

36 **A~D는 각각 중국, 일본, 베트남, 인도 중 2개 국가로 출장을 가려고 한다. 출장을 가는 국가에 대한 정보가 다음 [조건]과 같을 때, 반드시 거짓인 것은?**

[조건]

- A와 B는 베트남으로 출장을 가지 않는다.
- B가 출장을 가는 국가는 D가 출장을 가지 않는다.
- 출장 가는 2개 국가가 중국과 일본인 사원은 없다.
- C와 D가 출장을 가는 국가는 1개만 동일하다.
- A, B, C가 출장을 가는 2개 국가 중 1개 국가는 모두 동일하고, 나머지 국가는 서로 모두 다르다.

① A가 출장을 가는 국가는 중국과 인도이다.
② B가 출장을 가는 국가는 일본과 인도이다.
③ C가 출장을 가는 국가는 베트남과 인도이다.
④ D가 출장을 가는 국가는 중국과 베트남이다.
⑤ 중국으로 출장을 가는 사원은 3명이다.

37 A사에 근무하고 있는 직원 A~D에 대한 정보가 다음 [조건]과 같을 때, 반드시 옳은 내용은?

[조건]

1. A~D 중 인사팀은 1명, 홍보팀은 1명, 영업팀은 2명이다.
2. A~D 각각의 나이는 25세, 35세, 45세, 55세 중 하나로, 모두 다르다.
3. A~D를 직급에 따라 나누면 사원 2명, 대리1명, 팀장 1명이다.
4. 사원 2명은 다른 부서에 속하며 둘의 나이 차이는 스무 살 이상이다.
5. 팀장은 이 중에서 나이가 가장 많지도 적지도 않으며 인사팀은 아니다.
6. 홍보팀인 사람은 팀장보다 나이가 많다.
7. D는 가장 나이가 많으며 영업팀이다.

① D는 사원이다.
② 팀장은 영업팀이다.
③ 사원 중 한 명은 55세이다.
④ 사원은 대리보다 나이가 많다.
⑤ 대리와 팀장의 나이 차이는 스무 살 이상이다.

38 A~E 5명이 기차를 예매하였다. 예매 내역에 대한 정보가 다음 [조건]과 같을 때, 반드시 거짓인 것은?

[조건]

- A~E는 1~5호차에 각각 서로 다른 한 개 호차를 예매했다.
- A는 C보다 앞번호의 호차를 예매했다.
- D는 E보다 앞번호의 호차를 예매했다.
- E는 C의 바로 앞번호의 호차를 예매했다.
- B는 D와 이웃하는 호차를 예매했다.
- E와 B가 예매한 호차 사이에 예매한 사람은 한 명이다.

① B와 E 사이에 예매한 사람은 A이다.
② C는 5호차를 예매한다.
③ 4호차를 예매한 사람은 E이다.
④ A와 C 사이에 예매한 사람은 2명이다.
⑤ 1호차를 예매한 사람은 D이다.

39 **A~E는 각각 테니스, 골프, 축구, 수영 중 한 종목의 운동을 시작했다. A~E가 시작한 운동에 대한 정보가 다음 [조건]과 같을 때, 항상 참인 것은?**

[조건]

- A, B, D 3명이 시작한 운동은 서로 다르다.
- 골프를 시작한 사람은 C뿐이다.
- 수영을 시작한 사람은 A와 C가 아니다.
- A가 시작한 운동은 테니스가 아니다.
- 테니스를 시작한 사람은 1명이다.
- 축구를 시작한 사람은 B와 E가 아니다.

① E가 시작한 운동은 수영이다.
② D가 시작한 운동은 수영이다.
③ B가 시작한 운동은 테니스이다.
④ 수영을 시작한 사람은 1명이다.
⑤ 축구를 시작한 사람은 2명이다.

[40~42] 마라톤 대회를 취재 중인 기자는 1등부터 7등까지의 결승점에 들어온 순서를 다음 [정보]를 참고해 판단하려고 한다. 이를 토대로 이어지는 물음에 답하시오.

[정보]

ㄱ. G보다 나중에 B가 들어왔다.
ㄴ. B보다 나중에 E가 들어왔다.
ㄷ. D보다 나중에 E가 들어왔다.
ㄹ. 네 번째 들어온 사람은 D이다.
ㅁ. G보다 나중에 F가 들어왔다.
ㅂ. F보다 나중에 D가 들어왔다.
ㅅ. A보다 나중에 F가 들어왔으나 A가 1등은 아니다.

40 **1등으로 들어온 사람은 누구인가?**

① B ② C ③ D
④ F ⑤ G

41 **다음 중 옳지 않은 해석은?**

① A가 D보다 먼저 들어왔다.
② F가 C보다 먼저 들어왔다.
③ D가 C보다 먼저 들어왔다.
④ B가 C보다 먼저 들어왔다.
⑤ A가 F보다 먼저 들어왔다.

42 **전체 순위를 정확하게 알려면 어떤 자료가 필요한가?**

① E가 C보다 먼저 들어왔다.
② C는 D보다 늦게 들어왔다.
③ C가 꼴찌는 아니다.
④ B가 C보다 먼저 들어왔다.
⑤ G가 A보다 먼저 들어왔다.

43 **농가에서 외국인근로자를 고용하기 위해서는 고용허가제도를 따라야 한다. 다음은 고용허가제 관련 업무에 대한 자료이다. 이에 대한 설명으로 옳지 않은 것은?**

내국인 구인노력 ▶	고용허가 신청 ▶	근로계약 체결 ▶	사증인정서 발급 ▶	입국 및 취업교육 ▶	인계 및 사후관리
사업주	사업주	사업주 및 외국인 근로자	출입국관리 사무소	출입국관리 사무소	농협
14일 이상	• 고용지원센터에 신청 • 외국인 근로자 선정	산업인력공단 기준에 준하여 근로조건 합의	사업주에게 발급	입국심사	• 애로 상담 • 편의 제공 • 출입국행정 대행 • 사업주 측 고용 지원
	고용센터			농협	
	• 사업주에게 고용허가서 발급 • 사업주에게 외국인 근로자 알선			• 취업교육(농업분야) • 건강검진 • 보험계약	

① 사업주는 14일 동안 내국인 구인노력을 하였음에도 구인이 이루어지지 않은 경우 고용허가 신청을 하여 '고용허가서'를 발급받을 수 있다.
② 농협은 외국인근로자에게 농업분야에 대한 취업교육을 실시한다.
③ 농협은 입국한 외국인근로자에게 연수기간 동안의 임금을 대신 지급한다.
④ 근로조건 합의는 산업인력공단의 기준에 준하여 진행한다.
⑤ 외국인근로자 고용에 필요한 사증인정서는 출입국관리사무소에서 받는다.

[44~45] 다음 글을 읽고 이어지는 물음에 답하시오.

○○회사에서는 최근 사내 노래자랑을 개최하였는데, 결승전에 A~D 네 명이 진출했다. 결승전에서는 100명의 임직원 평가단이 결승진출자의 노래를 듣고 각자 1위부터 4위까지의 순위를 매긴다. 이후 결승진출자별로 1위 득표수에는 3점, 2위 득표수에는 2점, 3위 득표수에는 1점을 곱하여 각 점수를 합산한 뒤, 총점이 가장 높은 사람에게 장미상을, 두 번째로 높은 사람에게 백합상을, 세 번째로 높은 사람에게 동백상을 수여한다. A~D의 경연 후 진행된 임직원 평가단의 평가 결과는 다음 [표]와 같다.

[표] 임직원 평가단 평가 결과

(단위: 명)

결승진출자 \ 순위	1위	2위	3위	4위
A	10	50	30	10
B	20	35	20	25
C	30	10	20	40
D	40	10	30	20

44 위 글에 근거할 때, 장미상과 백합상을 받는 사람을 옳게 짝지은 것은?

	장미상	백합상		장미상	백합상
①	A	B	②	A	D
③	B	C	④	D	A
⑤	D	C			

45 현재의 점수 산출 방식에 문제가 있다는 지적에 따라, 1위 득표수와 2위 득표수에 각각 5점을 곱하고, 3위 득표수와 4위 득표수에 각각 2점을 곱하여 각 점수를 합산하는 방식으로 총점을 매기기로 하였다. 이 방식에 따를 때, 장미상과 동백상을 받는 사람을 옳게 짝지은 것은?

	장미상	동백상		장미상	동백상
①	A	B	②	A	D
③	B	A	④	B	C
⑤	D	C			

46 **다음 [그림]의 A에 해당하는 문제에 대한 설명으로 옳지 않은 것은?**

[그림]

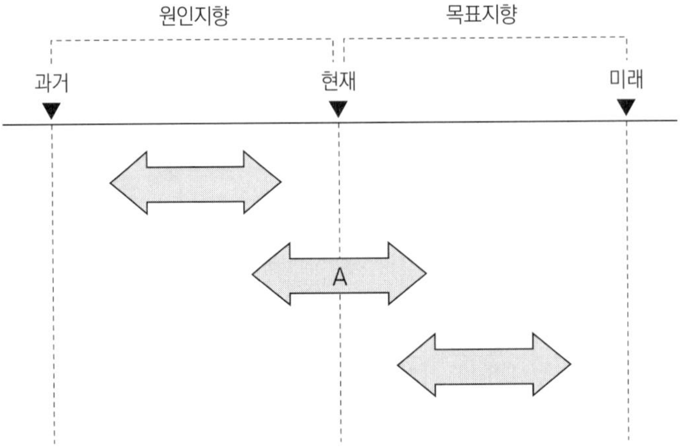

① '앞으로 어떻게 할 것인가'에 대한 문제를 의미한다.

② 문제가 잠재되어 있어 인식하지 못하다가 결국은 확대되어 해결이 어려워진 문제인 잠재 문제로 구분할 수 있다.

③ 눈에 보이지 않는 문제로, 방치하면 뒤에 큰 손상이 따르거나 해결할 수 없는 문제로 확대된다.

④ 현재의 상황을 개선하거나 효율을 높이기 위한 문제를 의미한다.

⑤ 유사한 타 기업의 업무방식이나 선진기업의 업무 방법 등의 정보를 얻음으로써 지금보다 좋은 제도나 기법, 기술을 발견하여 개선, 향상시킬 수 있는 문제인 발견 문제로 구분할 수 있다.

47 **다음 [그림]에 해당하는 창의적 사고 개발 방법에 대한 설명으로 옳은 것은?**

[그림]

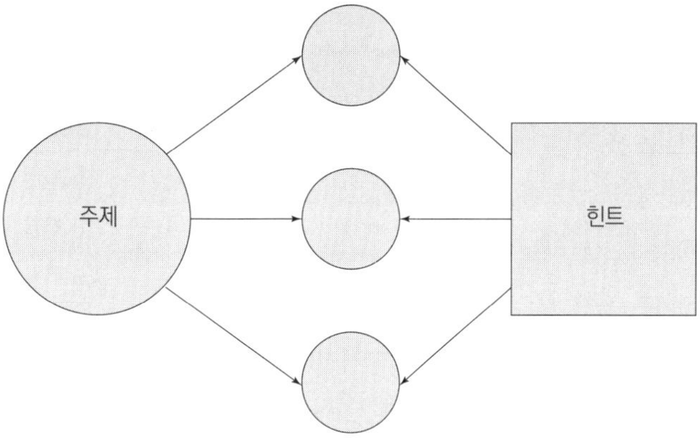

① 주제와 본질적으로 닮은 것을 힌트로 하여 새로운 아이디어를 얻는 방법이다.
② 가장 대표적인 방법은 브레인스토밍이다.
③ 힌트에서 강제로 연결 지어 발상하는 방법이다.
④ 한 생각에서 다른 생각을 계속해서 떠올리는 작용을 통해 주제에서 생각나는 것을 계속해서 열거해 나가는 방법이다.
⑤ 가장 대표적인 방법은 체크리스트이다.

48 H가 렌터카를 대여하기 위해 정리한 자동차 종류가 다음 [표]와 같다. [상황]의 H가 대여하는 자동차는?

[표]

구분	잔여 유류량	1L당 연비	1L당 금액	1일당 대여 비용
A	5L	10km	1,800원	80,000원
B	0L	15km	1,500원	75,000원
C	3L	12km	1,800원	78,000원
D	0L	20km	1,500원	78,000원
E	2L	15km	1,500원	78,500원

[상황]

H는 렌터카를 대여하려고 하는데 1일 동안의 총비용이 가장 저렴한 자동차를 대여할 계획이다. 렌터카를 대여하여 30km 거리를 왕복으로 이동할 예정이다. (단, 잔여 유류량은 모두 사용 가능하며, 추가로 채워놓지 않아도 됨)

① A ② B ③ C ④ D ⑤ E

49 다음은 연봉 인상 기준이다. [표]의 직원 3명의 내년 연봉의 합은 얼마인가?

[연봉 인상 기준]

○ 연말 평가에 따라 연봉 인상률 책정함

- 연봉 인상률

A등급	B등급	C등급	D등급	E등급
15%	10%	5%	0%	−5%

- 항목별 연말 평가 기준

구분	상	중	하
직무역량	10점	8점	6점
직무 태도	10점	5점	3점
실적	10점	6점	4점
기여도	10점	7점	5점
인간관계	10점	8점	6점

※ 5개 항목의 총점으로 연말 평가 등급을 산정함

- 연말 평가 등급 산정 기준

A등급	B등급	C등급	D등급	E등급
45점 이상	45점 미만 40점 이상	40점 미만 35점 이상	35점 미만 30점 이상	30점 미만

[표]

구분	이 대리	김 사원	조 사원
올해 연봉	4,500만 원	4,000만 원	4,200만 원
직무역량	상	중	중
직무 태도	하	하	상
실적	중	중	중
기여도	중	하	중
인간관계	중	하	하

① 12,300만 원 ② 12,560만 원 ③ 12,710만 원
④ 12,840만 원 ⑤ 13,020만 원

50 다음 [A부서 1, 2주차 일정]과 [휴가 조건]에 근거할 때, 이 기간 중 최 사원이 휴가를 사용할 수 있는 일자는? (단, [A부서 1, 2주차 일정]에서 최 사원 이외 부서원의 휴가는 확정된 것으로 간주한다)

[A부서 1, 2주차 일정]

월	화	수	목	금
2일	3일	4일	5일	6일
김 사원 휴가 박 대리 휴가	최 사원 출장 김 사원 휴가	최 사원 출장	오 과장 휴가 강 사원 출장	전사 교육
9일	10일	11일	12일	13일
결산 업무	결산 업무	이 사원 휴가 강 사원 휴가	조 대리 출장 강 사원 휴가 권 사원 휴가	조 대리 출장 이 사원 출장

[휴가 조건]

- 출장이 있는 부서원은 출장 전·후일에 휴가를 사용할 수 없다.
- 한 일자에 동일 직급의 부서원 휴가는 2명까지 허용된다.
- 전사 교육 및 결산 업무 시 휴가를 사용할 수 없다.

① 2일 ② 5일 ③ 9일
④ 11일 ⑤ 13일

51 농림축산식품부는 포스트코로나를 이끌 농식품 인재 양성을 위해 다음 [표]의 교육을 진행하기로 하였다. 해당 교육은 주말(토, 일)을 제외한 주 5일 하루 5시간 동안 진행되며, 서로 다른 교육 사이에는 1시간의 휴식시간이 주어져야 한다. 다음의 교육이 1월 10일 수요일에 시작되었다면, 교육이 완료되는 요일은 언제인가? (단, 휴식시간은 교육시간 내에 포함되어야 하며, 교육은 순서대로 진행되어야 한다)

[표] 농식품 인재 양성 교육

순서	내용	수강시간	주말 외 수강 불가 요일
1	농정기본교육	16시간	–
2	공직가치교육	11시간	수요일, 목요일
3	인문교양교육	8시간	금요일
4	역량강화교육	22시간	–
5	직무전문교육	28시간	화요일
6	정보화교육	5시간	월요일
7	지역사회협력교육	10시간	–

① 월요일 ② 화요일 ③ 수요일
④ 목요일 ⑤ 금요일

52 N공장에서 생산 가능한 제품에 관한 자료이다. N공장에서 10일 동안 제품을 생산했을 때, 최대 이익은 얼마인가?

○ N공장에서 생산 가능한 제품

구분	시간당 생산량	제작 원가	판매가	불량률
A	5개	8,000원	12,000원	1%
B	4개	10,000원	15,000원	2%
C	6개	7,000원	11,000원	3%

○ N공장에서 한 제품만 생산해야 하며, 기계는 쉬지 않고 작동함
○ 이익은 '판매가－제작 원가'로 계산함
○ 불량품은 전체 생산 개수 중 비율이며, 소수점 첫째 자리에서 올림하여 계산함
○ 불량품은 판매하지 못하고 폐기해야 하며, 폐기 비용은 개당 5,000원으로 계산함

① 4,400,000원 ② 4,596,000원 ③ 4,672,000원
④ 4,895,000원 ⑤ 5,056,000원

[53~54] 다음 글을 읽고 이어지는 물음에 답하시오.

> 기획팀의 신 대리는 여러 건의 시장조사를 마치기 위해 다음과 같은 계획을 세웠다.
>
> 시장조사를 시작하는 첫째 날은 1건만 시작하여 다음 날 완료하고, 완료한 날 다른 2건의 시장조사를 시작하여 당일 포함 2박 3일이 되는 날 2건을 모두 완료한다. 이런 식으로 동시에 시작하는 시장조사는 1건씩 증가하지만, 시장조사 진행 일수는 동시에 시작하는 시장조사 건수를 n으로 했을 때 2건 이상일 경우 (2n−1)의 규칙으로 증가한다. 단, 토요일과 일요일은 회사에 출근을 하지 않으므로 시장조사 진행 일수에 포함하지 않는다.

53 **위 글을 근거로 판단할 때, 신 대리가 9월 1일(화)부터 10건의 시장조사를 시작하였다면, 시장조사를 모두 마치는 요일은 언제인가?**

① 월요일　② 화요일　③ 수요일
④ 목요일　⑤ 금요일

54 **만약 신 대리가 매주 수요일은 교육 참가로 시장조사를 진행하지 못한다면, 11월 6일(금)부터 시작하는 10건의 시장조사는 언제 마치게 되는가?**

① 11월 25일　② 11월 30일　③ 12월 1일
④ 12월 4일　⑤ 12월 7일

[55~56] 다음 자료를 읽고 이어지는 물음에 답하시오.

N사 K지점에 근무하는 직원들은 주말에 야유회를 가려고 한다. 직원들의 야유회 장소 회의 결과, 사무실에서 출발하여 A산을 등산하고 숙소로 이동하는 경로 A와 B산을 등산하고 숙소로 이동하는 경로 B가 후보로 선정되었다.

N사 K지점 직원들은 주말 야유회 동안 평균속력 90km의 자동차를 이용하며, A산을 등산하는 데는 4시간, B산을 등산하는 데는 3시간 30분이 소요된다.

○ 경로 A

사무실	→ 이동 거리 30km	A산	→ 이동 거리 18km	숙소

○ 경로 B

사무실	→ 이동 거리 60km	B산	→ 이동 거리 30km	숙소

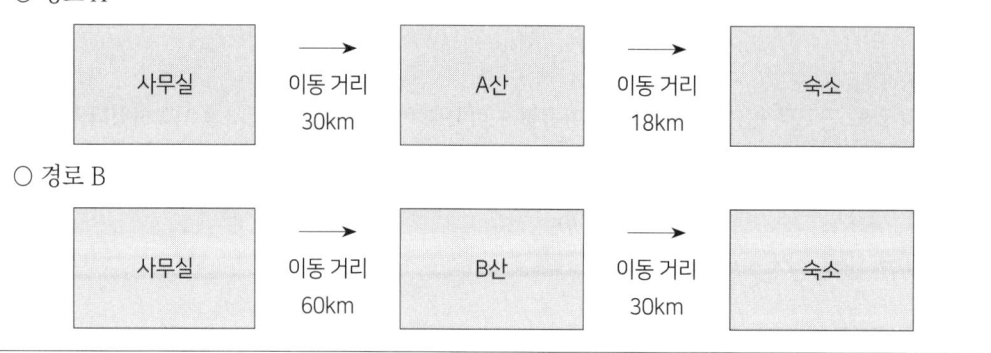

55 **N사 K지점 직원들이 주말 야유회 당일 경로 A와 경로 B 중 숙소에 빨리 도착하는 경로를 이용한다고 할 때, 오전 9시에 사무실에서 출발했을 경우 숙소에 도착하는 시각은?**

① 오후 1시 28분
② 오후 1시 30분
③ 오후 1시 32분
④ 오후 1시 34분
⑤ 오후 1시 36분

56 **다음 [상황]에서 N사 K지점 직원들이 지불해야 하는 주유비는 총 얼마인가?**

[상황]

N사 K지점 직원은 총 20명이고, 주말 야유회 당일 5인승 자동차를 최소 대수로 렌트하였다. 렌트한 자동차의 연비는 90km/h의 속력으로 이동 시 1리터당 10km이다. 렌트한 자동차는 모두 위 문항에서 결정한 경로의 왕복 이동 거리보다 10km를 더 갈 수 있도록 주유할 계획이며, 주유비는 1리터당 1,500원이다.

① 100,000원
② 107,000원
③ 114,000원
④ 121,000원
⑤ 128,000원

57 A는 다음 [정보]에 제시된 업무 이외에 지시받은 2개의 보고서를 작성하였다. A가 보고서 1개를 작성하는 데 걸린 시간은? (단, 제시되지 않은 조건은 고려하지 않으며, 2개의 보고서 작성에 걸린 시간은 동일하다)

> [정보]
>
> A는 오전 9시에 출근하고, 오후 6시에 퇴근한다. A는 출근 후 회의를 준비하고 회의에 참여하고, 회의 종료 후 회의록을 작성한다. 점심시간은 12시~13시이며, 점심 식사 후 2통의 전화 통화와 이메일을 3개 작성하였다. 각 업무에 소요된 시간은 다음과 같다.
>
> - 회의 준비: 30분
> - 회의: 1시간 30분
> - 회의록 작성: 20분
> - 전화: 1통당 5분
> - 이메일 작성: 1개당 10분

① 1시간 40분 ② 2시간 ③ 2시간 15분
④ 2시간 30분 ⑤ 2시간 40분

58 부문의 작업량과 조업도, 여유 또는 부족 인원을 감안하여 소요인원을 결정, 배치하는 배치의 유형으로 옳은 것은?

① 양적 배치 ② 질적 배치 ③ 적성 배치
④ 적재적소 배치 ⑤ 균형주의

59 다음 [자료]에 대한 설명으로 옳지 않은 것은?

[자료]

대분류	중분류	소분류	비고
책(A)	소설책(A-1)	A-1-1 가시고기	2000년에 구입, 책 일부 파손
	전공책(A-2)	A-1-2 남장소매치기소녀	
	만화책(A-3)	A-1-3 태백산맥	
	잡지책(A-4)		

① 자신이 현재 보유하고 있는 물품의 종류를 파악할 수 있다.
② 물품의 위치를 쉽게 파악할 수 있다.
③ 물품의 구입 및 상태를 정리하여 물품을 관리하는 데 관심을 기울일 수 있다.
④ 대·중·소분류는 회전대응의 원칙을 기반으로 분류하였다.
⑤ 물품에 대한 지속적인 확인을 하여 개정해야 한다는 단점이 있다.

60 다음 중 시간관리에 대한 오해에 해당하지 않는 것은?

① 시간관리는 상식에 불과하다.
② 시간관리는 창의적인 일을 하는 사람에게는 맞지 않는다.
③ 시간관리는 할 일에 대한 목록만으로 충분하다.
④ 시간에 쫓기면 일을 더 잘한다.
⑤ 결과의 질보다는 마감 기한을 지키는 것이 중요하다.

61 다음 [예금신규 거래 수행 순서]에 따를 때, A가 [상황] 바로 다음에 수행해야 할 행동으로 옳지 않은 것은?

> [예금신규 거래 수행 순서]
>
> 1. 예금신규거래신청서의 작성 방법을 안내하고 작성된 신청서를 받아 확인한다.
> 2. 고객 유형을 파악하여 유형별 실명확인 방법에 따라 실명확인한다.
> 3. 신규 거래 시 필요한 서류를 고객에게 요구하여 확인한다.
>   1) 예금거래기본약관과 상품별 특약에 대해 고객에게 설명한 후 확인을 받는다.
>   2) 불법/탈법 차명거래 금지 내용을 고객에게 설명하고 확인을 받는다.
>   3) 통장 양도 금지에 대해 설명하고 고객의 확인을 받는다.
>   4) 종류별 개인정보수집·이용·제공동의서에 대해 설명하고 고객의 확인을 받는다.
>   ① 필수 개인정보수집·이용·제공동의서(비여신금융 거래)
>   ② (상품별) 필수 개인정보수집·이용·제공동의서(비여신)
>   ③ (상품별) 선택 개인정보수집·이용·제공동의서(비여신)
>   ④ 개인(신용)정보수집·이용·제공동의서(상품서비스 안내 등)
>   5) 금융거래목적확인서에 대해 설명하고 설명을 들었다는 확인을 받는다.
> 4. 고객정보를 등록하거나 변경한다.
> 5. 신규 거래되는 예금의 통장이나 증서를 작성한다.
> 6. 작성한 통장이나 증서에 고객의 인감 또는 서명날인을 받는다.
> 7. 책임자의 결재를 받은 후, 고객에게 신규로 발급된 통장을 전달한다.

> [상황]
>
> N은행에서 창구 업무를 맡고 있는 A는 고객의 입출금 예금을 개설 중이다. A는 고객이 개인사업자 고객임을 확인하고 이에 맞추어 실명확인을 하였다.

① 개인(신용)정보수집·이용(조회)·제공동의서에 대해 설명하고 확인을 받는다.
② 고객에게 통장을 발행한다.
③ 고객에게 예금거래기본약관, 입출금이 자유로운 예금약관을 설명한 후에 확인을 받는다.
④ 금융거래목적확인서에 대해 설명하고 확인을 받는다.
⑤ 통장 양도 금지 설명 고객 확인서에 대해 설명하고 확인을 받는다.

[62~63] 다음 [그림]은 S지역농협의 조직도이다. 이를 보고 이어지는 물음에 답하시오.

[그림]

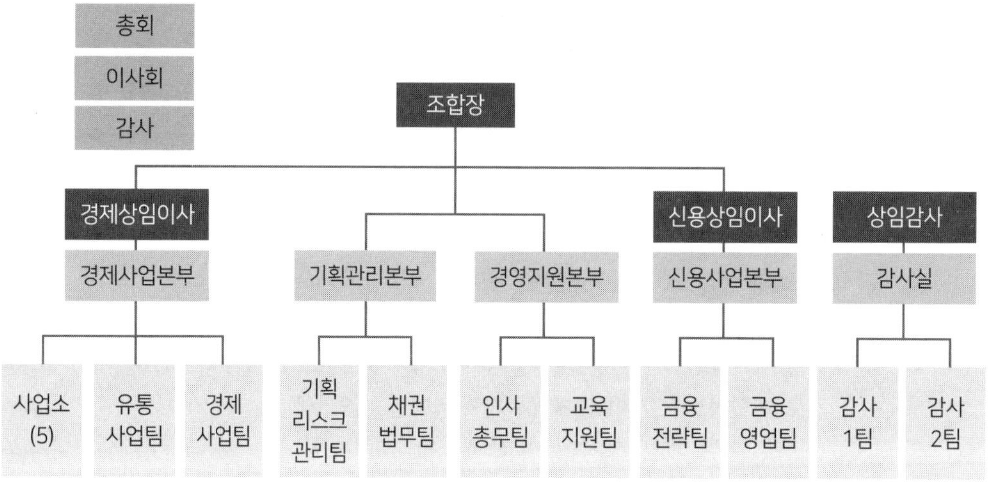

62 위 [그림]의 조직도에 대한 설명으로 옳은 것은?

① 4개 본부 아래로 총 10개 팀이 있다.
② 경영지원본부는 경제상임이사 소속이다.
③ 감사와 상임감사 모두 조합장 직속이 아니다.
④ 신용사업본부를 관할하는 이사는 비상임이사이다.
⑤ 인사총무팀과 채권법무팀은 같은 본부에 소속되어 있다.

63 위 [그림]의 조직도에 근거할 때, 다음 (가), (나)를 담당하기에 적절한 본부를 옳게 짝지은 것은?

(가) 수신, 여신, 신용카드, 상호금융대출, 금융상품 홍보
(나) 위험요인 분석, 수익성 검토, 채권 관리, 소송, 법률 구조

	(가)	(나)
①	경영지원본부	경제사업본부
②	경제사업본부	경영지원본부
③	기획관리본부	신용사업본부
④	신용사업본부	경영지원본부
⑤	신용사업본부	기획관리본부

64 다음 [보기]의 내용을 시대순으로 올바르게 나열한 것은?

| 보기 |

ㄱ. 통일벼 개량 신품종, 농업기계화 등을 통한 안정적 쌀자급 달성
ㄴ. 종합농협 출범과 중앙회, 시·군 조합, 및 이동조합(里洞組合)의 3단계 계통조직 체계 구축
ㄷ. 농업인에게 양질의 생활 용품을 저렴하게 공급하기 위해 농협연쇄점(하나로마트 전신) 사업 실시
ㄹ. 농·축·인삼협중앙회 통합을 통한 통합농협 발족
ㅁ. 쌀시장 개방 저지 운동과 미곡종합처리장을 통한 쌀 유통혁신

① ㄱ－ㄴ－ㄷ－ㄹ－ㅁ
② ㄱ－ㄷ－ㄴ－ㅁ－ㄹ
③ ㄴ－ㄱ－ㄷ－ㄹ－ㅁ
④ ㄴ－ㄷ－ㄱ－ㅁ－ㄹ
⑤ ㄹ－ㄷ－ㄴ－ㄱ－ㅁ

65 **다음 [외국통화를 매도하는 경우 인정되는 거래]에 근거할 때 [보기]의 A~E 중 인정되지 않는 거래에 해당하는 외국통화 매도 신청자는?**

[외국통화를 매도하는 경우 인정되는 거래]

구분	내용
국민인 거주자	• 해외 경비로 사용하고자 하는 경우 • 소지를 목적으로 하는 경우 • 거주자계정(국민인 거주자의 외화예금)에 예치하기 위한 경우 • 다른 외국환은행으로 이체하기 위한 경우(단, 비거주자 및 외국인거주자 앞 이체는 제한) • 인정된 거래 또는 지급에 사용하기 위한 경우
외국인 거주자	• 외국환을 매각한 실적 범위 내에서 매도[외국환신고(확인)필증 또는 외국환매입증명서 확인]하는 경우 • 국내에서의 고용, 근무에 따라 취득한 국내보수 또는 자유업 영위에 따른 소득 및 국내로부터 지급받는 사회보험, 보장급부 또는 연금 기타 이와 유사한 소득 범위 이내 매도하는 경우 • 최근 입국일 이후 미화 1만 달러 범위 내(해외여행경비)를 매도하는 경우 인정된 거래 또는 지급에 사용하기 위한 경우
비거주자	• 최근 입국일 이후 당해 체류기간 중 매각한 실적 범위 내에서 매도하는 경우 • 외국환은행 국외지점 및 현지법인금융기관에 내국통화 및 원화 표시 여행자수표를 대가로 외국환을 매각한 실적 범위 내에서 매도하는 경우 • 외국에서 발행된 신용카드 또는 직불카드를 소지한 비거주자가 국내에서 원화 현금 서비스를 받거나 내국통화를 인출한 금액 범위 내에서 매도하는 경우 • 국민인 비거주자(재외동포 제외)가 국내에서 내국통화로 예금거래 및 신탁거래를 한 경우로서 해당 원리금의 지급인 경우(대외지급수단매매신고필증 확인) • 상기에 해당하는 매각실적이 없는 경우 미화 1만 달러 이내 매도하는 경우

| 보기 |

- A: 국민인 거주자로 거주자계정에 예치하기 위해 외국통화를 매도하고자 함
- B: 외국인 거주자로 최근 입국일 이후 해외여행경비로 미화 2만 달러를 매도하고자 함
- C: 비거주자로 외국에서 발행된 신용카드를 소지하고 있으며 국내에서 원화 현금 서비스를 받은 금액 범위 내에서 외국통화를 매도하고자 함
- D: 국민인 거주자로 소지를 목적으로 외국통화를 매도하고자 함
- E: 비거주자로 최근 입국일 이후 당해 체류기간 중 매각한 실적 범위 내에서 외국통화를 매도하고자 함

① A　　② B　　③ C　　④ D　　⑤ E

66 **다음 [표]는 협동조합과 주식회사를 비교한 것이다. 이를 잘못 이해한 것은?**

[표] 협동조합과 주식회사 비교

구분		협동조합	주식회사(상장회사)
근거법령		「협동조합기본법」	「상법」
목적		조합원의 공동이익 · 복리 추구	경제적 이윤극대화 추구
가치관		자조 · 자립 · 협동	경쟁 · 효율
소유 제도	소유자	조합원	주주
	투자한도	1인 출자한도 제한	원칙적으로 출자제한 없음
	지분거래	없거나 불가	가능
	가치변동	출자가격의 변동 없음	시장에서 수시 변동
	투자상환	상환책임 있음	상환책임 없음
통제 제도	의결권	1인 1표	1주 1표
	경영기구	조합원에 의해 선출된 이사회 (이사회에서 선출한 경영자, 또는 선출직 상임임원)	주주에 의해 선출된 이사회 (이사회에서 선출한 경영자, 또는 대주주의 자체 경영)
수익 처분 제도	배당	이용실적 및 기여에 따른 배당 우선, 출자배당 비율 제한 또는 미실시	투자 액수에 따른 출자배당
	내부유보	손실 발생에 대비하여 잉여금의 일부를 법정적립금으로 내부에 유보	내부유보는 제한적

① 주식회사는 주주의 이익을 위하여 운영되는 반면, 협동조합은 이용자인 조합원의 이익을 위하여 운영되겠네.

② 주식회사는 소수 대주주의 지배가 일반적인 반면, 협동조합은 다수의 평등한 지배가 일반적이겠네.

③ 협동조합의 경우 배당을 더 많이 받기 위해서는 출자액수를 늘이는 것보다는 평소 조합 이용을 자주 해야겠네.

④ 협동조합이라면 크게 수익이 기대되지 않는 친환경 농산물 판매사업이라도 조합원들이 필요로 한다면 운영할 수 있겠네.

⑤ 협동조합이나 주식회사 모두 이사회가 경영하므로 정관 변경 등 주요 의사결정 과정에 들어가는 시간과 비용은 비슷하겠네.

67 **다음 [사례 1]과 [사례 2]의 조직에 해당하는 조직변화 유형을 옳게 짝지은 것은?**

> [사례 1]
>
> A사에서 판매하던 기존 제품의 배터리 결함으로 인해 고객 불만이 많았다. 이에 A사는 배터리 결함을 인정하였고, 고객 불만을 해소하기 위해 현재까지 판매된 기존 제품의 배터리는 무상으로 교체해 주었으며, 품질이 좋은 배터리를 탑재함으로써 배터리 결함에 대한 불만을 해소하였다.
>
> [사례 2]
>
> B사는 고위 경영진 자리가 빌 때마다 전적으로 기존의 직원을 승진시켜 왔던 종전 방식을 대신하여, 기존 직원 승진은 물론 새로운 경영진 고용을 모두 고려하여 최적의 결정을 내리는 방식으로 고위 경영진 채용 방법을 변경하였다.

	[사례 1]	[사례 2]
①	제품·서비스의 변화	전략·구조의 변화
②	제품·서비스의 변화	문화의 변화
③	전략·구조의 변화	문화의 변화
④	기술의 변화	전략·구조의 변화
⑤	기술의 변화	문화의 변화

68 경영의 과정 중 A에서 이루어져야 하는 행동을 [보기]에서 모두 고르면?

경영계획	→	경영실행	→	경영평가
		A		

| 보기 |

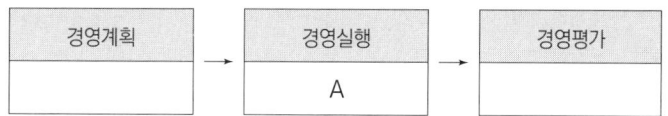

ㄱ. 조직목적 달성
ㄴ. 수행결과 감독
ㄷ. 미래상 설정
ㄹ. 조직구성원 관리
ㅁ. 대안분석
ㅂ. 실행방안 선정

① ㄱ, ㄹ　② ㄱ, ㄴ, ㅁ　③ ㄴ, ㄹ, ㅂ
④ ㄹ, ㅁ, ㅂ　⑤ ㄷ, ㄹ, ㅁ, ㅂ

69 다음 [표]는 농협이 추구하는 농토피아(農Topia)에 대한 내용이다. [표]의 ㉠~㉢에 들어갈 내용을 옳게 짝지은 것은?

[표] 농토피아(農Topia)

(㉠)농업	(㉡)농촌	(㉢)농업인
• 농업인이 안심하고 생산에만 전념할 수 있는 유통체계 구축 • 국민들에게 고품질의 안전한 농축산물 공급 • 농업인 · 소비자 모두 만족하는 합리적 가격으로 농축산물 공급	• 스마트팜 등 혁신기술에 기반한 비즈니스 기회가 제공되는 농촌 • ICT 기술 등을 통해 살기 좋은 정주여건을 갖춘 농촌 • 일터, 삶터, 쉼터로서 도농 간 교류가 활성화되는 농촌	• 혁신을 통해 경쟁력 있는 농업을 이끌어 가는 농업인 • 식량의 안정적 공급, 생태 · 환경 보전, 전통문화 계승 등 농업의 공익적 가치 창출로 국민들로부터 인정받는 농업인

	㉠	㉡	㉢
①	대우받는	희망이 있는	존경받는
②	대우받는	활력 넘치는	미래를 보는
③	대우받는	희망이 있는	미래를 보는
④	효율적인	활력 넘치는	존경받는
⑤	효율적인	희망이 있는	미래를 보는

70 **오늘날 조직을 둘러싼 환경은 급변하고 있으며, 조직은 생존하기 위하여 환경의 변화를 읽고 적응해 나가야 한다. 이처럼 조직이 새로운 아이디어나 행동을 받아들이는 것을 조직변화 혹은 조직혁신이라고 한다. 다음 (가)~(라)를 조직변화의 과정에 맞춰 순서대로 바르게 나열한 것은?**

> (가) 무료배송 및 무료교환 시행 전과 시행 후의 월 매출액과 판매비용을 비교해 보니, 월 매출액은 약 3,200만 원 이상 상승하였고, 우리가 부담하게 된 배송비로 인해 판매비용도 1,100만 원 이상 상승하였어. 하지만 우리 회사 순수익은 1,500만 원 이상 상승하였기 때문에, 결과적으로 무료배송 및 무료교환 서비스는 좋은 결정이었어.
> (나) 무료배송 서비스와 무료교환 서비스를 공식 홈페이지 첫 화면과 공지사항에 게시하고, 다음 달 주문 건부터 적용됨을 명시해서 모든 회원에게 문자서비스를 보내 알 수 있도록 해.
> (다) 과거에는 소비자들이 당연하게 부담해 왔던 배송비를 요즘 소비자들은 부담하기 싫어하는군. 오히려 물건을 팔기 위해서는 배송비를 판매자가 부담하는 것이 당연시되는 상황이야.
> (라) 우리 회사도 무료배송 서비스를 시행하면 좋을 것 같아. 또 타사와의 차별성을 위해 의류 같은 제품은 사이즈를 잘못 주문했을 경우, 각 제품당 최초 1회에 한해 무료교환 서비스를 함께 진행하는 것도 좋을 것 같아.

① (가) – (나) – (라) – (가)
② (다) – (라) – (가) – (나)
③ (다) – (라) – (나) – (가)
④ (라) – (나) – (다) – (가)
⑤ (라) – (다) – (나) – (가)

최신개정판

혼JOB 농토피아 지역농협 6급 실전모의고사

제6회
실전모의고사

수험번호	
성명	

[시험 유의사항]

1. 제6회 실전모의고사는 다음과 같이 정해진 시험 시간에 맞추어 풀어 보시기를 권장합니다.

과목	세부 영역	문항 수	시험 형식	권장 풀이 시간
NCS 직무능력평가	의사소통능력 수리능력 문제해결능력 자원관리능력 조직이해능력	70문항	객관식 5지선다	70분

2. 본 모의고사 풀이 시 맨 마지막 페이지의 OMR 카드를 활용하시어 실전 감각을 높이시기 바랍니다.
3. 시험지의 전 문항은 무단 전재 및 배포를 금합니다. 이를 위반할 경우 관련 규정에 따라 처벌을 받을 수 있습니다.

제6회 실전모의고사

01 **다음 단어의 다양한 의미와 이를 활용하여 만든 예문의 연결이 적절하지 않은 것은?**

들다

	의미	예문
①	들어오다	해가 잘 드는 곳에 나무를 심어라.
②	안에 담기다	그 보고서에는 기밀 자료가 들어 있다.
③	머무르다	하숙집에 든 지도 벌써 삼 년이 지났다.
④	포함되다	이달에 들어서만 이익금이 두 배로 늘었다.
⑤	좋게 받아들여지다	신랑감이 마음에 들었다.

02 **다음 글의 밑줄 친 ㉠, ㉡에 해당하는 사례로 적절하지 않은 것은?**

> 단어들은 의미를 중심으로 관계를 맺고 있다. 의미가 같거나 비슷한 둘 이상의 단어가 맺는 의미 관계를 ㉠ <u>유의 관계</u>, 둘 이상의 단어에서 의미가 서로 짝을 이루어 대립하는 의미 관계를 ㉡ <u>반의 관계</u>, 한쪽이 의미상 다른 쪽을 포함하거나 다른 쪽에 포함되는 의미 관계를 상하 관계라 한다.

	㉠	㉡
①	옷 : 의복	밤 : 낮
②	서점 : 책방	기쁨 : 슬픔
③	걱정 : 근심	학생 : 남학생
④	환하다 : 밝다	오르다 : 내리다
⑤	분명하다 : 명료하다	숨기다 : 드러내다

03 다음 글의 빈칸 ㉠~㉢에 들어갈 용어를 옳게 짝지은 것은?

> '정지', '유인', '시비'. 얼핏 들으면 무엇을 뜻하는지 정확한 의미 전달이 안 되는 이런 낱말은 농업 전문용어다. 지금은 웃으면서 이야기하지만 초창기 농촌진흥청 부서 중 '수도과'가 있었는데 수도라는 말만 보고 '거기서 수도도 고쳐 주느냐'는 민원을 심심치 않게 접하기도 했다. 누구나 쉽게 알 수 있도록 순화한 공공언어가 보편화되지 않은 시절의 일화다.
>
> 농업을 전공하지 않은 일반인들 입장에서는 '유인'이나 '시비'라는 단어를 접하고 농업과 연결시키는 데 한계가 있다. 그러나 설명을 곁들여 유심히 살펴보면 농업에서 쓰는 '정지(整地)'는 (㉠)는 뜻이고, '유인(誘引)'은 과일나무 가지를 잡아 주는 것을 말한다. '수도(水稻)'는 (㉡)를, '시비(施肥)'는 (㉢) 것을 이르는 농업 전문용어다.
>
> 근대 농업기술 용어의 많은 부분은 일제강점기를 거치면서 일본식 한자어의 흔적을 완전히 지우지 못했고 현재는 농촌진흥청을 중심으로 한자와 일본식 농업용어를 우리말로 바꿔 쓰려고 상당한 노력을 쏟아붓고 있다.

	㉠	㉡	㉢
①	땅을 고른다	논에 물을 대서 심는 벼	거름을 주는
②	땅을 고른다	깊은 물에서 자라는 벼	농약을 주는
③	땅을 쉬게 한다	논에 물을 대서 심는 벼	거름을 주는
④	땅을 쉬게 한다	깊은 물에서 자라는 벼	농약을 주는
⑤	땅을 쉬게 한다	논에 물을 대서 심는 벼	농약을 주는

04 **다음 중 문장의 밑줄 친 부분을 고유어로 적절하게 바꾼 것은?**

① 소기의 목적을 달성하기 위해 노력합시다. → 바라는
② 우리는 연 3%의 연체 이자를 납부합니다. → 에누리
③ 부서의 현재 상황을 상신하여 주시기 바랍니다. → 헤아려
④ 오늘 경기가 취소되었으니 양지하시기 바랍니다. → 알려 주시기
⑤ 이번 신제품 A는 우리 회사 매출 상승에 공헌하고 있습니다. → 밑바탕이 되고

05 **다음 [표]의 ㉠~㉤에 들어갈 관용 표현으로 적절하지 않은 것은?**

[표] 신체와 관련된 관용 표현

정서 / 신체 부위	만족	신명	행복	즐거움	편안함
눈	㉠				
어깨		㉡			
가슴			㉢		
허리				㉣	
발					㉤

① ㉠: 웬만한 것은 눈에 차지 않는 모양이야.
② ㉡: 거리 공연을 보던 그는 어깨를 들썩들썩했어.
③ ㉢: 아버지께서 남기신 하모니카는 볼 때마다 나의 가슴을 저며 왔다.
④ ㉣: 그 이야기를 듣고 모두들 허리를 잡았어.
⑤ ㉤: 이제는 발을 뻗고 잘 수 있어.

06 다음 글의 밑줄 친 부분의 예로 적절한 것은?

조사는 그 기능과 의미에 따라 격 조사, 보조사, 접속 조사로 분류된다. 격 조사는 앞말이 그 문장의 다른 말에 대해서 가지는 관계를 나타내고, 보조사는 앞말에 특별한 뜻을 더하며, 접속 조사는 두 단어를 같은 자격으로 이어준다. 그런데 형태는 같지만 기능이 다른 조사도 있다.

① ㉠: 나는 사과와 배를 좋아한다.
　㉡: 배는 사과와 다르다.
② ㉠: 나는 아침에 운동을 한다.
　㉡: 진달래는 이른 봄에 핀다.
③ ㉠: 아버지는 일요일에 늘 등산을 하신다.
　㉡: 여행을 다니는 사람들이 갈수록 는다.
④ ㉠: 아무리 해도 흥분이 가라앉지를 않았다.
　㉡: 한 시간도 놀지를 마라.
⑤ ㉠: 오늘은 즐거운 날이다.
　㉡: 삼촌은 동생에게 책을 빌려 주었다.

07 다음 ㉠~㉤에 들어갈 내용으로 적절한 것은?

다음 단어들의 음운 변동에 대해 알아보자.

꽃, 맛, 흙, 밥물, 담요, 막일, 낳다

(1) 음절 끝에 놓인 자음이 바뀌는 단어를 찾아보자. (㉠)
(2) 두 음운 중에서 한 음운이 없어지는 단어를 찾아보자. (㉡)
(3) 두 음운이 합쳐져서 다른 음운으로 바뀌는 단어를 찾아보자. (㉢)
(4) 앞의 자음이 뒤의 자음에 동화된 단어를 찾아보자. (㉣)
(5) 음운의 첨가에 해당하는 단어를 찾아보자. (㉤)

① ㉠: 꽃, 맛, 담요
② ㉡: 흙, 낳다
③ ㉢: 밥물, 낳다
④ ㉣: 밥물, 담요
⑤ ㉤: 담요, 막일

08 다음 [예문]의 밑줄 친 ㉠~㉤의 한자 표기로 옳지 않은 것은?

[예문]

- 시설과 투자가 ㉠ 미비하여 경쟁력이 떨어진다.
- 그는 자신의 혐의에 대해 강력하게 ㉡ 부인했다.
- 이번 사고의 원인은 기계의 구조적 ㉢ 결함이었다.
- 작년에는 수해와 한해가 겹쳐 농작물 ㉣ 수확이 평년의 절반밖에 되지 않았다.
- 업무의 효율성을 ㉤ 제고하기 위해 사적인 용도의 메신저 이용을 제한하고 있다.

① ㉠: 未備 ② ㉡: 否認 ③ ㉢: 缺陷
④ ㉣: 收穫 ⑤ ㉤: 再考

09 다음 글의 밑줄 친 ㉠, ㉡의 한자 표기로 옳은 것은?

> 좋은 경청은 화자와 상호작용하고, 말한 내용에 관해 생각하고, 무엇을 말할지 기대하는 것을 의미하기 때문에 경청자는 자신이 들은 내용을 정신적으로 ㉠ 요약해야 한다. 그러므로 좋은 경청자가 되기를 원한다면 화자에게 집중할 수 있는 ㉡ 자기 트레이닝이 필요하다.

	㉠	㉡
①	要約	白己
②	要約	自己
③	要弱	白己
④	要弱	自己
⑤	要弱	目己

10 다음 글의 내용과 가장 잘 어울리는 사자성어는?

> A항공이 결국 B항공 인수를 포기하기로 결정하면서 B항공이 출범 13년 만에 날개를 접을 위기에 처했다. 현재로서는 B항공의 자력 회생은 어렵다는 평가가 지배적이다. 법정 관리에 돌입한다고 해도 기업 회생보다는 청산 가능성이 크다. 작금의 항공업계 사정을 고려하면 제3의 인수자가 나올 가능성도 희박하다. 그동안 임금도 반납하며 새 주인을 기다렸던 B항공 직원 1,600여 명은 실직 위기에 놓였다.

① 곡학아세(曲學阿世) ② 낭중지추(囊中之錐) ③ 누란지위(累卵之危)
④ 수주대토(守株待兎) ⑤ 지록위마(指鹿爲馬)

11 다음은 '쌀 소비량'에 대한 기사의 초고이다. 고쳐 쓰기 위해 검토한 사항으로 적절하지 않은 것은?

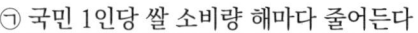

㉠ 국민 1인당 쌀 소비량 해마다 줄어든다

[그림] 1인당 연간 쌀 소비량 감소 추이

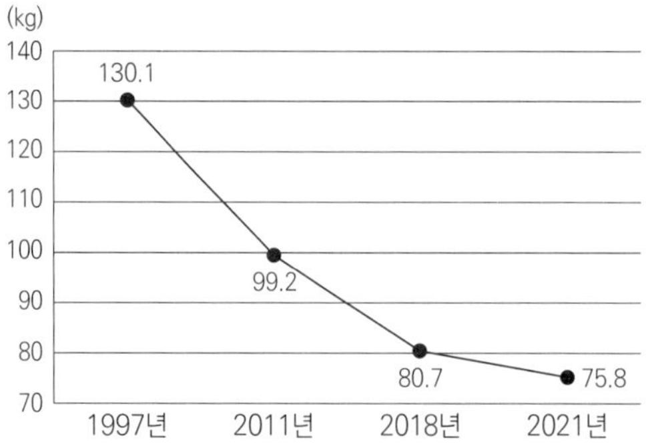

[표] 농가 · 비농가별 1인당 연간 쌀 소비량

구분	2018년	2019년	2020년	2021년
평균	80.7kg	78.8kg	76.9kg	75.8kg
농가	130.8kg	128.0kg	127.6kg	122.5kg
비농가	77.0kg	75.2kg	73.3kg	72.4kg

우리나라의 1인당 연간 쌀 소비량은 ㉡ 1997년에 줄었으며 지난 2019년 이후에는 국민 1인당 1년에 평균 쌀 한 가마니도 먹지 못하는 상황을 3년째 이어 가고 있다. 지난해에는 우리나라 국민 1인당 연간 쌀 소비량은 한 가마니도 채 되지 않는 75.8kg으로 나타났다. 이를 하루 평균 쌀 소비량으로 바꾸면, 우리 국민 한 사람당 207g으로 2020년보다 3.2g 줄어들었다. 밥 한 공기의 쌀이 110~130g인 점을 감안하면 ㉢ 하루 평균 두 끼도 채 쌀밥으로 먹지 않고 있다는 결과이다. 비농가의 1인당 쌀 소비량은 평균 72.4kg으로 농가 122.5kg의 59.1%에 머물렀다. 2021년의 경우 2018년 대비 1인당 쌀 소비 감소량은 ㉣ 농가보다 비농가가 더 많은 것으로 조사됐다.

이러한 쌀 소비 감소는 ㉤ 맞벌이 부부와 서구화된 식습관 등으로 인해 채소류, 육류, 식빵, 라면, 시리얼 식품 등 대체식품의 소비가 증가함에 따른 것이라고 통계청은 분석했다.

– 2022년 ○○월 ○○일 김△△ 기자

① ㉠: 표제가 글 전체를 아우르지 못하므로 '국민 1인당 쌀 소비량'으로 고치는 것이 좋겠어.

② ㉡: 문맥상 어울리지 않으므로 '1997년부터 줄어 왔으며'로 고치는 것이 좋겠어.

③ ㉢: 주어가 빠져 있으므로 서술어와의 호응을 고려해 주어를 보충해 주는 것이 더 좋겠어.

④ ㉣: 통계 자료와 일치하지 않으므로 '비농가보다 농가가 더 많은 것'으로 고치는 것이 좋겠어.

⑤ ㉤: 의미를 구체화하기 위해 '맞벌이 부부의 증가와 서구화된 식습관 등으로 인해'로 수정하는 것이 좋겠어.

12 다음은 [시니어 헬스케어 직무 향상 교육 참여자 모집] 공고문이다. 이에 대한 설명으로 옳지 않은 것은?

[시니어 헬스케어 직무 향상 교육 참여자 모집]

- 접수기간: 2022. 12. 05.(월)~12. 15.(목), 평일 09:00~18:00
- 접수장소: ○○구 일자리센터, ○○구 요양보호사 교육원
- 접수방법: 방문 접수
- 신청자격: 요양보호사 자격증을 보호하고, 주·야간 요양보호시설 취업 희망자
  ※ 65세 이하 ○○구민 우선 선발, 교육 수료 시까지 ○○구 일자리센터 구직 등록 필수
- 제출서류: 참여신청서, 개인정보 동의서, 요양보호사 자격증 사본, 주민등록초본
- 교육내용

일시	내용
1일차 09:00~13:00	- 오리엔테이션 - 직업윤리, 노인인권과 노인학대 - 숙련된 수발을 위한 케어
2일차 09:00~13:00	- 인지활동형 프로그램 1 - 신체활동 프로그램
3일차 09:00~13:00	실버오감놀이(인지활동형 프로그램 2, 3)
4일차 09:00~13:00	- 중증 어르신을 위한 케어 - 수료식

- 교육장소: ○○구 요양보호사 교육원
- 지원내용
  - 교육비 전액 지원
  - 모든 교육을 이수한 교육 수강생에게 교육 수료증 발급
  - 교육 수료자 전원 전문 취업상담 및 관내외 요양시설 취업연계

① 접수는 총 9일 동안 가능하다.
② 교육시간은 총 16시간이다.
③ 제출해야 하는 서류는 총 4개이다.
④ ○○구민이 아니라면 시니어 헬스케어 직무 향상 교육 참여자로 선발될 수 없다.
⑤ 시니어 헬스케어 직무 향상 교육은 두 곳에서 방문 접수 가능하다.

제1회 실전모의고사
제2회 실전모의고사
제3회 실전모의고사
제4회 실전모의고사
제5회 실전모의고사
제6회 실전모의고사
부록

[13~14] 다음 기사를 읽고 이어지는 물음에 답하시오.

금융권의 빅테크 진출을 위해 금융권의 인공지능(AI) 활용이 활성화된다. 금융위원회는 금융 분야 AI 활용 활성화 간담회에서 금융 분야 AI 활용 활성화 및 신뢰 확보 방안으로 양질의 빅데이터 확보 지원과 AI 활성화를 위한 제도 정립, 그리고 신뢰받는 AI 활용 환경 구축 등을 골자로 논의하였는데, 그 내용을 살펴보면 다음과 같다.

우선 금융권이 양질의 빅데이터를 확보하기 위한 방안으로 '금융 AI 데이터 라이브러리'를 구축하기로 했다. 현재는 가명정보 데이터셋을 구축해도 사용 후 파기하게 돼 있어 재사용을 할 수 없다. 금융위는 금융 AI 데이터 라이브러리를 구축하면 일정 기간 동안 기존 규제를 면제, 유예시켜 주는 방식인 규제 샌드방식을 적용하여 데이터 재사용을 허용할 계획이다. 라이브러리 구축에는 이종산업 간 데이터 결합과 활용이 활성화될 수 있도록 다양한 회사로 구성된 컨소시엄이 참여한다. 3분기 출범 예정인 컨소시엄에는 개인정보보호에 전문성을 갖춘 신용정보원이 중심이 되며, 컨소시엄 참여기관은 라이브러리에 저장된 데이터를 인출해 재사용할 수 있다. 또, AI를 개발하려면 비정형·전문데이터가 대량으로 필요한데, 금융권 협업을 통해 공동 사용이 가능한 AI 빅데이터를 구축할 계획이다. 특히 금융분야의 챗봇, 이상거래탐지시스템(FDS) 등의 경우 사용되는 용어와 데이터가 전문적이어서 비금융 분야 빅데이터 활용이 어렵다. 현재 각 금융사마다 개별적으로 빅데이터를 수집 및 생성해 챗봇, FDS 개발 등에 활용하는 상황인데 공동 빅데이터를 구축하면 AI 개발에 속도가 붙을 것으로 기대된다.

금융위는 금융 분야에서 AI 활용이 가장 많은 5대 서비스로 신용평가 및 여신심사, 로보어드바이저, 챗봇, 맞춤형 추천, 이상거래탐지(FDS) 등을 꼽으면서 서비스별로 'AI 개발·활용 안내서'를 제작해 현장 실무자들이 활용하도록 할 계획이다. 아울러 AI를 통한 의사결정으로부터 소비자를 보호하기 위한 방안으로 논의가 활발한 AI인 'XAI(eXplainable AI)' 관련 안내서도 발간한다.

그뿐만 아니라 AI 활용 환경의 신뢰도를 높이기 위해 '금융 AI 테스트베드'를 구축하고 AI 기반 신용평가모형 검증 체계를 마련하기로 했다.

13 **AI 활용 활성화 간담회에 참석한 ○○금융사의 박 사원은 AI 활용 활성화 방안에 대해 다음과 같이 보고서를 작성하였다. 보고서를 검토한 김 과장이 박 사원에게 전달했을 수정 사항으로 가장 적절한 것은?**

구분	방안
빅데이터 확보	• ㉠ 재사용이 가능한 가명정보 데이터셋 적극 활용 • ㉡ 금융권과 비금융권 간의 협업을 통한 방대한 빅데이터 구축
제도 정립	• ㉢ 서비스별 AI 관련 안내서 배부 및 실무진 중심 교육 진행 • ㉣ AI에 대한 소비자들의 이해를 돕기 위한 'XAI' 관련 안내서 배부
신뢰받는 AI 활용을 위한 환경 구축	• ㉤ 개인정보보호 전문 기관인 신용정보원이 중심이 된 컨소시엄 참여 • 구축된 금융 AI 테스트베드 및 AI 기반 신용평가모형 검증 체계 활용

① 가명정보 데이터셋을 영구적으로 사용할 수 있으므로 ㉠을 '영구적으로 재사용이 가능한'으로 수정하세요.

② 빅데이터 확보를 위해 금융권 간의 협업을 강조하였으므로 ㉡을 '금융사 간의 협업'으로 수정하세요.

③ 서비스별 AI 관련 안내서를 자사에 맞게 제작해야 하므로 ㉢은 '각 부서별 AI 관련 안내서 제작 요청'으로 수정하세요.

④ XAI는 AI를 활용한 소비자들의 의사결정에 도움을 주기 위한 것이므로 ㉣은 'AI를 활용한 소비자들의 의사결정을 돕기 위해'로 수정하세요.

⑤ ㉤은 AI에 활용된 개인정보보호 관련 제도에 대한 내용이므로 ㉤을 제도 정립 항목으로 이동하세요.

14 **다음은 위 기사를 읽고 ○○금융사의 직원들이 AI 활성화 관련 회의에서 논의한 내용이다. 기사를 바르게 이해한 직원만을 모두 고르면?**

- 박 사원: 자사가 컨소시엄에 참석한다면 소비자들의 개인정보보호에 들이는 에너지를 줄일 수 있겠군요.
- 김 사원: 규제 샌드박스가 적용되므로 자사에서 수집한 데이터만 활용해도 AI 개발에 도움이 될 수 있겠군요.
- 최 사원: AI 개발 안내서가 배부된다면 비금융 분야의 빅데이터도 자사 AI 개발에 응용할 수 있겠군요.
- 이 사원: AI를 통한 신용평가 결과에 대한 소비자들의 신뢰를 얻기 위해 신용평가모형 검증을 거쳤다는 것을 사전에 안내해야겠군요.

① 박 사원, 김 사원　② 박 사원, 이 사원　③ 김 사원, 이 사원
④ 최 사원, 이 사원　⑤ 박 사원, 김 사원, 이 사원

[15~16] 다음은 청탁금지법 위반행위 신고안내에 관한 자료이다. 이를 읽고 이어지는 물음에 답하시오.

○ 신고분야
- 부정청탁 신고
- 금품 등 수수 신고
- 외부강의 및 기타 청탁금지법 위반신고

○ 신고대상
- 부정청탁 금지: 직접 또는 제3자를 통하여 직무를 수행하는 공직자 등에게 법 제5조 제1항 각 호에 따른 부정청탁을 하거나, 부정청탁을 받은 공직자 등이 법 제6조를 위반하여 부정청탁에 따라 직무를 수행하는 행위
- 금품 등 수수 금지: 공직자 등 또는 그 공직자 등의 배우자가 법 제8조에 따른 수수 금지 금품 등을 받거나 요구 또는 약속하는 행위, 공직자 등 또는 그 공직자 등의 배우자에게 수수 금지 금품 등을 제공하거나 제공의 약속 또는 의사표시하는 행위
- 외부강의 등 사례금 수수제한: 공직자 등의 외부강의 시 법 시행령 별표2에서 정하는 금액을 초과하여 사례금을 수수하는 행위
- 기타: 그 밖에 이 법에서 정하고 있는 사항을 위반하는 행위

○ 신고방법
- 상담전화: 110, 1398, 02-2080-5508
- 우편신고: 서울시 중구 새문안로 16 농협중앙회 본관 4층 청탁방지담당관 앞(단, 신고서 필참)
- 방문신고: 농협중앙회 본관 4층
- 온라인: 청렴신문고

○ 신고요건
- 서면신고: 온라인/우편/직접방문
- 신고내용: 신고자 인적사항, 신고취지·이유·내용, 신고대상자, 서명, 증거
  ※ 타인으로 하여금 형사처벌이나 징계처분을 받게 할 목적으로 허위 사실을 신고하는 경우 형법상의 무고죄 성립 가능

○ 신고 내용 확인·조사: 청탁방지업무 담당자는 신고 내용에 관하여 필요한 조사 실시

○ 조사결과에 따른 조치
- 범죄의 혐의가 있거나 수사의 필요성이 있다고 인정되는 경우: 수사기관에 통보
- 과태료 부과 대상인 경우: 과태료 관할 법원에 통보
- 청탁을 한 자나 금품 등 제공자도 위반 사실을 과태료 재판 관할법원에 통보
- 소속기관장은 종업원이 업무와 관련하여 부정청탁을 하거나 수수금지 금품 등 제공 등의 위반행위를 한 경우: 그 사업주(법인·단체 또는 개인)가 명백히 상당한 주의와 감독을 게을리하지 아니한 경우 외에는 위반행위자인 종업원뿐만 아니라 그 사업주(법인·단체 또는 개인)도 위반 사실을 과태료 재판 관할법원 또는 수사기관에 통보
- 징계 대상인 경우: 내부 징계절차 이행

○ 종결처리 사유
- 신고 내용이 명백히 거짓인 경우
- 신고자가 청탁금지법 시행령 제4조 제2항에 따른 보완요구를 받고도 보완 기한 내에 보완하지 아니한 경우
- 신고에 대한 처리결과를 통보받은 사항에 대하여 정당한 사유 없이 다시 신고한 경우로서 새로운 증거가 없는 경우
- 신고내용이 언론매체 등을 통하여 공개된 내용에 해당하고 조사 등 중에 있거나 이미 끝난 경우로서 새로운 증거가 없는 경우
- 그 밖에 법 위반행위를 확인할 수 없는 등 조사 등이 필요하지 아니하다고 인정되어 종결하는 것이 합리적이라고 인정되는 경우

○ 신고자 보호·보상제도

1) 신고자 보호제도
- 신고자 등의 동의 없이 공개한 자에게는 3년 이하의 징역 또는 3천만 원 이하의 벌금이 부과됨
- 신고자 등을 이유로 신분상, 인사상, 경제적 불이익을 받지 않으며, 불이익 조치를 한 자에게는 최고 2년 이하의 징역 또는 2천만 원 이하의 벌금이 부과됨
- 신고자 등과 그 친족·동거인이 신고 등을 이유로 생명·신체에 중대한 위해를 입었거나 입을 우려가 명백한 경우 국민권익위원회에 신변보호조치를 요청할 수 있음
- 신고 등과 관련하여 신고자 등의 위법행위가 발견된 경우, 그 형벌, 징계 및 불리한 행정처분 등이 감경되거나 면제될 수 있음

2) 신고자 보상제도
- 보상금: 청탁금지법 제13조 제1항에 따른 신고로 인하여 공공기관에 직접적인 수입의 회복·증대 또는 비용의 절감을 가져온 경우(벌금·과태료부과는 제외)
- 포상금: 청탁금지법 제13조 제1항에 따른 신고로 인하여 공공기관에 재산상의 이익을 가져오거나 손실을 방지한 경우 또는 공익의 증진을 가져온 경우

15 **위 청탁금지법 위반행위 신고안내에 대한 설명으로 옳지 않은 것은?**

① 우편신고 시 신고서를 필참해야 한다.
② 신고자에게 인사상 불이익 조치를 가한 자는 최고 3년 이하의 징역 또는 3천만 원 이하의 벌금이 부과된다.
③ 징계처분을 받게 하기 위해 허위로 신고하는 경우 무고죄가 성립 가능하다.
④ 신고분야는 부정청탁, 금품 등 수수, 외부강의 및 기타 청탁금지법 위반 총 3개 분야이다.
⑤ 금품을 제공한 자도 위반 사실을 과태료 재판 관할법원에 통보한다.

16 다음 [보기]의 A~E의 발언 중 옳지 않은 것은? (단, 제시된 정보 이외에는 고려하지 않는다)

| 보기 |

- A: 수사의 필요성이 있다고 인정되는 경우에는 수사기관에 통보처리됩니다.
- B: 신고 내용이 명백히 거짓인 경우 종결처리 사유에 해당하며, 종결처리됩니다.
- C: 신고자의 동의 없이 신고자의 정보를 공개한 자는 3년 이하의 징역 또는 3천만 원 이하의 벌금이 부과됩니다.
- D: 신고와 관련하여 신고자의 위법행위가 발견된 경우에는 징계가 감경되거나 면제될 수 있습니다.
- E: 신고로 인해 공익의 증진을 가져온 경우 보상금을 받을 수 있습니다.

① A ② B ③ C ④ D ⑤ E

17 다음 숫자들이 일정한 규칙에 따라 나열되어 있다고 할 때, 괄호 안에 들어갈 숫자는?

12　22　14　20　16　( )

① 18　② 19　③ 21　④ 23　⑤ 24

18 다음 숫자들이 일정한 규칙에 따라 나열되어 있다고 할 때, 괄호 안에 들어갈 숫자는?

7　9　13　21　37　69　( )

① 129　② 131　③ 133
④ 135　⑤ 137

19 다음 알파벳들이 일정한 규칙에 따라 나열되어 있다고 할 때, 괄호 안에 들어갈 알파벳은?

A　D　I　P　( )

① U　② V　③ W　④ X　⑤ Y

20 A 혼자 업무를 하면 10일이 걸리고, B 혼자 업무를 하면 15일이 걸리는 업무가 있다. A가 혼자 2일 동안 업무 후 나머지를 B 혼자 업무를 진행할 때, 업무를 완료하는 데 걸린 총 소요시간은?

① 8일 ② 11일 ③ 14일 ④ 16일 ⑤ 18일

21 오디오의 볼륨 처음 상태에서 '+'버튼과 '−'버튼을 10번 눌렀더니 볼륨이 18이 되었고, 오디오의 볼륨 처음 상태에서 '+'버튼을 누른 횟수만큼 '−'버튼을 누르고, '−'버튼을 누른 횟수만큼 '+'버튼을 눌렀더니 볼륨이 14가 되었다. 볼륨이 17 이상은 최고, 16은 고, 15는 중, 14는 하, 13 이하는 최하일 때, 오디오의 불륨 처음 상태는?

① 최고 ② 고 ③ 중 ④ 하 ⑤ 최하

22 동아리 학생들이 2명씩 짝을 이뤄 치킨 1마리를 먹으면 치킨 1마리가 남고, 4명씩 짝을 이뤄 치킨 3마리를 먹으면 치킨 5마리가 부족하다. 주문한 치킨은 총 몇 마리인가?

① 11마리 ② 13마리 ③ 15마리
④ 17마리 ⑤ 19마리

23 김 군은 해외여행을 가기 위해 원화를 달러로 환전하려고 한다. 환율과 환전에 대한 수수료 및 우대율이 다음과 같을 때, 1,000달러를 가지고 여행을 가기 위해서는 최소한 얼마의 원화가 필요한가? (단, 환전 시점은 2023년 1월이다)

[환전금액별 환전수수료 우대율]

구분	우대율
USD1,000 상당액 미만	50%
USD1,000 상당액 이상 USD5,000 상당액 미만	60%
USD5,000 상당액 이상	70%

[환율표]

구분	현찰 사실 때	현찰 파실 때	매매기준율
USD	1,140.61	1,101.39	1,121.00

※ 2023년 1월 기준

- 특별우대: 토요일 및 일요일 첫 번째 이용고객 달러 70%, 기타 통화 30% 우대율
- 환율우대는 [환율표]상의 현찰 사실 때 환율과 매매기준율 환율의 차액에 대한 우대율을 의미합니다.

환전수수료=(현찰 사실 때－매매기준율)×환전금액×(1－우대율)

① 1,146,493원　② 1,148,454원　③ 1,150,415원
④ 1,152,376원　⑤ 1,154,337원

24 길이가 500m인 기차가 길이가 100m인 터널을 완전히 통과하는 데 4초가 걸렸다. 역과 역 사이의 거리는 15km이고, 역 도착 시 1분 동안 정차하며, B역은 A역에서 다섯 번째 역이다. 동일한 기차가 오전 9시에 A역을 출발할 때 B역에 도착한 시각은?

① 9시 12분 20초 ② 9시 13분 40초 ③ 9시 14분 10초
④ 9시 15분 30초 ⑤ 9시 16분 10초

25 A지점과 B지점의 총 고객은 작년에 1,520명이었다. A지점 고객은 전년 대비 7% 증가했고, B지점 고객은 전년 대비 300명 증가하여 A지점과 B지점의 총 고객이 전년 대비 22.5% 증가했다. 올해 B지점 고객은 몇 명인가?

① 642명 ② 786명 ③ 931명
④ 1,075명 ⑤ 1,220명

26 총 20문항의 수학 시험이 있다. 작년의 채점 방식은 '기본 점수 20+맞힌 개수×4−틀린 개수×2'이고, 올해의 채점 방식은 '맞힌 개수×5−답을 쓰지 않은 개수×3'이다. A는 해당 시험에서 작년과 올해 동일한 개수의 문항을 맞혔고 동일한 개수의 문항을 틀렸다. A의 점수가 작년 방식으로는 68점, 올해 방식으로는 64점이라고 할 때, A가 맞힌 문항의 개수는? (단, 틀린 문항에 답을 쓰지 않은 문항은 포함되지 않는다)

① 11개 ② 12개 ③ 13개 ④ 14개 ⑤ 15개

27 다음 [표]는 직업별 중위소득과 소득 구간별 지원율을 나타내고 있다. 이를 근거로 판단할 때, 화가이며 35만 원을 버는 최 씨가 지원받을 수 있는 최대지원금액은 얼마인가?

[표 1] 직업별 중위소득

직업	작가	공연자	화가
중위소득	110만 원	125만 원	110만 원

[표 2] 소득 구간별 지원율

소득 구간	중위소득의 25% 미만	중위소득의 25% 이상 30% 미만	중위소득의 30% 이상
지원율	100%	75%	60%

※ 최대지원금액=해당별 직업의 중위소득×소득 구간별 지원율×1.5

① 66만 원 ② 82만 5천 원 ③ 99만 원
④ 110만 원 ⑤ 165만 원

28 1개에 5,000원인 햄버거를 한 팀에 8개씩 나눠주면 2개의 햄버거가 남고, 한 팀에 10개씩 나눠주면 20개의 햄버거가 부족하다. 햄버거를 구매하는 데 지불한 금액은 총 얼마인가?

① 445,000원　② 450,000원　③ 455,000원
④ 460,000원　⑤ 465,000원

29 다음은 부동산 지역별 낙찰통계에 관한 자료이다. [표]에 대한 설명으로 옳지 않은 것을 모두 고르면?

[표] 부동산 지역별 낙찰통계

(단위: 건)

구분	1사분기		2사분기	
	입찰건수	낙찰건수	입찰건수	낙찰건수
전체	2,751	1,178	4,126	1,624
서울	337	49	358	59
경기	612	226	1,046	390
강원	274	133	386	175
충북	191	99	185	85
충남	324	148	483	193
경북	242	127	447	176
경남	390	162	476	203
전북	133	91	189	82
전남, 제주	237	138	540	251
세종	11	5	16	10

※ 낙찰률＝낙찰건수/입찰건수×100

| 보기 |

ㄱ. 2사분기에 경남 입찰건수의 전 분기 대비 증가율은 충남보다 높다.
ㄴ. 1사분기에는 입찰건수가 많을수록 낙찰건수도 많다.
ㄷ. 2사분기에 낙찰률이 가장 높은 지역은 강원이다.
ㄹ. 전체 낙찰건수 중 서울의 비중은 전 분기 대비 감소했다.

① ㄱ, ㄴ　② ㄴ, ㄷ　③ ㄷ, ㄹ　④ ㄱ, ㄴ, ㄷ　⑤ ㄴ, ㄷ, ㄹ

30 **다음은 OTT 이용 경험 및 이용 빈도에 관한 자료이다. [표]에 대한 설명으로 옳은 것은?**

[표] OTT 이용 경험 및 이용 빈도

(단위: 명, %)

구분	응답자	이용 빈도				
		경험 없음	거의 매일	1주 1~2회	1달 1~2회	1년 3~4회
초4	1,876	34.3	14.4	26.0	18.4	6.9
초5	1,971	29.7	14.5	30.1	18.7	7.0
초6	1,909	26.9	18.2	29.5	19.8	5.6
중1	1,913	24.9	19.4	30.5	19.0	6.2
중2	1,922	23.9	21.9	32.9	16.9	4.4
중3	1,940	21.6	26.4	30.5	17.6	3.9
고1	2,125	21.3	22.3	32.1	18.8	5.5
고2	1,717	18.9	27.7	32.2	15.3	5.9
고3	1,687	23.8	24.0	29.6	17.2	5.4

① 응답자 수가 가장 많은 학년은 OTT 이용 경험이 없다고 응답한 응답자 비중이 가장 높은 학년이다.

② 이용빈도가 1주 1~2회인 비중과 1달 1~2회인 비중의 차이가 가장 큰 학년은 고2이다.

③ 초6의 OTT 이용 경험 있음 비중 대비 OTT 이용 경험 없음 비중의 비율은 38% 이상이다.

④ OTT 이용 빈도가 1년 3~4회인 비중이 가장 작은 학년과 비중이 가장 큰 학년의 비중 차이는 3.4%p이다.

⑤ 고3인 응답자 중 OTT 이용 빈도가 거의 매일이라고 응답한 응답자는 420명 이상이다.

31 다음은 하반기 KTX 이용객 수 및 이용률에 관한 자료이다. 이에 대한 설명으로 옳지 않은 것은?

[표 1] KTX 이용객 수

(단위: 천 명)

구분	6월	7월	8월	9월	10월	11월	12월
경부선	2,060	1,770	1,695	1,799	2,292	2,521	2,280
호남선	673	578	586	611	756	821	743
경전선	422	366	379	405	507	546	501
전라선	473	424	447	435	554	586	546
동해선	357	332	333	335	416	456	420

[표 2] KTX 이용률

(단위: %)

구분	6월	7월	8월	9월	10월	11월	12월
경부선	68	56	53	58	71	82	72
호남선	62	52	51	55	66	74	65
경전선	82	68	65	71	86	97	85
전라선	81	70	68	67	84	93	83
동해선	84	73	68	70	85	96	84

※ 이용률=이용객 수/공급 좌석 수×100

① 12월 이용객 수와 이용률의 6월 대비 증가량이 가장 높은 노선은 경부선이다.

② 경전선의 이용률이 가장 높은 월에 이용률이 가장 높은 노선은 경전선이다.

③ 조사기간 내내 이용객 수가 가장 많은 노선은 경부선이고, 가장 적은 노선은 동해선이다.

④ 12월 동해선의 공급 좌석 수는 6월 대비 72천 석 증가했다.

⑤ 조사기간 중 KTX 평균 이용객 수가 가장 많은 월은 11월이다.

32 **다음은 주택 종류별 가구당 평균 자산 및 가구당 평균 순자산에 관한 자료이다. [그림]에 대한 설명으로 옳지 않은 것은?**

[그림 1] 주택 종류별 가구당 평균 자산

(단위: 만 원)

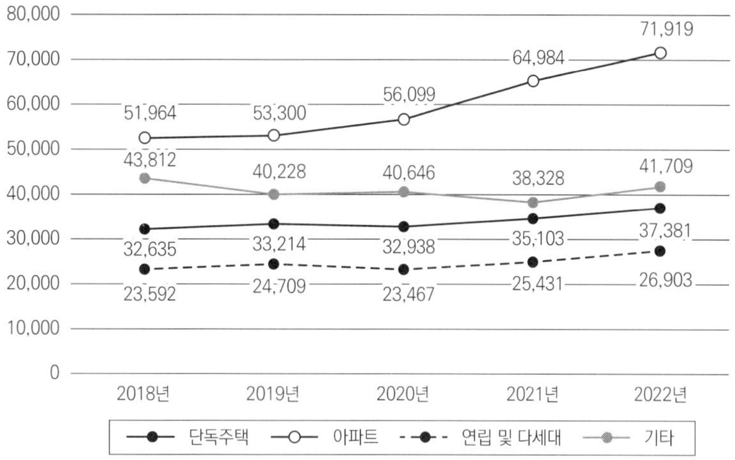

[그림 2] 주택 종류별 가구당 평균 순자산

(단위: 만 원)

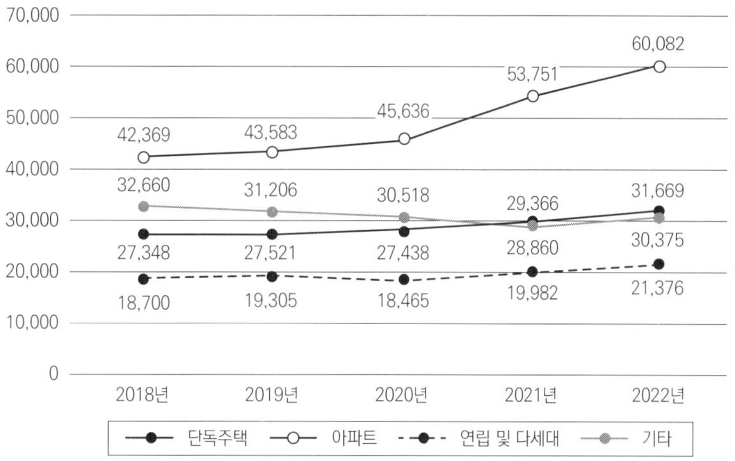

① 2021년 평균 순자산이 전년 대비 가장 많이 증가한 주택 종류는 아파트이다.
② 조사기간 중 기타를 제외하고, 모든 주택 종류의 평균 자산이 가장 높은 해는 2022년이다.
③ 2020년 평균 자산 대비 평균 순자산의 비율이 가장 높은 주택 종류는 단독주택이다.
④ 기타를 제외하고, 평균 자산이 높은 주택 종류일수록 평균 순자산도 높다.
⑤ 2022년 아파트 가구당 평균 자산의 전년 대비 증가율은 아파트 가구당 평균 순자산의 전년 대비 증가율보다 높다.

33 A사에서 진행하는 직무 교육에 대한 정보가 다음 [조건]과 같을 때, 항상 참인 것은?

[조건]

- 직무 교육은 오후 1~5시에 시작하며, 과정별 1시간씩 진행한다.
- 진행하는 과정은 회계, 인사, 빅데이터, 개발, 안전관리이다.
- 회계 교육은 가장 늦게 시작한다.
- 개발 교육은 인사 교육과 안전관리 교육보다 늦게 시작한다.
- 개발 교육과 빅데이터 교육 사이의 진행 과정 수는 회계 교육과 인사 교육 사이의 진행 과정 수와 같다.

① 안전관리 교육은 3시에 시작한다.
② 개발 교육은 4시에 시작한다.
③ 빅데이터 교육은 2시에 시작한다.
④ 인사 교육은 2시에 시작한다.
⑤ 빅데이터 교육은 안전관리 교육보다 먼저 시작한다.

34 다음 [조건]에 따를 때, A회사 인사팀의 김 대리가 다음 주 중 연차를 사용할 요일은 언제인가?

[조건]

- A회사는 토요일, 일요일, 공휴일에는 연차를 사용할 수 없다.
- 김 대리는 다음 주 중 하루를 잡아 연차를 사용할 것이다.
- 인사팀의 박 과장, 최 대리, 김 대리는 각각 다른 날에 연차를 사용하여야 한다.
- 박 과장은 다음 주 월요일에, 최 대리는 다음 주에 있는 공휴일 바로 다음 날에 연차를 사용하기로 하였다.
- 김 대리는 다음 주에 있는 공휴일 이틀 전에 연차를 사용하기로 하였다.

① 월요일　② 화요일　③ 수요일
④ 목요일　⑤ 금요일

35 **A~F 6명은 엘리베이터를 타고 있으며, 이들이 내리는 층에 대한 정보가 다음 [조건]과 같을 때, 항상 참인 것은?**

> [조건]
> - 1~6층 중 각 층에서 한 명씩 내린다.
> - A는 3층에서 내린다.
> - C는 B보다 아래층에서 내리고, F보다 위층에 내린다.
> - F가 1층에서 내리면 D는 6층에서 내린다.
> - B와 E는 이웃한 층에서 내린다.
> - F는 1층 또는 2층에서 내린다.

① E는 A보다 아래층에서 내린다.
② D는 1층에서 내리지 않는다.
③ B는 D보다 위층에서 내린다.
④ C는 A보다 아래층에서 내린다.
⑤ C는 A와 이웃한 층에서 내린다.

36 **A~E 5명은 1~3일 동안 매일 2명씩 배드민턴을 치려고 한다. 배드민턴을 치는 인원에 대한 정보가 다음 [조건]과 같을 때, 배드민턴을 가장 많이 치는 사람은?**

> [조건]
> - 5명 중 1명은 배드민턴을 2번 치고, 나머지 4명은 배드민턴을 1번 친다.
> - C와 D는 1일에 배드민턴을 치지 않는다.
> - B와 D는 2일에 배드민턴을 치지 않는다.
> - A는 3일에 배드민턴을 치고, E는 1일에 배드민턴을 치지 않는다.

① A ② B ③ C ④ D ⑤ E

37 갑 회사 영업팀 직원 A~F 6명은 지방 출장 중 을 숙박업소에 묵게 되었다. 을 숙박업소는 [그림]과 같이 3층짜리 건물로 각 층에 3개의 객실이 있으며, 현재 영업팀 직원 6명만 1인 1실로 숙박을 하고 있다. 각 층에 한 객실씩 비어 있다고 할 때, 다음 [정보]를 토대로 E가 묵고 있는 객실의 호수를 찾으면?

[그림] 을 숙박업소의 구조

	301호	302호	303호	
서쪽	201호	202호	203호	동쪽
	101호	102호	103호	

[정보]

- A의 객실 바로 위층 객실은 비어 있고, 바로 아래층 객실에는 F가 묵고 있다.
- F의 객실 바로 옆 동쪽 객실에는 C가 묵고 있다.
- B의 객실은 서쪽 끝에 있으며, 바로 아래층 객실과 그 바로 아래층 객실은 모두 비어 있다.
- D는 F보다 한 층 위에 묵고 있다.

① 101호 ② 103호 ③ 202호
④ 301호 ⑤ 303호

38 A~E 5명은 1~5월에 매월 한 명씩 출장을 간다. 이들의 출장에 대한 정보가 다음 [조건]과 같을 때, 항상 거짓인 것은?

[조건]

- A는 C보다 먼저 출장을 간다.
- D와 E 사이에 한 명이 출장을 간다.
- B가 출장을 간 3개월 후 C가 출장을 간다.

① A는 4월에 출장을 간다.
② C는 가장 마지막에 출장을 간다.
③ E는 A보다 먼저 출장을 간다.
④ D는 2월에 출장을 간다.
⑤ B는 1월에 출장을 간다.

39 A~E 5명의 직급에 대한 정보가 다음 [조건]과 같을 때, 네 번째로 직급이 높은 사람은?

[조건]

- 직급이 동일한 사람은 없다.
- C는 직급이 가장 낮은 직원이 아니며, B보다 직급이 낮다.
- E는 직급이 가장 높은 직원이 아니며, C보다 직급이 높다.
- E가 D보다 직급이 높다.
- A는 D의 바로 위 직급이다.

① A ② B ③ C ④ D ⑤ E

제1회 실전모의고사
제2회 실전모의고사
제3회 실전모의고사
제4회 실전모의고사
제5회 실전모의고사
제6회 실전모의고사
부록

[40~41] 다음 [농촌사랑포인트 설명서]를 읽고 이어지는 물음에 답하시오.

[농촌사랑포인트 설명서]

1. 적립
   - 농촌사랑가맹점 이용 시 기본포인트 2%(이용액 기준, 월 50만 원 한도), 특별포인트 1%(이용액 기준) 적립
   - 농촌사랑가맹점 이외 이용 시 기본포인트 1%(이용액 기준, 월 50만 원 한도) 적립
2. 사용
   - 적립 포인트 1점 이상 시 농협경제사업장에서 현금 대신 결제 가능
   - 적립 포인트 5,000점 이상 시 현금으로 결제계좌에 입금되는 캐시백 신청 가능
   - 적립 포인트 1점 이상 시 농촌사랑 기부 가능
3. 유의사항
   - 해외이용, 상품권 구입 또는 교통카드로 이용한 금액에 대한 포인트 적립 불가
   - 가족 카드 이용으로 적립되는 포인트는 사용자 명의로 적립
   - 누적 포인트가 사용 금액보다 많아야 포인트 사용 가능
   - 결제 전 반드시 농협경제사업장에 포인트 결제임을 밝혀야 하며, 농협e쇼핑 이용 시에도 포인트 결제를 선택해야 포인트 결제가 이루어짐
   - 적립된 포인트는 제3자에게 양도하거나 제3자로부터 양도받을 수 없음
   - 카드를 해지한 경우 잔여 포인트는 포인트 유효기간(5년) 동안 유지되지만, 회원이 개인정보 삭제를 요청한 경우 잔여 포인트 소멸
   - 잔여 포인트는 가까운 영업점 또는 고객센터를 통해 포인트 전액 캐시백 신청 가능

40 **위 [농촌사랑포인트 설명서]에 따를 때, 옳지 않은 것은?**

① 적립 포인트는 양도가 불가능하다.
② 포인트 사용 시 반드시 포인트 결제임을 밝혀야 한다.
③ 적립 포인트가 5,000점 이상인 경우 캐시백 신청이 가능하다.
④ 농촌사랑가맹점 이용 시 포인트로 최대 3% 적립이 가능하다.
⑤ 카드를 해지한 후 개인정보 삭제를 요청하더라도 잔여 포인트는 5년 동안 유지된다.

41 다음 [표]는 A의 카드 사용 내역이다. 위 [농촌사랑포인트 설명서]에 따를 때, A가 적립받는 포인트는 얼마인가?

[표] A의 카드 사용 내역

사용처	사용금액	비고
농촌사랑가맹점 외	70,000원	해외 이용
농촌사랑가맹점	55,000원	—
농촌사랑가맹점 외	130,000원	—
농촌사랑가맹점	20,000원	—
농촌사랑가맹점 외	60,000원	교통카드 이용분
농촌사랑가맹점	47,000원	—

① 4,660점　② 4,960점　③ 5,396점
④ 5,860점　⑤ 6,260점

42 다음 글의 빈칸 ㉠에 들어갈 내용으로 가장 적절한 것은?

S대학의 학생복지과에서는 교내 근로 학생들을 대상으로, 근로 후 수업을 들으러 이동하기 편하도록 캠퍼스 내에서만 이용 가능한 전동킥보드를 대여해 주기로 하였다. 이에 신청자를 모집해 다음과 같이 평가 점수를 산정하여 총 6명의 대여 대상자를 선정하기로 하였다.

평가 점수=해당 학기 수강 학점 점수+소득분위 점수

※ 1) 해당 학기 수강 학점 점수: 수강 학점이 10학점 미만인 경우 5점, 10학점 이상 15학점 미만인 경우 10점, 15학점 이상 19학점 미만인 경우 15점, 19학점 이상인 경우 20점

2) 소득분위 점수: 소득분위가 10분위인 경우 0점, 9~7분위인 경우 5점, 6~4분위인 경우 10점, 3~1분위인 경우 15점

신청 마감 결과, [표]와 같이 8명이 신청하였고, 학생복지과의 정 주임은 김 과장에게 신청자 목록을 제출하였다.

[표]

신청자	학년	학과	해당 학기 수강 학점	소득분위
A	2	국어국문학과	17	4
B	4	경영학과	9	1
C	1	경영학과	18	5
D	1	물리학과	7	1
E	3	물리학과	20	10
F	2	기계공학과	14	6
G	2	컴퓨터공학과	15	5
H	3	컴퓨터공학과	16	3

이를 본 김 과장은 "평가 점수가 25점 이상인 신청자를 전동킥보드 대여 대상자로 선발하세요. 단, 대여 대상자가 미달이거나 초과인 경우에 (㉠) 조건을 추가하세요."라고 말하였다. 정 주임은 김 과장의 지시대로 전동킥보드 대여 대상자를 추려 선발 인원 6명을 맞추었다.

① 4학년 이상인 학생은 평가 점수와 상관없이 선발한다는
② 같은 학과 내에서는 평가 점수가 가장 높은 한 명만 선발하고, 동점자일 경우엔 학년이 낮은 사람을 제외한다는
③ 소득분위가 1분위인 사람은 평가 점수와 상관없이 선발한다는
④ 신청자 중 소득분위의 숫자가 가장 큰 사람은 평가 점수와 상관없이 제외한다는
⑤ 신청자 중 해당 학기 수강 학점이 한 자릿수인 사람은 평가 점수와 상관없이 제외한다는

43 **다음은 A사 대표가 올해부터 새로 추진하는 성교육을 위해 사내 게시판에 올린 [공지문]이다. 이에 근거할 때, 적절하지 않은 행동을 한 사람은? (단, 언급하지 않은 조건은 모두 만족하는 것으로 한다)**

[공지문]

최근 직장 내 성희롱, 성추행, 성폭행 등이 문제됨에 따라, 우리 A사에서는 사전 방지를 위해 전문가들을 초청해 저를 포함한 직원 전체를 대상으로 체계적인 성교육을 진행하려 합니다. 저희 회사는 사후 해결하는 것보다 사전 방지를 위해 힘쓰려 하니 직원들의 협조와 적극적인 참여를 부탁드립니다. 아울러 교육 참여도와 교육 후에 진행하는 간단한 평가를 인사고과에서 반영할 예정이니 참고해 주시기 바랍니다.

[성교육 운영 계획 일정표]

내용	일정	시간	장소	평가일
인권 교육	매 분기 첫째 달 첫째 주 월요일	오전 10시부터 3시간 진행	대회의실	12월 1일
성인지 교육	2월 셋째 주 월~금요일	오후 2시부터 1시간 진행	각 부서 회의실	3월 첫째 주 월요일
성감수성 교육	4월 한 달간 매주 화요일	오전 9시부터 3시간 진행	실시간 영상으로 진행	교육한 주 금요일마다
성매매 감염병 예방교육	8월	개인일정에 따라 1시간씩 구성된 4개의 영상강의 수료	동영상 강의로 대체	9월 10일

① 인권 교육 수강을 위해 점심 약속을 1시로 미룬 회사 대표
② 1월·4월·7월·10월 첫째 주 월요일에는 미팅 일정을 계획하지 않는 영업직원 유 사원
③ 성인지 교육의 적극적인 참여를 위해 팀원 전체에게 대회의실로 시간에 맞춰 오라고 메시지를 보낸 강 팀장
④ 기존 금요일마다 진행하던 부서회의를 성감수성 교육 평가를 위해 4월 한 달간은 매주 목요일로 조정한 이 부장
⑤ 업무일정상 성매매 감염병 예방교육의 4개 강의를 8월 20일에 모두 수강한 김 과장

44 다음 글은 농촌진흥청이 고품질 쌀 생산을 위한 지역별 모내기 작업 적정 시기에 관하여 안내한 보도자료이다. 이를 가장 잘 이해하고 있는 농민은 누구인가?

보도자료

담당부서	작물재배생리과	담당과장	○○○ 과장

제때 모내기해야 고품질 쌀 생산할 수 있어요

- 적기보다 이른 모내기, 완전미 수량·상품성 저하 -

□ 농촌진흥청(청장 ○○○)은 밥맛 좋은 고품질 쌀 생산을 위해 지역별 적정 시기에 모내기 작업을 실시할 것을 당부했다.

모내기를 적기보다 일찍 할 경우 이삭이 빨리 패고 고온에서 벼가 익어 수량과 품질이 떨어지며, 완전미(품종 고유의 특성을 갖춘 전체가 고른 쌀) 비율이 낮아지고 상품성이 떨어진다.

□ 연구 결과, 모내기가 적기보다 10일 빠르면 완전미 비율이 4% 정도 낮아져 상품성이 떨어지는 것으로 나타났다.

호남 평야지에서 적기인 6월 16일에 모내기를 하면 한 달 빨리 모내기할 때에 비해 쌀 수량은 7.6%, 완전미 수량은 12.9% 증가하는 것으로 나타났다.

고온기에 벼가 익으면 호흡량이 늘어나 전분합성량이 줄어들고 깨진 쌀이 많아지기 때문에 수량이 떨어지고 투명한 쌀의 비율이 낮아진다. 또한 상대적으로 쌀 단백질 함량이 늘어나 찰기가 줄고 식감이 딱딱해져 밥맛이 떨어진다.

□ 우리나라 지역별 모내기 적기는 현재 기후 조건에서 추정할 때 조생종의 경우 ▲중부 중간지는 5월 21일에서 27일 ▲호남 중간지는 6월 5일에서 11일 ▲영남 중간지는 5월 28일에서 6월 4일이다. 중만생종의 경우 ▲중부 평야지는 5월 20일에서 6월 14일 ▲호남 평야지는 6월 4일에서 18일 ▲영남 평야지는 6월 1일에서 20일이다.

□ 모내기 최적기보다 10일 빠르거나 10일 늦어지면 완전미(품종 고유의 특성을 갖춘 전체가 고른 쌀) 수량이 감소하고, 백미 중 분상질립(색이 하얀 쌀알)이 증가해 등숙률(잘 익은 정도)이 떨어진다.

[등숙률]

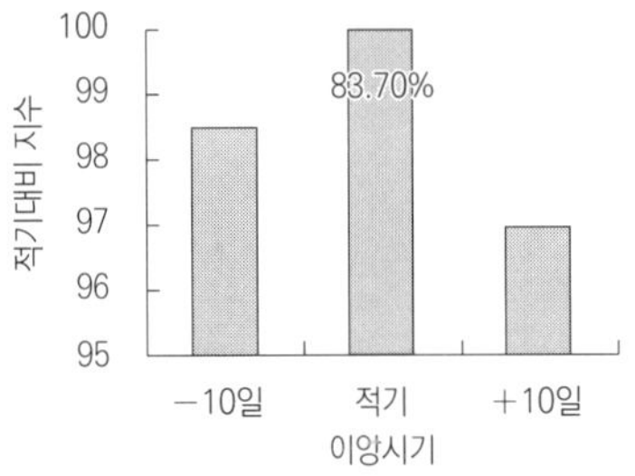

[백미분상질립률]

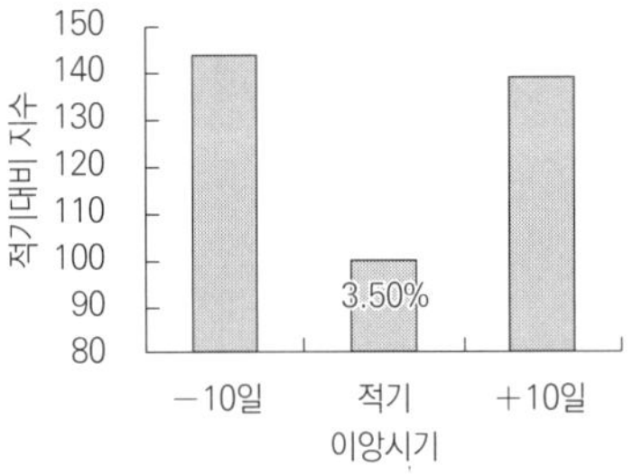

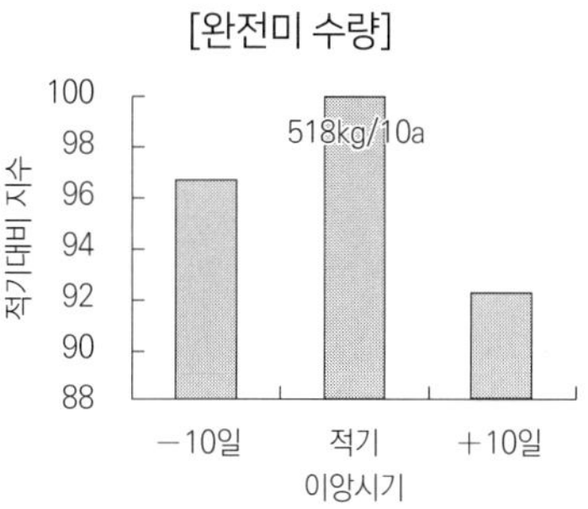

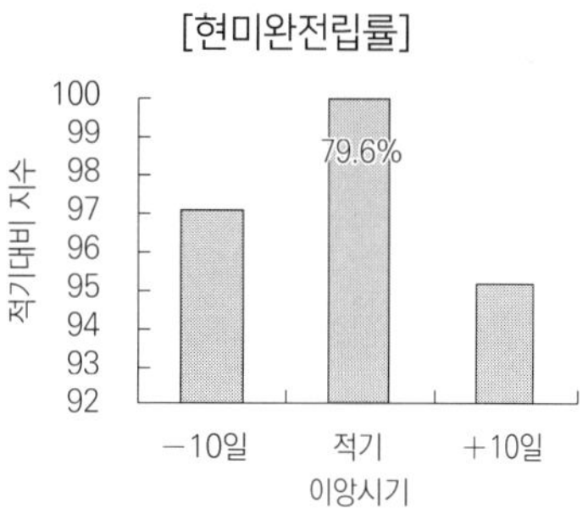

□ 호남 평야지 중만생종 '수광'의 모내는 시기에 따른 수량은 다음과 같다.

(단위: kg/10a)

구분	5월 16일	6월 1일	6월 16일	6월 30일
쌀	510c	534b	549a	518c
완전미	465c	496b	525a	490b

※ 1) 시험지역: 익산(국립식량과학원 벼맥류부)
2) 시험연도: 2013~2014년
3) 알파벳: 각 품종의 이앙시기 비교

① 갑 농민: 모내기를 적정 시기보다 일찍하면 벼의 수량과 품질은 떨어지지만 완전미 비율에는 별 영향이 없어.

② 을 농민: 쌀 단백질의 함량은 쌀의 찰기와 식감에 영향을 주게 되니까, 고품질 쌀 생산을 위해서는 고온기에 벼가 익을 수 있도록 모내기 작업시기를 정해야 해.

③ 병 농민: 백미 중 색이 하얀 쌀(분상질립)의 비중이 높으면 높을수록 고품질의 쌀이라 할 수 있어.

④ 정 농민: 지역별로 모내기의 적기가 다 다르니까 호남 평야지에서 중만생종을 모내기하려면 6월 초순~중순에 작업해야 해.

⑤ 무 농민: 최적기에 모내기를 할 수 없다면 고온기를 피하기 위해서는 10일 늦게 모내기하는 것이 10일 빨리 작업하는 것보다는 쌀의 수량과 상품성에 있어 유리하겠어.

45 다음 [상품 설명서]에 따를 때 NH모바일바로대출에 대한 설명으로 가장 적절한 것은?

[상품 설명서]

○ 상품명: NH모바일바로대출

○ 상품특징: 영업점 방문 없이 온라인으로 1,000만 원까지 바로 대출

○ 대출대상: NICE 평점 기준 738점 이상에 해당하는 고객 중 NH농협캐피탈 보증서 발급이 가능한 고객

※ 농업인은 대출대상이 아님

○ 대출한도: 300만 원 이상 최대 1,000만 원 이하

○ 대출기간: 12개월(단, 거치 기간은 없으며, 원리금 상환을 위하여 자동이체일과 상환기일을 일치시키는 경우 최장 13개월 이내에서 대출기간 지정 가능)

○ 상환방법: 원금균등할부상환(월납)

○ 대출금리: 대출금리는 농·축협별로 다를 수 있음

○ 중도상환수수료: 없음

○ 보증사고 발생: 본 대출상품은 NH농협캐피탈(이하 '보증기관')의 지급보증으로 실행되는 상품으로, 보증사고는 다음 각 호의 사유가 발생하는 경우로 함

- 분할상환원리금의 지급을 연속하여 2회 지체한 때
- 기타 농협 여신거래기본약관에 의하여 고객의 기한의 이익 상실 사유가 발생한 때
- 고객의 회생 또는 파산절차가 신청된 때

○ 대지급 및 채권양도

- 보증사고 발생에 따라 15일 이내(보증사고 발생일 포함)에 보증기관의 대지급이 실행되며, 대출채권은 보증기관으로 양도되고 양도 이후 대출 상환은 보증기관에서만 가능함
- NH농협캐피탈로 대출채권이 양도되는 경우, 신용등급 하락 등의 불이익을 받을 수 있으며, 양도 이후에는 NH농협캐피탈의 채권 회수 절차가 진행됨

○ 기타 유의사항

- 각 농·축협은 개별법인으로 일부 농·축협에서는 'NH모바일바로대출' 상품을 취급하지 않을 수 있음
- 재직 및 소득, 기타 자격 증빙 서류를 구비하고 영업점에서 대출하는 경우, 대출한도 및 대출금리에서 보다 나은 혜택을 받을 수 있음
- 신용관리 대상 정보 등록 여부 및 농·축협의 대출 취급기준에 따라 대출이 제한될 수 있음
- 상기 상품 및 서비스는 농·축협 또는 보증기관의 사정에 따라 변경, 중단될 수 있음
- 농협은행 'EQ론'과의 중복신청은 불가함
- 기타 자세한 사항은 반드시 상품 설명서를 참조하시거나 스마트금융센터로 문의 바람

① NH모바일바로대출은 EQ론과 중복하여 대출받을 수 있다.
② 분할상환원리금의 지급을 연속하여 2회 지체한 경우 보증사고에 해당한다.
③ NICE 평점 기준이 750점인 고객은 NH모바일바로대출을 이용하여 최대 1,000만 원까지 대출받을 수 있다.
④ 보증사고 발생에 따라 보증사고 발생일 포함하여 20일 이내에 보증기관의 대지급이 실행된다.
⑤ 재직 및 소득, 기타 자격 증빙 서류를 구비하여 영업점에서 대출하더라도 대출한도 및 대출금리는 동일하다.

46 **다음 [대화]의 A~E 중 옳지 않은 발언을 한 사람은?**

[대화]

- 이 사원: 이번 신제품에 대한 아이디어를 구하기 위해 표적집단면접을 진행할 계획입니다. 표적집단면접 시 유의 사항에 따라 진행해주시기 바랍니다.
- A: 네, 가능한 그룹으로 분석 작업을 진행할 예정입니다.
- B: 동의 혹은 반대의 경우 합의 정도와 강도를 중시하도록 하겠습니다.
- C: 앞뒤에 흩어져 있는 정보들을 주제에 대한 연관성을 고려하여 수집하도록 하겠습니다.
- D: 확실한 판정이 가능하지 않은 경우에도 판정을 하도록 하겠습니다.
- E: 인터뷰 종료 후 전체 내용에 대한 합의를 하도록 하겠습니다.

① A ② B ③ C ④ D ⑤ E

47 **다음 중 문제의 유형에 관한 설명으로 옳지 않은 것은?**

① 문제를 효과적으로 해결하기 위해 문제의 유형을 파악하는 것이 우선시되어야 한다.
② 제조 문제, 판매 문제, 자금 문제, 인사 문제는 기능에 따른 문제 유형에 해당한다.
③ 해결 방법에 따른 문제 유형에는 논리적 문제, 창의적 문제가 있다.
④ 시간에 따른 문제 유형에는 과거 문제, 현재 문제, 미래 문제가 있다.
⑤ 업무 수행 과정 중 발생한 문제 유형에는 발생형 문제, 탐색형 문제, 기술상 문제가 있다.

48 **다음 [상황]의 J가 집에서 7시 10분에 출발하였을 때, 사무실에 도착하는 시각은? (단, A정류장과 B정류장의 정차시간은 고려하지 않는다)**

[상황]

J는 집에서 도보 5분 떨어진 A정류장에서 버스에 승차하여 B정류장에서 하차 후, 도보로 7분간 이동 후 사무실에 도착한다. J는 버스 탑승 후 15번째 정류장에서 하차하며, 한 정류장당 30초의 정차시간이 있다. A정류장에서 버스는 매시간 정각, 10분, 30분, 40분에 탑승 가능하며, 버스는 1정거당 3분 동안 이동한다.

① 8시 14분 ② 8시 15분 ③ 8시 19분
④ 8시 29분 ⑤ 8시 30분

49 A가 다음 [그림]과 [조건]을 토대로 본사에서 출발하여 S사, T사를 차례로 이동할 때 T사에 도착하는 시각은?

[그림]

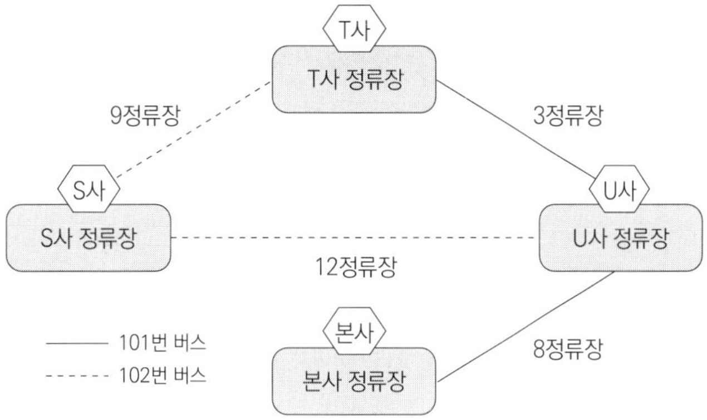

[조건]

- A는 가장 빠른 방식으로 S사와 T사를 차례대로 방문 후 다시 본사로 이동할 예정임
- A는 9시에 본사에서 출발할 예정이며, S사, T사에 방문하여 1시간씩 회의를 진행할 예정임
- 101번 버스 출발 시각

본사 정류장 출발(T사 방면)	매 시각 정각, 10분, 20분, 30분, 40분, 50분
T사 정류장 출발(본사 방면)	매 시각 5분, 15분, 25분, 35분, 45분, 55분

- 102번 버스 출발 시각

U사 정류장 출발(T사 방면)	매 시각 정각, 30분
T사 정류장 출발(U사 방면)	매 시각 정각, 20분, 40분

- 101번 버스는 1정류장당 3분 소요됨
- 102번 버스는 1정류장당 4분 소요됨

※ 버스 정류장으로 이동하는 시간은 고려하지 않음

① 11시 52분 ② 11시 54분 ③ 11시 56분
④ 11시 57분 ⑤ 11시 59분

제1회 실전모의고사 제2회 실전모의고사 제3회 실전모의고사 제4회 실전모의고사 제5회 실전모의고사 제6회 실전모의고사 부록

[50~51] 다음 [N사 면접시험 공고]와 [표]를 보고 이어지는 물음에 답하시오.

[N사 면접시험 공고]

○ 면접시험 일정 및 장소: 서류전형 합격자에게 개별 통보

○ 평가 방법: 서류전형 합격자를 대상으로 면접을 통해 직원으로서의 정신자세, 전문지식과 그 응용 능력 등 직무수행에 필요한 능력 및 적격성을 종합적으로 평가

평정 요소	세부 요소	비율
직원으로서의 정신자세	• 봉사와 헌신 • 윤리 · 준법의식	25%
전문지식과 응용능력	• 임용예정 직위 관련 전문성 • 전문분야의 정보분석 능력	20%
의사표현의 정확성과 논리성	• 논리적 의사소통 능력 • 협상과 조정 · 조율능력	20%
예의 · 품행 및 성실성	• 건전 · 성숙한 시민정신 • 목표관리 능력	20%
창의력 · 의지력 및 발전가능성	• 창의적 기획 · 문제해결 능력 • 비전(목표) 제시 • 리더십	15%

○ 합격자 선발 방법

- 5개 평정 요소 중 2개 이상을 '하'로 평정받은 경우 불합격 처리
- 상은 20점, 중은 16점, 하는 12점으로 변환하며, 각 평정 요소의 비율을 반영한 총점이 높은 2명을 최종 선발

[표] 지원자 A~E의 면접시험 점수

평정 요소 \ 지원자	A	B	C	D	E
직원으로서의 정신자세	중	중	중	하	상
전문지식과 응용능력	하	중	상	중	중
의사표현의 정확성과 논리성	상	하	하	중	하
예의 · 품행 및 성실성	중	중	중	중	중
창의력 · 의지력 및 발전가능성	중	상	하	상	중

50 위 [N사 면접시험 공고]와 [표]를 토대로 했을 때 지원자 A~E 중 최종 선발되는 두 명은?

① A, D ② A, E ③ B, D ④ C, E ⑤ D, E

51 위 [N사 면접시험 공고]에서 평정 요소별 적용 비율이 다음과 같이 변경되었을 때 지원자 A~E 중 최종 선발되는 두 명은?

[변경 후 평정 요소별 적용 비율]

평정 요소	비율
직원으로서의 정신자세	20%
전문지식과 응용능력	30%
의사표현의 정확성과 논리성	10%
예의 · 품행 및 성실성	20%
창의력 · 의지력 및 발전가능성	20%

① A, B ② A, E ③ B, D ④ B, E ⑤ D, E

52 다음은 A사의 출장비 지급 규정 일부이다. [상황]의 김 대리가 지급받은 출장비는 얼마인가?

[A사 출장비 지급 규정]

○ 교통비: 실비 지급

○ 식비 및 일비

구분	과장 이상	대리	사원
식비	60,000원	50,000원	30,000원
일비	50,000원	40,000원	30,000원

※ 식비와 일비는 1일 기준이며, 국내와 해외의 경우 모두 동일하게 지급함

○ 숙박비

구분	과장 이상	대리	사원
국내	120,000원	100,000원	80,000원
해외	150달러	130달러	110달러

※ 숙박비는 1박 기준이며, 환율은 지급일 기준으로 적용함

[상황]

김 대리는 미국으로 6박 7일 출장을 다녀왔다. 교통비는 총 150만 원이었고, 12월 5일에 한국에 도착하였으며, 12월 8일에 출장비를 지급받았다.

[1달러 환율]

12월 5일	12월 6일	12월 7일	12월 8일
1,300원	1,280원	1,260원	1,250원

① 3,055,000원 ② 3,105,000원 ③ 3,112,800원
④ 3,128,400원 ⑤ 3,144,000원

[53~54] 다음은 스티븐 코비(Stephen R. Covey)의 [시간관리 매트릭스 모형]이다. 그는 중요도와 긴급도를 기준으로 일의 순서를 결정하라고 제안하면서, 중요도와 긴급도가 높은 일을 가장 먼저하고, 다음으로 중요도는 낮지만 긴급한 일을 처리한 뒤, 중요도가 높고 긴급도가 낮은 일을 한 후, 마지막으로 중요도와 긴급도가 모두 낮은 일을 하라고 하였다. 이를 참고하여 이어지는 물음에 답하시오.

[시간관리 매트릭스 모형]

	긴급함	긴급하지 않음
중요함	A	B
중요하지 않음	C	D

53 다음 중 스티븐 코비의 [시간관리 매트릭스 모형]에 대한 설명으로 가장 적절하지 않은 것은?

① 모형에 따른 일의 순서는 A → C → B → D이다.
② 기간이 정해진 프로젝트의 경우 A에 해당된다.
③ 미래를 위해 준비해야 하는 일은 B에 해당한다.
④ 과거 실패한 일에 대한 분석은 C에 해당한다.
⑤ 주변 청소나 우편물 정리 등의 일은 D에 해당한다.

54 다음 [표]는 김 사원의 업무를 정리한 자료이다. 김 사원이 스티븐 코비의 [시간관리 매트릭스 모형]에 따라 일의 순서를 정하려고 할 때, 그 순서가 바르게 나열된 것은?

[표] 김 사원의 업무

구분	업무	긴급도	중요도
A	해외지사 파견 신청	★★	★★
B	사무실 정리, 업무일지 작성	★	★★
C	프로젝트 보고서 제출	★★★★★	★★★★
D	회사 이메일 확인	★★	★★★
E	주간회의 보고서 작성 및 제출	★★★★	★★★

※ ★이 많을수록 긴급도와 중요도가 높음

① C → D → E → A → B
② C → E → D → A → B
③ C → E → D → B → A
④ E → C → D → A → B
⑤ E → C → D → B → A

[55~56] 다음은 Y사 세미나 개최를 위해 정리한 자료이다. 이를 읽고 이어지는 물음에 답하시오.

○ 세미나 후보지

구분	수용인원	위치	시설	금액
A	55명	10km	1, 5, 7	110만 원
B	80명	8km	1, 3, 5, 6	120만 원
C	40명	10km	2, 3, 5, 7	100만 원
D	100명	5km	1, 2, 3, 5, 7	150만 원
E	70명	15km	2, 3, 4, 5, 7	125만 원

※ 1: 마이크, 2: 프로젝터, 3: 스크린, 4: 오디오, 5: 냉난방시설, 6: 주차시설, 7: 와이파이

○ Y사는 50명 인원을 초청하는 세미나를 개최하고자 하며, 초청한 인원을 수용할 수 있는 세미나장을 선정하려고 한다. 위치는 가까울수록, 시설은 좋을수록, 금액은 저렴할수록 점수를 높게 평가하려고 한다.

○ 위치는 가까울수록 5~1점으로 차등 부여하며, 시설은 3개 이하는 하, 4개는 중, 5개 이상은 상으로 구분하며, 상은 5점, 중은 3점, 하는 1점을 부여하고, 금액은 낮을수록 5~1점으로 차등 부여한다. (단, 후보지에서 제외되는 경우 해당 후보지는 모든 점수에서 최하점을 부여한다)

○ 위치는 30%, 시설은 20%, 금액은 50%의 가중치를 계산하여 합산한 총점이 가장 높은 후보지를 선정한다.

55 세미나 개최지로 선정되는 후보지는?

① A ② B ③ C ④ D ⑤ E

56 Y사가 다음과 같이 선정방법을 변경하였을 때, 세미나 개최지로 선정되는 후보지는?

○ Y사는 50명 인원을 초청하는 세미나를 개최하고자 하며, 초청한 인원을 수용할 수 있으며, 와이파이가 가능한 세미나장을 선정하려고 한다. 위치는 가까울수록, 시설은 좋을수록, 금액은 저렴할수록 점수를 높게 평가하려고 한다.

○ 위치는 가까울수록 5~1점으로 차등 부여하며, 시설은 3개 이하는 하, 4개는 중, 5개 이상은 상으로 구분하며, 상은 5점, 중은 3점, 하는 1점을 부여하고, 금액은 낮을수록 5~1점으로 차등 부여한다. (단, 후보지에서 제외되는 경우 해당 후보지는 모든 점수에서 최하점을 부여한다)

○ 위치는 20%, 시설은 40%, 금액은 40%의 가중치를 계산하여 합산한 총점이 가장 높은 후보지를 선정한다.

○ 동점자가 있는 경우 금액이 저렴한 후보지를 선정한다.

① A ② B ③ C ④ D ⑤ E

57 **자원을 적절하게 관리하기 위해서는 기본적으로 다음과 같은 4단계의 자원관리 과정을 거쳐야 한다. 이 중 [보기]의 (가), (나)에서 설명하고 있는 단계를 옳게 짝지은 것은?**

1단계		2단계		3단계		4단계
필요한 자원의 종류와 양 확인하기	→	이용 가능한 자원 수집하기	→	자원 활용 계획 세우기	→	계획대로 수행하기

| 보기 |

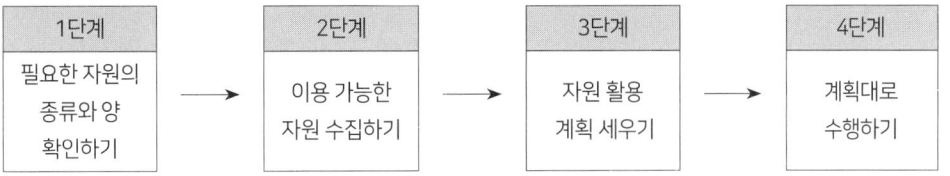

(가) 이 단계에서 중요한 것은 업무나 활동의 우선순위를 고려하는 것이다. 최종적인 목적을 이루는 데 가장 핵심이 되는 것에 우선순위를 두고 계획을 세울 필요가 있다. 만약 확보한 자원이 실제 활동 추진에 비해 부족할 경우 우선순위가 높은 것에 중심을 두고 계획하는 것이 바람직하다.

(나) 이 단계에서는 업무를 추진하는 데 있어서 어떤 자원이 요구되며, 또 얼마만큼 있어야 하는지를 파악한다. 자원은 크게 시간, 예산, 물적 자원, 인적 자원으로 나뉘지만 실제 업무 수행에서는 이보다 더 구체적으로 나눌 필요가 있다. 구체적으로 어떤 활동을 할 것이며, 이 활동에 어느 정도의 시간, 돈, 물적·인적 자원이 들어가는지를 확인한다.

	(가)	(나)
①	1단계	4단계
②	2단계	3단계
③	2단계	4단계
④	3단계	1단계
⑤	3단계	2단계

58 다음 [사례]의 주 대리가 이 사원에게 해줄 조언으로 가장 적절한 것은?

[사례]

A사의 이 사원은 고 팀장으로부터 팀의 핵심 사업의 예산을 수립해 오라는 지시를 받았다. 예산 수립의 기한은 4일이었다. 이 사원은 지금까지 예산을 수립해 본 적이 한 번도 없어서 어떻게 해야 할지 망설이고 있었다. 이 사원은 고민만 하던 중 일단 필요한 것을 먼저 책정해 보자고 마음을 먹었다. 예산의 큰 부분인 연구개발비와 재료비 등을 중심으로 예산을 편성한 다음, 필요한 항목을 찾아서 넣겠다는 생각이었다. 하지만 사업을 위한 활동들이 하나씩 늘어나면서 기존에 편성한 예산을 수정하게 되자 점점 혼란스러워졌다. 이에 팀 동료인 주 대리에게 조언을 구했다.

① 사업을 위한 활동이 늘어남에 대비하여 예비비도 추가해 주어야 합니다.
② 예산 수립 시 주로 있는 일이니 빠르게 추가하여 마무리하시면 됩니다.
③ 필요한 활동을 모두 구명한 다음 그 활동에 필요한 예산 항목을 구명하는 것이 먼저 이루어져야 합니다.
④ 배정된 예산으로 모든 업무를 수행할 수는 없기 때문에 우선순위를 배정함으로써 예산이 우선적으로 들어갈 활동을 도출해야 합니다.
⑤ 핵심활동 위주로 예산을 편성해야 합니다.

59 다음 A~E 중 자원을 낭비하는 행동을 하지 않는 사람은?

- A: 나는 한 번에 한 가지의 일을 다루는 경향이 있어.
- B: 나는 필요하지 않은 물건이더라도 저렴하게 구매할 기회가 있으면 구매하는 경향이 있어.
- C: 나는 호기심이 많아 모든 것에 대해 사실을 알고 싶어 하는 경향이 있어.
- D: 나는 주변 사람에 대한 파악이 느려 주변 사람들이 서운해 하는 경우가 잦아.
- E: 나는 거절을 못해서 남의 부탁에 대해 싫다고 말하지 못하는 성격이야.

① A ② B ③ C
④ D ⑤ E

60 다음 [사례]의 권 대리가 이 사원에게 해준 조언으로 적절하지 않은 것은?

> [사례]
>
> 영업팀에 근무하는 이 사원은 입사 후 거래처 사장들과의 잦은 만남과 새로운 사람과의 만남으로 인하여 인맥 관리에 대한 스트레스를 받고 있다. 이에 영업팀 최고 실적을 자랑하는 권 대리와 퇴근 후 식사 자리에서 자신의 스트레스에 대해 호소를 하며 권 대리에게 인맥 관리에 대한 조언을 얻게 되었다.

① 명함에 상대의 개인 신상이나 특징 등 자신이 참고할 수 있는 정보들을 메모해 두세요.
② 이름, 관계, 직장 및 부서, 학력, 출신지, 연락처, 친한 정도 등을 기재하는 유일한 형태의 인맥관리카드를 작성해 보세요.
③ 파생인맥의 경우 어떤 관계에 의해 파생되었는지를 파생인맥카드에 기록하는 것이 필요해요.
④ 효과적인 명함관리를 위해 명함관리 프로그램을 이용해 보는 것도 좋을 것 같아요.
⑤ 많이 활용되고 있는 소셜네트워크 서비스와 더불어 인맥 구축에 도움이 되는 비즈니스 특화 인맥관리서비스도 이용해 보면 좋을 것 같아요.

[61~62] 다음은 농협중앙회의 보안담당관 관련 규정이다. 이를 읽고 이어지는 물음에 답하시오.

제00조(보안담당관의 지정) 다음 각 호의 직원은 보직과 동시에 각 사무소의 보안담당관이 된다.
1. 중앙본부(일반보안 분야): 비상계획국장
2. 중앙본부(정보보안 분야): IT본부 담당부장
3. 지역본부: 보안업무 담당 부장
4. 기타 사무소: 사무소장 차하위자

제00조(보안담당관의 임무) 보안담당관의 임무는 다음 각 호와 같다.
1. 자체 보안업무 수행에 관한 계획 조정 및 감독
2. 보안교육
3. 비밀 현황 조사
4. 서약의 집행 등

제00조(보안담당관의 교체) ① 보안담당관이 교체될 때에는 소관 업무에 대하여 인계·인수서를 작성하고, 차상위자가 입회하여 확인한다.
② 인계·인수 시에는 다음 각 호의 사항을 포함하여야 한다.
1. 보안업무 현황
2. 연도 보안업무 세부 시행 계획 및 추진 실적
3. 비밀 취급 인가자 현황 및 비밀 문서(이관 대기 포함) 보유 현황
4. 암호 자재 취급 인가자 현황 및 암호 자재 보유 현황
5. 심사위원회 운영에 관한 사항
6. 그 밖의 보안활동에 관한 사항

제00조(보안교육) ① 보안담당관은 소속 직원 전원에 대하여 연 1회 이상 정규·수시 교육을 실시하여야 한다.
② 보안담당관은 다음 각 호에 해당하는 직원에 대해서는 사전에 충분한 보안교육과 보안조치(서약서 징구 등)를 하여야 한다.
1. 신규 채용 직원
2. 비밀 취급 인가 예정자 등 중요 보직자
3. 해외여행자
4. 통신 장비 운용자
5. 퇴직자

61 **위 규정에 근거할 때 적절하지 않은 해석은?**

① 신규 채용 직원은 사전 보안교육 대상이다.
② 지역본부의 보안업무 담당 부장은 해당 지역본부의 보안담당관일 것이다.
③ 보안담당관 교체 시, 보안담당관의 차하위자는 작성된 인계·인수서를 확인한 후, 차상위자에게 보고하여야 한다.
④ 보안담당관 교체 시 작성되는 인계·인수서에는 비밀 문서 보유 현황이 적혀 있어야 한다.
⑤ 중앙본부 보안담당관은 일반보안 분야 보안담당관과 정보보안 분야 보안담당관으로 나뉜다.

62 **위 규정에 근거할 때 [보기]의 보안담당관 A~D의 행위 중 적절하지 않은 것을 모두 고르면?**

| 보기 |

ㄱ. A는 향후 수행할 보안업무에 대한 계획을 조정하였다.
ㄴ. B는 신입 직원을 대상으로 보안 서약서를 작성하게 하였고, 징구하였다.
ㄷ. C는 해외여행을 다녀온 직원을 대상으로 보안교육을 실시하였다.
ㄹ. D는 소속 직원 전원을 대상으로 격년으로 1회씩 정규 교육을 실시하였다.

① ㄱ, ㄴ
② ㄱ, ㄹ
③ ㄴ, ㄷ
④ ㄴ, ㄹ
⑤ ㄷ, ㄹ

63 **사회적협동조합은 「협동조합 기본법」 제93조 제1항 각 호의 사업 중 하나 이상을 주 사업으로 하여야 하며, 동법 시행규칙 제18조에 따라 사회적협동조합의 주 사업을 판단하여야 한다. 다음 중 사회적협동조합의 주 사업 판단기준에 부합하지 않는 경우는?**

「협동조합 기본법」

제93조(사업) ① 사회적협동조합은 다음 각 호의 사업 중 하나 이상을 주 사업으로 하여야 한다.

1. 지역(시·도의 관할 구역을 말하되, 실제 생활권이 둘 이상인 시·도에 걸쳐 있는 경우에는 그 생활권 전체를 말한다. 이하 이 호에서 같다) 사회의 재생, 지역 경제의 활성화, 지역 주민들의 권익·복리 증진 및 그 밖에 지역 사회가 당면한 문제 해결에 기여하는 사업
2. 대통령령으로 정하는 취약계층에 복지·의료·환경 등의 분야에서 사회서비스를 제공하는 사업
3. 대통령령으로 정하는 취약계층에 일자리를 제공하는 사업
4. 국가·지방자치단체로부터 위탁받은 사업
5. 그 밖에 공익증진에 이바지하는 사업

② 제1항 각 호에 따른 주 사업은 협동조합 전체 사업량의 100분의 40 이상이어야 한다.

③ 제1항 각 호에 따른 주 사업의 판단기준은 대통령령으로 정한다.

「협동조합 기본법 시행규칙」

제18조(사회적협동조합의 주 사업 판단 방법) ① 사회적협동조합의 목적사업이 법 제93조 제1항 각 호의 주 사업에 해당하는지를 판단하는 경우에는 다음 각 호의 구분에 따른다.

1. 목적사업이 법 제93조 제1항 제1호 또는 제5호에 해당하는 경우: 다음 각 목의 어느 하나에 해당하는 기준을 충족할 것
   가. 수입·지출 예산서상 전체 사업비의 100분의 40 이상을 주 사업 목적으로 지출할 것
   나. 사업계획서상 주 사업에 해당하는 서비스 대상인원, 시간, 횟수 등이 전체 서비스의 100분의 40 이상일 것
2. 목적사업이 법 제93조 제1항 제2호에 따라 취약계층에 사회서비스를 제공하는 경우: 사업계획서상 취약계층에 제공된 사회서비스 대상인원, 시간, 횟수 등이 전체 사회서비스의 100분의 40 이상일 것
3. 목적사업이 법 제93조 제1항 제3호에 따라 취약계층에 일자리를 제공하는 경우: 다음 각 목의 어느 하나에 해당하는 기준을 충족할 것
   가. 취약계층에 속하는 직원에게 지급한 인건비 총액이 수입·지출 예산서상 전체 인건비 총액의 100분의 40 이상일 것
   나. 취약계층에 속하는 직원이 사업계획서상 전체 직원의 100분의 40 이상일 것

4. 수입·지출 예산서상 전체 사업비의 100분의 40 이상이 국가 및 지방자치단체로부터 위탁받은 사업의 예산일 것
5. 목적사업이 법 제93조 제1항 제1호부터 제5호까지의 사업에 중복하여 해당하는 경우: 법 제93조 제1항 제1호부터 제5호까지의 사업에 해당하는 비율의 합이 100분의 40 이상일 것

① 사업계획서상 지역경제 활성화 분야에 해당하는 서비스 대상인원, 시간, 횟수 등이 전체 서비스의 100분의 30인 경우
② 수입·지출 예산서상 전체 사업비의 100분의 80을 주 사업 목적인 취약계층을 위한 의료 서비스에 지출하는 경우
③ 취약계층에 속하는 직원이 사업계획서상 전체 직원의 100분의 45이면서, 수입·지출 예산서상 취약계층에 속하는 직원에게 지급한 인건비 총액이 전체 인건비 총액의 100분의 35인 경우
④ 수입·지출 예산서상 전체 사업비의 100분의 60이 국가 및 지방자치단체로부터 위탁받은 사업의 예산인 경우
⑤ 취약계층 복지서비스 제공과 취약계층 일자리 제공을 주 사업으로 하는 경우 이 두 사업이 전체 사업에서 차지하는 비중이 100분의 65인 경우

64 다음 [현금정사 요령]에 근거할 때, [상황]의 A가 B에게 알려주는 내용으로 적절하지 않은 것은?

[현금정사 요령]

1. 주화의 정사 요령

(1) 주화의 정리 요령

- 소봉함(최소묶음): 각 주화별 50개씩으로 하되 주화 포장지로 그 표면에 액수를 표시한다(단 500원화의 경우 40개씩 포장하여 사용할 수 있다).
- 소대(작은 주머니): 각 주화별 500개씩 넣은 포대를 말한다.
- 대대(큰 주머니): 소대를 일정 수량 넣은 포대를 말한다.

(2) 주화의 검수

대대는 모든 검수 시에 검수 단위가 되는 것이므로 주화 총액에 대한 정사검수표 2매를 작성하여 1매는 대대 속에 넣고 1매는 대대 밖의 상단에 견고히 묶되 포장별로 지점명·일자·금액 및 정사자인을 표시한 꼬리표를 붙여야 한다. 또한 대대 겉면에는 화폐의 종류 및 금액을 표시하되 손상주화의 경우에는 따로 손상주화임을 표시하여야 한다. 검수표에서 금액 머리 부분에 검수자가 도장을 날인한다.

2. 손상권의 정사 요령

(1) 손상권의 범위

손상권이란 오염·파손·훼손의 정도가 심하여 계속 유통에 부적합하다고 판단되는 화폐를 말한다.

(2) 손상권 교환 기준

(가) 지폐

앞뒷면을 모두 갖춘 은행권은 남아 있는 면적의 크기에 따라 아래와 같이 액면금액의 전액 또는 반액으로 교환해 주거나 무효로 처리된다.

- 전액으로 교환: 남아 있는 면적이 원래 크기의 3/4 이상인 경우
- 반액으로 교환: 남아 있는 면적이 원래 크기의 2/5 이상인 경우
- 무효로 처리: 남아 있는 면적이 원래 크기의 2/5 미만인 경우

(나) 동전

- 찌그러지거나 녹이 슬거나 기타 사유로 사용하기가 적합하지 않은 주화는 액면금액의 전액으로 교환할 수 있다.
- 모양을 알아보기 어렵거나, 고의로 훼손 및 변조한 것으로 인정되는 주화는 교환 불가하다.

(다) 불에 탄 지폐

• 불에 탄 돈도 손상화폐이므로 남아 있는 면적의 크기에 따라 교환해 주고 있으나, 은행권의 일부 또는 전부가 재로 변한 특성 때문에 그 재의 상태에 따라 교환금액 판정이 달라질 수 있다.
• 재 부분이 같은 은행권의 조각인 것으로 볼 수 있으면 그 재 부분도 남아 있는 면적으로 인정하여 면적 크기에 따라 교환할 수 있다.
• 재 부분이 흩어지거나 뭉쳐져 얼마짜리 은행권 몇 장이 탄 것인지의 판별이 불가능한 경우에는 은행권 원형이 남아 있는 면적만을 기준으로 교환할 수 있다.

[상황]

A와 B는 N은행에서 창구 업무를 맡고 있다. A는 B에게 시재관리에 대해 인수인계 후 현금정사업무에 대해 인수인계 중이다.

① 주화를 소봉함으로 정리하는 경우 주화별로 50개가 기준이지만, 500원화는 40개씩 포장하여 사용할 수 있습니다.
② 손상권의 경우 잔여 면적이 원래 면적의 3/4 이상인 경우 전액, 2/5 이상인 경우 반액으로 교환하고, 2/5 미만인 경우 무효로 처리해야 합니다.
③ 불에 타서 재부분이 은행권의 조각인 것으로 볼 수 있는 경우더라도 면적으로 인정하지 않습니다.
④ 주화 검수 시 대대 겉면에 화폐의 종류와 금액을 표시해야 하며, 손상주화의 경우 손상주화임을 표시해야 합니다.
⑤ 찌그러지거나 녹이 슬어 사용하기 적합하지 않은 주화의 경우 전액으로 교환할 수 있습니다.

65 **다음 [인터넷뱅킹서비스 제변경 처리]에 근거할 때 인터넷뱅킹서비스 제변경 처리 신청자인 [보기]의 A~E 중 대리인에 의해 처리가 가능한 신청자는?**

[인터넷뱅킹 서비스 제변경 처리]

인터넷뱅킹서비스 제변경은 영업점에 서면으로 신청하여야 하며, 본인이 직접 방문 처리하는 것이 원칙이나 대리인에 의한 처리가 가능한 경우도 있다.

1. 본인확인이 필요한 경우

다음의 경우에는 신규 등록 절차와 동일하게 본인확인을 한 후, 처리하여야 한다.

- 서비스를 해지한 고객이 재등록을 신청할 때
- 서비스 이용계좌(출금계좌)를 추가 등록할 때
- 이체한도를 변경할 때
- 출금계좌 등록, 이체한도 감액을 영업점 지정에서 이용매체 지정으로 전환할 때
- 보안매체를 교부할 때
- 서비스 이용 제한을 해제할 때

2. 대리인에 의해 처리가 가능한 경우

다음의 경우에는 대리인에 의해서도 처리가 가능하다.

- 입금계좌를 미지정사용에서 지정사용으로 전환할 때
- 이체한도를 축소할 때
- 출금계좌 등록, 이체한도 변경을 이용매체상 등록에서 영업점 지정으로의 전환할 때
- 서비스 이용계좌를 삭제하거나 서비스를 해지할 때
- 해외 이용 고객에 대한 보안매체, 텔레뱅킹 접수번호 재교부의 수령 행위 서비스를 해지한 고객이 재등록을 신청할 때

| 보기 |

- A: 지난달 인터넷뱅킹 서비스를 해지한 고객으로 인터넷뱅킹 서비스 재등록을 신청하고자 함
- B: 인터넷뱅킹 서비스를 이용 중인 고객으로 인터넷뱅킹 서비스 이용계좌를 추가 등록 신청하고자 함
- C: 인터넷뱅킹 서비스를 이용 중인 고객으로 보안매체를 교부받고자 함
- D: 인터넷뱅킹 서비스를 이용 중인 고객으로 이체한도 변경을 이용매체상 등록에서 영업점 지정으로 전환 신청하고자 함
- E: 인터넷뱅킹 서비스를 이용 중인 고객으로 서비스 이용 제한을 해제하고자 함

① A　　② B　　③ C　　④ D　　⑤ E

66 **다음 [표]는 N그룹의 SWOT 분석 결과이다. 이를 토대로 세운 전략으로 가장 적절한 것은?**

[표]

Strength	Weak
• 독보적인 SNS 마케팅 • 국내 최대의 영업 네트워크	• 개인정보 보안 대책 및 시스템 마련 미비 • 높은 은행 의존도
Opportunity	**Threat**
• 스타트업 기업 육성 프로그램 기획 • 동남아 시장 진출	• 오픈뱅킹으로 인한 경쟁구도 변화 • 인터넷 전문은행과의 경쟁과 높은 진입장벽

① 인터넷 전문은행과의 경쟁구도를 협력 구조로 바꾸기 위해 사업 동반자를 찾는다.
② 스타트업 기업에 대한 지원을 줄이고 투자자금 혁신 펀드 컨설팅 진입 장벽을 높인다.
③ 코로나19로 인해 국제 교류가 축소되고 있으므로 동남아 시장 진출 시기를 늦춘다.
④ 개인정보 보안에 대한 예산을 줄인다.
⑤ SNS에 지나치게 투입되고 있는 예산을 줄인다.

67 **다음 중 팀제에 대한 설명으로 옳지 않은 것은?**

① 성과를 높이기 위해 구성원의 수를 15명 전후로 하는 것이 좋다.
② 기술적 전문성, 대인관계, 문제해결 능력에 능숙한 멤버를 적절히 섞어서 구성하는 것이 좋다.
③ 모든 사람이 팀 플레이어가 아니므로 개인이 갖는 거부감이 가장 큰 문제이다.
④ 상명하복 문화가 강한 조직의 경우 팀제 도입에 실패할 수 있다.
⑤ 팀 플레이에 익숙하고 팀으로 일을 할 때 더 높은 퍼포먼스를 내는 사람을 위주로 팀을 구성한다.

68 **다음 중 의사결정의 과정에 대한 설명으로 옳지 않은 것은?**

① 확인 단계는 의사결정이 필요한 문제를 인식하고, 이를 진단하는 단계이다.
② 진단 단계는 문제 중요도나 긴급도에 따라 체계적으로 이루어지기도 하며, 비공식적으로 이루어지기도 한다.
③ 개발 단계는 확인된 주요 문제나 근본 원인에 대해서 해결방안을 모색하는 단계이다.
④ 이전에 없었던 새로운 문제의 경우 의사결정자들이 확실한 해결방법을 가지고 있으므로 의사결정권자의 의견을 따르도록 한다.
⑤ 선택을 위한 방법에는 의사결정권자 한 사람의 판단에 의한 선택, 경영과학 기법과 같은 분석에 의한 선택, 이해관계집단의 토의와 교섭에 의한 선택이 있다.

69 **다음 글을 읽고 브레인스토밍에 대한 설명 중 적절하지 않은 것을 [보기]에서 모두 고르면?**

브레인스토밍(brainstorming)은 집단에서 의사결정을 하는 대표적인 방법이다. 아이디어의 수가 많을수록 질적으로 우수한 아이디어가 나올 가능성이 많다는 원리에 따라 여러 명이 한 가지 문제를 놓고 아이디어를 비판 없이 쏟아 낸다. 자유분방하고 엉뚱하기까지 한 의견을 출발점으로 해서 아이디어를 전개해 나가는 것이 브레인스토밍의 묘미이다. 마지막에는 제안된 아이디어 중에서 최선책을 찾아내 결론을 도출한다.

| 보기 |

ㄱ. 아이디어는 많이 나올수록 좋다.
ㄴ. 모든 아이디어가 제안되고 나면 이를 정리하고 해결책을 마련한다.
ㄷ. 제안 가능한 아이디어의 범위를 정해 두고 시작하는 것이 효율적이다.
ㄹ. 다른 사람이 아이디어를 제시할 때에는 옳고 그름을 분명히 따져야 한다.

① ㄱ, ㄴ　② ㄱ, ㄷ　③ ㄴ, ㄷ
④ ㄴ, ㄹ　⑤ ㄷ, ㄹ

70 **다음 [대화]의 A~E 중 질문자의 질문에 대해 옳은 답변을 한 사람은?**

[대화]

- 질문자: 단계별로 업무를 시작하여 끝나는 데 걸린 시간을 바 형태로 표시하는 업무 수행 시트에 대해 설명해 보세요.
- A: 1919년에 창안한 워크 플로 시트로 일정을 한눈에 볼 수 있습니다.
- B: 업무의 각 단계를 효과적으로 수행했는지 점검할 수 있는 업무 수행 시트입니다.
- C: 일의 흐름을 동적으로 볼 수 있는 워크 플로 시트입니다.
- D: 도형의 모양을 다르게 작성하여 진행 중인 업무의 성격 또는 특징을 알 수 있다는 장점이 있습니다.
- E: 단계별로 소요되는 시간과 각 업무활동 사이의 관계를 알 수 있는 간트 차트입니다.

① A ② B ③ C ④ D ⑤ E

부록

문법·어휘 핵심노트

최신개정판
혼JOB
농토피아
지역농협 6급
실전모의고사

실력테스트

맞춤법 / 띄어쓰기

표준어 / 외래어

어휘 / 한자와 사자성어

속담

빈출 문법·어휘 총정리

맞춤법 / 복수 표준어

외래어 / 어휘

사자성어 / 속담

농업 · 농촌 용어

실력테스트 | 맞춤법

[01-20] 다음 문장에서 맞춤법에 따를 때 옳은 것을 고르면?

01 그 사람은 갑자기 (농지거리/농지꺼리)를 던졌다.

02 오후에는 카페에 가서 (느긋이/느긋히) 커피를 마시도록 하자.

기출 **03** 파르티잔의 규율 엄수와 경각심을 (재고/제고)하기 위해 형벌에 처해야 한다.

04 아이가 떼를 쓸 때에는 (너그러이/너그러히) 받아 주기도 해야지.

05 뇌에 혈액 공급이 제대로 되지 않아 손발의 마비, 언어 장애, 호흡 곤란 따위를 일으키는 증상을 (뇌졸중/뇌졸증)이라고 한다.

06 혜택을 누리는 쪽은 내심 부끄럽고 그렇지 않은 쪽은 (억하심정/억화심정)을 가질 것이다.

07 일부 방문객들에게는 해양 쓰레기가 (꺼림찍/꺼림칙)하다.

08 자식이 많으니 학비 (뒤치다꺼리/뒤치닥거리)도 힘들다.

09 시골에 온 영수는 (지개/지게)를 지고 산으로 나무하러 갔다.

10 국수를 끓이고 찬물에 헹구어 체에 (받힌/밭친)다.

정답

01 농지거리 **02** 느긋이 **03** 제고 **04** 너그러이 **05** 뇌졸중 **06** 억하심정 **07** 꺼림칙 **08** 뒤치다꺼리 **09** 지게 **10** 밭친

해설

01 '농지거리'는 점잖지 아니하게 함부로 하는 장난이나 농담을 낮잡아 이르는 말이다.
02 「한글 맞춤법」 제6장 제51항에 따라 부사의 끝음절 발음이 '이'로만 나는 것은 '-이'로 적는다.
03 '재고'는 어떤 일을 다시 생각한다는 뜻이고, '제고'는 무언가를 쳐들어 높인다는 뜻이다.
04 'ㅂ' 불규칙 용언의 어간 뒤에서는 '-이'로 적는다.
05 뇌혈관 질환인 뇌졸중(腦卒中)의 '중'을 '증세 증(症)'으로 오인하여 쓰지 않도록 주의한다.
06 '억하심정(抑何心情)'은 도대체 무슨 심정이냐는 뜻으로, 무슨 생각으로 그러는지 알 수 없거나 마음속 깊이 맺힌 미움을 이르는 말이다.
07 '꺼림칙', '꺼림직' 모두 올바른 표현이지만, '꺼림찍'은 틀린 표현이다.
08 '뒤치다꺼리'는 명사 '뒤'와 남의 자잘한 일을 보살펴서 도와준다는 뜻의 명사 '치다꺼리'가 합하여 생긴 말이다.
09 '지게'는 짐을 얹어 사람이 등에 지는 우리나라 고유의 운반 기구를 뜻하는 단어로, '도구'의 뜻을 더하는 접미사 '-개'가 쓰인 경우가 아니다.
10 '밭치다'는 구멍이 뚫린 물건 위에 국수나 야채 따위를 올려 물기를 뺀다는 뜻이다.

11 용의자를 붙잡고 나서야 마침내 그 사건의 전모가 (드러났다/들어났다).

기출 **12** (객적은/객쩍은) 소리는 그만하세요.

13 동생은 어머니 속을 많이 (썩이더니/썩히더니) 어느새 철이 들었다.

14 천막 몇 쪼가리와 썩어 뒤틀린 (판자때기/판잣대기) 몇 개로 된 그따위 시늉만의 집 같은 것은 차라리 없어져 주어서 고마울 지경이었다.

15 나와 그 친구는 (떼려야/뗄레야) 뗄 수 없는 막역한 사이이다.

16 학교 급식에 랍스터 요리가 (통째로/통채로) 오븐에 구워서 나왔다.

17 어제 과음을 했더니 오전 내내 정신이 (흐리멍덩/흐리멍텅)해서 일을 제대로 할 수가 없었다.

18 더 많은 도움을 드리고 싶지만 통화가 길어지면 빨리 끊으라며 책임자가 (닥달하는/닦달하는) 것이 현실입니다.

19 미영이는 다른 사람보다 밥을 세 (갑절/곱절)은 더 먹는 것 같다.

기출 **20** 고대 세계의 7대 (불가사이/불가사의).

정답

11 드러났다 **12** 객쩍은 **13** 썩이더니 **14** 판자때기 **15** 떼려야 **16** 통째로 **17** 흐리멍덩 **18** 닦달하는 **19** 곱절 **20** 불가사의

해설

11 '드러나다'는 알려지지 않은 사실이 널리 밝혀진다는 뜻이다.
12 '객쩍다'는 행동이나 말, 생각이 쓸데없고 싱거움을 뜻한다.
13 '썩이다'는 걱정이나 근심 따위로 마음이 몹시 괴로운 상태가 되게 만든다는 뜻이다.
14 '판자때기'는 '판자'를 속되게 이르는 말로, '판자'라는 명사에 '비하'의 뜻을 더하는 접미사 '-때기'가 합하여 생긴 단어이다.
15 '떼다'에 종속적 연결 어미인 '-려야'가 결합하면 '떼려야'가 된다.
16 '통째'는 명사 '통'에 '그대로' 또는 '전부'의 뜻을 더하는 접미사 '-째'가 합해진 단어이다.
17 '흐리멍덩'은 정신이 맑지 못하고 흐리거나, 옳고 그름의 구별이나 하는 일 따위가 아주 흐릿하여 분명하지 아니한 상태를 이르는 말이다.
18 '닦달'은 남을 단단히 윽박질러서 혼을 내는 것을 뜻한다.
19 '갑절'은 어떤 수나 양을 두 번 합한 만큼을 뜻하는 말로, '두 배'를 나타낼 때만 사용한다. '곱절'은 일정한 수나 양이 그 수만큼 거듭됨을 이르는 말이다.
20 '불가사의(不可思議)'사람의 생각으로는 미루어 헤아릴 수 없이 이상하고 야릇함을 뜻한다.

실력테스트 | 띄어쓰기

[01-20] 다음 문장에서 띄어쓰기가 잘못된 부분이 있을 경우, 이를 바르게 고쳐 보면?

01 지금은 회의중입니다.

02 미아 방지용 목걸이를 새로 주문했다.

03 형제 간 우애가 깊어야 한다.

04 우리는 비록 졸업하고 헤어지지만 뜻한바를 이루어 다시 만나도록 하자.

05 친구는 내 말에 들은 척도 하지 않는다.

06 강아지는 한마리만 키우는 것으로 족하다.

07 여기보다 좀 더 큰집이 좋겠다.

08 콩 심은데 콩이 나는 것처럼 너를 꼭 닮은 아이를 낳았구나.

09 참석한 인원은 20여 명 정도입니다.

10 이번 대통령 선거에서 전국민의 80%가 투표에 참여하였다.

정답

01 회의중 → 회의 중 **02** 잘못된 부분 없음 **03** 형제 간 → 형제간 **04** 뜻한바 → 뜻한 바 **05** 잘못된 부분 없음 **06** 한마리 → 한 마리 **07** 큰집 → 큰 집 **08** 심은데 → 심은 데 **09** 잘못된 부분 없음 **10** 전국민 → 전 국민

해설

01 '중'은 일부 명사 뒤에 쓰여 '무엇을 하는 동안'을 나타내는 의존 명사이다.
02 '-용'은 '용도'의 뜻을 더하는 접미사이므로 붙여 쓴다.
03 '간'은 '관계'의 뜻을 나타내는 의존 명사로 띄어 써야 하지만, '부부간, 형제간, 고부간, 모녀간'처럼 한 말로 굳어진 합성어도 있다.
04 '바'는 앞에서 말한 내용 그 자체나 일 따위를 나타내는 의존 명사로 띄어 써야 한다.
05 '척'은 그럴듯하게 꾸미는 거짓 태도나 모양을 뜻하는 의존 명사로 띄어 써야 한다.
06 '마리'는 짐승이나 물고기, 벌레 따위는 세는 단위로, 의존 명사이다.
07 여기서 '큰'은 명사 '집'을 수식하는 관형사로 쓰였으므로 띄어 써야 한다. '큰집'은 집안의 맏이가 사는 집이나 분가하여 나간 집에서 종가를 이르는 말이다.
08 '데'는 '일'이나 '것'의 뜻을 나타내는 의존 명사이다.
09 '20'과 접미사인 '-여'는 붙이고, 의존 명사인 '명'은 띄어 쓴다.
10 '전'은 '모든' 또는 '전체'의 뜻을 나타내는 관형사로 띄어 써야 한다.

11 나에게 친구는 역시 너 밖에 없다.

12 그 사람의 직업은 변호사 이다.

13 종일 밥은커녕 물 한 모금도 마시지 못하였다.

14 가을이 되니 사범 대학원 입학 상담을 시작해야 할 것 같다.

15 총무부의 김철수씨는 오전에 조퇴하였다.

16 김장을 했으니 돼지고기를 사서 수육을 삶고, 상추와 고추따위도 같이 사 와서 먹자.

17 아버지는 사업 구상차 일본에 가셨다.

18 해질녘이 다가오니 마당에 등을 켜고 계획대로 저녁 식사를 준비하자.

기출 **19** 갑작스러운 사고에 무엇부터 해야 할 지 모르겠다.

20 화랑에서 본 그 작품은 인상깊은 작품이라서 그런지 작가에 대해서 더 알고 싶다.

정답

11 너 밖에 → 너밖에 **12** 변호사 이다 → 변호사이다 **13** 잘못된 부분 없음 **14** 잘못된 부분 없음 **15** 김철수씨 → 김철수 씨 **16** 고추따위 → 고추 따위 **17** 잘못된 부분 없음 **18** 해질녘 → 해 질 녘 **19** 할 지 → 할지 **20** 인상깊은 → 인상 깊은

해설

11 '밖에'가 '그것 말고는'의 뜻을 나타내는 조사이므로 붙여 쓴다.
12 '이다'는 조사이므로 붙여 쓴다.
13 '-ㄴ커녕'이 하나의 조사이므로 붙여 쓴다.
14 전문 용어는 단어별로 띄어 씀을 원칙으로 하되, 붙여 쓸 수 있다. 즉, '사범 대학원'이 원칙이고, '사범대학원'을 허용한다.
15 성과 이름, 성과 호 등은 붙여 쓰고, 이에 덧붙는 호칭어, 관직명 등은 띄어 쓴다.
16 '따위는 앞에 나온 것과 같은 종류의 것들이 더 있음을 나타내는 의존 명사이므로, 띄어 쓴다.
17 '목적'의 뜻을 더하는 '-차'는 접미사이므로 앞말과 붙여 쓴다.
18 '녘'은 일부 명사나 어미 '-을' 뒤에 쓰여 어떤 때의 무렵을 의미하는 의존 명사로 띄어 써야 한다.
19 '할지'는 '하다'의 어간 '하-'에 어미 '-ㄹ지'가 붙는 형태이므로 붙여 쓴다. 단, 어떤 일이 있었던 때로부터 지금까지의 동안을 나타내는 말로 의존 명사 '지'가 쓰일 때는 띄어 쓴다(예 그를 만난 지도 꽤 오래되었다).
20 '인상 깊다'는 '명사+형용사'의 형태이므로 띄어 쓴다.

[21-25] 다음 중 띄어쓰기가 옳은 것은?

기출 **21** ① 너야 말로 조용히 있어라.
② 나는 머리를 식힐 겸 시골에 다녀왔다.
③ 김 교수가 주목할만한 성과를 거두었다.
④ 선생님의 말씀이 의미하는바가 무엇인지 모르겠다.
⑤ 여러 음식을 먹었는데 그 중 식혜가 가장 맛있었다.

22 ① 20대 대통령이 선출 되었다.
② 바다도 좋지만 사실 나는 숲 속에서 삼림욕을 하고 싶다.
③ 마트에 가서 오렌지를 만 원어치 사 오렴.
④ 데려다줘서 고마워. 여기서 부터는 혼자 갈 수 있어.
⑤ 부모 자식간이지만 친구처럼 옷을 입어서 보기 좋았어.

23 ① 철수는 말로는 언제나 큰 소리만 친다.
② 나중에 후회할걸 왜 그랬는지 모르겠다.
③ 내가 죽을 망정 적에게 굴복하지 않겠다.
④ 내가 사고 싶은 선물의 가격은 삼만 오천 원이었다.
⑤ 벼는 익을 수록 고개를 숙인다는 말처럼 늘 겸손해야 한다.

정답

21 ② **22** ③ **23** ④

해설

21 '겸'은 의존 명사이므로 띄어 쓴다.
① 너야 말로 → 너야말로
③ 주목할만한 → 주목할 만한
④ 의미하는바가 → 의미하는 바가
⑤ 그 중 → 그중

22 '-어치'는 접미사이므로 붙여 쓴다.
① 선출 되었다 → 선출되었다
② 숲 속 → 숲속
④ 여기서 부터는 → 여기서부터는
⑤ 부모 자식간 → 부모 자식 간

23 수를 적을 때는 만(萬) 단위로 띄어 써야 한다.
① 큰 소리 → 큰소리
② 후회할걸 → 후회할 걸
③ 죽을 망정 → 죽을망정
⑤ 익을 수록 → 익을수록

24 ① 합격했다는 소식에 뛸듯이 기뻐하였다.
② 네가 본대로 나에게 말해 줄 수 있겠니?
③ 다섯 시간 만에 산의 맨꼭대기에 도착했다.
④ 그는 이번에 승진하여 팀장겸 부장이 되었다.
⑤ 꽃잎이 한잎 두잎 떨어지며 아름답게 흩날린다.

25 ① 학생 한 명 당 책 한 권씩 나눠 주었다.
② 직장을 그만 두고 창업을 준비하고 있다.
③ 결혼 10년 차에 드디어 내 집을 장만했다.
④ 그는 반에서 누구 보다도 빨리 문제를 푼다.
⑤ 몇날 며칠을 고민하다가 친구에게 고민을 털어놓았다.

정답

24 ⑤ **25** ③

해설

24 '한 잎 두 잎'처럼 띄어 쓰는 것이 원칙이나 단음절로 된 단어가 연이어 나타날 때에는 붙여 쓸 수 있다.
① 뛸듯이 → 뛸 듯이
② 본대로 → 본 대로
③ 맨꼭대기 → 맨 꼭대기
④ 팀장겸 부장 → 팀장 겸 부장

25 '차'는 주기나 경과의 해당 시기를 나타내는 말로 의존 명사이다.
① 한 명 당 → 한 명당
② 그만 두고 → 그만두고
④ 누구 보다도 → 누구보다도
⑤ 몇날 → 몇 날

[26-30] 다음 중 띄어쓰기가 옳지 않은 것은?

26 ① 첫 번째 해외여행에 마음이 설렜다.
② 이제 믿을 것은 오직 나 자신 뿐이다.
③ 우리 회사는 2년마다 체육 대회를 연다.
④ 영희는 그다음 날 바로 부산으로 내려갔다.
⑤ 신입 직원이 일을 잘할뿐더러 성격도 좋다.

27 ① 사과 같은 내 얼굴
② 이제까지 이렇게 지각을 많이 했던 학생은 너뿐이다.
③ 5인 이상 사적 모임 집합 금지로 세 명내지 네 명이 모이는 것이 좋겠다.
④ 8월 말이 되니 더 이상 열대야는 지속되지 않았다.
⑤ 우리는 이후에도 수차례 왔지만 고양이는 다시 나타나지 않았다.

28 ① 감기를 오래 앓더니 얼굴이 많이 안됐구나.
② 난생처음 보는 아름다운 풍경에 가슴이 두근거렸다.
③ 책상 위에는 공책, 연필, 종이 들이 여기저기 흩어져 있었다.
④ 그는 우리가 나누는 대화에 알은 체하며 끼어들었다.
⑤ 바쁘실 텐데 이렇게 참석해 주셔서 감사드립니다.

정답

26 ② **27** ③ **28** ④

해설

26 여기에서 '뿐'은 조사이므로, '자신뿐'으로 붙여 써야 한다. 단, '뿐'이 조사가 아닌 의존 명사로 쓰일 경우에는 띄어 쓴다(예 소문으로만 들었을 뿐이다).

27 '세 명 내지 네 명'라고 써야 한다. '내지(乃至)'는 수량을 나타내는 말 사이에 쓰일 때는 '얼마에서 얼마까지'의 뜻을 나타내는 부사이다. 이처럼 두 말을 이어 주거나 열거할 적에 쓰이는 '내지'는 띄어 쓴다.

28 '알은체하다'는 '본용언+보조 용언'의 형태로 쓰인 것이 아니라 하나의 단어이므로 붙여 써야 한다.

29 ① 나는 목이 아파서 노래를 못 한다.
② 한 번 엎지른 물은 다시 주워 담을 수 없다.
③ 지난주에는 축구를 하고 이번 주에는 농구를 했다.
④ 그는 사과는커녕 도리어 나에게 화를 냈다.
⑤ 고추가 매운들 시집살이보다 매울까?

30 ① 그녀는 올해 스물여섯 살이 되었다.
② 오늘은 제2 차 회의가 열리는 날이다.
③ 현충사는 이 충무공을 기리기 위해 건립한 사당이다.
④ 내가 어려울 때 이렇게 도와주다니 참으로 고맙네그려.
⑤ 창문 밖에 소리가 나서 나가 봤더니 바람 소리밖에 들리지 않았다.

정답

29 ② **30** ③

해설

29 '한번'은 '일단 한 차례'를 뜻하는 부사이므로 붙여 써야 한다.
30 성과 호, 성과 이름은 붙여 써야 하므로 '이충무공'으로 고쳐 써야 한다.

실력테스트 | 표준어

[01-05] 다음 중 복수 표준어끼리 짝지어지지 않은 것은?

01 ① 섬뜩, 섬찟 ② 삐지다, 삐치다 ③ 예쁘다, 이쁘다
④ 아지랑이, 아지랭이 ⑤ 허섭스레기, 허접쓰레기

02 ① 가뭄, 가물 ② 고깃간, 푸줏간 ③ 돼지감자, 뚱딴지
④ 벌레, 버러지 ⑤ 우레, 벼락

03 ① 입때, 여태 ② 반딧불, 반딧불이 ③ 어림잡다, 어림재다
④ 나귀, 당나귀 ⑤ 꺼림하다, 께름하다

04 ① 구린내, 쿠린내 ② 광주리, 광우리 ③ 만날, 맨날
④ 간지럽히다, 간질이다 ⑤ 후덥지근하다, 후텁지근하다

05 ① 넝쿨, 덩쿨 ② 들락날락, 들랑날랑 ③ 야멸치다, 야멸차다
④ 나부랭이, 너부렁이 ⑤ 헷갈리다, 헛갈리다

정답

01 ④ **02** ⑤ **03** ③ **04** ② **05** ①

해설

01 '아지랑이'만 표준어이고, '아지랭이'는 표준어가 아니다.
02 '우레(천둥)'는 뇌성과 번개를 동반하는 대기 중의 방전 현상을 아우르는 것이고, '벼락'은 공중의 전기와 땅 위의 물체에 흐르는 전기 사이에 방전 작용으로 일어나는 자연 현상을 가리킨다.
03 '어림잡다'의 복수 표준어는 '어림치다'이다.
04 '대, 싸리, 버들 따위를 재료로 하여 바닥은 둥글고 촘촘하게, 전은 성기게 엮어 만든 그릇'에 해당하는 단어는 '광주리'이고, '광우리'는 비표준어이다.
05 '넝쿨'의 복수 표준어는 '덩굴'이다.

실력테스트 | 외래어

[01-05] 다음 중 외래어 표기법에 맞지 않는 것은?

01 ① 미라(mirra) ② 비전(vision) ③ 옐로우(yellow) ④ 워크숍(workshop) ⑤ 초콜릿(chocolate)

02 ① 라이센스(license) ② 와이어리스(wireless) ③ 소파(sofa) ④ 핼러윈(halloween) ⑤ 네트워크(network)

03 ① 쉬림프(shrimp) ② 마니아(mania) ③ 로열티(royalty) ④ 내비게이션(navigation) ⑤ 케이크(cake)

기출 **04** ① 스케줄(schedule) ② 슈퍼마켓(supermarket) ③ 카펫(carpet) ④ 컨텐츠(contents) ⑤ 알고리듬(algorithm)

05 ① 알코올(alcohol) ② 메시지(message) ③ 애드립(adlib) ④ 설루션(solution) ⑤ 애플리케이션(application)

정답

01 ③ **02** ① **03** ① **04** ④ **05** ③

해설

01 'yellow'는 '옐로'라고 표기하는 것이 맞다.

02 'license'는 '라이선스'라고 표기하는 것이 맞다.

03 자음 앞의 [ʃ]는 '슈'로 적어야 하므로 '쉬림프'가 아니라 '슈림프'로 표기해야 한다.

04 발음기호 [ɔ]는 [o]와 구분하지 않고 '오'로 적어야 하므로 '콘텐츠'가 맞는 표기이다.

05 어말과 자음 앞에 오는 유성 파열음([b], [d], [g])은 '으'를 붙여 적어야 하므로 '애드리브'로 표기해야 한다.

실력테스트 | 어휘

[01-02] 다음의 말에 해당하는 단어는?

01

아내의 여동생의 남편

① 계수 ② 동서 ③ 매형 ④ 처남 ⑤ 형부

02

색의 진하고 연한 정도

① 경도 ② 농담 ③ 수압 ④ 음수 ⑤ 색소

03 어떤 일에 나서서 관여하지 않고 곁에서 보기만 하는 것을 '방관'이라 한다. 이와 유사한 단어가 아닌 것은?

① 좌시 ② 관망 ③ 묵인 ④ 방치 ⑤ 유기

04 진행하던 일이 반대 방향으로 구르거나 돌아가는 것은 '반전'이라고 한다. 이와 유사한 단어가 아닌 것은?

① 역전 ② 역변 ③ 경과 ④ 변환 ⑤ 역행

05 다음에 제시된 단어와 비슷한 의미를 지닌 단어는?

20세

① 백수 ② 환갑 ③ 약관 ④ 불혹 ⑤ 이립

정답

01 ② **02** ② **03** ⑤ **04** ③ **05** ③

해설

01 ① 남자 형제 사이에서 동생의 아내, ③ 누나의 남편, ④ 아내의 남자 형제, ⑤ 언니의 남편
02 '농담'은 '짙을 농(濃)', '묽을 담(淡)'으로 이루어진 단어이다.
03 '유기'는 물건 등을 내다 버리거나, 사람을 보호받지 못하는 상태에 두는 일이다.
① 참견하지 않고 앉아서 보기만 하는 것 ② 한발 물러나서 어떤 일이 되어 가는 형편을 바라봄
③ 모르는 체하고 하려는 대로 내버려 둠으로써 슬며시 인정함 ④ 내버려 둠
04 '경과'는 일이 되어 가는 과정이나 시간이 지나가는 것을 의미하고, 나머지는 일의 진행 방향이 거꾸로 바뀌거나 변질되는 것을 가리킨다.
05 ① 99세, ② 61세, ④ 40세, ⑤ 30세

06 다음에 제시된 단어 중에서 성격이 다른 하나는?

① 소한 ② 대한 ③ 동지 ④ 대설 ⑤ 곡우

07 다음에 제시된 단어와 성격이 가장 가까운 하나는?

망종, 하지, 소서

① 우수 ② 소만 ③ 상강 ④ 처서 ⑤ 소한

[08-10] 다음의 밑줄 친 말과 바꾸어 쓸 수 있는 단어는?

08

옛말에 콩 심은 데 콩 나고 팥 심은 데 팥 난다고 했어.

① 죽 ② 해바라기 ③ 바퀴 ④ 전기 ⑤ 태양

09

이 약은 원기를 돕는 효과가 매우 크다.

① 조력하는 ② 증진하는 ③ 제휴하는 ④ 보필하는 ⑤ 구명하는

기출 **10**

일간 말미를 내어 찾아뵙겠습니다.

① 말단 ② 끄트머리 ③ 방가 ④ 뒷부분 ⑤ 끝

정답

06 ⑤ **07** ② **08** ② **09** ② **10** ③

해설

06 곡우는 24절기 중에서 봄에 속하는 절기를 가리킨다. 나머지는 모두 겨울에 해당하는 절기이다.

07 제시된 단어는 여름의 절기로, 소만 역시 여름 절기에 해당한다.

08 대를 이어서 생장할 수 있는 유기물은 '해바라기'뿐이다.

09 ①~⑤ 모두 '돕다'의 유의어에 해당하지만, 여기서는 어떤 상태를 증진하거나 촉진한다는 의미로 사용되고 있으므로 '증진하다'와 바꾸어 쓸 수 있다.

10 '일정한 직업이나 일 따위에 매인 사람이 다른 일로 말미암아 얻는 겨를'의 의미로 사용되었다. ③을 제외한 단어들은 모두 '어떤 사물의 맨 끄트머리'를 의미한다.

[11-12] 다음 빈칸에 들어갈 단어로 가장 적절한 것은?

11

> 세계 최대 자유무역협정인 역내포괄적경제동반자협정, RCEP (　　)은 수출 부진으로 어려움을 겪는 우리 기업들에 새로운 기회가 될 전망이다. 하지만 농업계는 농산물 수입 증가에 따른 피해가 우려된다고 반발한다.

① 타결　② 종결　③ 귀결　④ 표결　⑤ 부결

12

> 대구, 경북은 대체로 맑은 가운데, 기온이 떨어지면서 지표 부근의 수증기가 (　　)하여 경북내륙에는 가시거리 1km 미만의 안개가 낀 곳이 있고, 그 밖의 지역에는 5km 내외의 박무(옅은 안개)가 낀 곳이 많다.

① 압축　② 응결　③ 탄화　④ 응고　⑤ 산화

13 다음 빈칸에 들어갈 단어로 적절하지 않은 것은?

> 그는 돼지를 (　　) 생계를 유지한다.

① 길러서　② 키워서　③ 쳐서　④ 먹여서　⑤ 가꿔서

기출 **14** 다음에 제시된 단어에 비출 때, 빈칸에 들어갈 적절한 단어는 무엇인가?

> 한옥집 : 주춧돌＝나무 : (　　)

① 바위　② 나이테　③ 나뭇잎　④ 가지　⑤ 뿌리

15 다음에 제시된 단어에 비출 때, 빈칸에 들어갈 적절한 단어가 아닌 것은?

> 가옥 : 아파트＝음료 : (　　)

① 식혜　② 생수　③ 우유　④ 탄산　⑤ 차

정답

11 ① **12** ② **13** ⑤ **14** ⑤ **15** ④

해설

11 '타결'은 의견이 대립된 양편에서 서로 양보하여 일을 끝맺는다는 의미이다.
② 일을 끝냄　③ 어떤 사태를 원인으로 결말에 이름
④ 안건에 대해 가부 의사를 표시해 결정함　⑤ 안건을 받아들이지 않기로 결정함

12 '응결'은 증기의 일부가 액체로 변하는 현상을 말한다.
① 물질 따위에 압력을 가하여 그 부피를 줄임　③ 어떤 물질이 탄소와 화합함
④ 액체 따위가 엉겨서 뭉쳐 딱딱하게 굳어짐　⑤ 어떤 물질이 산소와 결합하거나 수소를 잃는 일

13 ①~④는 모두 가축 따위를 사육한다는 의미를 지닌 단어이다.

14 주춧돌은 한옥 기둥을 받쳐 주는 역할을 수행한다. 나무에는 뿌리가 해당한다.

15 가옥은 상위 개념이며 아파트는 하위 개념이다. 음료가 상위 개념이라고 했을 경우, 탄산은 하위 개념이 될 수 없다.

[16-17] 다음에 제시된 단어들과 동일한 관계를 형성하고 있는 것은?

16

갈피 : 단서

① 기공 : 준공　② 미명 : 황혼　③ 이면 : 표면
④ 넉넉하다 : 푼푼하다　⑤ 대수롭다 : 하찮다

17

밑천 : 본전

① 팽창 : 수축　② 상승 : 하락　③ 용기 : 침강
④ 자동 : 수동　⑤ 독립 : 자활

18 다음에 제시된 단어들과 동일한 관계를 형성하고 있지 않은 것은?

길 : 활주로

① 꿩 : 장끼　② 타악기 : 팀파니　③ 사과 : 홍옥
④ 컴퓨터 : 모니터　⑤ 절기 : 처서

기출 **19** 다음 단어들과 공통적으로 반의 관계에 있는 단어는?

메다, 쓰다, 끼다, 신다, 입다

① 가다　② 벗다　③ 열다　④ 막다　⑤ 빼다

20 다음은 학술 용어로 적힌 것을 이해하기 쉽게 바꿔서 작성한 것이다. 짝이 알맞지 않은 것은?

① 십자화과 → 배추과　② 근채류 → 뿌리채소류　③ 과경 → 유리관
④ 발아 → 싹트기　⑤ 엽채류 → 잎채소류

정답

16 ④ **17** ⑤ **18** ④ **19** ② **20** ③

해설

16 '갈피'와 '단서'는 유의어이다. ④는 유의어 관계이고, ①, ②, ③, ⑤는 반의어이다.
17 '밑천'과 '본전'은 유의어이다. ⑤는 유의어 관계이고, ①, ②, ③, ④는 반의어이다.
18 '컴퓨터'와 '모니터'는 전체와 부분의 관계이고, ①, ②, ③, ⑤는 상하 관계이다.
19 '벗다'는 몸에 착용한 물건을 몸에서 떼어 내거나, 배낭이나 가방 따위를 몸에서 내려놓는다는 의미로, 주어진 단어들의 반의어에 해당한다.
20 '과경(果徑)'은 열매의 지름을 가리킨다.

실력테스트 | 한자와 사자성어

01 다음 중 '쌀 미'를 한자로 옳게 쓴 것은?

① 木 ② 本 ③ 味 ④ 米 ⑤ 沐

02 '농협'을 한자로 썼을 때, 옳은 것은?

① 農協 ② 農莢 ③ 籠協 ④ 籠莢 ⑤ 弄莢

03 2024년은 갑진년이다. 이를 한자로 옳게 쓴 것은?

① 庚子年 ② 辛丑年 ③ 甲午年 ④ 己未年 ⑤ 甲辰年

04 2025년은 을사년이다. 이를 한자로 옳게 쓴 것은?

① 丙申年 ② 丁巳年 ③ 乙巳年 ④ 乙酉年 ⑤ 壬寅年

05 다음 중 뜻이 같은 한자끼리 묶인 것은?

① 犬, 狗 ② 卯, 苗 ③ 川, 千 ④ 永, 影 ⑤ 宮, 弓

정답

01 ④ **02** ① **03** ⑤ **04** ③ **05** ①

해설

01 ① 나무 목, ② 근본 본, ③ 맛 미, ⑤ 머리 감을 목
02 ① 농협은 '농사 농(農)'에 '화합할 협(協)'을 쓴다.
03 ① 경자년, ② 신축년, ③ 갑오년, ④ 계해년
04 ① 병신년, ② 정사년, ④ 을유년, ⑤ 임인년
05 ①은 '개 견', '개 구'로 뜻이 같은 한자이다. 나머지는 음이 같은 한자이다.
② 토끼 묘, 고양이 묘
③ 내 천, 일천 천
④ 길 영, 그림자 영
⑤ 집 궁, 활 궁

06 다음 중 음이 다른 한자는?

① 家 ② 河 ③ 嘉 ④ 假 ⑤ 呵

07 다음 한자를 음에 따라 가나다순으로 정렬할 때, 맨 처음에 오는 것은?

① 活 ② 域 ③ 植 ④ 物 ⑤ 産

08 다음 중 농업과 관련된 한자가 아닌 것은?

① 作 ② 耕 ③ 禾 ④ 畵 ⑤ 菜

09 다음 중 날씨와 관련된 한자가 아닌 것은?

① 急 ② 霜 ③ 溫 ④ 風 ⑤ 寒

10 다음 중 숫자와 관련된 한자가 아닌 것은?

① 萬 ② 億 ③ 西 ④ 空 ⑤ 兆

정답

06 ② **07** ④ **08** ④ **09** ① **10** ③

해설

06 '河'는 '강 하'이고, 나머지는 모두 '가' 음을 가진 한자이다.
① 집 가, ③ 아름다울 가, ④ 거짓 가, ⑤ 꾸짖을 가

07 ④ 물건 물 → ⑤ 낳을 산 → ③ 심을 식 → ② 지경 역 → ① 살 활

08 '畵'는 '그림 화'로 농업과 관련된 한자가 아니다.
① 지을 작, ② 밭 갈 경, ③ 벼 화, ⑤ 나물 채

09 '急'은 '급할 급'으로 날씨과 관련된 한자가 아니다.
② 서리 상, ③ 따뜻할 온, ④ 바람 풍, ⑤ 찰 한

10 '西'는 '서녘 서'로 숫자와 관련된 한자가 아니다.
① 일만 만, ② 억 억, ④ 빌 공(0), ⑤ 조 조

[11-12] 다음 중 밑줄 친 단어를 한자로 옳게 쓴 것은?

기출 **11**

○○농협은 조합원과 지역 주민의 건강을 위해 초복을 맞이해서 삼계탕 100그릇을 준비했다.

① 祖今員 ② 祖合員 ③ 租合員 ④ 組今員 ⑤ 組合員

12

농협상호금융은 1969년 금융의 불모지인 농촌지역에서 조합원 상호 간 필요한 자금을 자체적으로 융통하고 그 당시 만연한 고리사채 문제를 해결하기 위해 협동조합금융으로 출발하였다.

① 自今 ② 自金 ③ 資金 ④ 合金 ⑤ 慈今

13 '서재에 꼭 있어야 할 네 벗'이라는 뜻을 가진 사자성어는 문방사우이다. 여기서의 네 가지에 해당하지 않는 것은?

① 종이 ② 붓 ③ 차 ④ 먹 ⑤ 벼루

14 다음은 농업과 관련한 단어이다. 빈칸에 들어갈 한자를 고르면?

農者(　　)本

① 天下地代 ② 天下之大 ③ 天下智大 ④ 日月星辰 ⑤ 日月天下

15 다음 중 농사와 관련된 서적의 이름이 아닌 것은?

① 『농사직설(農事直說)』 ② 『농상집요(農桑輯要)』 ③ 『금양잡록(衿陽雜錄)』
④ 『농가집성(農家集成)』 ⑤ 『보적신방(保赤神方)』

정답

11 ⑤ **12** ③ **13** ③ **14** ② **15** ⑤

해설

11 '조합원'은 한자로 '組(짤 조), 合(합할 합), 員(인원 원)'으로 표기한다. '祖'는 '조상 조', '租'는 '조세 조', '今'은 '이제 금'이다.

12 '자금'은 한자로 '資(재물 자), 金(쇠 금)'으로 표기한다.

13 문방사우는 종이, 붓, 벼루, 먹을 가리킨다.

14 '농자천하지대본(農者天下之大本)'은 농업은 천하의 사람들이 살아가는 큰 근본이라는 말이다.

15 『보적신방(保赤神方)』은 조선시대 전염병인 천연두에 대한 기록이 담긴 의료서적이다. 『농사직설(農事直說)』, 『금양잡록(衿陽雜錄)』, 『농가집성(農家集成)』은 모두 조선시대의 농서이고, 『농상집요(農桑輯要)』는 고려시대의 농서이다.

16 다음 중 두 가지의 동물이 들어가 있는 사자성어가 아닌 것은?

① 견원지간(犬猿之間) ② 계구우후(鷄口牛後) ③ 주마가편(走馬加鞭)
④ 토사구팽(兎死狗烹) ⑤ 호가호위(狐假虎威)

[17-20] 다음 중 비슷한 뜻의 사자성어가 아닌 하나는?

17 ① 금의환향(錦衣還鄕) ② 온고지신(溫故知新) ③ 입신양명(立身揚名)
④ 공명부귀(功名富貴) ⑤ 유방백세(流芳百世)

18 ① 백면서생(白面書生) ② 정저지와(井底之蛙) ③ 만시지탄(晩時之歎)
④ 통관규천(通管窺天) ⑤ 좌정관천(坐井觀天)

19 ① 강노지말(强弩之末) ② 낙화유수(落花流水) ③ 모운낙일(暮雲落日)
④ 성자필쇠(盛者必衰) ⑤ 우후지실(雨後地實)

20 ① 면종복배(面從腹背) ② 함구무언(緘口無言) ③ 구밀복검(口蜜腹劍)
④ 표리부동(表裏不同) ⑤ 경이원지(敬而遠之)

정답

16 ③ **17** ② **18** ③ **19** ⑤ **20** ②

해설

16 '주마가편(走馬加鞭)'은 달리는 말에 채찍질한다는 뜻으로, '말' 하나만 등장한다.
① 개와 원숭이의 사이처럼 매우 사이가 나쁜 관계 → 개, 원숭이
② 닭의 주둥이와 소의 꼬리 → 닭, 소
④ 토끼가 죽으면 토끼를 잡던 사냥개도 필요 없게 되어 주인에게 삶아 먹히게 됨 → 토끼, 개
⑤ 여우가 호랑이의 위세를 빌려 호기를 부림 → 여우, 호랑이

17 '온고지신(溫故知新)'은 옛것을 익히고 그것을 미루어서 새것을 안다는 뜻이다. 나머지는 모두 성공과 출세에 관련된 사자성어이다.

18 '만시지탄(晩時之歎)'은 시기에 늦어 기회를 놓쳤음을 안타까워하는 탄식을 의미한다. 나머지는 모두 경험이나 식견이 부족하여 보는 눈이 좁은 사람을 가리키는 사자성어이다.

19 '우후지실(雨後地實)'은 비 온 뒤에 땅이 굳는다는 뜻으로 성장과 관련된 사자성어이고, 나머지는 모두 쇠퇴와 관련된 사자성어이다.

20 '함구무언(緘口無言)'은 입을 다물고 아무 말도 하지 않는 것을 의미한다. 나머지는 모두 겉과 속이 다른 생각이나 행태를 가리키는 사자성어이다.

실력테스트 | 속담

[01-04] 다음 속담의 빈칸에 들어갈 적절한 말을 고르면?

01

(   ) 우는 소리 들으면 참깨 심지 마라

① 뻐꾸기 ② 개구리 ③ 참새 ④ 갓난아이 ⑤ 새벽닭

02

(   ) 보자고 초저녁부터 기다린다

① 고양이 ② 손주 ③ 그림자 ④ 새벽달 ⑤ 서낭당

03

(   ) 갈아 이태 만에 못 먹으랴

① 쌀 ② 콩 ③ 팥 ④ 보리 ⑤ 수수

04

(   ) 문고리도 빼겠다

① 변소 ② 포도청 ③ 서당 ④ 거지 ⑤ 푸줏간

정답

01 ① **02** ④ **03** ④ **04** ②

해설

01 북부 지역의 뻐꾸기 우는 소리는 6월 중순부터이다. 이때 참깨를 파종하면 파종 시기가 늦어서 생육 기간이 단축되어 수량이 감소한다.

02 '새벽달 보자고 초저녁부터 기다린다'는 일을 너무 서두른다는 뜻을 가진 속담이다.

03 '보리 갈아 이태 만에 못 먹으랴'는 가을에 땅을 갈아 보리를 심어 그 이듬해에 가서 거두어 먹는 것은 정해진 이치라는 뜻으로, 으레 정해져 있는 사실을 가지고 구태여 말할 필요가 없음을 이르는 속담이다.

04 '포도청 문고리도 빼겠다'는 겁이 없고 대담한 사람을 이르는 말이다.

기출 **05** 다음에 제시된 속담 중 24절기의 추분과 가장 관계가 가까운 것은?

① 대한이가 소한이네 놀러 왔다가 얼어 죽었다 ② 설은 질어야 좋고, 추석은 맑아야 좋다
③ 가을 무 껍질이 두꺼우면 겨울이 춥다 ④ 들깨 꽃 피면 큰 바람 없다
⑤ 오뉴월 하루 놀면 동지섣달 열흘 굶는다

06 다음에 제시된 속담 중에서 협동을 다루는 말이 아닌 것은?

① 백지장도 맞들면 낫다 ② 여럿의 말이 쇠도 녹인다
③ 종이도 네 귀를 들어야 바르다 ④ 두 손뼉이 맞아야 소리가 난다
⑤ 사공이 많으면 배가 산으로 간다

[07-08] 다음 속담의 뜻으로 적절하지 않은 것은?

07 ① 피는 물보다 진하다: 뭐니 뭐니 해도 한 형제자매가 낫다는 말
② 아랫돌 빼어 웃돌 괴기: 임시변통으로 한 곳에서 빼어 다른 곳을 막는다는 말
③ 망건 쓰고 세수한다: 일의 순서가 뒤바뀌었다는 뜻
④ 가루는 칠수록 고와지고 말은 할수록 거칠어진다: 말은 할수록 맛이 난다는 말
⑤ 가루 가지고 떡 못 만들랴: 누구나 할 수 있는 쉬운 일을 가지고 잘난 체 뽐내지 말라는 뜻

08 ① 개밥에 도토리: 따로 떨어져서 여럿 속에 어울리지 못하는 사람을 가리키는 말
② 달도 차면 기운다: 무슨 일이건 과도한 것보다 적정한 게 좋다는 뜻
③ 말 가는 데 소도 간다: 능력이 부족하더라도 부지런히 노력하면 어느 정도 따라잡을 수 있다는 뜻
④ 물어도 준치 썩어도 생치: 본래 좋고 훌륭한 것은 상해도 그 본질에는 변함이 없다는 뜻
⑤ 핑계 없는 무덤 없다: 잘못을 저질러 놓고 여러 이유를 대며 책임을 회피한다는 뜻

정답

05 ② **06** ⑤ **07** ④ **08** ②

해설

05 추분은 9월 23~24일경으로, 추석과 가장 관계가 가깝다.
① 동지(12월 22~23일경): 해가 가장 짧음 ③ 소설(11월 22~23일경): 얼음이 얼고 첫눈이 내림
④ 처서(8월 23일경): 더위가 수그러듦 ⑤ 입하(5월 5일경): 여름 기운이 일어섬

06 '사공이 많으면 배가 산으로 간다'는 간섭하는 사람이 많으면 일이 제대로 되기 어렵다는 말이다.

07 '가루는 칠수록 고와지고 말은 할수록 거칠어진다'는 말을 삼가야 한다는 뜻이다.

08 '달도 차면 기운다'는 세상의 온갖 것이 한번 성하면 다시 줄어든다는 말이다.

[09-12] 다음 중 속담의 의미가 다른 하나는?

09 ① 빈 수레가 요란하다
② 속이 빈 깡통이 소리만 요란하다
③ 소문난 잔치에 먹을 것 없다
④ 냉수 먹고 이 쑤신다
⑤ 먹지 않는 씨앗에서 소리만 난다

10 ① 무쇠도 갈면 바늘이 된다
② 공든 탑이 무너지랴
③ 잘되면 제 탓, 못되면 조상 탓
④ 낙숫물이 댓돌을 뚫는다
⑤ 지성이면 감천이다

11 ① 행차 뒤에 나팔
② 다 된 죽에 코 풀기
③ 소 잃고 외양간 고친다
④ 다 된 농사에 낫 들고 덤빈다
⑤ 열흘날 잔치에 열하룻날 병풍 친다

12 ① 남의 다리 긁는다
② 고뿔도 남을 안 준다
③ 죽 쒀서 개 준다
④ 제 것 주고 뺨 맞는다
⑤ 먹지도 못하는 제사에 절만 죽도록 한다

정답

09 ③ **10** ③ **11** ② **12** ②

해설

09 '소문난 잔치에 먹을 것 없다'는 큰 기대에 비해 실속이 없거나 소문이 사실과 다르다는 뜻이다. 나머지는 모두 못난 사람이 더 떠들어 댄다는 뜻이다.

10 '잘되면 제 탓, 못되면 조상 탓'은 일이 잘되면 제가 잘해서 된 것으로 여기고 안되면 남을 원망한다는 뜻이다. 나머지는 모두 노력하면 그에 합당한 결과가 뒤따른다는 의미를 가진다.

11 '다 된 죽에 코 풀기'는 거의 다 된 일을 망쳐 버리는 주책없는 행동을 비유적으로 이르는 말이다. 나머지는 때를 놓치고 일이 다 끝난 다음에야 하려는 것을 비꼬아 이르는 말이다.

12 '고뿔도 남을 안 준다'는 감기까지 안 줄 정도로 인색하다는 뜻이다. 나머지는 모두 애를 썼지만 결국 자신의 이익을 챙기지 못함을 의미한다.

[13-20] 다음 사자성어와 의미가 가장 가까운 속담은?

13

괄목상대(刮目相對)

① 가는 날이 장날이다

② 오뉴월 병아리 하루 볕이 새롭다

③ 어물전 망신은 꼴뚜기가 시킨다

④ 열 번 찍어 안 넘어가는 나무 없다

⑤ 늦게 배운 도둑이 날 새는 줄 모른다

14

망양보뢰(亡羊補牢)

① 망둥이가 뛰니까 꼴뚜기도 뛴다

② 메뚜기도 오뉴월이 한철이다

③ 벙어리 냉가슴 앓다

④ 소 잃고 외양간 고친다

⑤ 놓친 고기가 더 크다

정답

13 ② **14** ④

해설

13 '괄목상대(刮目相對)'는 상대의 학식이나 재주가 몰라볼 정도로 나아져 눈을 비비고 상대방을 대한다는 의미로, '오뉴월 병아리 하루 볕이 새롭다'와 의미상 가깝다.

① 뜻하지 않은 일이 우연히 들어맞음을 이르는 말

③ 못난 자일수록 주변 동료를 망신시킨다는 뜻

④ 여러 번 계속해 노력하면 어떤 일이건 이룰 수 있다는 뜻

⑤ 나이 들어서 시작한 일에 몹시 골몰하는 경우를 말함

14 '망양보뢰(亡羊補牢)'는 양을 잃고 우리를 고친다는 뜻으로, '소 잃고 외양간 고친다'와 의미상 가깝다.

① 남이 하니까 멋도 모르고 따라서 하는 것을 이르는 말

② 제때를 만난 듯이 날뛰는 자를 풍자하는 말

③ 남에게 말하지 못하고 혼자만 걱정한다는 뜻

⑤ 먼저 것이 더 좋았다고 생각한다는 뜻

15

하석상대(下石上臺)

① 언 발에 오줌 누기
② 닭 쫓던 개 지붕 쳐다보듯
③ 돌다리도 두들겨 보고 건너라
④ 쏘아 놓은 살이요 엎지른 물이다
⑤ 차돌에 바람 들면 석돌보다 못하다

16

후안무치(厚顔無恥)

① 나 먹자니 싫고 개 주자니 아깝다
② 벼룩도 낯짝이 있다
③ 사람 살 곳은 골골이 있다
④ 손도 안 대고 코 풀려고 한다
⑤ 철나자 노망 든다

정답

15 ① **16** ②

해설

15 '하석상대(下石上臺)'는 아랫돌 빼서 윗돌 괴고 윗돌 빼서 아랫돌 괸다는 뜻으로, '언 발에 오줌 누기'와 의미상 가깝다.
② 애써 하던 일이 실패로 돌아가 어찌할 도리가 없이 됨을 이르는 말
③ 잘 아는 일이라도 세심하게 주의를 하라는 말
④ 한번 저지른 일을 다시 고치거나 중지할 수 없음을 이르는 말
⑤ 야무진 사람일수록 한번 타락하면 걷잡을 수 없게 된다는 말

16 '후안무치(厚顔無恥)'는 뻔뻔스러워 부끄러워할 줄을 모르는 것을 이르는 말로, '벼룩도 낯짝이 있다'와 의미상 가깝다.
① 인색하기 짝이 없음을 이르는 말
③ 이 세상은 어디에 가나 서로 도와주는 풍습이 있어 살아갈 수 있다는 뜻
④ 수고는 조금도 하지 않고 큰 소득만 얻으려고 한다는 뜻
⑤ 어물어물하다 보면 무엇 하나 이루어 놓은 일도 없이 무상하게 늙는다는 뜻

17

교각살우(矯角殺牛)

① 울며 겨자 먹기

② 빈대 잡으려고 초가삼간 태운다

③ 바늘 도둑이 소 도둑 된다

④ 아닌 밤중에 홍두깨

⑤ 선무당이 사람 잡는다

18

주마간산(走馬看山)

① 가재는 게 편

② 사공이 많으면 배가 산으로 간다

③ 마른하늘에 날벼락

④ 간에 붙었다 쓸개에 붙었다 한다

⑤ 수박 겉 핥기

정답

17 ② **18** ⑤

해설

17 '교각살우(矯角殺牛)'는 소의 뿔을 바로잡으려다가 소를 죽인다는 뜻으로, '빈대 잡으려고 초가삼간 태운다'와 의미상 가깝다.

① 싫은 일을 억지로 마지못하여 함을 비유적으로 이르는 말

③ 작은 나쁜 일도 자꾸 해서 버릇이 되면 나중에는 큰 죄를 저지르게 된다는 말

④ 별안간 엉뚱한 말이나 행동을 함을 비유적으로 이르는 말

⑤ 능력이 없으면서 함부로 하다가 큰일을 저지르게 됨을 이르는 말

18 '주마간산(走馬看山)'은 말을 타고 달리며 산천을 대충대충 구경한다는 뜻으로, '수박 겉 핥기'와 의미상 가깝다.

① 형편이 비슷하고 인연이 있는 것끼리 감싸 주기 쉬움을 이르는 말

② 여러 사람이 자기주장만 내세우면 일이 제대로 되기 어려움을 이르는 말

③ 뜻하지 아니한 상황에서 뜻밖에 입는 재난을 이르는 말

④ 자기에게 이익이 되면 지조 없이 이편에 붙었다 저편에 붙었다 함을 이르는 말

19

등고자비(登高自卑)

① 우물에 가 숭늉 찾는다
② 윗물이 맑아야 아랫물도 맑다
③ 천 리 길도 한 걸음부터
④ 한 술 밥에 배부르랴
⑤ 오르지 못할 나무는 쳐다보지도 마라

20

부화뇌동(附和雷同)

① 핑계 없는 무덤 없다
② 원숭이도 나무에서 떨어진다
③ 벼룩의 간을 내먹는다
④ 잉어가 뛰니까 망둥이도 뛴다
⑤ 광에서 인심 난다

정답

19 ③ **20** ④

해설

19 '등고자비(登高自卑)'는 높은 곳에 오르려면 순서대로 낮은 곳에서부터 올라야 한다는 뜻으로, '천 리 길도 한 걸음부터'와 의미상 가깝다.
① 일의 순서도 모르고 성급하게 덤빔을 비유적으로 이르는 말
② 윗사람이 잘하면 아랫사람도 따라서 잘하게 된다는 말
④ 어떤 일이든지 단번에 만족할 수는 없다는 말
⑤ 자기의 능력 밖의 불가능한 일에 대해서는 욕심을 내지 않는 것이 좋다는 말

20 '부화뇌동(附和雷同)'은 줏대 없이 남의 의견에 따라 움직인다는 뜻으로, '잉어가 뛰니까 망둥이도 뛴다'와 의미상 가깝다.
① 아무리 큰 잘못을 저지른 사람도 그것을 변명하고 이유를 붙일 수 있다는 말
② 아무리 잘하는 사람이라도 간혹 실수할 때가 있음을 비유적으로 이르는 말
③ 어려운 처지에 있는 사람에게서 금품을 뜯어냄을 이르는 말
⑤ 자신이 넉넉해야 다른 사람도 도울 수 있음을 이르는 말

빈출 문법·어휘 총정리 | 맞춤법

○	×
가벼이	가벼히
간질이다	간지르다
간편히	간편이
개구쟁이	개구장이
객쩍다	객적다
걷잡을 수 없다	겉잡을 수 없다
(대충) 겉잡아도	(대충) 걷잡아도
(안개가) 걷히다	(안개가) 거치다
(외상값이) 걷히다	(외상값이) 거치다
겸연쩍다	겸연적다
겹겹이	겹겹히
고요히	고요이
공평히	공평이
과감히	과감이
구레나룻	구렛나루
구시렁거리다	궁시렁거리다
굳이	구지
귀때기	귓대기
귀띔	귀뜸
기출 금세	금새
기꺼이	기꺼히
깨끗이	깨끗히
꼼꼼히	꼼꼼이
나무때기	나뭇대기
납작하다	납짝하다

○	×
(병이) 낫다	(병이) 낳다
낭떠러지	낭떨어지
낱낱이	낱낱히
너그러이	너그러히
널찍한	넓직한
눈살	눈쌀
느긋이	느긋히
느지막하다	느즈막하다
(수출량을) 늘리다	(수출량을) 늘이다
(치마를) 늘이다	(치마를) 느리다
닦달하다	닥달하다
단언컨대	단언컨데
(약을) 달이다	(약을) 다리다
대가	댓가
대물림	되물림
(얼마나 놀랐)던지	(얼마나 놀랐)든지
도대체	도데체
뒤꿈치	뒷굼치
뒤처지다	뒤쳐지다
뒤치다꺼리	뒤치닥거리
(하)든지 (말)든지	(하)던지 (말)던지
(친구)로서 하는 말	(친구)로써 하는 말
(쌀)로써 떡을 빚다	(쌀)로서 떡을 빚다
(일을) 마치다	(일을) 맞히다
맛깔	맛갈

○	×
(양복을) 맞추다	(양복을) 마추다
(문제를) 맞히다	(문제를) 맞추다
며칠	몇일
미처 (몰랐다)	미쳐 (몰랐다)
(제물을) 바치다	(제물을) 받치다
(고개를) 반듯이	(고개를) 반드시
(쇠뿔에) 받히다	(쇠뿔에) 바치다
발자국	발자욱
(체에) 밭치다	체에 받히다
번번이	번번히
볼때기	볼대기
(나중에) 봬요	(나중에) 뵈요
빈털터리	빈털털이
빛깔	빛갈
(팔을) 뻗치다	(팔을) 뻐치다
사귀어요	사겨요
샅샅이	샅샅히
설거지	설겆이
성깔	성갈
(뜨거우니) 식혀라	(뜨거우니) 시켜라
아니에요	아니예요
안성맞춤	안성마춤
(밥을) 안치다	(밥을) 앉히다
앳되다	애띠다
어이없다	어의없다
억하심정	억화심정
역할	역활
염두에 두다	염두해 두다
오랜만	오랫만

○	×
외로이	외로히
요새	요세
요컨대	요컨데
움큼	웅큼
움츠리다	움추리다
웬일이야	왠일이야
의젓이	의젓히
이마빼기	이맛배기
이야깃거리	이야기거리
일일이	일일히
일찍이	일찌기
기출 (문을) 잠갔다	(문을) 잠궜다
재작년	제작년
(배추를) 절이다	(배추를) 저리다
정확히	정확이
(마음을) 졸이다	(마음을) 조리다
(배를) 주리다	(배를) 줄이다
주워	줏어
지긋이	지그시
(땅을) 짚다	(땅을) 집다
짬짬이	짬짬히
코빼기	콧배기
통째로	통채로
판자때기	판잣대기
팔꿈치	팔굼치
(공부)하느라고 잊다	(공부)하노라고 잊다
핼쑥하다	핼쓱하다
화병	홧병
희한하다	희안하다

빈출 문법·어휘 총정리 | 복수 표준어

가뭄	가물	서럽다	섧다
가엾다	가엽다	성글다	성기다
감감무소식	감감소식	소고기	쇠고기
개수통	설거지통	심술꾸러기	심술쟁이
게을러빠지다	게을러터지다	아무튼	어떻든
고깃간	푸줏간	어저께	어제
곰곰	곰곰이	언덕바지	언덕배기
굽실거리다	굽신거리다	여태	입때
귀퉁머리	귀퉁배기	연달다	잇달다
극성떨다	극성부리다	옥수수	강냉이
나귀	당나귀	의심스럽다	의심쩍다
냄새	내음	일찌감치	일찌거니
넝쿨	덩굴	입찬소리	입찬말
녘	쪽	자물쇠	자물통
느림보	늘보	장가가다	장가들다
다달이	매달	좀처럼	좀체
돼지감자	뚱딴지	차지다	찰지다
두루뭉술하다	두리뭉실하다	차차	차츰
뒷말	뒷소리	책씻이	책거리
들락날락	들랑날랑	천연덕스럽다	천연스럽다
땔감	땔거리	철따구니	철딱서니
만큼	만치	축가다	축나다
말동무	말벗	친친 감다	칭칭 감다
멀찌가니	멀찍이	침놓다	침주다
민둥산	벌거숭이산	태껸	택견
바른	오른	파자쟁이	해자쟁이
벌레	버러지	한턱내다	한턱하다
보조개	볼우물	혼자되다	홀로되다
생	생강	흠나다	흠지다

1회차
2회차
3회차
4회차
5회차
6회차
부록

빈출 문법·어휘 총정리 | 외래어

원어	○	×
business	비즈니스	비지니스
cardigan	카디건	가디건
catalog	카탈로그	카다로그
catholic	가톨릭	카톨릭
dollar	달러	달라
endorphin	엔도르핀	엔돌핀
glass	글라스	글래스
Halloween	핼러윈	할로윈, 핼로우윈
Hollywood	할리우드	헐리우드
juice	주스	쥬스
license	라이선스	라이센스
lotion	로션	로숀
message	메시지	메세지
napkin	냅킨	내프킨
narrator	내레이터	나레이터
network	네트워크	넷워크
nonsense	난센스	넌센스
기출 pamphlet	팸플릿	팜플렛
rainbow	레인보	레인보우
rent-a-car	렌터카	렌트카
report	리포트	레포트
sofa	소파	쇼파
sunglass	선글라스	선글래스
through pass	스루패스	드루패스
vision	비전	비젼
Washington	워싱턴	와싱톤
wireless	와이어리스	와이럴레스
workshop	워크숍	워크샵

빈출 문법·어휘 총정리 | 어휘

유의어		반의어	
값	가격	가결	부결
고무	격려	개업	폐업
기쁨	희열	건강	병약
꾸중	지청구	고령	유년
나이	연령	과소	과다
나중	사후	노동	휴식
대비	준비	도시	농촌
독립	자활	상승	하락
마음	심리	생명	죽음
보람	만족감	생산	소비
본가	친정	성취	실패
본전	원금	손상	이익
빛깔	색	신용	불신
산실	요람	암시	명시
솜씨	기술	유사	대비
수확	소출	육체	정신
슬픔	애수	연결	단절
아침저녁	조석	이론	실천
유사	근사	입주	퇴거
어버이	부모	자동	수동
이익	소득	제한	방임
이자	금리	종합	개별
일자리	직업	증진	감퇴
젊은이	청년	진보	퇴보
조절	가감	진행	정지
주선	알선	집단	단독
진보	향상	처분	관리
창업	개업	친정	시집
회복	만회	획득	상실

동음이의어		
가정	家庭: 가족이 생활하는 집	假定: 임시적인 전제
감정	感情: 마음	鑑定: 좋고 나쁨을 분별
경기	競技: 게임	景氣: 경제 활동 상태
계	契: 친목 도모 조직	界: 생물을 분류하는 단위
공사	公私: 공적인 일과 사적인 일	工事: 토목이나 건축 따위의 일
교정	校庭: 학교의 마당	矯正: 바르게 고침
기호	記號: 부호, 문자, 표지	嗜好: 선호하는 것
낙관	樂觀: 좋은 쪽으로 기대함	落款: 이름이나 호를 찍는 도장
농담	弄談: 유머	濃淡: 색의 진하고 연한 정도
답사	踏査: 현장에서 조사하는 것	答辭: 회답하는 말
당도	糖度: 단맛의 정도	當到: 어떤 곳에 도착하다
대기	待機: 때를 기다림	大氣: '공기'를 달리 이르는 말
매도	賣渡: 팔아넘김	罵倒: 욕하여 쓰러뜨림
부인	婦人: 결혼한 여자	否認: 어떤 사실을 그러하다고 인정하지 아니함
부하	負荷: 짐을 짐	部下: 직책상 자기보다 낮은 자리에 있는 사람
상가	商家: 물건을 파는 집	喪家: 장례를 치르는 집
소설	小說: 허구적으로 꾸며 낸 산문체 문학	小雪: 24절기의 하나
소수	少數: 적은 수	素數: 1과 그 자신으로만 나눠지는 자연수
수정	修正: 바로잡는 것	水晶: 이산화규소 결정체
수치	羞恥: 부끄러움	數値: 계산한 값
연기	煙氣: 불이 날 때 나는 기체	延期: 날짜를 미루는 것
원조	援助: 물품이나 돈 따위로 도움	元祖: 첫 대의 조상
의사	醫師: 병을 고치는 것을 직업으로 하는 사람	意思: 무엇을 하고자 하는 생각
정전	停電: 전기가 멈춤	停戰: 전쟁을 멈춤
조정	調整: 실정에 맞게 정돈함	調停: 분쟁 해결을 위해 합의함
출연	出演: 연기를 하기 위해 무대에 나감	出捐: 금품을 내어 도와줌
회의	會議: 여럿이 모여 의논함	懷疑: 의심을 품음

빈출 문법·어휘 총정리 | 사자성어

기출 가렴주구 (苛斂誅求)	세금을 가혹하게 거두어들이고, 무리하게 재물을 빼앗음 유사 도탄지고
기출 각주구검 (刻舟求劍)	칼을 강물에 떨어뜨리자 뱃전에 그 자리를 표시했다가 나중에 그 칼을 찾으려 한다는 뜻으로, 판단력이 둔하여 융통성이 없고 세상일에 어둡고 어리석다는 말 유사 수주대토
격세지감 (隔世之感)	오래지 않은 동안에 몰라보게 변하여 아주 다른 세상이 된 것 같은 느낌 유사 상전벽해
견위수명 (見危授命)	위험을 보면 목숨을 바친다는 뜻으로, 나라의 위태로운 지경을 보고 목숨을 바쳐 나라를 위해 싸우는 것을 말함 유사 견위치명
견토지쟁 (犬兎之爭)	개와 토끼의 다툼이라는 뜻으로, 두 사람의 싸움에 제삼자가 이익을 봄을 이르는 말 유사 어부지리
고식지계 (姑息之計)	잠시 모면하는 일시적인 방편 유사 동족방뇨, 하석상대, 임시변통
남가일몽 (南柯一夢)	꿈과 같이 헛된 한때의 부귀영화를 이르는 말 유사 한단지몽
남부여대 (男負女戴)	남자는 지고 여자는 인다는 뜻으로, 가난한 사람들이 살 곳을 찾아 떠돌아다님을 비유하는 말 유사 조진모초
낭중지추 (囊中之錐)	주머니 속의 송곳이라는 뜻으로, 재능이 뛰어난 사람은 숨어 있어도 저절로 사람들에게 알려짐을 이르는 말 유사 백미, 동량지재
누란지세 (累卵之勢)	층층이 쌓아 놓은 알의 형세라는 뜻으로, 몹시 위태로운 형세를 비유적으로 이르는 말 유사 누란지위, 풍전등화
능소능대 (能小能大)	모든 일에 두루 능함 유사 능수능란 반대 파려지오
단순호치 (丹脣皓齒)	붉은 입술과 하얀 치아라는 뜻으로, 아름다운 여자를 이르는 말 유사 경국지색, 절세미인
당구풍월 (堂狗風月)	서당에서 기르는 개가 풍월을 읊는다는 뜻으로, 그 분야에 대하여 경험과 지식이 전혀 없는 사람이라도 오래 있으면 얼마간의 경험과 지식을 가짐을 이르는 말 유사 근주자적, 근묵자흑
당랑거철 (螳螂拒轍)	제 역량을 생각하지 않고, 강한 상대나 되지 않을 일에 덤벼드는 무모한 행동거지를 비유적으로 이르는 말 유사 당장지부
기출 동심동덕 (同心同德)	서로 같은 마음으로 덕을 같이하는 일치단결한 마음 유사 동심합력, 동심동력

마이동풍 (馬耳東風)	동풍이 말의 귀를 스쳐 간다는 뜻으로, 남의 말을 귀담아듣지 않고 지나쳐 흘려버림을 이르는 말 유사 여풍과이, 우이독경
막역지우 (莫逆之友)	서로 거스름이 없는 친구라는 뜻으로, 허물이 없이 아주 친한 친구를 이르는 말 유사 관포지교, 죽마고우 반대 빙탄지간
만경창파 (萬頃蒼波)	만 이랑의 푸른 물결이라는 뜻으로, 한없이 넓고 넓은 바다를 이르는 말 유사 망망대해
만시지탄 (晩時之歎)	시기에 늦어 기회를 놓쳤음을 안타까워하는 탄식 유사 후시지탄
망양보뢰 (亡羊補牢)	양을 잃고 우리를 고친다는 뜻으로, 이미 어떤 일을 실패한 뒤에 뉘우쳐도 아무 소용이 없음을 이르는 말 유사 사후약방문 반대 유비무환
망운지정 (望雲之情)	자식이 객지에서 고향에 계신 어버이를 생각하는 마음 유사 망운지회
맥수지탄 (麥秀之嘆)	고국의 멸망을 한탄함을 이르는 말 유사 망국지탄
반포지효 (反哺之孝)	까마귀 새끼가 자라서 늙은 어미에게 먹이를 물어다 주는 효라는 뜻으로, 자식이 자란 후에 어버이의 은혜를 갚은 효성을 이르는 말 유사 반포보은, 반의지희
백낙일고 (伯樂一顧)	명마가 백낙을 만나 세상에 알려진다는 뜻으로, 자기의 재능을 알아주는 사람을 만나 대접을 잘 받음을 이르는 말
백년대계 (百年大計)	먼 앞날까지 미리 내다보고 세우는 크고 중요한 계획 유사 만년지계
백면서생 (白面書生)	한갓 글만 읽고 세상일에는 전혀 경험이 없는 사람 유사 정저지와, 통관규천
사면초가 (四面楚歌)	아무에게도 도움을 받지 못하는, 외롭고 곤란한 지경에 빠진 형편을 이르는 말 유사 진퇴유곡
산전수전 (山戰水戰)	세상의 온갖 고생과 어려움을 다 겪었음을 이르는 말 유사 간난신고
삼순구식 (三旬九食)	삼십 일 동안 아홉 끼니밖에 먹지 못한다는 뜻으로, 몹시 가난함을 이르는 말 유사 계옥지탄
선공후사 (先公後私)	공적인 일을 먼저 하고 사사로운 일은 뒤로 미룸 유사 멸사봉공

1회차 2회차 3회차 4회차 5회차 6회차 부록

기출 순망치한(脣亡齒寒)	입술을 잃으면 이가 시리다는 뜻으로, 서로 도우며 떨어질 수 없는 밀접한 관계 또는 서로 도움으로써 성립되는 관계를 비유하여 이르는 말 유사 고장난명, 보거상의, 순치보거
우공이산(愚公移山)	'우공이 산을 옮긴다.'는 말로, 한 가지 일을 끝까지 밀고 나가면 언젠가는 목적을 달성할 수 있다는 뜻 유사 마부작침
장삼이사(張三李四)	이름이나 신분이 특별하지 아니한 평범한 사람들을 이르는 말 유사 필부필부, 갑남을녀 반대 군계일학
전거가감(前車可鑑)	'앞수레가 엎어진 것을 보고 뒷수레가 경계하여 넘어지지 않도록 한다.'는 말로, 전인의 실패를 보고 후인은 이를 경계로 삼아야 한다는 의미 유사 타산지석, 반면교사
전정만리(前程萬里)	나이가 젊어 장래가 유망함 유사 전도유망
절치부심(切齒腐心)	몹시 분하여 이를 갈며 속을 썩임 유사 비분강개
태평연월(太平烟月)	근심이나 걱정이 없는 편안한 세월 유사 강구연월 반대 풍전등화, 백척간두
토사구팽(兎死狗烹)	필요할 때는 쓰고 필요 없을 때는 야박하게 버리는 경우를 이르는 말 유사 감탄고토, 염량세태
표리부동(表裏不同)	겉으로 드러나는 언행과 속으로 가지는 생각이 다름 유사 면종복배, 구밀복검, 경이원지
풍월주인(風月主人)	맑은 바람과 밝은 달 따위의 아름다운 자연을 즐기는 사람 유사 요산요수, 음풍농월
한우충동(汗牛充棟)	가지고 있는 책이 매우 많음을 이르는 말 유사 오거지서
함구무언(緘口無言)	입을 다물고 아무 말도 하지 아니함 유사 묵묵부답
기출 형설지공(螢雪之功)	반딧불과 눈빛으로 공부하여 이룬 공이란 뜻으로, 어려움을 이겨 내고 공부하여 얻는 보람을 이르는 말 유사 주경야독
기출 해의추식(解衣推食)	옷을 벗어 주고 밥을 나누어 준다는 뜻으로, 남을 각별히 친절하게 대하는 것을 비유하는 말

빈출 문법·어휘 총정리 | 속담

가게 기둥에 입춘이라	보잘것없는 가겟집 기둥에 '입춘대길(立春大吉)'이라고 써 붙인다는 뜻으로, 제격에 맞지 않고 지나친 것을 비유적으로 이르는 말 유사 사모에 갓끈, 석새짚신에 구슬 감기, 초헌에 채찍질
가는 방망이 오는 홍두깨	남을 해치려다가 제가 도리어 더 큰 화를 입게 된다는 말 유사 가는 말이 고와야 오는 말이 곱다
가랑잎이 솔잎더러 바스락거린다고 한다	자기의 허물을 생각하지 않고 오히려 남의 허물만 나무라는 경우를 말함 유사 겨 묻은 개가 똥 묻은 개 나무란다
갈치가 갈치 꼬리 문다	친한 사이에 서로를 모함하거나 해친다는 말 반대 가재는 게 편
감투가 크면 어깨를 누른다	실력이나 능력도 없이 과분한 지위에서 일하게 되면 감당할 수 없게 된다는 뜻 유사 높은 가지가 부러지기 쉽다
갑갑한 놈이 송사한다	제일 급하고 일이 필요한 사람이 먼저 행동한다는 말 유사 목마른 자가 우물을 판다
개밥에 도토리	여러 사람과 함께 어울리지 못하고 따돌림을 받는 사람을 가리키는 말 유사 꾸어다 놓은 보릿자루
개천에서 용 난다	변변하지 못한 집안에서 훌륭한 인물이 나왔을 때 쓰는 말 유사 죽은 나무에서 꽃이 핀다
고양이 쥐 생각해 준다	속으로 해칠 마음을 품고 있으면서 겉으로는 생각해 주는 척 한다는 뜻 유사 웃음 속에 칼이 있다
고뿔도 남을 안 준다	감기까지도 안 줄 정도로 인색하다 유사 나 먹자니 싫고 개 주자니 아깝다
곤쟁이 주고 잉어 낚는다	적은 자본을 들여 큰 이익을 본다는 뜻 반대 비단 옷 입고 밤길 걷기
광에서 인심 난다	자기의 살림이 넉넉하고 유복해져야 비로소 남의 처지를 동정하게 된다 반대 열흘 굶어 군자 없다
구더기 무서워 장 못 담글까	다소 방해되는 일이 있다 하더라도 마땅히 할 일은 해야 한다는 말 유사 참새가 허수아비 무서워 나락 못 먹을까
남의 다리 긁는다	나를 위해 한 일이 남 좋은 결과가 되었다는 말 유사 죽 쒀서 개 준다
남의 제사에 감 놓아라 배 놓아라 한다	쓸데없이 남의 일에 간섭한다는 뜻 유사 남 떡 먹는데 고물 떨어지는 걱정한다
냉수 먹고 이 쑤시기	실속은 없으면서 있는 체함 유사 가난한 놈이 기와집만 찾는다
다 된 농사에 낫 들고 덤빈다	일이 다 끝난 뒤에 쓸데없이 나타나 그 일에 참견하여 시비를 걸고 다닌다는 말 유사 열흘날 잔치에 열하룻날 병풍 친다

달도 차면 기운다	세상의 온갖 것이 한번 번성하면 다시 쇠하기 마련이라는 말 유사 차면 넘친다
될성부른 나무는 떡잎부터 알아본다	장래성이 있는 사람은 어릴 때부터 다른 데가 있다 유사 가꿀 나무는 밑동을 높이 자른다
망건 쓰고 세수한다	일의 순서가 뒤바뀌었다는 말 유사 걷기도 전에 뛰려고 한다
메뚜기도 유월이 한철이다	제때를 만난 듯이 날뛰는 자를 풍자하는 말 유사 고기가 물을 얻은 격이다
모기 다리의 피 뺀다	교묘한 수단으로 없는 데서도 긁어내거나 빈약한 사람을 착취한다는 말 유사 벼룩의 간을 내어 먹지
무당이 제 굿 못하고 소경이 저 죽을 날 모른다	제가 할 일을 처리하기가 힘들다는 말 유사 중도 제 머리 못 깎는다
믿는 도끼에 발등 찍힌다	잘 되리라고 믿고 있던 일이 어긋나거나 믿고 있던 사람이 배반하여 오히려 해를 입음 유사 기르던 개에게 다리가 물렸다
바늘 구멍으로 하늘 보기	전체를 보지 못하고, 소견이 좁아서 답답한 사람을 뜻하는 말 유사 우물 안의 개구리, 소 귀에 경 읽기
벼 이삭은 익을수록 고개를 숙인다	이삭이 잘 익으면 고개를 숙이듯이 훌륭한 사람일수록 교만하지 않고 겸손하다는 뜻 유사 선무당이 사람 잡는다
변죽을 치면 복판이 울린다	슬며시 귀띔만 해 주어도 눈치가 빠른 사람은 곧 알아듣는다는 의미 반대 옆 찔러 절 받기
사공이 많으면 배가 산으로 간다	지시하고 간섭하는 사람이 많으면 일이 제대로 되기 어렵다는 뜻 유사 굿이나 보고 떡이나 먹지
새도 가지를 가려서 앉는다	주위 환경을 잘 살펴서 신중하게 행동하라는 의미 유사 얕은 내도 깊게 건너라
서당개 삼 년이면 풍월을 읊는다	어떤 분야에 대해 아는 것이 아무것도 없는 사람이라도 그 분야에 오래 있으면 어느 정도 지식과 경험을 가질 수 있다는 뜻 반대 아직 이도 나기 전에 갈비 뜯는다
소도 언덕이 있어야 비빈다	사람도 의지할 데가 있어야 발판으로 삼아 성공할 수 있다는 말 유사 원님 덕에 나팔 분다
숭어가 뛰니까 망둥이도 뛴다	제 처지는 생각하지 않고 저보다 나은 사람을 모방하려고 애쓴다는 말 유사 뱁새가 황새 따라가다가 다리가 찢어진다
양지가 음지 되고 음지가 양지 된다	운이 나쁜 사람도 좋은 수를 만날 수 있고 늘 운이 좋았던 사람도 늘 좋은 것이 아닌 어려운 시기가 있다는 말 유사 어느 구름에서 비가 올지 모른다

어물전 망신은 꼴뚜기가 시킨다	못난 자일수록 그와 같이 있는 동료를 망신시킨다는 말 유사 미꾸라지 한 마리가 온 물을 흐린다
우물에서 숭늉 찾는다	성미가 아주 급하다는 뜻 유사 가랑잎에 불 붙기 반대 강태공이 세월 낚듯 한다
재주는 곰이 넘고 돈은 주인이 받는다	정작 수고한 사람은 응당 보수를 받지 못하고 엉뚱한 사람이 그 이익을 차지한다는 말 유사 손도 안 대고 코 풀려 한다
천 리 길도 한 걸음부터	무슨 일이든지 그 일의 시작이 중요하다. 유사 시작이 반이다
초록은 동색이다	끼리끼리 모인다는 뜻의 말 유사 검둥개는 돼지 편이다
큰 방죽도 개미 구멍으로 무너진다	작은 사물이라도 업신여기다가는 그 때문에 큰 화를 입는다는 말 유사 가랑비에 옷 젖는 줄 모른다
털을 뽑아 신을 삼겠다	남의 은혜를 꼭 갚겠다는 뜻 유사 꼴을 베어 신을 삼겠다 반대 은혜를 원수로 갚는다
평안 감사도 저 싫으면 그만이다	아무리 좋은 일이라도 저가 하기 싫다면 억지로 시킬 수 없다는 뜻 반대 열 번 찍어 안 넘어가는 나무 없다
호랑이 없는 골에 토끼가 왕 노릇 한다	힘세고 뛰어난 사람이 없는 곳에서 보잘것없는 사람이 권력을 가진다는 뜻 유사 이불 안에서 활개 친다
호미로 막을 것을 가래로 막는다	적은 힘으로 될 일을 기회를 놓쳐 큰 힘을 들이게 된다는 말 유사 닭 잡아 겪을 나그네 소 잡아 겪는다

빈출 문법·어휘 총정리 | 농업·농촌 용어

농업 기반	
기존 용어	쉬운 용어
개거(開渠)	겉도랑
건답(乾畓)	마른논
관개(灌漑)	물대기
관정(管井)	우물
굴착(掘鑿)	파내기
도수로(導水路)	물 댈 도랑
몽리면적(蒙利面積)	물 댈 면적
배수(排水)	물 빠짐
사토(砂土)	모래흙
살수(撒水)	물 뿌리기
수갑(水閘)	수문
수로교(水路橋)	물길 다리
수리안전답(水利安全畓)	물 사정 좋은 논
수원공(水原工)	농업용수 공급 시설
승수로(承水路)	물받이 도랑
암거(暗渠)	속도랑
양수(揚水)	물 푸기
용수로(用水路)	물도랑
정지(整地)	땅고르기
제당(堤塘)	물둑, 제방
제체(堤體)	둑 몸체
지력(地力)	땅심
집수정(集水井)	물웅덩이
표토(表土)	겉흙
하상(河床)	하천 바닥
한발(旱魃)	가뭄
한해(旱害)	가뭄 피해
한해(寒害)	추위 피해

농작물	
기존 용어	쉬운 용어
곡과(曲果)	굽은 과일
공동과(空洞果)	속 빈 과일
과경(果徑)	열매 지름
과경(果梗)	열매꼭지
과숙(過熟)	농익음
과피(果皮)	과일 껍질
과형(果形)	과일 모양
구근(球根)	알뿌리
근채류(根菜類)	뿌리채소류
기공(氣孔)	숨구멍
낙과(落果)	떨어진 열매
내피(內皮)	속껍질
동작물(冬作物)	겨울 작물
두류(豆類)	콩류
맹아(萌芽)	움트기, 움
미강(米糠)	쌀겨
발아(發芽)	싹트기
방향식물(芳香植物)	향기 식물
본엽(本葉)	본잎
삽시(澁柿)	떫은 감
선과(選果)	과일 고르기
십자화과(十字花科)	배추과
아접(芽接)	눈접
엽채류(葉菜類)	잎채소류
유료작물(油料作物)	기름 작물
조류(藻類)	이끼류
포복경(匍匐莖)	기는 줄기
표피(表皮)	겉껍질

1회차
2회차
3회차
4회차
5회차
6회차
부록

재배 기술	
기존 용어	쉬운 용어
가식(假植)	임시 심기
간작(間作)	사이짓기
객토(客土)	새 흙 넣기
건답직파(乾畓直播)	마른논 씨뿌리기
경운(耕耘)	흙갈이
기비(基肥)	밑거름
도장(徒長)	웃자람
만상해(晩霜害)	늦서리 피해
만파(晩播)	늦뿌림
병과(病果)	병든 열매
복토(覆土)	흙덮기
비배관리(肥培管理)	거름 주어 가꾸기
삽목(插木)	꺾꽂이
선종(選種)	씨 고르기
수도(水稻)	논벼
수잉기(穗孕期)	이삭 밴 시기
시비(施肥)	비료 주기
심경(深耕)	깊이갈이
연작(連作)	이어짓기
윤작(輪作)	돌려짓기
이병수율(罹病穗率)	병든 이삭율
이식(移植)	옮겨심기
이앙기(移秧期)	모내는 시기
재식거리(栽植距離)	심는 거리
적과(摘果)	열매솎기
채종(採種)	종자 생산
최아(催芽)	싹틔우기
침종(浸種)	씨담그기
혼작(混作)	섞어짓기
휴립(畦立)	이랑 만들기

축산	
기존 용어	쉬운 용어
검란기(檢卵機)	알 검사기
견치(犬齒)	송곳니
노계(老鷄)	늙은 닭
돈사(豚舍)	돼지우리
모계(母鷄)	어미 닭
봉침(蜂針)	벌침
사양(飼養)	치기, 기르기
순치(馴致)	길들이기
우사(牛舍)	소 우리
웅계(雄鷄)	수탉
유우(乳牛)	젖소
육계(肉鷄)	고기용 닭
착유(搾乳)	젖짜기

MEMO

최신개정판 혼JOB 농토피아 지역농협 6급 실전모의고사

기출분석 + 실전모의고사 6회분

발 행 일 2024년 2월 22일 (개정 5판 1쇄) / 2025년 1월 22일 (개정 5판 2쇄)
편 저 자 혼JOB자격증연구소
펴 낸 곳 (주)커리어빅
펴 낸 이 석의현
가 격 25,000원
I S B N 979-11-91026-69-6 (13320)
주 소 서울특별시 종로구 인사동5길 25
전 화 02) 3210-0651
홈페이지 www.honjob.co.kr
이 메 일 honjob@naver.com

※ 본 답안지는 실제와 다를 수 있습니다.

자름선

지역농협 6급 필기 모의 OMR 답안지

성명(4자까지만 표기)

ㄱ ㅏ ㄱ	ㄱ ㅏ ㄱ	ㄱ ㅏ ㄱ	ㄱ ㅏ ㄱ
ㄴ ㅑ ㄴ	ㄴ ㅑ ㄴ	ㄴ ㅑ ㄴ	ㄴ ㅑ ㄴ
ㄷ ㅓ ㄷ	ㄷ ㅓ ㄷ	ㄷ ㅓ ㄷ	ㄷ ㅓ ㄷ
ㄹ ㅕ ㄹ	ㄹ ㅕ ㄹ	ㄹ ㅕ ㄹ	ㄹ ㅕ ㄹ
ㅁ ㅗ ㅁ	ㅁ ㅗ ㅁ	ㅁ ㅗ ㅁ	ㅁ ㅗ ㅁ
ㅂ ㅛ ㅂ	ㅂ ㅛ ㅂ	ㅂ ㅛ ㅂ	ㅂ ㅛ ㅂ
ㅅ ㅜ ㅅ	ㅅ ㅜ ㅅ	ㅅ ㅜ ㅅ	ㅅ ㅜ ㅅ
ㅇ ㅠ ㅇ	ㅇ ㅠ ㅇ	ㅇ ㅠ ㅇ	ㅇ ㅠ ㅇ
ㅈ ㅡ ㅈ	ㅈ ㅡ ㅈ	ㅈ ㅡ ㅈ	ㅈ ㅡ ㅈ
ㅊ ㅣ ㅊ	ㅊ ㅣ ㅊ	ㅊ ㅣ ㅊ	ㅊ ㅣ ㅊ
ㅋ ㅐ ㅋ	ㅋ ㅐ ㅋ	ㅋ ㅐ ㅋ	ㅋ ㅐ ㅋ
ㅌ ㅒ ㅌ	ㅌ ㅒ ㅌ	ㅌ ㅒ ㅌ	ㅌ ㅒ ㅌ
ㅍ ㅔ ㅍ	ㅍ ㅔ ㅍ	ㅍ ㅔ ㅍ	ㅍ ㅔ ㅍ
ㅎ ㅖ ㅎ	ㅎ ㅖ ㅎ	ㅎ ㅖ ㅎ	ㅎ ㅖ ㅎ
ㄲ ㅘ ㄲ	ㄲ ㅘ ㄲ	ㄲ ㅘ ㄲ	ㄲ ㅘ ㄲ
ㄸ ㅙ ㄸ	ㄸ ㅙ ㄸ	ㄸ ㅙ ㄸ	ㄸ ㅙ ㄸ
ㅃ ㅚ ㅃ	ㅃ ㅚ ㅃ	ㅃ ㅚ ㅃ	ㅃ ㅚ ㅃ
ㅆ ㅝ ㅆ	ㅆ ㅝ ㅆ	ㅆ ㅝ ㅆ	ㅆ ㅝ ㅆ
ㅉ ㅞ ㅉ	ㅉ ㅞ ㅉ	ㅉ ㅞ ㅉ	ㅉ ㅞ ㅉ
ㅟ	ㅟ	ㅟ	ㅟ
ㅢ	ㅢ	ㅢ	ㅢ

수험번호(8자리)

⓪	⓪	⓪	⓪	⓪	⓪	⓪	⓪
①	①	①	①	①	①	①	①
②	②	②	②	②	②	②	②
③	③	③	③	③	③	③	③
④	④	④	④	④	④	④	④
⑤	⑤	⑤	⑤	⑤	⑤	⑤	⑤
⑥	⑥	⑥	⑥	⑥	⑥	⑥	⑥
⑦	⑦	⑦	⑦	⑦	⑦	⑦	⑦
⑧	⑧	⑧	⑧	⑧	⑧	⑧	⑧
⑨	⑨	⑨	⑨	⑨	⑨	⑨	⑨

생년월일(연도/월/일)

⓪	⓪	⓪	⓪	⓪	⓪
①	①	①	①	①	①
②	②	②	②	②	②
③	③	③	③	③	③
④	④	④	④	④	④
⑤	⑤	⑤	⑤	⑤	⑤
⑥	⑥	⑥	⑥	⑥	⑥
⑦	⑦	⑦	⑦	⑦	⑦
⑧	⑧	⑧	⑧	⑧	⑧
⑨	⑨	⑨	⑨	⑨	⑨

답안

01	① ② ③ ④	21	① ② ③ ④	41	① ② ③ ④
02	① ② ③ ④	22	① ② ③ ④	42	① ② ③ ④
03	① ② ③ ④	23	① ② ③ ④	43	① ② ③ ④
04	① ② ③ ④	24	① ② ③ ④	44	① ② ③ ④
05	① ② ③ ④	25	① ② ③ ④	45	① ② ③ ④
06	① ② ③ ④	26	① ② ③ ④	46	① ② ③ ④
07	① ② ③ ④	27	① ② ③ ④	47	① ② ③ ④
08	① ② ③ ④	28	① ② ③ ④	48	① ② ③ ④
09	① ② ③ ④	29	① ② ③ ④	49	① ② ③ ④
10	① ② ③ ④	30	① ② ③ ④	50	① ② ③ ④
11	① ② ③ ④	31	① ② ③ ④	51	① ② ③ ④
12	① ② ③ ④	32	① ② ③ ④	52	① ② ③ ④
13	① ② ③ ④	33	① ② ③ ④	53	① ② ③ ④
14	① ② ③ ④	34	① ② ③ ④	54	① ② ③ ④
15	① ② ③ ④	35	① ② ③ ④	55	① ② ③ ④
16	① ② ③ ④	36	① ② ③ ④	56	① ② ③ ④
17	① ② ③ ④	37	① ② ③ ④	57	① ② ③ ④
18	① ② ③ ④	38	① ② ③ ④	58	① ② ③ ④
19	① ② ③ ④	39	① ② ③ ④	59	① ② ③ ④
20	① ② ③ ④	40	① ② ③ ④	60	① ② ③ ④

감독자 확인란	

※ 본 답안지는 실제와 다를 수 있습니다.

자름선

지역농협 6급 필기 모의 OMR 답안지

성명(4자까지만 표기)

ㄱ	ㅏ	ㄱ	ㄱ	ㅏ	ㄱ	ㄱ	ㅏ	ㄱ	ㄱ	ㅏ	ㄱ
ㄴ	ㅑ	ㄴ	ㄴ	ㅑ	ㄴ	ㄴ	ㅑ	ㄴ	ㄴ	ㅑ	ㄴ
ㄷ	ㅓ	ㄷ	ㄷ	ㅓ	ㄷ	ㄷ	ㅓ	ㄷ	ㄷ	ㅓ	ㄷ
ㄹ	ㅕ	ㄹ	ㄹ	ㅕ	ㄹ	ㄹ	ㅕ	ㄹ	ㄹ	ㅕ	ㄹ
ㅁ	ㅗ	ㅁ	ㅁ	ㅗ	ㅁ	ㅁ	ㅗ	ㅁ	ㅁ	ㅗ	ㅁ
ㅂ	ㅛ	ㅂ	ㅂ	ㅛ	ㅂ	ㅂ	ㅛ	ㅂ	ㅂ	ㅛ	ㅂ
ㅅ	ㅜ	ㅅ	ㅅ	ㅜ	ㅅ	ㅅ	ㅜ	ㅅ	ㅅ	ㅜ	ㅅ
ㅇ	ㅠ	ㅇ	ㅇ	ㅠ	ㅇ	ㅇ	ㅠ	ㅇ	ㅇ	ㅠ	ㅇ
ㅈ	ㅡ	ㅈ	ㅈ	ㅡ	ㅈ	ㅈ	ㅡ	ㅈ	ㅈ	ㅡ	ㅈ
ㅊ	ㅣ	ㅊ	ㅊ	ㅣ	ㅊ	ㅊ	ㅣ	ㅊ	ㅊ	ㅣ	ㅊ
ㅋ	ㅐ	ㅋ	ㅋ	ㅐ	ㅋ	ㅋ	ㅐ	ㅋ	ㅋ	ㅐ	ㅋ
ㅌ	ㅒ	ㅌ	ㅌ	ㅒ	ㅌ	ㅌ	ㅒ	ㅌ	ㅌ	ㅒ	ㅌ
ㅍ	ㅔ	ㅍ	ㅍ	ㅔ	ㅍ	ㅍ	ㅔ	ㅍ	ㅍ	ㅔ	ㅍ
ㅎ	ㅖ	ㅎ	ㅎ	ㅖ	ㅎ	ㅎ	ㅖ	ㅎ	ㅎ	ㅖ	ㅎ
ㄲ	ㅘ	ㄲ	ㄲ	ㅘ	ㄲ	ㄲ	ㅘ	ㄲ	ㄲ	ㅘ	ㄲ
ㄸ	ㅙ	ㄸ	ㄸ	ㅙ	ㄸ	ㄸ	ㅙ	ㄸ	ㄸ	ㅙ	ㄸ
ㅃ	ㅚ	ㅃ	ㅃ	ㅚ	ㅃ	ㅃ	ㅚ	ㅃ	ㅃ	ㅚ	ㅃ
ㅆ	ㅝ	ㅆ	ㅆ	ㅝ	ㅆ	ㅆ	ㅝ	ㅆ	ㅆ	ㅝ	ㅆ
ㅉ	ㅞ	ㅉ	ㅉ	ㅞ	ㅉ	ㅉ	ㅞ	ㅉ	ㅉ	ㅞ	ㅉ
	ㅟ			ㅟ			ㅟ			ㅟ	
	ㅢ			ㅢ			ㅢ			ㅢ	

수험번호(8자리)

0	0	0	0	0	0	0	0
1	1	1	1	1	1	1	1
2	2	2	2	2	2	2	2
3	3	3	3	3	3	3	3
4	4	4	4	4	4	4	4
5	5	5	5	5	5	5	5
6	6	6	6	6	6	6	6
7	7	7	7	7	7	7	7
8	8	8	8	8	8	8	8
9	9	9	9	9	9	9	9

생년월일(연도/월/일)

0	0	0	0	0	0
1	1	1	1	1	1
2	2	2	2	2	2
3	3	3	3	3	3
4	4	4	4	4	4
5	5	5	5	5	5
6	6	6	6	6	6
7	7	7	7	7	7
8	8	8	8	8	8
9	9	9	9	9	9

01	①	②	③	④	21	①	②	③	④	41	①	②	③	④
02	①	②	③	④	22	①	②	③	④	42	①	②	③	④
03	①	②	③	④	23	①	②	③	④	43	①	②	③	④
04	①	②	③	④	24	①	②	③	④	44	①	②	③	④
05	①	②	③	④	25	①	②	③	④	45	①	②	③	④
06	①	②	③	④	26	①	②	③	④	46	①	②	③	④
07	①	②	③	④	27	①	②	③	④	47	①	②	③	④
08	①	②	③	④	28	①	②	③	④	48	①	②	③	④
09	①	②	③	④	29	①	②	③	④	49	①	②	③	④
10	①	②	③	④	30	①	②	③	④	50	①	②	③	④
11	①	②	③	④	31	①	②	③	④	51	①	②	③	④
12	①	②	③	④	32	①	②	③	④	52	①	②	③	④
13	①	②	③	④	33	①	②	③	④	53	①	②	③	④
14	①	②	③	④	34	①	②	③	④	54	①	②	③	④
15	①	②	③	④	35	①	②	③	④	55	①	②	③	④
16	①	②	③	④	36	①	②	③	④	56	①	②	③	④
17	①	②	③	④	37	①	②	③	④	57	①	②	③	④
18	①	②	③	④	38	①	②	③	④	58	①	②	③	④
19	①	②	③	④	39	①	②	③	④	59	①	②	③	④
20	①	②	③	④	40	①	②	③	④	60	①	②	③	④

감독자 확인란	

※ 본 답안지는 실제와 다를 수 있습니다.

자름선

지역농협 6급 필기 모의 OMR 답안지

성명(4자까지만 표기)

ㄱ ㅏ ㄱ	ㄱ ㅏ ㄱ	ㄱ ㅏ ㄱ	ㄱ ㅏ ㄱ
ㄴ ㅑ ㄴ	ㄴ ㅑ ㄴ	ㄴ ㅑ ㄴ	ㄴ ㅑ ㄴ
ㄷ ㅓ ㄷ	ㄷ ㅓ ㄷ	ㄷ ㅓ ㄷ	ㄷ ㅓ ㄷ
ㄹ ㅕ ㄹ	ㄹ ㅕ ㄹ	ㄹ ㅕ ㄹ	ㄹ ㅕ ㄹ
ㅁ ㅗ ㅁ	ㅁ ㅗ ㅁ	ㅁ ㅗ ㅁ	ㅁ ㅗ ㅁ
ㅂ ㅛ ㅂ	ㅂ ㅛ ㅂ	ㅂ ㅛ ㅂ	ㅂ ㅛ ㅂ
ㅅ ㅜ ㅅ	ㅅ ㅜ ㅅ	ㅅ ㅜ ㅅ	ㅅ ㅜ ㅅ
ㅇ ㅠ ㅇ	ㅇ ㅠ ㅇ	ㅇ ㅠ ㅇ	ㅇ ㅠ ㅇ
ㅈ ㅡ ㅈ	ㅈ ㅡ ㅈ	ㅈ ㅡ ㅈ	ㅈ ㅡ ㅈ
ㅊ ㅣ ㅊ	ㅊ ㅣ ㅊ	ㅊ ㅣ ㅊ	ㅊ ㅣ ㅊ
ㅋ ㅐ ㅋ	ㅋ ㅐ ㅋ	ㅋ ㅐ ㅋ	ㅋ ㅐ ㅋ
ㅌ ㅒ ㅌ	ㅌ ㅒ ㅌ	ㅌ ㅒ ㅌ	ㅌ ㅒ ㅌ
ㅍ ㅔ ㅍ	ㅍ ㅔ ㅍ	ㅍ ㅔ ㅍ	ㅍ ㅔ ㅍ
ㅎ ㅖ ㅎ	ㅎ ㅖ ㅎ	ㅎ ㅖ ㅎ	ㅎ ㅖ ㅎ
ㄲ ㅘ ㄲ	ㄲ ㅘ ㄲ	ㄲ ㅘ ㄲ	ㄲ ㅘ ㄲ
ㄸ ㅙ ㄸ	ㄸ ㅙ ㄸ	ㄸ ㅙ ㄸ	ㄸ ㅙ ㄸ
ㅃ ㅚ ㅃ	ㅃ ㅚ ㅃ	ㅃ ㅚ ㅃ	ㅃ ㅚ ㅃ
ㅆ ㅝ ㅆ	ㅆ ㅝ ㅆ	ㅆ ㅝ ㅆ	ㅆ ㅝ ㅆ
ㅉ ㅞ ㅉ	ㅉ ㅞ ㅉ	ㅉ ㅞ ㅉ	ㅉ ㅞ ㅉ
ㅟ	ㅟ	ㅟ	ㅟ
ㅢ	ㅢ	ㅢ	ㅢ

수험번호(8자리)

0	0	0	0	0	0	0	0
1	1	1	1	1	1	1	1
2	2	2	2	2	2	2	2
3	3	3	3	3	3	3	3
4	4	4	4	4	4	4	4
5	5	5	5	5	5	5	5
6	6	6	6	6	6	6	6
7	7	7	7	7	7	7	7
8	8	8	8	8	8	8	8
9	9	9	9	9	9	9	9

생년월일(연도/월/일)

0	0	0	0	0	0
1	1	1	1	1	1
2	2	2	2	2	2
3	3	3	3	3	3
4	4	4	4	4	4
5	5	5	5	5	5
6	6	6	6	6	6
7	7	7	7	7	7
8	8	8	8	8	8
9	9	9	9	9	9

01	① ② ③ ④	21	① ② ③ ④	41	① ② ③ ④
02	① ② ③ ④	22	① ② ③ ④	42	① ② ③ ④
03	① ② ③ ④	23	① ② ③ ④	43	① ② ③ ④
04	① ② ③ ④	24	① ② ③ ④	44	① ② ③ ④
05	① ② ③ ④	25	① ② ③ ④	45	① ② ③ ④
06	① ② ③ ④	26	① ② ③ ④	46	① ② ③ ④
07	① ② ③ ④	27	① ② ③ ④	47	① ② ③ ④
08	① ② ③ ④	28	① ② ③ ④	48	① ② ③ ④
09	① ② ③ ④	29	① ② ③ ④	49	① ② ③ ④
10	① ② ③ ④	30	① ② ③ ④	50	① ② ③ ④
11	① ② ③ ④	31	① ② ③ ④	51	① ② ③ ④
12	① ② ③ ④	32	① ② ③ ④	52	① ② ③ ④
13	① ② ③ ④	33	① ② ③ ④	53	① ② ③ ④
14	① ② ③ ④	34	① ② ③ ④	54	① ② ③ ④
15	① ② ③ ④	35	① ② ③ ④	55	① ② ③ ④
16	① ② ③ ④	36	① ② ③ ④	56	① ② ③ ④
17	① ② ③ ④	37	① ② ③ ④	57	① ② ③ ④
18	① ② ③ ④	38	① ② ③ ④	58	① ② ③ ④
19	① ② ③ ④	39	① ② ③ ④	59	① ② ③ ④
20	① ② ③ ④	40	① ② ③ ④	60	① ② ③ ④

감독자 확인란	

※ 본 답안지는 실제와 다를 수 있습니다.

자름선

지역농협 6급 필기 모의 OMR 답안지

성명(4자까지만 표기)			
ㄱ ㅏ ㄱ	ㄱ ㅏ ㄱ	ㄱ ㅏ ㄱ	ㄱ ㅏ ㄱ
ㄴ ㅑ ㄴ	ㄴ ㅑ ㄴ	ㄴ ㅑ ㄴ	ㄴ ㅑ ㄴ
ㄷ ㅓ ㄷ	ㄷ ㅓ ㄷ	ㄷ ㅓ ㄷ	ㄷ ㅓ ㄷ
ㄹ ㅕ ㄹ	ㄹ ㅕ ㄹ	ㄹ ㅕ ㄹ	ㄹ ㅕ ㄹ
ㅁ ㅗ ㅁ	ㅁ ㅗ ㅁ	ㅁ ㅗ ㅁ	ㅁ ㅗ ㅁ
ㅂ ㅛ ㅂ	ㅂ ㅛ ㅂ	ㅂ ㅛ ㅂ	ㅂ ㅛ ㅂ
ㅅ ㅜ ㅅ	ㅅ ㅜ ㅅ	ㅅ ㅜ ㅅ	ㅅ ㅜ ㅅ
ㅇ ㅠ ㅇ	ㅇ ㅠ ㅇ	ㅇ ㅠ ㅇ	ㅇ ㅠ ㅇ
ㅈ ㅡ ㅈ	ㅈ ㅡ ㅈ	ㅈ ㅡ ㅈ	ㅈ ㅡ ㅈ
ㅊ ㅣ ㅊ	ㅊ ㅣ ㅊ	ㅊ ㅣ ㅊ	ㅊ ㅣ ㅊ
ㅋ ㅐ ㅋ	ㅋ ㅐ ㅋ	ㅋ ㅐ ㅋ	ㅋ ㅐ ㅋ
ㅌ ㅒ ㅌ	ㅌ ㅒ ㅌ	ㅌ ㅒ ㅌ	ㅌ ㅒ ㅌ
ㅍ ㅔ ㅍ	ㅍ ㅔ ㅍ	ㅍ ㅔ ㅍ	ㅍ ㅔ ㅍ
ㅎ ㅖ ㅎ	ㅎ ㅖ ㅎ	ㅎ ㅖ ㅎ	ㅎ ㅖ ㅎ
ㄲ ㅘ ㄲ	ㄲ ㅘ ㄲ	ㄲ ㅘ ㄲ	ㄲ ㅘ ㄲ
ㄸ ㅙ ㄸ	ㄸ ㅙ ㄸ	ㄸ ㅙ ㄸ	ㄸ ㅙ ㄸ
ㅃ ㅚ ㅃ	ㅃ ㅚ ㅃ	ㅃ ㅚ ㅃ	ㅃ ㅚ ㅃ
ㅆ ㅝ ㅆ	ㅆ ㅝ ㅆ	ㅆ ㅝ ㅆ	ㅆ ㅝ ㅆ
ㅉ ㅞ ㅉ	ㅉ ㅞ ㅉ	ㅉ ㅞ ㅉ	ㅉ ㅞ ㅉ
ㅟ	ㅟ	ㅟ	ㅟ
ㅢ	ㅢ	ㅢ	ㅢ

수험번호(8자리)							
0	0	0	0	0	0	0	0
1	1	1	1	1	1	1	1
2	2	2	2	2	2	2	2
3	3	3	3	3	3	3	3
4	4	4	4	4	4	4	4
5	5	5	5	5	5	5	5
6	6	6	6	6	6	6	6
7	7	7	7	7	7	7	7
8	8	8	8	8	8	8	8
9	9	9	9	9	9	9	9

생년월일(연도/월/일)					
0	0	0	0	0	0
1	1	1	1	1	1
2	2	2	2	2	2
3	3	3	3	3	3
4	4	4	4	4	4
5	5	5	5	5	5
6	6	6	6	6	6
7	7	7	7	7	7
8	8	8	8	8	8
9	9	9	9	9	9

01	① ② ③ ④	21	① ② ③ ④	41	① ② ③ ④
02	① ② ③ ④	22	① ② ③ ④	42	① ② ③ ④
03	① ② ③ ④	23	① ② ③ ④	43	① ② ③ ④
04	① ② ③ ④	24	① ② ③ ④	44	① ② ③ ④
05	① ② ③ ④	25	① ② ③ ④	45	① ② ③ ④
06	① ② ③ ④	26	① ② ③ ④	46	① ② ③ ④
07	① ② ③ ④	27	① ② ③ ④	47	① ② ③ ④
08	① ② ③ ④	28	① ② ③ ④	48	① ② ③ ④
09	① ② ③ ④	29	① ② ③ ④	49	① ② ③ ④
10	① ② ③ ④	30	① ② ③ ④	50	① ② ③ ④
11	① ② ③ ④	31	① ② ③ ④	51	① ② ③ ④
12	① ② ③ ④	32	① ② ③ ④	52	① ② ③ ④
13	① ② ③ ④	33	① ② ③ ④	53	① ② ③ ④
14	① ② ③ ④	34	① ② ③ ④	54	① ② ③ ④
15	① ② ③ ④	35	① ② ③ ④	55	① ② ③ ④
16	① ② ③ ④	36	① ② ③ ④	56	① ② ③ ④
17	① ② ③ ④	37	① ② ③ ④	57	① ② ③ ④
18	① ② ③ ④	38	① ② ③ ④	58	① ② ③ ④
19	① ② ③ ④	39	① ② ③ ④	59	① ② ③ ④
20	① ② ③ ④	40	① ② ③ ④	60	① ② ③ ④

감독자 확인란	

※ 본 답안지는 실제와 다를 수 있습니다.

자름선

지역농협 6급 필기 모의 OMR 답안지

성명(4자까지만 표기)

ㄱ ㅏ ㄱ	ㄱ ㅏ ㄱ	ㄱ ㅏ ㄱ	ㄱ ㅏ ㄱ
ㄴ ㅑ ㄴ	ㄴ ㅑ ㄴ	ㄴ ㅑ ㄴ	ㄴ ㅑ ㄴ
ㄷ ㅓ ㄷ	ㄷ ㅓ ㄷ	ㄷ ㅓ ㄷ	ㄷ ㅓ ㄷ
ㄹ ㅕ ㄹ	ㄹ ㅕ ㄹ	ㄹ ㅕ ㄹ	ㄹ ㅕ ㄹ
ㅁ ㅗ ㅁ	ㅁ ㅗ ㅁ	ㅁ ㅗ ㅁ	ㅁ ㅗ ㅁ
ㅂ ㅛ ㅂ	ㅂ ㅛ ㅂ	ㅂ ㅛ ㅂ	ㅂ ㅛ ㅂ
ㅅ ㅜ ㅅ	ㅅ ㅜ ㅅ	ㅅ ㅜ ㅅ	ㅅ ㅜ ㅅ
ㅇ ㅠ ㅇ	ㅇ ㅠ ㅇ	ㅇ ㅠ ㅇ	ㅇ ㅠ ㅇ
ㅈ ㅡ ㅈ	ㅈ ㅡ ㅈ	ㅈ ㅡ ㅈ	ㅈ ㅡ ㅈ
ㅊ ㅣ ㅊ	ㅊ ㅣ ㅊ	ㅊ ㅣ ㅊ	ㅊ ㅣ ㅊ
ㅋ ㅐ ㅋ	ㅋ ㅐ ㅋ	ㅋ ㅐ ㅋ	ㅋ ㅐ ㅋ
ㅌ ㅒ ㅌ	ㅌ ㅒ ㅌ	ㅌ ㅒ ㅌ	ㅌ ㅒ ㅌ
ㅍ ㅔ ㅍ	ㅍ ㅔ ㅍ	ㅍ ㅔ ㅍ	ㅍ ㅔ ㅍ
ㅎ ㅖ ㅎ	ㅎ ㅖ ㅎ	ㅎ ㅖ ㅎ	ㅎ ㅖ ㅎ
ㄲ ㅘ ㄲ	ㄲ ㅘ ㄲ	ㄲ ㅘ ㄲ	ㄲ ㅘ ㄲ
ㄸ ㅙ ㄸ	ㄸ ㅙ ㄸ	ㄸ ㅙ ㄸ	ㄸ ㅙ ㄸ
ㅃ ㅚ ㅃ	ㅃ ㅚ ㅃ	ㅃ ㅚ ㅃ	ㅃ ㅚ ㅃ
ㅆ ㅝ ㅆ	ㅆ ㅝ ㅆ	ㅆ ㅝ ㅆ	ㅆ ㅝ ㅆ
ㅉ ㅞ ㅉ	ㅉ ㅞ ㅉ	ㅉ ㅞ ㅉ	ㅉ ㅞ ㅉ
ㅟ	ㅟ	ㅟ	ㅟ
ㅢ	ㅢ	ㅢ	ㅢ

수험번호(8자리)

⓪	⓪	⓪	⓪	⓪	⓪	⓪	⓪
①	①	①	①	①	①	①	①
②	②	②	②	②	②	②	②
③	③	③	③	③	③	③	③
④	④	④	④	④	④	④	④
⑤	⑤	⑤	⑤	⑤	⑤	⑤	⑤
⑥	⑥	⑥	⑥	⑥	⑥	⑥	⑥
⑦	⑦	⑦	⑦	⑦	⑦	⑦	⑦
⑧	⑧	⑧	⑧	⑧	⑧	⑧	⑧
⑨	⑨	⑨	⑨	⑨	⑨	⑨	⑨

생년월일(연도/월/일)

⓪	⓪	⓪	⓪	⓪	⓪
①	①	①	①	①	①
②	②	②	②	②	②
③	③	③	③	③	③
④	④	④	④	④	④
⑤	⑤	⑤	⑤	⑤	⑤
⑥	⑥	⑥	⑥	⑥	⑥
⑦	⑦	⑦	⑦	⑦	⑦
⑧	⑧	⑧	⑧	⑧	⑧
⑨	⑨	⑨	⑨	⑨	⑨

01	① ② ③ ④ ⑤	21	① ② ③ ④ ⑤	41	① ② ③ ④ ⑤	61	① ② ③ ④ ⑤
02	① ② ③ ④ ⑤	22	① ② ③ ④ ⑤	42	① ② ③ ④ ⑤	62	① ② ③ ④ ⑤
03	① ② ③ ④ ⑤	23	① ② ③ ④ ⑤	43	① ② ③ ④ ⑤	63	① ② ③ ④ ⑤
04	① ② ③ ④ ⑤	24	① ② ③ ④ ⑤	44	① ② ③ ④ ⑤	64	① ② ③ ④ ⑤
05	① ② ③ ④ ⑤	25	① ② ③ ④ ⑤	45	① ② ③ ④ ⑤	65	① ② ③ ④ ⑤
06	① ② ③ ④ ⑤	26	① ② ③ ④ ⑤	46	① ② ③ ④ ⑤	66	① ② ③ ④ ⑤
07	① ② ③ ④ ⑤	27	① ② ③ ④ ⑤	47	① ② ③ ④ ⑤	67	① ② ③ ④ ⑤
08	① ② ③ ④ ⑤	28	① ② ③ ④ ⑤	48	① ② ③ ④ ⑤	68	① ② ③ ④ ⑤
09	① ② ③ ④ ⑤	29	① ② ③ ④ ⑤	49	① ② ③ ④ ⑤	69	① ② ③ ④ ⑤
10	① ② ③ ④ ⑤	30	① ② ③ ④ ⑤	50	① ② ③ ④ ⑤	70	① ② ③ ④ ⑤
11	① ② ③ ④ ⑤	31	① ② ③ ④ ⑤	51	① ② ③ ④ ⑤		
12	① ② ③ ④ ⑤	32	① ② ③ ④ ⑤	52	① ② ③ ④ ⑤		
13	① ② ③ ④ ⑤	33	① ② ③ ④ ⑤	53	① ② ③ ④ ⑤		
14	① ② ③ ④ ⑤	34	① ② ③ ④ ⑤	54	① ② ③ ④ ⑤		
15	① ② ③ ④ ⑤	35	① ② ③ ④ ⑤	55	① ② ③ ④ ⑤		
16	① ② ③ ④ ⑤	36	① ② ③ ④ ⑤	56	① ② ③ ④ ⑤		
17	① ② ③ ④ ⑤	37	① ② ③ ④ ⑤	57	① ② ③ ④ ⑤		
18	① ② ③ ④ ⑤	38	① ② ③ ④ ⑤	58	① ② ③ ④ ⑤		
19	① ② ③ ④ ⑤	39	① ② ③ ④ ⑤	59	① ② ③ ④ ⑤		
20	① ② ③ ④ ⑤	40	① ② ③ ④ ⑤	60	① ② ③ ④ ⑤		

감독자 확인란	

※ 본 답안지는 실제와 다를 수 있습니다.

자름선

지역농협 6급 필기 모의 OMR 답안지

성명(4자까지만 표기)

ㄱ ㅏ ㄱ	ㄱ ㅏ ㄱ	ㄱ ㅏ ㄱ	ㄱ ㅏ ㄱ
ㄴ ㅑ ㄴ	ㄴ ㅑ ㄴ	ㄴ ㅑ ㄴ	ㄴ ㅑ ㄴ
ㄷ ㅓ ㄷ	ㄷ ㅓ ㄷ	ㄷ ㅓ ㄷ	ㄷ ㅓ ㄷ
ㄹ ㅕ ㄹ	ㄹ ㅕ ㄹ	ㄹ ㅕ ㄹ	ㄹ ㅕ ㄹ
ㅁ ㅗ ㅁ	ㅁ ㅗ ㅁ	ㅁ ㅗ ㅁ	ㅁ ㅗ ㅁ
ㅂ ㅛ ㅂ	ㅂ ㅛ ㅂ	ㅂ ㅛ ㅂ	ㅂ ㅛ ㅂ
ㅅ ㅜ ㅅ	ㅅ ㅜ ㅅ	ㅅ ㅜ ㅅ	ㅅ ㅜ ㅅ
ㅇ ㅠ ㅇ	ㅇ ㅠ ㅇ	ㅇ ㅠ ㅇ	ㅇ ㅠ ㅇ
ㅈ ㅡ ㅈ	ㅈ ㅡ ㅈ	ㅈ ㅡ ㅈ	ㅈ ㅡ ㅈ
ㅊ ㅣ ㅊ	ㅊ ㅣ ㅊ	ㅊ ㅣ ㅊ	ㅊ ㅣ ㅊ
ㅋ ㅐ ㅋ	ㅋ ㅐ ㅋ	ㅋ ㅐ ㅋ	ㅋ ㅐ ㅋ
ㅌ ㅒ ㅌ	ㅌ ㅒ ㅌ	ㅌ ㅒ ㅌ	ㅌ ㅒ ㅌ
ㅍ ㅔ ㅍ	ㅍ ㅔ ㅍ	ㅍ ㅔ ㅍ	ㅍ ㅔ ㅍ
ㅎ ㅖ ㅎ	ㅎ ㅖ ㅎ	ㅎ ㅖ ㅎ	ㅎ ㅖ ㅎ
ㄲ ㅘ ㄲ	ㄲ ㅘ ㄲ	ㄲ ㅘ ㄲ	ㄲ ㅘ ㄲ
ㄸ ㅙ ㄸ	ㄸ ㅙ ㄸ	ㄸ ㅙ ㄸ	ㄸ ㅙ ㄸ
ㅃ ㅚ ㅃ	ㅃ ㅚ ㅃ	ㅃ ㅚ ㅃ	ㅃ ㅚ ㅃ
ㅆ ㅝ ㅆ	ㅆ ㅝ ㅆ	ㅆ ㅝ ㅆ	ㅆ ㅝ ㅆ
ㅉ ㅞ ㅉ	ㅉ ㅞ ㅉ	ㅉ ㅞ ㅉ	ㅉ ㅞ ㅉ
ㅟ	ㅟ	ㅟ	ㅟ
ㅢ	ㅢ	ㅢ	ㅢ

수험번호(8자리)

0	0	0	0	0	0	0	0
1	1	1	1	1	1	1	1
2	2	2	2	2	2	2	2
3	3	3	3	3	3	3	3
4	4	4	4	4	4	4	4
5	5	5	5	5	5	5	5
6	6	6	6	6	6	6	6
7	7	7	7	7	7	7	7
8	8	8	8	8	8	8	8
9	9	9	9	9	9	9	9

생년월일(연도/월/일)

0	0	0	0	0	0
1	1	1	1	1	1
2	2	2	2	2	2
3	3	3	3	3	3
4	4	4	4	4	4
5	5	5	5	5	5
6	6	6	6	6	6
7	7	7	7	7	7
8	8	8	8	8	8
9	9	9	9	9	9

01	①②③④⑤	21	①②③④⑤	41	①②③④⑤	61	①②③④⑤
02	①②③④⑤	22	①②③④⑤	42	①②③④⑤	62	①②③④⑤
03	①②③④⑤	23	①②③④⑤	43	①②③④⑤	63	①②③④⑤
04	①②③④⑤	24	①②③④⑤	44	①②③④⑤	64	①②③④⑤
05	①②③④⑤	25	①②③④⑤	45	①②③④⑤	65	①②③④⑤
06	①②③④⑤	26	①②③④⑤	46	①②③④⑤	66	①②③④⑤
07	①②③④⑤	27	①②③④⑤	47	①②③④⑤	67	①②③④⑤
08	①②③④⑤	28	①②③④⑤	48	①②③④⑤	68	①②③④⑤
09	①②③④⑤	29	①②③④⑤	49	①②③④⑤	69	①②③④⑤
10	①②③④⑤	30	①②③④⑤	50	①②③④⑤	70	①②③④⑤
11	①②③④⑤	31	①②③④⑤	51	①②③④⑤		
12	①②③④⑤	32	①②③④⑤	52	①②③④⑤		
13	①②③④⑤	33	①②③④⑤	53	①②③④⑤		
14	①②③④⑤	34	①②③④⑤	54	①②③④⑤		
15	①②③④⑤	35	①②③④⑤	55	①②③④⑤		
16	①②③④⑤	36	①②③④⑤	56	①②③④⑤		
17	①②③④⑤	37	①②③④⑤	57	①②③④⑤		
18	①②③④⑤	38	①②③④⑤	58	①②③④⑤		
19	①②③④⑤	39	①②③④⑤	59	①②③④⑤		
20	①②③④⑤	40	①②③④⑤	60	①②③④⑤		

감독자 확인란	

나만의 성장 엔진
www.honjob.co.kr

농토피아

지역농협 6급
실전모의고사

기출분석
실전모의고사 6회분

4지선다·60문항·60분 2회분 | 4지선다·60문항·70분 2회분 | 5지선다·70문항·70분 2회분

- ☑ 핵심기출 유형별 기출복원 문항 풀이로 체계적 학습 완성
- ☑ 지역별 상이한 시험 형식에 완벽대비 가능
- ☑ 최신 출제 경향을 반영한 실전모의고사 6회분 수록
- ☑ 문법·어휘 핵심노트 + 정답 및 해설 + OMR 답안지

정답 및 해설

혼JOB

농토피아

지역농협 6급 실전모의고사

기출분석 실전모의고사 6회분

4지선다·60문항·60분 2회분 | 4지선다·60문항·70분 2회분 | 5지선다·70문항·70분 2회분

☑ 핵심기출 유형별 기출복원 문항 풀이로 체계적 학습 완성
☑ 지역별 상이한 시험 형식에 완벽대비 가능
☑ 최신 출제 경향을 반영한 실전모의고사 6회분 수록
☑ 문법·어휘 핵심노트 + 정답 및 해설 + OMR 답안지

정답 및 해설

혼JOB

정답 및 해설 - 제1회 실전모의고사

정답표

01	02	03	04	05	06	07	08	09	10
④	③	①	①	③	②	④	④	③	④
11	**12**	**13**	**14**	**15**	**16**	**17**	**18**	**19**	**20**
③	②	③	②	④	②	①	③	④	③
21	**22**	**23**	**24**	**25**	**26**	**27**	**28**	**29**	**30**
②	④	③	③	②	③	③	②	④	④
31	**32**	**33**	**34**	**35**	**36**	**37**	**38**	**39**	**40**
③	③	②	②	④	④	④	①	②	②
41	**42**	**43**	**44**	**45**	**46**	**47**	**48**	**49**	**50**
①	③	②	①	①	①	③	④	②	①
51	**52**	**53**	**54**	**55**	**56**	**57**	**58**	**59**	**60**
④	③	③	④	③	④	②	①	②	③

01
정답 ④

① (X) '분리되다'는 '서로 나뉘어 떨어지다.'를 뜻하는 단어이다. ㉠은 '종류에 따라서 갈라지다'를 뜻하는 '분류되다'가 적절하다.

② (X) '도출되다'는 '판단이나 결론 따위를 이끌려 나오다.'를 뜻하는 단어이다. ㉡은 '기술, 방법, 물자 따위를 끌어 들어가다.'를 뜻하는 '도입되다'가 적절하다.

③ (X) '누락되다'는 '기입되어야 할 것이 기록에서 빠지다.'를 뜻하는 단어이다. ㉢은 '어떤 무리에서 기피되어 따돌림을 당하거나 배척되다.'를 뜻하는 '소외되다'가 적절하다.

④ (○) ㉣은 '모아서 파묻어지다.'를 뜻하는 '매립되다'가 적절하다.

02
정답 ③

① (X) '조리다'는 '양념을 한 고기나 생선, 채소 따위를 국물에 넣고 바짝 끓여서 양념이 배어들게 하다.'라는 의미이고, '졸이다'는 '속을 태우다시피 초조해하다.'라는 의미이다. 따라서 단어의 활용이 서로 바뀌었으며, 밑줄에는 각각 '졸이는', '조린'이 들어가야 한다.

② (X) '곤욕'은 '심한 모욕 또는 참기 힘든 일'이라는 의미이고, '곤혹'은 '곤란한 일을 당하여 어찌할 바를 모름'이라는 의미이다. 따라서 단어의 활용이 서로 바뀌었으며, 밑줄에는 각각 '곤혹', '곤욕'이 들어가야 한다.

③ (○) '부치다'는 '논밭을 이용하여 농사를 짓다.'라는 의미이고, '붙이다'는 '남의 뺨이나 볼기 따위를 세게 때리다.'라는 의미이다.

④ (X) '돋구다'는 '안경의 도수 따위를 더 높게 하다.'라는 의미이고, '돋우다'는 '입맛을 당기게 하다.'라는 의미이다. 따라서 단어의 활용이 서로 바뀌었으며, 밑줄에는 각각 '돋우는', '돋궈야'가 들어가야 한다.

03
정답 ①

① (X) [공고문]은 '공원 내 불법 행위 단속 안내'라는 제목의 [안내문]을 참고하여 작성한 내용이다. 그런데 [공고문]에서는 [안내문]에서 제시한 내용들을 순서대로 그대로 나열하였다. 즉, 중요도에 따라 [안내문]의 내용 순서를 재배열한 것이 아니므로 [공고문] 작성 시 고려한 내용이 아니다.

② (○) [공고문]에서는 안내문의 제목과 다르게 '-ㅂ니다'의 높임 표현을 사용하여 독자를 고려하였다.

③ (○) 공원에서 행할 경우 관련 법규에 따라 처벌되는 불법 행위들을 부각하기 위해 공고문에서는 안내문의 일부 내용('공원은 시민이 이용하는 공공장소입니다. 다른 이용객의 불편을 초래할 수 있는 행위는 자제하시기 바랍니다.' 등)을 생략하였다.

④ (○) [안내문]에서 제시한 '공원 내에서 밥을 짓는 행위, 고기를 구워 먹는 행위'를 [공고문]에서 '음식물 취사'로, '애완동물의 목줄을 풀어 놓는 행위, 애완동물의 배설물을 치우지 않는 행위'는 '애완동물 관리 소홀'로 포괄하여 항목화하였다.

04

정답 ①

'1. 시설자금'에서 생산 · 재배시설의 증축에 소요되는 자금은 시설자금이라고 하였고, A는 시설을 증축하기 위해 대출이 필요하다고 하였으므로 A가 받을 수 있는 대출은 시설자금대출이다.

05

정답 ③

'3. 운전자금'에서 운전자금은 사업의 운영에 소요되는 자금이라고 하였고, 가공을 목적으로 한 국내산 원료구입자금은 대출 가능하다고 하였다.

06

정답 ②

① (○) 농촌 외 지역에 거주하면서 농지원부 또는 농업 경영체를 등록한 자로서 그 기간이 2년 이하인 자 중 이미 농촌으로 이주한 자는 신청 가능하다고 하였다.

② (X) 농업에 종사하면서 관련 농식품 가공 · 서비스업을 겸업하기 위해, 농촌으로 이주하여 농업에 종사하려는 자 중 재촌 비농업인은 제외된다고 하였다.

③ (○) 농업을 전업으로 하는 귀농인 또는 재촌 비농업인은 지원대상에 해당한다.

④ (○) 농업에 종사하면서 관련 농식품 가공 · 서비스업을 겸업하기 위해, 농촌으로 이주하여 농업에 종사하려는 자 중 사업신청연도 기준으로 만 65세 이하인 자로서 세대주인 자는 지원대상에 해당한다.

07

정답 ④

① (○) '자격요건 중 1) 이주기한'에서 재촌 비농업인은 이주기한을 적용하지 않는다고 하였다.

② (○) '자격요건 중 2) 거주기간'에서 농촌지역 전입일을 기준으로 농촌지역 이주 직전에 1년 이상 지속적으로 농촌 외의 지역에서 거주한 자라고 하였다.

③ (○) '자격요건 중 3) 교육이수 실적'에서 농과계 학교 졸업 연령이 만 40세 이상인 경우는 졸업일로부터 5년까지만 인정한다고 하였다.

④ (X) '자격요건'에서 비농업기간은 재촌 비농업인에만 적용되며, '4) 비농업기간'에서 사업신청일 기준 최근 5년 이내에 영농경험이 없는 경우 신청 가능하며, 신청일 현재 타산업분야 전업 직업 및 사업자등록이 없어야 한다고 하였다.

08

정답 ④

① (X) '8. 유의사항'에서 "신용도와 당행 심사기준에 따라 대출여부 및 한도가 결정됩니다."라고 하였다. 따라서 대출한도는 개인 신용도와 관련이 있음을 알 수 있다.

② (X) '4. 대출금리'에 따르면 대출금리는 1년마다 성실상환 시 0.3%p를 인하해 주며, 이는 별도의 신청 없이 자동으로 적용된다.

③ (X) '5. 상환방식'에 따르면 새희망홀씨 II 는 원금균등분할상환 방식으로 상환을 해야 한다. 원금균등분할상환은 다음 그림과 같이 대출기간으로 균등하게 나눈 원금을 매월 갚고, 이자는 매월 상환으로 줄어든 대출잔액에 대하여 부담하는 방식이다. 따라서 매월 상환해야 하는 원리금은 점차 감소한다. 선택지에서 설명하고 있는 상환방식은 원리금균등분할상환이다.

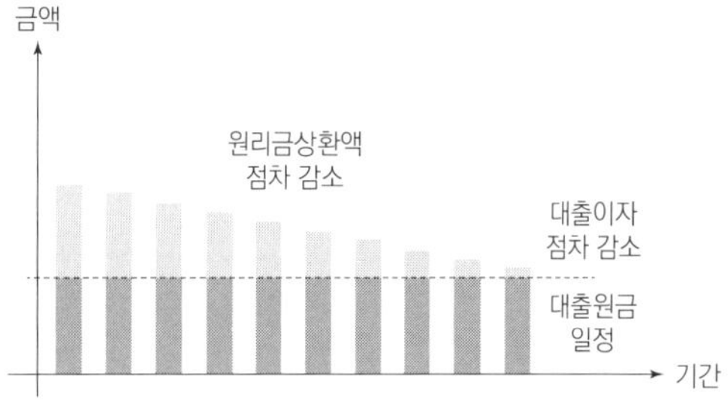

④ (○) '7. 부대비용 일반사항'에 따르면 대출금액이 5천만 원 이하일 경우 부대비용인 인지세액이 발생하지 않는다(비과세). 새희망홀씨 II 의 대출한도는 최대 3천만 원이므로 부대비용이 발생하지 않는다.

09

정답 ③

2012년 4월 최초 대출금리는 연 7.0%로, 이후 2018년 4월까지 총 6개년 동안 성실상환을 했으므로 총 0.3×6=1.8%p의 금리가 인하된다. 따라서 2018년 5월 금리는 7.0−1.8=5.2%가 될 것이다. 하지만 2019년 3월과 같은 해 8월에 연체를 하였으므로, 2018년 5월~2019년 4월, 2019년 5월~2020년 4월의 2개년 동안은 금리인하를 적용받지 못한다. 이후 2020년 5월부터 2023년 4월 현재까지 총 3개년간 성실상환을 통해 0.3×3=0.9%p의 금리인하를 적용받아 2023년 5월 금리는 5.2−0.9=4.3%가 될 것이다.

이후 갑이 연체 없이 계속하여 성실납부를 한다면 대출금리는 다음과 같다.

기간	2023. 5. ~ 2024. 4.	2024. 5. ~ 2025. 4.	2025. 5. ~ 2026. 4.	2026. 5. ~ 2027. 4.	2027. 5. ~ 2028. 4.	2028. 5. ~ 2029. 4.
대출금리	4.3%	4.3−0.3 =4.0%	4.0−0.3 =3.7%	3.7−0.3 =3.4%	3.4−0.3 =3.1%	3.1−0.3 =2.8%

따라서 대출금리가 3% 이하가 되는 최초 연도는 2028년이다.

10

정답 ④

① (○) '제55조(휴일)'에서 사용자는 근로자에게 대통령령으로 정하는 휴일을 유급으로 보장해야 하지만 근로자대표와 서면으로 합의한 경우 특정한 근로일로 대체할 수 있다고 하였다.

② (○) '제54조(휴게)'에서 8시간인 경우에는 1시간 이상의 휴게시간을 근로시간 도중에 주어야 한다고 하였고, 휴게시간은 근로자가 자유롭게 이용할 수 있다.

③ (○) '제56조(연장 · 야간 및 휴일 근로)'에서 사용자는 야간근로에 대하여는 통상임금의 100분의 50 이상을 가산하여 근로자에게 지급하여야 한다고 하였으므로 일 통상임금이 10만 원인 근로자는 야간근로 시 $10\times1.5=15$만 원 이상을 지급받아야 한다.

④ (×) '제42조(계약 서류의 보존)'에서 사용자는 근로자 명부와 대통령령으로 정하는 근로계약에 관한 중요한 서류를 3년간 보존하여야 한다고 하였다.

11

정답 ③

① (○) '제63조(적용의 제외)'에서 토지의 경작에 해당하는 근로자는 휴게에 관한 규정을 적용하지 아니한다고 하였다.

② (○) '제63조(적용의 제외)'에서 토지의 경작에 해당하는 근로자는 휴일에 관한 규정을 적용하지 아니한다고 하였다.

③ (×) '제63조(적용의 제외)'에서 토지의 경작에 해당하는 근로자는 근로시간, 휴게와 휴일에 관한 규정을 적용하지 아니한다고 하였지만, '제73조(생리휴가)'에서 사용자는 여성 근로자가 청구하면 월 1일의 생리휴가를 주어야 한다고 하였다.

④ (○) '제63조(적용의 제외)'에서 토지의 경작에 해당하는 근로자는 근로시간에 관한 규정을 적용하지 아니한다고 하였다.

12

정답 ②

① (○) "출자금이나 배당금을 받지 못했는지 궁금한 탈퇴조합원은 농협포털이나 금융감독원 금융소비자 정보포털에 접속하여 확인하면 된다."의 예시로 제시될 수 있다.

② (×) 탈퇴조합원의 주소지가 변경돼 미환급 지분 및 배당금 안내 통지서가 반송될 경우 ○○지역본부가 행정안전부로부터 탈퇴조합원의 최신 주소를 제공받는다. 따라서 적절한 예시가 아니다.

③ (○) "탈퇴조합원 중 출자금과 배당금 환급 안내를 받지 못한 조합원에 대하여 지분환급 청구 안내 통지서 발송과 안내 전화 및 현지 방문 등을 병행해 안내할 예정이며"의 예시로 제시될 수 있다.

④ (○) "환급 안내를 받은 탈퇴조합원은 전국 소재 농 · 축협을 방문해, 본인 확인(신분증 지참) 후 환급신청서를 작성 · 제출하고 미지급 출자금과 배당금을 수령받으면 된다."의 예시로 제시될 수 있다.

13

정답 ③

ㄱ. (○) 'Breakfast included'를 통해 조식이 포함되어 있음을 알 수 있다.

ㄴ. (×) 'Please put two beds together'를 통해 침대를 붙여줄 것을 요청했음을 알 수 있다.

ㄷ. (×) 'Requests'에서 레이트 체크인을 한다는 것을 알렸을 뿐, 이와 관련된 비용을 언급하지 않았다.

ㄹ. (○) 'Please pick us up at the airport'를 통해 공항 픽업을 요청하였음을 알 수 있다.

14

정답 ②

전체 일의 양을 1이라고 하면, A는 1일 동안 1/4의 일을 하고, B는 1일 동안 1/6의 일을 한다. A와 B가 같이 진행한 날을 x일이라고 하면 다음과 같은 식이 성립한다.

$$\frac{1}{6}\times1+\left(\frac{1}{4}+\frac{1}{6}\right)\times x=1$$

$\therefore x=2$

따라서 총 3일이 소요되므로 업무가 종료되는 날은 목요일이다.

15

정답 ④

25 이상 45 미만 소수는 29, 31, 37, 41, 43이며, a와 b가 가능한 경우와 각 경우의 최소 공배수는 다음과 같다.

구분	최소 공배수
a=43, b=41	1,763
a=43, b=37	1,591
a=43, b=31	1,333
a=43, b=29	1,247
a=41, b=37	1,517
a=41, b=31	1,271
a=41, b=29	1,189
a=37, b=31	1,147
a=37, b=29	1,073
a=31, b=29	899

따라서 a=43, b=31일 때 최소 공배수가 1,300과 1,500 사이이므로 $(a+b)\times(a-b)=(43+31)\times(43-31)=888$이다.

16

정답 ②

배가 상류에서 하류까지 갔다가 다시 하류에서 상류까지 이동한 총 시간을 구하면 다음과 같다.

$$\frac{600}{75+25}+\frac{600}{75-25}=6+12=18$$

따라서 배가 이동한 총 시간은 18분이다.

17

정답 ①

4개의 밭에서 동일한 양의 고구마를 캤으므로 4개 밭의 고구마의 평균 무게는 1개 밭의 고구마의 평균 무게와 동일하다. 1개의 밭에서 캔 고구마 박스당 고구마 개수와 총 개수는 다음과 같다.

구분	박스당 개수	총 개수
왕대	6,000/300=20개	20×5=100개
특상	6,000/200=30개	30×10=300개
상중	6,000/150=40개	40×10=400개
중	6,000/100=60개	60×10=600개

A가 캔 고구마는 총 $6,000\times(5+10+10+10)=210,000$g이고, 총 개수는 $100+300+400+600=1,400$개이다. 따라서 A가 캔 고구마의 1개당 평균 무게는 $210,000/1,400=150$g이다.

18

정답 ③

1개의 밭에서 캔 고구마 총 개수와 이익은 다음과 같다.

구분	총 개수	이익
왕대	100개	100×240=24,000원
특상	300개	300×260=78,000원
상중	400개	400×280=112,000원
중	600개	600×300=180,000원

따라서 A가 고구마로 얻은 이익은 $4\times(24,000+78,000+112,000+180,000)=1,576,000$원이다.

19

정답 ④

㉠ [표 1]에 따르면 경상북도의 양잠 재배 농가는 256호이다.

㉡ [표 1]에 따르면 경상남도의 양잠 재배 농가는 31호이고, 누에용 뽕밭 면적은 12.9ha이다. 따라서 평균 누에용 뽕밭 면적$=\frac{\text{누에용 뽕밭 면적}}{\text{양잠 재배 농가 호수}}=\frac{12.9}{31}\fallingdotseq0.42$ha이다. 정확하게 계산하기보다는 선택지에 제시된 수치가 4.2와 0.42이므로 $\frac{12.9}{31}$가 1보다 큰지 작은지를 빠르게 판단하도록 하자.

20

정답 ③

① (○) 오디용 뽕밭 중 2ha 이상의 밭을 가진 농가가 가장 많은 지역은 전라북도로 8호가 존재한다.

② (○) 경기도에는 0.1ha 이상 0.4ha 미만의 오디용 뽕밭을 가진 농가가 45호로 전체 80호의 절반을 넘으므로 해당 규모의 농가 수가 경기도에서 가장 많음을 알 수 있다.

③ (×) 0.1ha 미만 오디용 뽕밭을 가진 광주광역시의 농가는 39호, 0.1ha 이상 0.4ha 미만 오디용 뽕밭을 가진 경상북도의 농가는 49호이다. 따라서 전자가 후자보다 10호 적다.

④ (○) 전라북도의 오디 재배 농가 수가 532호로 가장 많고, 역시 전라북도의 오디용 뽕밭 전체 면적이 173.9ha로 가장 넓다.

21

정답 ②

① (○) 여성 재혼 건수 중 이혼 후 재혼 건수 비중은 2017년에 $44,701/47,696\times100\fallingdotseq93.7\%$, 2022년에 $33,779/35,724\times100\fallingdotseq94.6\%$이다.

② (×) 여성의 초혼과 재혼의 혼인 건수 차이는 다음과 같다.

2017년	216,759−47,696=169,063건
2018년	210,316−47,306=163,010건
2019년	193,894−45,265=148,629건
2020년	175,033−38,469=136,564건
2021년	156,476−36,031=120,445건
2022년	155,966−35,724=120,242건

③ (○) 매년 여성 혼인 건수는 전년 대비 감소했다.

④ (○) 2020년 여성 초혼 건수는 전년 대비 |(175,033−193,894)|/193,894×100≒9.7% 감소했다.

22

정답 ④

① (○) 2070년 A시의 고령 인구는 2020년 대비 59,644−22,401=37,243명 증가할 것으로 나타났다.

② (○) 2060년 A시의 전체 인구는 63,075/0.75=84,100명이다.

③ (○) 2040년 A시의 전체 인구 중 청소년이 6%라면 2040년 A시의 청소년 인구는 (51,232/0.64)×0.06=4,803명이다.

④ (X) 조사연도 중 처음으로 A시의 고령 인구가 6만 명을 넘은 해는 2050년이고, 2050년에 A시의 전체 인구 중 고령 인구 비중은 직전 조사연도 대비 72−64=8%p 증가할 것으로 나타났다.

23

정답 ③

① (○) 거래한 주식 1주당 거래대금은 1월에 36,241/68,726×100,000≒52,732.6원, 6월에 28,039/57,274×100,000≒48,955.9원이므로 6월에 1월보다 감소했다.

② (○) 3월 상환량 대비 거래량 비율은 52,453/58,494×100≒89.7%이다.

③ (X) 상환대금의 전월 대비 증가율은 3월에 (26,716−18,405)/18,405×100≒45.2%, 6월에 (29,375−22,880)/22,880×100≒28.4%이다. [그림 2]에서 3월과 6월의 그래프 기울기를 확인하면 3월의 기울기가 더 높으므로 상환대금의 전월 대비 증가율은 3월이 더 높음을 알 수 있다.

④ (○) 상반기 상환대금은 26,805+18,405+26,716+24,460+22,880+29,375=148,641십억 원, 거래대금은 36,241+18,771+26,897+26,752+23,223+28,039=159,923십억 원이므로 상반기 상환대금은 거래대금의 148,641/159,923×100≒92.9%이다.

24

정답 ③

① (X) 2022년 소득 2분위의 가구주가 여자인 가구 중 평균 가구소득은 2017년 대비 (2,973−2,463)/2,463×100≒20.7% 증가했다.

② (X) 가구주가 남자인 가구의 소득 5분위의 평균 가구소득은 2020년에 전년 대비 증가했고, 가구주가 여자인 가구의 소득 5분위의 평균 가구소득은 2020년에 전년 대비 감소했다.

③ (○) 2020년 가구주가 남자인 가구의 평균 가구소득 대비 가구주가 여자인 가구의 평균 가구소득의 비율은 다음과 같다.

소득 1분위	1,065/1,263×100≒84.3%
소득 2분위	2,682/2,799×100≒95.8%
소득 3분위	4,505/4,700×100≒95.9%
소득 4분위	7,051/7,135×100≒98.8%
소득 5분위	12,506/13,995×100≒89.4%

④ (X) 가구주가 남자인 가구 중 2018년 대비 2021년 평균 가구소득의 증가량은 다음과 같다.

소득 1분위	1,406−1,149=257만 원
소득 2분위	2,987−2,698=289만 원
소득 3분위	4,862−4,479=383만 원
소득 4분위	7,327−6,842=485만 원
소득 5분위	14,309−13,563=746만 원

25

정답 ②

ㄱ. (X) 자동차를 이용하는 가구수와 비율만 제시되어 있을 뿐이므로 자동차 보유 여부에 대해서는 어촌과 농촌을 비교할 수 없다. 자동차를 보유했음에도 이용하지 않을 수 있기 때문이다.

ㄴ. (○) 어촌과 농촌 각각 65.0%, 69.9%로 가장 큰 비율을 차지한다.

ㄷ. (○) 어촌과 농촌 각각 25.9%, 23.0%로 가장 큰 비율을 차지한다.

ㄹ. (X) 어촌과 농촌 모두 모든 생활시설에서 이동시간이 15분 미만인 경우에는 자동차를 이용하는 비율이 가장 높은 것으로 나타났다.

26

정답 ③

농촌의 경우 30분 이상의 도보로 읍 · 면 · 동 사무소로 이동하는 가구수는 1,273천×3.4%=43.282천 가구이다.

27

정답 ③

① (○) 2018년 대비 2023년 가공 토마토 수출량의 증가량은 케첩이 2,474－2,367＝107톤, 소스가 1,254－950＝304톤, 주스가 170－168＝2톤이다.

② (○) 2019~2023년 내내 케첩과 주스의 수출액의 전년 대비 증감 추이는 '증가 - 증가 - 감소 - 증가 - 증가'로 동일하다.

③ (×) 주스 수출량 1톤당 수출액은 2021년에 444/185＝2.4백만 원, 2023년에 476/170＝2.8백만 원이므로 2.8－2.4＝0.4백만 원＝40만 원 증가했다.

④ (○) 조사기간 동안 주스 수출량이 가장 많은 해와 수출액이 가장 적은 해는 2021년으로 동일하다.

28

정답 ②

[전제 1]은 'e-북을 사용하지 않는 사람은 취업준비생이 아니다.'이고, [전제 2]의 대우는 '취업준비생이 아닌 사람은 태블릿 PC가 없다.'이므로 이로부터 도출할 수 있는 [결론]은 'e-북을 사용하지 않는 사람은 태블릿 PC가 없다.'이다.

29

정답 ④

'유선방송을 시청하는 사람은 OTT 서비스를 이용하지 않는다.'라는 전제가 있어야 [전제1]의 대우를 통해 '유선방송을 시청하는 사람은 유튜브를 시청하지 않는다.'라는 [결론]이 항상 참이 된다.

30

정답 ④

[정보]에 따라 A~D의 요구사항을 충족하는 호실을 배치하면 다음과 같다.

- A: 저층(1 · 2층)과 넓은 면적(3 · 4호실) → 203호
- B: 고층(4 · 5층) → 404호, 503호
- C: 텃밭(1 · 5층) → 101호, 503호
- D: 낮은 임대료(1 · 2호실) → 101호

모두의 [요구 사항]을 충족해야 하므로 한 개 호실씩만 [요구 사항]에 부합하는 A와 D를 우선 배치한다. 따라서 A와 D는 각각 203호와 101호로, C는 101호를 제외한 503호로, B는 503호를 제외한 404호로 배치한다.

31

정답 ③

두 번째 조건과 네 번째 조건에 의해 시우의 당직 근무 횟수는 5회이고, 태우의 당직 근무 횟수는 4회이다. 다섯 번째와 여섯 번째 조건에 의해 아영의 당직 근무 횟수는 1회 또는 2회이다. 아영의 당직 근무 횟수가 1회인 경우 세 번째 조건에 의해 지호의 당직 근무 횟수는 0회 또는 6회이므로 첫 번째 조건에 위배된다. 따라서 아영의 당직 근무 횟수는 2회이고, 지호의 당직 근무 횟수는 5회 또는 1회이다. 지호의 당직 근무 횟수가 1회인 경우 당직 근무 횟수가 동일한 사람이 없으므로 여섯 번째 조건에 위배되고, 지호의 당직 근무 횟수는 5회이다.

① (○) 태우의 당직 근무 횟수는 4회이다.

② (○) 지호의 당직 근무 횟수는 5회, 서희의 당직 근무 횟수는 3회이므로 차이는 2회이다.

③ (×) 아영의 당직 근무 횟수는 2회이다.

④ (○) 지호와 시우의 당직 근무 횟수는 5회로 동일하다.

32

정답 ③

조건 2~5를 정리하면 다음과 같다([ ]는 미정).

고객만족	농촌문화	인재양성
C	G	
[D, E]		[D, E]

여기서 조건 1을 적용하면, 한 주제는 3명, 두 주제는 2명씩 선택하였다는 질문지의 내용에 따라 다음과 같이 세 가지의 경우의 수가 생긴다.

고객만족	농촌문화	인재양성
C	G	
[D, E]	F	[A, B]

고객만족	농촌문화	인재양성
C	G	
[A, B]	F	[D, E]

고객만족	농촌문화	인재양성
C	G	
F	[A, B]	[D, E]

① (×) 고객만족을 발표할 직원은 C, A, B일 수도 있고 C, F일 수도 있다.

② (×) D가 고객만족을 발표하는 경우에 F는 농촌문화를 발표한다.

③ (○) F가 고객만족을 발표하는 경우에 A와 B는 농촌문화를 발표한다.

④ (△) F가 농촌문화를 발표하는 경우에 A와 B는 고객만족을 발표할 수도 있다.

33

정답 ②

① (X) F가 농촌문화를 선택하는 경우는 2가지이므로, 발표자가 확정될 수 없다.

② (O) D와 E가 고객만족을 선택하는 경우는 1가지로, 발표자가 확정될 수 있다.

③ (X) 고객만족을 선택한 사람이 3명인 경우는 2가지이므로, 발표자가 확정될 수 없다.

④ (X) 농촌문화를 선택한 사람이 2명인 경우는 2가지이므로, 발표자가 확정될 수 없다.

34

정답 ②

제시문에서 설명하는 고객요구 조사 방법은 '표적집단면접'이며 ①, ③, ④의 내용이 이에 해당한다.

② (X) 심층면접법에 대한 설명이므로 옳지 않다.

35

정답 ④

브레인스토밍의 진행방법 순서는 다음과 같다.

주제를 구체적이고 명확하게 정한다.
↓
구성원의 얼굴을 볼 수 있도록 좌석을 배치하고 큰 용지를 준비한다.
↓
구성원의 다양한 의견을 도출할 수 있는 사람을 리더로 선출한다.
↓
구성원은 다양한 분야의 5~8명으로 구성한다.
↓
발언은 누구나 자유롭게 하고 모든 발언 내용을 기록한다.
↓
다양한 아이디어 중 독자성과 실현 가능성을 고려해 결합한 뒤 최적의 방안을 찾는다.

36

정답 ④

① (X) 윤리경영 자기진단은 매월 21일~말일 수시 진행된다.

② (X) 사이버 통신교육은 매년 5월, 11월 둘째 주 월~금요일에 실시된다.

③ (X) 윤리경영 직무교육은 연수원 현장 강의 후 토의 방식으로 이루어진다.

④ (O) 8월 31일에 윤리경영 자기진단을 한 후, 다음 날인 9월 1일에 연수원에서 행동강령 테마교육을 받을 수 있다.

37

정답 ④

① (X) 병해충 방제 상담역 운영 사업을 실시하는 기간은 매년 4~9월로, 총 6개월이다.

② (X) 조합원 자녀 장학금 지원 사업 대상은 고등학교 또는 대학교 재학생이다.

③ (X) 마을회관 난방유 지원 사업으로 관내 마을회관에 지원하는 실내등유는 총 19,000리터가 아니라 190드럼이다.

④ (O) 농업인 안전재해보험료 지원 사업의 가입 나이는 만 15~87세로, 옳은 설명이다.

38

정답 ①

ㄱ. (X) 짝수년도 출생이므로, 홀수년도에 건강검진을 받을 수 있다.

ㄴ. (X) 건강검진은 4~5월 중에 받을 수 있다.

ㄷ, ㄹ. (O) 출생 연도에 따른 검진 연도, 검진 시기, 검진 연도에 따른 검진 병원을 모두 충족한다.

39

정답 ②

① (O) 판매 부문의 모집 대상자는 3개소이고, 원활한 사업추진을 위해 최종 선정자 외에는 예비 지원 대상자로 지정한다고 하였으므로 옳다.

② (X) 사업수행기관의 관리하에 별도 수행업체에서 직접 지원 대상자의 신청사업을 진행한다.

③ (O) 최종 선정 결과에 대하여 이의를 제기할 수 없다고 하였으므로 옳다.

④ (O) 담당자는 농협경제지주 김철수 계장이고, 사업신청 담당자가 선정자에게 SMS 및 유선으로 개별 통보한다고 하였으므로 옳다.

40

정답 ②

① (X) 홈쇼핑 입점 지원은 판매 부문으로, 지원금액은 최대 10백만 원이다.

② (O) 홈쇼핑 입점을 지원받는 단체가 모집 신청 시 제출해야 하는 서류는 사업신청서, GAP 인증 현황 자료, 사업추진계획서, 홈쇼핑 입점 신청서, 통장 사본, 사업자등록증 사본으로 총 6개이다.

③ (X) 사업지원 확대를 위해 7개 지원사업 세부내용 중 1개만 신청 가능하다.

④ (X) 선정일은 2022년 9월 27일이며 지원 기간은 선정일로부터 11월 말까지이므로 2개월이다. 그러나 지원금액 정산은 12월까지이므로 옳지 않다.

41

정답 ①

[그림 1]을 통하여 알 수 있는 문제는 복지 지원 대상자 증가이다. 이를 해결할 수 있는 방안은 난방, 전기료 할인, 생계 지원금 지급 등이 있다.

[그림 2]를 통하여 알 수 있는 문제는 고령화 비율 증가이다. 이를 해결할 수 있는 대책 방안은 노인 일자리 창출, 노인 건강 관리 및 의료 인프라 강화, 연령 인식 변화 등이 있다.

공공부조는 생활이 어려운 자에게 국가 및 지방자치단체의 비용부담으로 필요한 보호를 행하여 최저생활을 보장하며 자립 촉진을 목적으로 하는 경제적 보호제도이므로 공공부조 축소는 옳지 않은 방안이다.

42

정답 ③

[그림 1]을 통하여 알 수 있는 문제는 청년 실업률 증가이다. 이를 해결할 수 있는 방안은 일자리 증가, 일자리에 대한 고정관념 완화, 교육 훈련 제공 등이 있다.

[그림 2]를 통하여 알 수 있는 문제는 출산율 감소이다. 이를 해결할 수 있는 방안은 아동수당 확대, 산모 · 신생아 건강관리 확대, 국공립 보육 확대 등이 있다.

43

정답 ②

업체별 비용은 다음과 같다.

- A: 가로 20개, 세로 40개가 필요하므로 총 20×40×1.1＝880개의 타일이 필요하다. 비용은 880×15,000＋60,000×2×2＝13,440,000원이다.
- B: 가로 20개, 세로 20개가 필요하므로 총 20×20×1.1＝440개의 타일이 필요하다. 비용은 440×27,000＋80,000×2×2＝12,200,000원이다.
- C: 가로 20개, 세로 40개가 필요하므로 총 20×40×1.1＝880개의 타일이 필요하다. 비용은 880×14,000＋100,000×2×2＝12,720,000원이다.
- D: 가로 20개, 세로 20개가 필요하므로 총 20×20×1.1＝440개의 타일이 필요하다. 비용은 440×31,000＋80,000×2×2＝13,960,000원이다.

따라서 T는 비용이 가장 저렴한 업체와 계약한다고 하였으므로 계약할 업체는 B이다.

44

정답 ①

디럭스 타일을 설치할 수 있는 업체는 A와 D이며, 각 업체별 비용은 다음과 같다.

- A: 가로 15개, 세로 16개가 필요하므로 총 15×16×1.1＝264개가 필요하다. 비용은 264×15,000＋60,000×2×4＝4,440,000원이다.
- D: 가로 15개, 세로 8개가 필요하므로 총 15×8×1.1＝132개가 필요하다. 비용은 132×31,000＋80,000×2×4＝4,732,000원이다.

따라서 M은 비용이 더 저렴한 업체인 A와 계약하며, 지불해야 하는 금액은 4,440,000원이다.

45

정답 ①

네 사람의 총점은 다음과 같다.

구분			이○○	김△△	최◇◇	장□□
필기시험	NCS	의사소통	8×5＝40점	6×5＝30점	8×5＝40점	7×5＝35점
		수리	8×5＝40점	10×5＝50점	8×5＝40점	9×5＝45점
		자원관리	9×5＝45점	9×5＝45점	7×5＝35점	9×5＝45점
	전공		16×2.5＝40점	14×2.5＝35점	18×2.5＝45점	16×2.5＝40점
면접시험	문제해결		18점	16점	18점	20점
	태도		16점	18점	16점	14점
	직업윤리		16점	12점	15점	16점
총점			215점	206점	209점	215점

이○○와 장□□의 총점이 215점으로 가장 높으며, 동점인 경우 면접 점수가 더 높은 사람을 우선한다고 하였다. 면접 점수는 이○○가 18＋16＋16＝50점, 장□□가 20＋14＋16＝50점으로 동일하다. 면접 점수도 동일한 경우 의사소통 점수가 더 높은 사람을 우선한다고 하였으므로 이○○와 장□□ 중 의사소통 점수가 더 높은 이○○가 선정된다.

46

정답 ①

세트별 총 지불금액은 다음과 같다.

- A세트: 80개 이상 구매 시 10% 할인이므로 38,000×120×(1－0.1)＝4,104,000원, 배송비는 20,000원으로, 총 4,124,000원이다.
- B세트: 100개 이상 구매 시 570,000원 할인이므로 39,000×120－570,000＝4,110,000원, 배송비는 20,000원으로, 총 4,130,000원이다.
- C세트: 120개 이상 구매 시 14% 할인이므로 40,000×120×(1－0.14)＝4,128,000원, 배송비는 20,000원으

로, 총 4,148,000원이다.

- D세트: 100개 이상 구매 시 820,000원 할인이므로 $41,000\times120-820,000=4,100,000$원, 배송비는 20,000원으로, 총 4,120,000원이다.

이 대리는 지불해야 할 총 금액이 가장 저렴한 세트를 주문한다고 하였으므로, D세트를 주문하고 4,120,000원을 지불한다.

47

정답 ③

이 대리가 구성한 세트에 통조림 햄이 총 840개 들어가므로 세트당 12%의 할인율을 적용하면, 120개의 가격은 $\{(7,000\times1)+(10,000\times1)+(3,000\times7)\}\times120\times0.88=4,012,800$원이다. 여기에 배송비는 100개 이상 주문이므로 20,000원이다.

따라서 이 대리가 지불해야 하는 총 금액은 4,032,800원이다.

48

정답 ④

지시사항을 기준으로 송년회 장소를 순차적으로 제외하면 다음과 같다.

- 회사와의 거리 10km 이내, 대관 시간 3시간 이상 → A 제외
- 뷔페식 → C 제외

남은 B와 D 각각의 식비를 구하면, 송년회 참여인원은 20명으로 B의 비용은 $36,000\times20=720,000$원, D의 비용은 $33,000\times20=660,000$원이다. 따라서 예산 70만 원을 초과하는 B가 제외된다.

따라서 이 대리가 예약할 곳은 D이다.

49

정답 ②

업체별 비용은 다음과 같다.

- A: 박스당 10개이므로 총 100박스를 주문해야 하며, 100박스 이상 주문 시 10% 할인한다고 하였으므로 비용은 $100\times55,000\times0.9+50,000=5,000,000$원이다.
- B: 박스당 25개이므로 총 40박스를 주문해야 하며, 비용은 $40\times131,000\times0.95+5,000=4,983,000$원이다.
- C: 박스당 15개이므로 총 67박스를 주문해야 하며, 10개당 1박스를 무료 증정한다고 하였으므로 61박스 주문 시 67박스를 받을 수 있다. 비용은 $61\times82,000=5,002,000$원이다.
- D: 박스당 20개이므로 총 50박스를 주문해야 하며, 비용은 $50\times100,000+15,000=5,015,000$원이다.

따라서 비용이 가장 저렴한 업체는 B이다.

50

정답 ①

문제의 각주에서 프린트 비용은 할인 품목에서 제외된다고 하였고, 무료로 증정받은 기념품의 경우에도 프린트 비용은 지불해야 한다고 하였으므로 각 업체별 비용에 기념품 1,000개의 추가 프린트 비용을 더하면 비용을 구할 수 있다. 업체별 비용은 다음과 같다.

- A: 박스당 10개이므로 총 100박스를 주문해야 하며, 비용은 $100\times55,000\times0.9+1,000\times100+50,000=5,100,000$원이다.
- B: 박스당 25개이므로 총 40박스를 주문해야 하며, 비용은 $40\times131,000\times0.95+1,000\times120+5,000=5,103,000$원이다.
- C: 박스당 15개이므로 총 67박스를 주문해야 하며, 10개당 1박스를 무료 증정한다고 하였으므로 61박스 주문 시 67박스를 받을 수 있다. 비용은 $61\times82,000+1,000\times100=5,102,000$원이다.
- D: 박스당 20개이므로 총 50박스를 주문해야 하며, 비용은 $50\times100,000+1,000\times80+15,000=5,095,000$원이다.

따라서 비용이 가장 저렴한 D업체에서 주문하며, 지불해야 하는 금액은 5,095,000원이다.

51

정답 ④

김 사원과 이 사원은 출근 전 또는 퇴근 후에 수영장에서 진행하는 프로그램 중 같은 프로그램을 통해 수영을 배우고자 하였으므로 두 사람이 신청할 수 있는 프로그램은 신규 모집인원이 2명 이상인 새벽 2반, 저녁 1반, 저녁 2반 중 하나이다. 김 사원은 지난 시즌에 수영을 배워 자유형, 배영 가능자이지만 이 사원은 자유형만 가능하고, 두 사람은 동일한 프로그램을 선택한다고 하였으므로 자유형 가능자가 수업을 들을 수 있는 초급 프로그램을 선택한다. 따라서 두 사람이 선택하는 프로그램은 저녁 2반이다.

52

정답 ③

① (○) 긴급하면서 중요한 일에는 위기상황, 긴박한 문제, 기간이 정해진 프로젝트 등이 있다.

② (○) 긴급하지 않지만 중요한 일에는 예방 생산 능력 활동, 인간관계 구축, 중장기 계획, 오락 등이 있다.

③ (×) 긴급하지만 중요하지 않은 일에는 일부 보고서 및 회의, 눈앞의 급박한 상황, 인기 있는 활동 등이 있다.

④ (○) 긴급하지 않고 중요하지 않은 일에는 바쁜 일, 하찮은 일, 시간 낭비 거리, 즐거운 활동 등이 있다.

53

정답 ③

SMART 법칙에 따른 목표 설정은 다음과 같다.

- S(Specific): 구체적으로 - 목표를 구체적으로 작성한다.
- M(Measurable): 측정 가능하도록 - 수치화, 객관화시켜서 측정이 가능한 척도를 세운다.
- A(Action - oriented): 행동 지향적으로 - 사고 및 생각에 그치는 것이 아닌 행동을 중심으로 목표를 세운다.
- R(Realistic): 현실성 있게 - 실현 가능한 목표를 세운다.
- T(Time limited): 시간적 제약이 있게 - 목표를 설정함에 있어 제한 시간을 둔다.

54

정답 ④

① (○) 저축예금은 입출금을 자유롭게 할 수 있는 예금이다.

② (○) 예금의 만기일 산정은 연으로 정한 경우 그 기간의 마지막 달에 있는 예금한 날의 상당일을 만기일로 정하므로 예금의 만기일은 2025년 12월 2일입니다.

③ (○) 만기일이 토요일을 포함한 공휴일인 경우 그 다음 첫 영업일에 지급된다.

④ (X) 이자는 1,000 × 0.03 × 730/365 = 60만 원이다.

55

정답 ③

① (○) 전문가 의식과 전문성의 원칙을 갖고 있는 A는 최고의 전문가에 해당한다.

② (○) 정직과 신용의 원칙을 갖고 있는 B는 정직과 도덕성을 갖춘 인재에 해당한다.

③ (X) 임파워먼트를 이용하는 C는 시너지 창출가에 해당하지만 통제적인 리더십의 스타일은 임파워먼트의 장애 요인이므로 C는 시너지 창출가에 해당하지 않는다.

④ (○) 비즈니스와 직업세계에서 맞이하는 변화의 상황들에 대하여 효과적으로 대처하기 위한 12가지 전략 중 주변 환경의 변화에 주목하는 D는 진취적 도전가에 해당한다.

56

정답 ④

①, ② (X) 50만 원 이하의 교육비에 대한 기안서의 최종 결재권자는 전결을 위임받은 상임이사이다. 따라서 상임이사의 결재란에 전결을 표시하고 최종 결재란에 상임이사를 표시하여야 한다.

③ (X), ④ (○) 50만 원 이하의 교육비에 대한 교육비신청서의 최종 결재권자는 전결을 위임받은 상임이사이다.

57

정답 ②

① (X), ② (○) 50만 원 초과의 영업처 식대비에 대한 지출결의서의 최종 결재권자는 조합장이다.

③, ④ (X) 50만 원 초과의 영업처 식대비에 대한 접대비지출품의서의 최종 결재권자는 조합장이다. 따라서 상임이사의 결재란에 전결을 표시해서는 안 되고, 최종 결재란에 조합장을 표시하여야 한다.

58

정답 ①

① (X) 농협목우촌은 2008년 이후 육가공품을 홍콩에 수출하였다고 하였으나, 가공육 수출의 선두주자인지는 알 수 없다.

② (○) '농협목우촌의 역할'에서 농협목우촌은 전체 육가공품 시장의 품질 향상을 견인한다고 하였다.

③ (○) '농협목우촌의 역할'에서 농협목우촌은 축산농가 실익증진을 위한 시장견제자 역할을 한다고 하였다.

④ (○) '수출현황'에서 농협목우촌은 1995년 이후 안심, 등심, 후지 등을 일본에 수출하였고, 2008년 이후에는 육가공품을 홍콩에 입점시켰다고 하였다.

59

정답 ②

집중화 전략은 특정 시장이나 고객에게 한정된 전략으로, 원가우위나 차별화 전략이 산업 전체를 대상으로 하는 것과 달리 특정 산업을 대상으로 한다. 즉, 경쟁조직들이 소홀히 하고 있는 한정된 시장을 원가우위나 차별화 전략을 사용하여 집중 공략하는 방법이다.

60

정답 ③

① (○) 조직 내에서 업무는 조직의 목적을 보다 효과적으로 달성하기 위하여 세분화된 것이므로 궁극적으로는 같은 목적을 지향한다.

② (○) 개별 업무들은 요구되는 지식, 기술, 도구의 종류가 다르고 이들 간의 다양성도 차이가 있다.

③ (X) 업무는 조직 내 다른 업무와 밀접한 관련성을 가지고 있다.

④ (○) 조직의 목적을 달성하기 위하여 업무는 통합되어야 하므로, 개인이 선호하는 업무를 임의로 선택할 수 있는 재량권이 적다.

정답 및 해설 - 제2회 실전모의고사

정답표

01	02	03	04	05	06	07	08	09	10
④	①	①	③	②	②	④	④	①	①
11	**12**	**13**	**14**	**15**	**16**	**17**	**18**	**19**	**20**
③	②	②	①	③	①	③	①	③	②
21	**22**	**23**	**24**	**25**	**26**	**27**	**28**	**29**	**30**
②	④	④	②	④	④	①	③	③	①
31	**32**	**33**	**34**	**35**	**36**	**37**	**38**	**39**	**40**
③	①	④	①	②	④	②	④	②	④
41	**42**	**43**	**44**	**45**	**46**	**47**	**48**	**49**	**50**
③	④	④	③	④	④	①	③	②	④
51	**52**	**53**	**54**	**55**	**56**	**57**	**58**	**59**	**60**
①	②	②	③	④	②	①	④	③	④

01

정답 ④

① (○) '보다'가 '눈으로 대상을 즐기거나 감상하다'의 뜻으로 쓰였다.

② (○) '보다'가 '신문, 잡지 따위를 구독하다'의 뜻으로 쓰였다.

③ (○) '보다'가 '대상을 평가하다'의 뜻으로 쓰였다.

④ (X) '보다'가 '남의 결점이나 약점 따위를 발견하다'의 뜻으로 쓰였다. '목격하다'는 '눈으로 직접 보다'를 뜻하는 말이다.

02

정답 ①

① (X) '안 되기를'은 '일, 현상, 물건 따위가 좋게 이루어지지 않다.'의 의미로 사용되었기 때문에 '안되기를'로 써야 올바른 표현이다.

② (○) '안돼'는 '근심이나 병 따위로 얼굴이 많이 상하다.'라는 의미의 '안되다'의 어간 '안되-' 뒤에 어미 '-어'가 붙은 '안되어'가 줄어든 형태이므로 올바른 표기이다.

③, ④ (○) '안 되었다'의 '안'은 부사로 '용언의 앞에서 부정의 뜻을 나타내는 말'이기 때문에 올바른 표기이다.

03

정답 ①

[통상임금 산정지침]에 따르면 통상임금이란 근로자에게 정기적 · 일률적으로 소정근로 또는 총근로에 대해 지급하기로 정하여진 금액이다.

① (○) 단체협약에 따라 일률적으로 모든 근로자에게 지급된 수당의 성격을 띠므로 통상임금의 범위에 해당한다.

② (X) 관련 규정에 없으며, '일시적'으로 지급되므로 통상임금의 범위에 해당하지 않는다.

③ (X) [통상임금 판단기준 예시] 중 ⑥과 상반되는 내용으로 통상임금의 범위에 해당하지 않는다.

④ (X) 상여금은 정기적으로 지급한다고 하더라도 통상임금의 범위에 해당되지 않는다.

04

정답 ③

① (○) '9. 유의사항'에서 70만 원 미만의 부속작업기를 본체와 같이 구입할 경우에는 대출 가능하다고 하였다.

② (○) '1. 대상'에서 영농조합법인은 대출 가능 대상이라고 하였다.

③ (X) '농기계 구입자금 대출'에서 정부지원대상 농기계를 구입 시 지원받을 수 있는 대출이라고 하였다.

④ (○) '1. 대상'에서 농업회사법인은 대출 가능 대상이라고 하였다.

05

정답 ②

'3. 대출한도'에서 중고 콤바인을 폐차 후 신품 구입하는 경우 해당 신품 콤바인의 정부융자지원한도액의 110%와 구입금액 중 적은 금액 이내를 대출받을 수 있다고 하였다. 정부융자지원한도액의 110%는 1,200×1.1=1,320만 원, 구입금액은 1,500만 원이므로 더 적은 1,320만 원을 대출받을 수 있다.

06

정답 ②

① (X) 부칙의 사업시행 연도인 2021년 5월을 기준으로 만 18세 이상, 만 40세 미만인 사람을 '청년'으로 정의하고 있으므로 2019년 5월 만 40세인 사람은 2021년 나이 기준을 초과하여 '청년'에 해당하지 않는다.

② (O) 「농업 · 농촌 및 식품산업 기본법 시행령」 제3조(정의)에서 '농업을 경영하거나 이에 종사하는 자'를 농업인으로 정의하고 있으므로, 농업을 경영하거나 농업에 종사하지 않고 취미로 주말농장을 이용하는 사람은 농업인에 해당하지 않는다.

③ (X) 제4조(교육)에서 지원 전담조직은 청년을 대상으로 영농정착에 필요한 교육을 실시한다고 규정하였으므로 전 농업인을 대상으로 교육을 실시하는 것은 아니다.

④ (X) 제7조(자문위원회 설치)에서 청년농업인 육성과 관련하여 다양한 의견 청취를 위해 각계 전문가로 구성된 자문위원회를 설치할 수 있음을 규정하고 있다.

07

정답 ④

①, ②, ③ (O) 「농업 · 농촌 및 식품산업 기본법 시행령」 제3조(농업인의 기준)에서는 농업인을 '각 호의 어느 하나에 해당하는 사람'으로 규정하고 있으므로, 기준 중 하나를 충족하면 된다.

④ (X) 「농업 · 농촌 및 식품산업 기본법 시행령」 제3조(농업인의 기준) 제4호에서 "「농어업경영체 육성 및 지원에 관한 법률」 제16조 제1항에 따라 설립된 영농조합법인의 농산물 출하 · 유통 · 가공 · 수출활동에 1년 이상 계속하여 고용된 사람'으로 규정하고 있다. 따라서 종사 기간이 6개월이라면 지원 대상에 해당하지 않는다.

08

정답 ④

①, ② (X) 농촌 발전 유공 정부포상의 포상 규모와 절차는 언급되어 있지 않다.

③ (X) 글 서두에 "도시와 농촌 간에 소통 여건을 조성하고 상호 교류를 정착시키기 위하여 매년 7월 7일을 '도농교류의 날'로 제정하고"라며 농촌 발전 유공 정부포상의 추진 배경 및 목적이 간략히 언급되어 있기는 하지만, 이는 도입의 역할이므로 글의 제목으로 삼기에는 적절하지 않다.

④ (O) 포상 분야를 기업 · 단체, 마을리더, 개인 분야로 나누어 각 분야의 심사 항목에 대해 열거하고 있으므로 적절한 제목이다.

09

정답 ①

① (X) 기업 · 단체 분야의 심사 항목에도 '연간 교류 횟수: 지역 봉사(의료, 일손 돕기 등)'가 있다.

② (O) 기업 · 단체 분야의 심사 항목에 도농교류 금액(누계)이 있다.

③ (O) 기업 · 단체 분야의 도농교류 홍보 건수는 최근 2년간 연평균 실적만 해당된다.

④ (O) 마을리더 분야는 농촌 현장에서 농업 · 농촌 지역에 종사하고 있으면서 도농교류를 통해 마을 발전에 기여한 자에 대한 포상이다.

10

정답 ①

① (X) '제24조(임대차 · 사용대차 계약 방법과 확인)'에서 임대차계약은 그 등기가 없는 경우에도 임차인이 농지소재지를 관할하는 시 · 구 · 읍 · 면의 장의 확인을 받고, 해당 농지를 인도받은 경우에는 그 다음 날부터 제삼자에 대하여 효력이 생긴다고 하였다.

② (O) '제24조(임대차 · 사용대차 계약 방법과 확인)'에서 농업경영을 하려는 자에게 무상사용하게 하는 경우 사용대차계약은 서면계약을 원칙으로 한다고 하였다.

③ (O) '제26조(임대인의 지위 승계)'에서 임대 농지의 양수인은 이 법에 따른 임대인의 지위를 승계한 것으로 본다고 하였다.

④ (O) '제25조(묵시의 갱신)'에서 임대인이 임대차 기간이 끝나기 3개월 전까지 임차인에게 임대차계약을 갱신하지 아니한다는 뜻이나 임대차계약 조건을 변경한다는 뜻을 통지하지 아니하면 그 임대차 기간이 끝난 때에 이전의 임대차계약과 같은 조건으로 다시 임대차계약을 한 것으로 본다고 하였다.

11

정답 ③

① (O) '제23조(농지의 임대차 또는 사용대차)'에서 질병으로 인하여 일시적으로 농업경영에 종사하지 아니하게 된 자가 소유하고 있는 농지를 임대하거나 무상사용하게 할 수 있다고 하였다.

② (○) '제23조(농지의 임대차 또는 사용대차)'에서 3년 이상 소유한 농지를 주말 · 체험영농을 하려는 자에게 임대하거나 무상사용하게 하는 경우 소유하고 있는 농지를 임대하거나 무상사용하게 할 수 있다고 하였다.
③ (X) '제23조(농지의 임대차 또는 사용대차)'에서 60세 이상인 사람으로서 대통령령으로 정하는 사람이 소유하고 있는 농지 중에서 자기의 농업경영에 이용한 기간이 5년이 넘은 농지를 임대하거나 무상사용하게 하는 경우 소유하고 있는 농지를 임대하거나 무상사용하게 할 수 있다고 하였다.
④ (○) '제23조(농지의 임대차 또는 사용대차)'에서 선거에 따른 공직취임으로 인하여 일시적으로 농업경영에 종사하지 아니하게 된 자가 소유하고 있는 농지를 임대하거나 무상사용하게 할 수 있다고 하였다.

12

정답 ②

① (○) 제2조 제5호에 따르면, 맵시는 새로운 사고로 적극적인 행동을 하는 역량 있는 직원이 되어, 혁신된 서비스를 제공하고 브랜드 이미지를 제고하며 고객에게 감동을 주는 활동으로, 제4조 제6호에 의해 맵시스타로 선정된 직원은 고객만족 업무를 잘 수행했을 것이라고 추측할 수 있다.
② (X) 제2조 제2호에 따르면, 고객만족이란 서비스에 대한 회원의 선호도가 아닌, 고객의 선호도가 지속되도록 하는 상태를 의미한다. 회원과 고객이 다름에 주의해야 한다.
③ (○) 제6조 제2항에 따르면, 교육 훈련 및 연수 비용은 회원의 부담을 원칙으로 하되, 제반 사항을 고려하여 중앙회의 부담으로 할 수 있다고 하였다. 따라서 회원이 100% 부담하는 경우가 발생할 수 있다.
④ (○) 제2조 제3호에 따르면, 고객만족도란 회원이 제공하는 상품, 서비스 및 기업 이미지에 대한 고객의 생각을 전화 · 방문 · 설문 조사 등을 통하여 분석하고 계량화하여 나온 지수라고 설명하였다.

13

정답 ②

① (X) '으로써'는 어떤 일의 이유를 나타내는 격 조사이며, '으로서'는 지위나 신분 또는 자격을 나타내는 격 조사이다. 따라서 '감동시킴으로써'가 올바른 표현이다.
② (○) '역량있다'라는 형용사는 없다. 따라서 '역량 있는'으로 띄어쓰기해야 한다.
③ (X) '일련'이란 '하나로 이어지는 것'의 의미를 가지고 있다.
④ (X) '연도'는 '사무나 회계 결산 따위의 처리를 위하여 편의상 구분한 일 년 동안의 기간'(예 졸업 연도)이고, '년도'는 해를 뜻하는 말 뒤에 쓰여, '일정한 기간 단위로서의 그 해'(예 1985년도)를 가리킨다. 따라서 '연도'라고 표기하는 것이 맞다.

14

정답 ①

1시간 작업 시 A는 $\frac{1}{2}$, B는 $\frac{1}{6}$을 일하며, A와 B가 같이 일한 시간을 x시간이라 하면 다음과 같은 식이 성립한다.

$\left(\frac{1}{2}+\frac{1}{6}\right)\times x=1$

$\therefore x=1.5$

따라서 A와 B가 같이 작업 시 업무를 완료하는 데 1.5시간이 걸린다.

15

정답 ③

126을 소인수 분해하면 $2\times3^2\times7$이다. 5보다 큰 소수인 c는 7이고, 약수를 6을 가지고, 16보다 큰 b 중 최솟값은 18이다. a와 b의 최대공약수는 6이므로 18보다 큰 a의 최솟값은 24이다. 따라서 a+b+c의 최솟값은 24+18+7=49이다.

16

정답 ①

각각의 용기에 들어 있는 설탕의 양을 구하면 다음과 같다.

- A용기: (10/100)×300g=30g
- B용기: (15/100)×200g=30g
- C용기: (13/100)×100g=13g

먼저 A용기와 B용기의 설탕물을 혼합하면 {(30+30)/(300+200)}×100=12% 농도의 설탕물이 만들어진다. 이 중 400g을 마셨으므로 남은 100g에 들어 있는 설탕의 양은 12/100×100g=12g이다. 여기에 C용기의 설탕물을 혼합하면 {(12+13)/(100+100)}×100=12.5% 농도의 설탕물이 만들어진다. 이 중 100g을 마셨으므로 남은 100g에 들어 있는 설탕의 양은 12.5/100×100g=12.5g이다.

17

정답 ③

소형 비닐하우스의 가로는 4m, 세로는 3m이므로 가로 40m, 세로 18m인 밭에 설치하기 위해 소형 비닐하우스는 가로에 40/4=10개, 세로에 18/3=6개가 필요하며, 총 10×6=60개를 설치해야 한다. 각 업체별 금액은 다음과 같다.

- A업체: 550,000×60=33,000,000원

- B업체: 580,000×60=34,800,000원이지만 60개 구매할 적용 200만 원 할인이 적용되므로 34,800,000−2,000,000=32,800,000원
- C업체: (600,000×60)×0.91=32,760,000원

따라서 가장 저렴한 업체는 C업체이고, 구매 시 지불해야 하는 금액은 32,760,000원이다.

18

정답 ①

중형 비닐하우스의 가로는 4m, 세로는 6m이므로 가로에 40/4=10개, 세로에 18/6=3개가 필요하며, 총 10×3=30개를 설치해야 한다. 대형 비닐하우스의 가로는 5m, 세로는 6m이므로 가로에 40/5=8개, 세로에 18/6=3개가 필요하며, 총 8×3=24개를 설치해야 한다. C업체에서 비닐하우스를 구매하며, 소형, 중형, 대형 비닐하우스 각각의 금액은 다음과 같다.

- 소형: 32,760,000원
- 중형: (980,000×30)×0.91=26,754,000원
- 대형: (1,300,000×24)×0.91=28,392,000원

따라서 가장 저렴한 유형은 중형이고, 구매 시 지불해야 하는 금액은 26,754,000원이다.

19

정답 ③

노지채소 재배면적 1ha당 생산량은 $\frac{\text{생산량}}{\text{재배면적}}$이므로 재배면적 대비 생산량의 크기가 큰 지역을 우선 고려해 볼 수 있다. [표]의 지역 중 대구광역시, 광주광역시, 대전광역시의 재배면적 대비 생산량이 약 35톤이므로 이 세 지역으로 좁혀 비교해 보도록 하자.

노지채소 재배면적 1ha당 생산량은 대구광역시 $\frac{71,008}{2,025}$톤, 대전광역시 $\frac{7,978}{233}$톤, 광주광역시 $\frac{16,217}{439}$톤이다. 빠른 비교를 위하여 각 수치를 어림수로 정리하면 $\frac{710}{20}$, $\frac{800}{23}$, $\frac{1,600}{44}$이다. $\frac{710}{20}$과 $\frac{800}{23}$을 비교하면 후자의 분모가 전자의 분모에 비하여 15%가 크고, 후자의 분자가 전자의 분자에 비하여 15%에 미치지 못하게 크다. 따라서 $\frac{710}{20}$과 $\frac{800}{23}$ 중 전자인 $\frac{710}{20}$이 더 크다. 이어 $\frac{710}{20}$과 $\frac{1,600}{44}$을 비교하면 후자의 분모가 전자의 분모에 비하여 2.2배가 크고, 후자의 분자가 전자의 분자에 비하여 2.2배보다 더 크다. 따라서 $\frac{710}{20}$과 $\frac{1,600}{44}$ 중 후자인 $\frac{1,600}{44}$이 더 크며, 이에 해당하는 지역은 광주광역시이다.

20

정답 ②

① (○) 대구광역시의 시설채소 재배면적이 933ha로 가장 넓고, 생산량 역시 40,320톤으로 가장 많다.

② (×) 노지채소의 생산량이 가장 적은 지역은 1,278톤인 서울특별시이며, 시설채소의 생산량이 두 번째로 적은 지역은 4,519톤을 생산하는 대전광역시이다.

③ (○) 전체 생산량이 두 번째로 많은 지역은 59,653톤을 생산한 부산광역시이다. 부산광역시의 노지채소 생산량은 28,950톤으로 대구광역시, 인천광역시에 이어 세 번째로 많다.

④ (○) 광주광역시의 전체 채소류 재배면적은 989ha로, 서울특별시의 전체 채소류 재배면적 87ha의 11배인 957ha(=870+87)를 넘는다.

21

정답 ②

ㄱ. (○) 제조용 원재료는 2015년 지수를 100으로 기준한다고 하였으므로 2015년 대비 증가율은 해당연도 제조용 원재료의 (국내공급물가지수−100)/100×100이다. 2015년 대비 2021년에 제조용 원재료의 국내공급물가지수의 증가율은 국내가 (137.4−100)/100×100=37.4%, 수입이 (132.1−100)/100×100=32.1%이다.

ㄴ. (○) 조사기간 중 원료원재료의 국내공급물가지수가 국내보다 수입이 더 높은 해는 2022년으로 1개년이다.

ㄷ. (×) 기타 원재료의 국내공급물가지수는 2016년 12월의 지수를 100으로 기준한다고 하였으므로 2016년 12월 대비 증가량이 가장 큰 해는 국내공급물가지수가 가장 큰 해와 동일하다. 조사기간 동안 수입 기타 원재료의 국내공급물가지수의 2016년 12월 대비 증가량은 다음과 같다.

- 2018년: 78.5−100=−21.5
- 2019년: 124.9−100=24.9
- 2020년: 126.2−100=26.2
- 2021년: 141.2−100=41.2
- 2022년: 153.8−100=53.8

ㄹ. (○) 2023년 국내 원재료의 국내공급물가지수가 전년 대비 10% 증가한다면 2023년 국내 원재료의 국내공급물가지수는 138.0×1.1=151.8이고, 2023년 국내 원재료의 국내공급물가지수는 2015년 대비 (151.8−100)/100×100=51.8% 증가했다.

22

정답 ④

① (X) 상반기 처리금액은 타행환이 120,553+95,687+106,284+99,442+100,364+103,506=625,836십억 원, 오픈뱅킹이 38,684+35,121+38,507+39,059+41,725+41,563=234,659십억 원이므로 625,836/234,659 ≒ 2.7배이다.

② (X) 1월에 금융공동망 처리건수 중 전자금융의 비중은 617,082/(5,048+31,639+617,082+79,223+139,721)×100≒70.7%이다.

③ (X) 6월에 타행환과 전자금융의 전월 대비 처리건수가 감소했지만, 타행환과 전자금융의 처리금액은 전월 대비 증가했다.

④ (O) 현금인출기의 처리건수 1건당 처리금액은 2월에 16,183×1,000/25,472≒635.3백만 원, 5월에 19,074×1,000/32,204≒592.3백만 원이다.

23

정답 ④

① (O) 2021년 한국의 맥주 매출액은 21,500+(850+6,050+4,770+3,330+5,000)=41,500억 원이므로 2016년 대비 41,500−21,500=20,000억 원 증가했다. 2021년 한국의 맥주 매출액을 구하기보다 증가량만을 계산하면 더 빠르게 구할 수 있다.

② (O) 조사기간 중 한국의 맥주 매출액 중 수입 맥주의 비중이 처음으로 20%를 넘은 해는 2018년이고, 2018년 수입맥주 수입량은 385,889톤으로 35만 톤 이상이다.

③ (O) 한국의 수입 맥주 매출액은 2017년에 (21,500+850)×0.16=3,576억 원, 2018년에 (21,500+850+6,050)×0.225=6,390억 원이다. 2018년에 한국의 맥주 매출액과 한국의 맥주 매출액 중 수입 맥주의 비중 모두 전년 대비 증가했으므로 한국의 수입 맥주 매출액 또한 전년 대비 증가했음을 알 수 있다.

④ (X) 2018년 한국의 수입 맥주 수입량은 2016년 대비 {(385,889−220,508)/220,508}×100=75% 증가했다.

24

정답 ②

① (O) 노지채소 중 가장 높은 소득률을 보이는 작물은 쪽파로 소득률이 69.7%이다. 반면 총수입이 가장 많은 작물은 생강으로 7,315,847원이다.

② (X) 소득률은 총수입에서 소득이 차지하는 비율로, 소득률이 높을수록 동일한 총수입일 때 소득이 높아진다. 겉보리의 소득률은 22.2%이고 밀의 소득률은 20.0%여서 겉보리의 소득률이 높다. 따라서 동일한 총수입에서 소득이 더 높기를 바란다면 겉보리를 재배해야 한다.

③ (O) 경영비가 가장 많은 작물은 3,952,043원의 생강이고, 총수입이 가장 많은 작물 역시 7,315,847원의 생강이다.

④ (O) 노지채소 작물은 12가지이다. 이 중 소득률이 50%를 넘는 것은 가을무, 고랭지무, 봄배추, 가을배추, 노지시금치, 대파, 쪽파의 7가지이다. 따라서 절반 이상이 50% 이상의 소득률을 나타내고 있다.

25

정답 ④

[상황]에서 만족해야 하는 조건을 순서로 적용하면 다음과 같다.

1. 재배 방법의 유사성을 고려하여 식량작물과 노지채소 중 한 가지 품목을 선택
   식량작물, 노지채소를 기준으로 경우를 나누어 2, 3을 만족하는 두 가지 작물을 선택해야 한다.
2. 희소성을 감안하여 A지역 연간 생산량이 3,000kg 미만인 작물을 선택
   - 식량작물에서는 모든 작물이 선택 대상이 된다.
   - 노지채소 중에서는 노지시금치, 쪽파, 생강이 선택 대상이 된다.
3. 위 1, 2를 만족하는 작물 중 소득률이 가장 높은 두 가지 작물을 선택
   - 식량작물에서 소득률이 가장 높은 두 가지 작물은 54.1%인 노지풋옥수수와 52.8%인 고구마이다.
   - 노지채소의 노지시금치, 쪽파, 생강 중 소득률이 가장 높은 두 가지 작물은 65.8%인 노지시금치와 69.7%인 쪽파이다.

따라서 박 씨는 노지채소 중 노지시금치와 쪽파를 재배할 것이다.

26

정답 ④

① (O) 2022년 서울의 합계 출산율은 2018년 대비 |(0.593−0.761)|/0.761×100≒22.1% 감소했다.

② (O) 서울, 부산, 대구, 인천의 합계 출산율은 각각 매년 전년 대비 감소했다.

③ (O) 2020년부터 2022년까지 전국의 합계 출산율보다 합계 출산율이 높은 지역은 없다.

④ (X) 전국의 합계 출산율 대비 부산의 합계 출산율의 비율은 다음과 같다.
   - 2018년: 0.899/0.977×100≒92.0%
   - 2019년: 0.827/0.918×100≒90.1%
   - 2020년: 0.747/0.837×100≒89.2%

- 2021년: 0.728/0.808 × 100 ≒ 90.1%
- 2022년: 0.723/0.778 × 100 ≒ 92.9%

27

정답 ①

① (X) 화훼재배농가 중 겸업농가의 비율은 $\frac{\text{겸업농가}}{\text{화훼재배농가}}$ × 100이다. 서울특별시의 겸업농가는 2호로, 만약 서울특별시의 화훼재배농가 전체가 100호라면 2%가 된다. 그러나 서울특별시의 화훼재배농가는 103호로 분모가 더 커져, 겸업농가 2호는 2%에 미치지 못한다.

② (○) 화훼재배농가 중 전업농가의 비율은 $\frac{\text{전업농가}}{\text{화훼재배농가}} \times 100 = \frac{\text{전업농가}}{\text{전업농가}+\text{겸업농가}} \times 100$이다. 따라서 겸업농가가 적고 전업농가가 많을수록 화훼재배농가 중 전업농가의 비율 역시 높아지게 된다. 부산광역시의 경우 $\frac{\text{전업농가}}{\text{전업농가}+\text{겸업농가}} \times 100 = \frac{367}{367+1} \times 100 ≒ 99.7\%$이므로, 화훼재배농가 중 전업농가의 비율이 전국에서 가장 높다.

③ (○) 화훼재배농가 중 겸업농가의 비율이 절반을 넘는 곳은 전라북도와 전라남도뿐이다. 겸업농가 비율은 전라북도가 $\frac{327}{587} \times 100$로 60% 미만이고, 전라남도는 $\frac{848}{1,254} \times 100$로 60%를 초과하므로 전라남도의 비율이 가장 높다.

④ (○) 화훼재배농가 수가 가장 많은 지역은 2,153호인 경기도, 두 번째로 많은 지역은 1,254호인 전라남도이다. 둘을 합치면 3,407호로, 전체 화훼재배농가 수 7,069호의 절반에 미치지 못한다.

28

정답 ③

[전제 1]은 '활달한 강아지는 화분을 깨뜨린 적이 있다.'이고, [전제 2]는 'A가 키우는 강아지는 활달하다.'이므로 이로부터 도출할 수 있는 [결론]은 'A가 키우는 강아지는 화분을 깨뜨린 적이 있다.'이다.

29

정답 ③

[전제 1]은 '카페라테를 좋아하는 어떤 사람은 아메리카노를 좋아한다.'이고, [전제 2]의 대우는 '아메리카노를 좋아하는 사람은 아이스초코를 좋아한다.'이므로 이로부터 도출할 수 있는 [결론]은 '카페라테를 좋아하는 어떤 사람은 아이스초코를 좋아한다.'이다.

30

정답 ①

- 두 번째, 네 번째 조건에 따라 A, E는 (라), (마)에 위치하고, C는 (사) 또는 (아)에 위치한다.
- 첫 번째, 세 번째 조건에 따라 B는 (다)에 위치하고, D는 (사)에 위치한다.
- C는 (아)에 위치한다.
- F는 (바)에 위치한다.

따라서 비어 있는 자리는 (가), (나)이다.

31

정답 ③

① (○) 정치인들이 활용하는 전형적 수법으로 '제정신을 가진 사람이라면 그런 주장을 펼칠 수 없다.'라는 말처럼 상대방의 주장이 아니라 상대방의 인격을 공격하는 것이 권위나 인신공격에 의존한 논증의 대표적 사례다.

② (○) '담배가 암을 일으킨다는 확실한 증거는 없다. 따라서 정부의 금연 정책은 잘못이다.'와 같이 얼핏 들어 보면 그럴듯해 보이지만 증명되지 않았다고 해서 그 반대의 주장이 참인 것은 결코 아니다. '실제 신이 존재하는가?'란 문제처럼 증명할 수 없거나 증명이 어려운 경우도 부지기수다. 수많은 사이비들이 애용하는 논리적 오류로 무지의 오류이다.

③ (X) '머리카락 하나가 빠지면 대머리가 되지 않는다. 두 개가 빠져도, 100개가 빠져도 그렇다. 따라서 1만 개가 빠져도 대머리가 되지 않는다.' 이는 대표적인 결합 오류의 사례이다. 하나의 사례에는 오류가 없지만 이처럼 여러 사례를 잘못 결합하면 완전히 오류에 빠지게 된다.

④ (○) 문맥을 무시하고 과도하게 문구에만 집착할 경우 논리적 오류에 빠지게 된다. 성경에 나오는 '이웃을 사랑하라'는 말을 문구대로 과대 해석할 경우 도피 중인 중범죄자까지 보호해 주는 오류를 범할 것이다. 일상생활에서 '퇴근길에 조심하세요.'라는 가족의 말을 퇴근길 말고는 조심하지 말라는 의미로 받아들이는 것도 과대 해석의 오류에 빠진 것이다.

32

정답 ①

① (X) 문제해결을 잘하기 위한 기본적 사고에는 전략적 사고가 필요하다. 현재 당면하고 있는 문제와 그 해결방법에만 집착하지 말고, 그 문제와 해결방안이 상위 시스템 또는 다른 문제와 어떻게 연결되어 있는지를 생각하는 것이 필요하다.

② (○) 문제해결을 잘하기 위한 기본적 사고에는 분석적 사고가 필요하다. 분석적 사고는 문제의 성격에 따라 성과 지향

의 문제, 가설 지향의 문제, 사실 지향의 문제의 세 가지 사고가 요구된다.

③ (○) 문제해결을 잘하기 위한 기본적 사고에는 발상의 전환이 필요하다. 사물과 세상을 바라보는 인식의 틀을 전환하여 새로운 관점에서 바로 보는 사고를 지향해야 한다.

④ (○) 문제해결을 잘하기 위한 기본적 사고에는 내 · 외부자원의 활용이 필요하다. 문제해결 시 기술, 재료, 방법, 사람 등 필요한 자원 확보 계획을 수립하고 내 · 외부자원을 효과적으로 활용해야 한다.

33

정답 ④

다섯 번째 조건에 의해 재무팀 직원은 A가 출근하기 직전에 출근했고, 세 번째 조건에 의해 A는 E보다 늦게 출근했으며, 인사팀 직원보다 먼저 출근했다. 여섯 번째 조건에 의해 E는 영업 2팀 직원이다. 그러므로 A보다 먼저 출근한 직원은 2명 이상이며, 늦게 출근한 직원은 1명 이상이다. 이에 따라 A가 세 번째로 출근한 경우와 네 번째로 출근한 경우로 나누어 볼 수 있다.

1) A가 세 번째로 출근한 경우

네 번째 조건에 의해 B와 C는 두 번째 또는 네 번째로 출근했으며, A는 총무팀 직원이다. 가장 늦게 출근한 직원은 D이고, 여섯 번째 조건에 의해 D는 인사팀 직원이고, 이를 정리하면 다음과 같다.

E	B / C	A	C / B	D
영업 2팀	재무팀	총무팀	영업 1팀	인사팀

2) A가 네 번째로 출근한 경우

네 번째 조건에 의해 B와 C는 첫 번째 또는 세 번째에 출근한 경우 E는 두 번째로 출근해야 하는데 E는 영업 2팀이므로 네 번째 조건에 위배된다. 그러므로 B와 C는 세 번째 또는 다섯 번째로 출근해야 하며 A는 총무팀 직원이고, 세 번째 조건에 의해 다섯 번째로 출근한 사람은 인사팀이다. 이 경우 D는 영업 1팀 직원이므로 여섯 번째 조건에 위배된다.

① (○) A는 세 번째로 출근한다.

② (○) B는 재무팀 직원 또는 영업 1팀 직원이다.

③ (○) D는 다섯 번째로 출근하고, C는 두 번째 또는 네 번째로 출근한다.

④ (X) 영업 1팀 직원은 네 번째로 출근하고, 재무팀 직원은 두 번째로 출근한다.

34

정답 ①

ㄱ을 적용하면 C시간＋E시간＝2시간이고, E시간＝5×C시간이므로 C는 20분이고, E는 1시간 40분이다.

ㄴ에서 소나타 운전자는 10분이 걸리고, 따라서 A는 10분, B는 50분이 걸린다. 또한 소나타 운전자가 A이므로, D는 나머지 시간인 1시간 20분이 걸린다. 이를 정리하면, 다음과 같다.

A	B	C	D	E
10분	50분	20분	1시간 20분	1시간 40분
소나타				

ㄷ에 의하여 제네시스는 B이고, SM5는 C이다.

결과적으로 다음과 같이 D와 E가 운전하는 차종을 제외하고 확정된다.

A	B	C	D	E
10분	50분	20분	1시간 20분	1시간 40분
소나타	제네시스	SM5		

따라서 옳게 연결한 것은 'A - 소나타 - 10분'이다.

35

정답 ②

- 첫 번째 [조건]에서의 뉴스시간을 [S사 주말 편성표]에 표시하고 각 시간대를 구분하면 다음과 같다(이 외 빈칸을 A~J라 함).

방송 시작 시간	18:00	19:00	20:00	21:00	22:00	23:00
토요일	A	B	뉴스	C	D	E
일요일	F	G	H	뉴스	I	J

- 먼저 드라마를 살펴보면, 두 번째 [조건]과 세 번째 [조건]에 의해 '로얄하우스'가 C · D 또는 D · E, '남신강림'이 I 또는 J에 편성될 수 있으나, 두 드라마는 시간이 겹치지 않는다고 하였으므로 가능한 시간대는 로얄하우스가 C · D, 남신강림이 J에 편성된다.
- 다음으로 시사를 살펴보면, 두 번째 [조건]과 네 번째 [조건]에 의해 '진실을 알고 싶다'는 A · B에 편성되고, 두 번째 [조건]과 다섯 번째 [조건]에 의해 '오늘의 한국'은 F, G, H 중 '진실을 알고 싶다'와 겹치지 않는 H에 편성된다.
- 마지막으로 예능은 동일한 요일에 각각 2시간, 1시간씩 편성되나 토요일의 경우 가능한 시간대가 없으므로 일요일 F · G와 I에 편성된다. 따라서 비어 있는 시간은 E인 토요일 23시가 된다.

36

정답 ④

① (X) 신청장소는 출생등록 주소지 읍 · 면사무소이며 이는

주민등록등본상 거주지 소재의 읍 · 면사무소와 동일하다고 볼 수 없다.
② (X) 조손가정의 경우 부 또는 모가 아닌 주양육자가 지급받으므로 옳지 않다.
③ (X) 출생일이 아닌 출생아 등록일을 기준으로 2년 이상 ○○군에 거주하고 있는 경우에 지원금을 지급받을 수 있다.
④ (O) 단서조항에 다둥이의 경우 주민등록상 순위에 따라 구분하여 지급한다고 하였으므로 첫 출산이 쌍둥이인 경우 각각 첫째아와 둘째아에 해당되어 출산지원금 한도액은 최대 300만 원(=100만 원+200만 원)이다.

37

정답 ②

출산지원금은 첫 생일이 속한 달부터 매월 50만 원의 한도 내에서 지급하며, 셋째아의 한도액은 300만 원이다. 따라서 총 6회에 걸쳐 지급된다. 첫 생일은 2023년 8월 10일로 기존 규정에 따르면 8월부터 다음 해 1월까지 매월 20일 6회에 걸쳐 50만 원씩 지급되어야 하나, 지급일의 단서규정에서 '2023년 12월분부터는 익월 10일에 지급함'이라고 명시되어 있다. 따라서 지원자 A가 셋째아에 대하여 2023년 동안 지급받는 출산지원금은 12월을 제외한 총 4회분(8, 9, 10, 11월)으로 200만 원이다.

38

정답 ④

① (O) '지원대상'에서 단순 무인점포는 신청 불가하다고 하였다.
② (O) '지원 규모'에서 수도권 · 강원권(40개소), 경상권(30개소), 충청권 · 호남권(제주 지역 포함)(30개소)의 경험형 스마트마켓을 지원하므로 총 100개 점포의 경험형 스마트마켓을 지원한다.
③ (O) '지원 내용'에서 희망점포를 선별하여 '사전진단 → 관련 인프라 도입 → 점포 경영 활성화를 위한 방문지도 및 컨설팅 → 사후관리'의 단계별 맞춤 지원한다고 하였다.
④ (X) '지원 내용'에서 경험요소(온라인 매장과는 다른 오프라인 매장만의 이색체험 또는 색다른 경험)와 스마트요소(경험요소 구현을 위한 보조수단의 스마트기기)를 모두 지원한다고 하였다.

39

정답 ②

'지원 내용'에서 경험요소와 스마트요소 모두 지원한다고 하였고, A점포의 경험요소와 스마트요소의 자기 부담금은 다음과 같다.

1. 경험요소: '지원 내용'에서 경험요소 구축비용은 경험형 콘텐츠 구현을 위한 시설, 장비, 인테리어 등 인프라 구축비용이며, 사무용품 등 소모품은 지원 불가라고 하였다. 경험요소 구축비용은 700+1,200+500=2,400만 원이고, 이의 70%가 1,680만 원이므로 한도금액인 1,400만 원을 지원받을 수 있다. 따라서 1,400만 원을 초과한 1,000만 원이 자기 부담금이다.
2. 스마트요소: 스마트요소 구매비용은 300+300+200+100=900만 원이고, 이의 70%인 630만 원을 지원받을 수 있다. 따라서 630만 원을 초과한 270만 원이 자기부담금이다.

따라서 A점포의 자기 부담금은 1,270만 원이다.

40

정답 ④

A는 총 4개의 강좌를 접수하며, 할인 전 수강료는 50,000+50,000+45,000+60,000=205,000원이다.

- 노래교실: 이전 학기에 6주 이상 동일 과정을 수강하여 5,000원 할인 혜택이 적용되지만 '3. 주의사항'에서 노래교실 강좌는 할인에서 제외된다고 하였다.
- 한식교실: 11주 이상 정규강좌에 해당되며 A가 농협 채움 회원이므로 3,000원을 할인받는다.
- 오감통합놀이: 만 40개월 자녀가 수강하므로 할인이 되지 않는다.
- 기타 할인: 11월 1일까지 방문 접수 시 1인당 5,000원을 할인받을 수 있으며, 11월 30일까지 1인 3강좌 이상 접수 시 10,000원을 할인받을 수 있다. A는 해당 기간에 방문접수를 하였으므로 5,000원을 할인받으며, 1인 3강좌 이상(한식교실, 오감통합놀이, 네일아트) 접수를 하였으므로 10,000원을 추가로 할인받을 수 있다. 접수 강좌 개수 산정 시 노래교실은 제외됨을 유의하자.

따라서 A가 지불해야 하는 총 수강료는 205,000−3,000−5,000−10,000=187,000원이다.

41

정답 ③

먼저 A~D를 모두 수행하는 데에는 총 15개월이 소요되기 때문에 최대 수익이 1억 2,000만 원이 되는 것은 불가능하다. 다음으로 최대 수익이 될 수 있는 조합은 가능 시기를 고려할 때 B, C, D를 수행하는 것인데, 2월 1일~6월 30일에 B를 수행하고, 7월 1일~9월 30일에 C를 수행한 후, 10월 1일~12월 31일에 D를 수행할 수 있다. 따라서 얻을 수 있는 최대 수익은 9,000만 원이고, 이때 프로젝트 시작 날짜는 2월 1일이다.

42

정답 ④

[그림 1]을 통하여 알 수 있는 문제는 학교폭력 증가이다. 이를 해결할 수 있는 방안은 학교폭력 엄정대처, 피해학생 우선보호, 학교폭력예방 지원센터 설치 등이 있다.

[그림 2]를 통하여 알 수 있는 문제는 미세먼지 증가이다. 이를 해결할 수 있는 방안은 재생에너지 사용 확대, 대중교통 이용, 친환경 차량 보급 확대 등이 있다. 마스크 사용은 미세먼지 증가로 인한 방안이 아닌 미세먼지로 인한 행동 요령이다.

43

정답 ④

각 후보지별 점수는 다음과 같다.

구분	은빛마을	달빛마을	구름마을	햇빛마을
거리	8×0.2 =1.6점	10×0.2 =2점	4×0.2 =0.8점	6×0.2 =1.2점
선호도	10×0.3 =3점	6×0.3 =1.8점	8×0.3 =2.4점	8×0.3 =2.4점
예산	6×0.3 =1.8점	4×0.3 =1.2점	10×0.3 =3점	8×0.3 =2.4점
프로그램 개수	6×0.2 =1.2점	10×0.2 =2점	4×0.2 =0.8점	8×0.2 =1.6점
총점	1.6+3+ 1.8+1.2 =7.6점	2+1.8+ 1.2+2 =7점	0.8+2.4+ 3+0.8 =7점	1.2+2.4+ 2.4+1.6 =7.6점

은빛마을과 햇빛마을의 총점이 7.6점으로 가장 높으며, '점수 계산 방법'에서 동점인 후보지가 있는 경우, 프로그램 개수가 많은 후보지를 선정한다고 하였으므로 은빛마을과 햇빛마을 중 프로그램 개수가 더 많은 햇빛마을이 최종 선정된다.

44

정답 ③

각 후보지별 점수는 다음과 같다.

구분	은빛마을	달빛마을	구름마을	햇빛마을
거리	8×0.1 =0.8점	10×0.1 =1점	4×0.1 =0.4점	6×0.1 =0.6점
선호도	10×0.2 =2점	6×0.2 =1.2점	8×0.2 =1.6점	8×0.2 =1.6점
예산	6×0.2 =1.2점	4×0.2 =0.8점	10×0.2 =2점	8×0.2 =1.6점
프로그램 개수	6×0.2 =1.2점	10×0.2 =2점	4×0.2 =0.8점	8×0.2 =1.6점
안전성	6×0.3 =1.8점	8×0.3 =2.4점	10×0.3 =3점	6×0.3 =1.8점
총점	0.8+2+ 1.2+1.2+ 1.8=7점	1+1.2+ 0.8+2+ 2.4=7.4점	0.4+1.6+ 2+0.8+ 3=7.8점	0.6+1.6+ 1.6+1.6+ 1.8=7.2점

구름마을의 총점이 가장 점수가 높으므로 구름마을이 최종 선정된다.

45

정답 ④

예약 우선순위 중 1순위는 장소 이동을 하지 않으며, 3인실에서 2시간을 연속으로 이용하는 것이지만, 오전 11시부터 오후 5시 중 2시간을 연속으로 이용할 수 있는 3인실은 없다.

2순위는 장소 이동을 하지 않으며, 5인실에서 2시간을 연속으로 이용하는 것인데, D에서 15~16시와 16~17시를 이용할 수 있으므로 D에서 15시부터 2시간을 연속으로 이용한다.

46

정답 ④

객실 형태별 이용금액은 다음과 같다.

- A형: 2인실 3개 이용 시 100,000×3=300,000원, 2인실 1개, 4인실 1개 이용 시 100,000+140,000=240,000원, 6인실 1개 이용 시 230,000원이므로, A형 객실 중 6인실 1개를 이용하는 것이 가장 저렴하고, 5kg 반려동물 2마리도 동반하므로 4만 원이 추가되어 270,000원이다.
- B형: 2인실 3개 이용 시 90,000×3=270,000원, 2인실 1개, 4인실 1개 이용 시 90,000+130,000=220,000원이므로, B형 객실 중 2인실 1개, 4인실 1개를 이용하는 것이 가장 저렴하고, 5kg 반려동물 2마리도 동반하므로 4만 원이 추가되어 260,000원이다.
- C형: 2인실 3개 이용 시 90,000×3=270,000원, 2인실 1개, 4인실 1개 이용 시 90,000+130,000=220,000원, 6인실 1개 이용 시 220,000원이므로, C형 숙소 중 2인실 1개와 4인실 1개를 이용하거나 6인실 1개를 이용하는 것이 가장 저렴하고, 5kg 반려동물 2마리도 동반하므로 4만 원이 추가되어 260,000원이다.
- D형: 2인실에 1인을 추가하여 2개 이용 시 (95,000+13,000)×2=216,000원이고, 5kg 반려동물 2마리도 동반하므로 4만 원이 추가되어 256,000원이다.

따라서 강 사원은 이용금액이 가장 저렴한 D형을 예약할 것이다.

47

정답 ①

이용일은 10월 24일이고, 취소일은 10월 18일로 이용일 6일

전이다. 따라서 환불 수수료는 이용금액 256,000원의 10%인 25,600원이다.

48

정답 ③

조 사원은 오전 9시에 사무실에서 출발하여 A업체까지 $\frac{12}{80}=\frac{9}{60}=9$분 소요되므로 오전 9시 9분에 A업체에 도착한다. A업체에서 1시간 20분 동안 업무를 본 뒤 오전 10시 29분에 출발하여 B업체까지 $\frac{20}{80}=\frac{15}{60}=15$분 소요되므로 오전 10시 44분에 B업체에 도착한다. B업체에서 1시간 20분 동안 업무를 본 뒤 오후 12시 4분부터 오후 13시 4분까지 식사를 한다. B업체에서 오후 13시 4분에 출발하여 C업체까지 $\frac{12}{80}=\frac{9}{60}=9$분 소요되므로 오후 13시 13분에 C업체에 도착한다. C업체에서 1시간 20분 동안 업무를 본 뒤 오후 14시 33분에 출발하여 사무실까지 $\frac{24}{80}=\frac{18}{60}=18$분 소요되지만 차량 정체로 20분 더 소요된다고 하였으므로 오후 15시 11분에 도착한다.

49

정답 ②

A~F의 총점은 다음과 같다.

구분	언어능력	수리능력	문제해결 능력	자원관리 능력	전공	가점	총점
A	26×0.2 =5.2점	25×0.2 =5점	24×0.3 =7.2점	20×0.15 =3점	14×0.15 =2.1점	3+5 =8점	30.5점
B	28×0.2 =5.6점	24×0.2 =4.8점	24×0.3 =7.2점	28×0.15 =4.2점	18×0.15 =2.7점	5점	29.5점
C	20×0.2 =4점	25×0.2 =5점	27×0.3 =8.1점	20×0.15 =3점	14×0.15 =2.1점	5+5 =10점	32.2점
D	26×0.2 =5.2점	22×0.2 =4.4점	22×0.3 =6.6점	24×0.15 =3.6점	16×0.15 =2.4점	5+5 =10점	32.2점
E	24×0.2 =4.8점	24×0.2 =4.8점	24×0.3 =7.2점	24×0.15 =3.6점	14×0.15 =2.1점	5+5 =10점	32.5점
F	30×0.2 =6점	28×0.2 =5.6점	21×0.3 =6.3점	22×0.15 =3.3점	20×0.15 =3점	5+3 =8점	32.2점

총점은 E가 가장 높고, C, D, F가 두 번째로 높다. 동점자가 있는 경우 문제해결능력 점수가 더 높은 응시자를 면접 대상자로 선정한다고 하였으므로 C, D, F 중 문제해결능력 점수가 더 높은 C가 선정된다. 따라서 C와 E가 선정된다.

50

정답 ④

전공을 제외한 과목 중 과목별 정답을 맞힌 문항이 70% 미만인 과목이 있는 응시자는 선발 제외한다고 하였고, 전공을 제외한 과목은 모두 30문항이므로 정답을 맞힌 문항이 21문항 미만인 과목이 있는 응시자는 선발 제외된다. 따라서 A와 C는 선발 제외된다. B, D, E, F의 총점은 다음과 같다.

구분	언어능력	수리능력	문제해결 능력	자원관리 능력	전공	가점	총점
B	28×0.2 =5.6점	24×0.2 =4.8점	24×0.3 =7.2점	28×0.15 =4.2점	18×0.15 =2.7점	5점	29.5점
D	26×0.2 =5.2점	22×0.2 =4.4점	22×0.3 =6.6점	24×0.15 =3.6점	16×0.15 =2.4점	5+5 =10점	32.2점
E	24×0.2 =4.8점	24×0.2 =4.8점	24×0.3 =7.2점	24×0.15 =3.6점	14×0.15 =2.1점	5+5 =10점	32.5점
F	30×0.2 =6점	28×0.2 =5.6점	21×0.3 =6.3점	22×0.15 =3.3점	20×0.15 =3점	5+3 =8점	32.2점

총점은 E가 가장 높고, D, F가 두 번째로 높다. 동점자가 있는 경우 문제해결능력과 전공의 합산 점수가 더 높은 응시자를 면접 대상자로 선정한다고 하였으므로 D, F 중 문제해결능력과 전공의 합산 점수가 더 높은 F가 선정된다. 따라서 E와 F가 선정된다.

51

정답 ①

최 대리는 11시 30분에 A지점에서 출발하며, 교통수단별 소요시간 및 도착시각은 다음과 같다.

- 버스: 11시 35분에 버스정류장에 도착하며, 버스는 매시 20분에 출발하므로 12시 20분에 출발하는 버스를 탈 수 있다. 소요시간은 $\frac{100}{80}=\frac{75}{60}=1$시간 15분이므로 13시 35분에 서울 버스터미널에 도착하고, 도보 15분 거리의 본사에는 13시 50분에 도착한다.
- 무궁화호: 11시 40분에 기차역에 도착하며, 무궁화호는 매시 50분에 출발하므로 11시 50분에 출발하는 무궁화호를 탈 수 있다. 소요시간은 $\frac{90}{60}=1$시간 30분이므로 13시 20분에 서울역에 도착하고, 도보 20분 거리의 본사에는 13시 40분에 도착한다.
- 새마을호: 11시 40분에 기차역에 도착하며, 새마을호는

매시 30분에 출발하므로 12시 30분에 출발하는 새마을호를 탈 수 있다. 소요시간은 $\frac{90}{120}=\frac{45}{60}=$45분이므로 13시 15분에 서울역에 도착하고, 도보 20분 거리의 본사에는 13시 35분에 도착한다.

최 대리는 본사에 가장 빨리 도착하는 교통수단을 이용할 예정이라고 하였으므로, 새마을호를 이용하게 되고, 이때 본사에 도착하는 시각은 13시 35분이다.

52

정답 ②

시간 계획 시 명심해야 할 사항은 다음과 같다.

- 행동과 시간/저해요인의 분석: 어디에서 어떻게 시간을 사용하고 있는가를 확인
- 일 · 행동의 리스트(list)화: 해당 기간에 예정된 행동을 모두 리스트화
- 규칙성 · 일관성: 시간계획을 정기적 체계적으로 체크하여 일관성 있게 마무리
- 현실적인 계획: 무리한 계획을 세우지 말고, 실현 가능한 것만을 계획
- 유연성: 유연하게 하여야 함. 시간 계획이란 자체가 중요한 것이 아니고, 목표달성을 위해 필요
- 시간의 손실: 발생된 시간 손실은 미루지 않고 가능한 즉시 보상해야 함
- 기록: 체크리스트나 스케줄표를 사용하여 계획을 반드시 기록하여 전체 상황을 파악
- 미완료의 일: 꼭 해야만 할 일을 끝내지 못했을 경우, 차기 계획에 반영
- 성과: 예정 행동만을 계획하는 것이 아니라 기대되는 성과나 행동의 목표도 기록
- 시간 프레임(time frame): 적절한 시간 프레임을 설정하고 특정의 일을 하는 데 소요되는 꼭 필요한 시간만을 계획에 삽입
- 우선순위: 여러 일 중에서 어느 일이 가장 우선적으로 처리해야 할 것인가를 결정
- 권한위양(delegation): 기업의 규모가 커질수록 그 업무활동은 점점 복잡해져서 관리자가 모든 것을 다스리기가 어렵다. 그래서 자기의 사무를 분할하여 일부를 부하에게 위임하고 그 수행 책임을 지움. 권한위양은 ① 조직을 탄력성 있게 운용할 수 있고, ② 조직을 구성하는 사람들의 근로의욕을 높여준다는 등의 효과가 있으며, 경영조직 원칙의 하나로 꼽히고 있다.
- 시간의 낭비요인과 여유 시간: 예상 못한 방문객 접대, 전화 등의 사건으로 예정된 시간이 부족할 경우를 대비하여 여유 시간 확보
- 여유 시간: 자유롭게 된 시간(이동시간 또는 기다리는 시간)도 계획에 삽입하여 활용
- 정리 시간: 중요한 일에는 좀 더 시간을 할애하고 그렇지 않은 일에는 시간을 단축시켜 전체적인 계획을 정리
- 시간 계획의 조정: 자기 외 다른 사람(비서, 부하, 상사)의 시간 계획을 감안하여 계획수립

53

정답 ②

효율적이고 합리적인 인사관리 원칙은 다음과 같다.

- 적재적소 배치의 원리: 해당 직무 수행에 가장 적합한 인재를 배치해야 한다.
- 공정 보상의 원칙: 근로자의 인권을 존중하고 공헌도에 따라 노동의 대가를 공정하게 지급해야 한다.
- 공정 인사의 원칙: 직무 배당, 승진, 상벌, 근무 성적의 평가, 임금 등을 공정하게 처리해야 한다.
- 종업원 안정의 원칙: 직장에서 신분이 보장되고 계속해서 근무할 수 있다는 믿음을 갖게 하여 근로자가 안정된 회사생활을 할 수 있도록 해야 한다.
- 창의력 계발의 원칙: 근로자가 창의력을 발휘할 수 있도록 새로운 제안, 건의 등의 기회를 마련하고, 적절한 보상을 하여 인센티브를 제공해야 한다.
- 단결의 원칙: 직장 내에서 구성원들이 소외감을 갖지 않도록 배려하고, 서로 유대감을 가지고 협동, 단결하는 체제를 이루도록 한다.

54

정답 ③

무통장입금거래 수행 순서에 따라 고객으로부터 무통장 입금의뢰서를 접수하였고, 고객이 작성한 입금의뢰서상의 금액과 인도받은 금액을 확인 후의 순서는 인도받은 금액이 100만원 초과인 경우 실명확인이다.

55

정답 ④

④ (X) NH농협의 캐릭터 명칭은 '아리(ARI)'이다. 아리는 기업과 고객을 가장 친근감 있게 연결하며 심볼을 보조하여 기업 이미지를 상승시키는 제2의 상징체이다. 각종 업무안내, 기념품, 광고, 사인물 등에 광범위하게 사용되는 CI 시스템에 있어 중요한 아이템이기도 하다. '아리'는 농업의 근원인 씨앗을 모티브로 하여 쌀알, 밀알, 콩알에서의 '알'

을 따와 이름을 붙였다. 우리의 전통 음율 '아리랑'을 연상하게 하여, 흥, 어깨춤 등 동적인 이미지를 지님과 동시에 곡식을 담는 '항아리'도 연상하게 하여, 풍요와 결실의 의미도 함께 지니고 있다.

56

정답 ②

① (X) 하나로마트가 있는 지점은 서동지점 1개이다.

② (O) 본점에는 여신부, 신용부, 경영지원부, 지도관리부 총 4개의 부가 있고, 각 부에 2개 팀씩 총 8개의 팀이 있다.

③ (X) 감사 2인은 총회, 이사회와 독립되어 있다.

④ (X) 농기계수리센터는 지점의 경제사업장 소속이다.

57

정답 ①

제시된 홍보물에는 화재/재물보험, 연금/저축보험, 운전자/상해보험, 여행/레저보험, 건강/어린이보험, 가축/농기계보험, 농작물재배보험 등 보험 상품을 알리는 내용이 담겨 있다. 따라서 신설되는 팀은 보험 업무를 담당함을 알 수 있는데 이는 본점 신용부와 가장 관련이 있다.

58

정답 ④

① (O) '체험시설'에서 반려동물과 함께 즐길 수 있는 가족형 애견 파크를 운영한다고 하였다.

② (O) '체험시설'에서 실내외 마장에서 승마 이론교육을 운영한다고 하였다.

③ (O) '체험시설'에서 동물을 직접 만져볼 수 있는 시설을 보유하고 있다고 하였다.

④ (X) '조경 캘린더'에서 월별로 관람할 수 있는 다양한 조경식물을 열거하고 있으나, 캐기 체험은 냉이만 진행한다고 하였다.

59

정답 ③

조직의 구조는 조직 내의 부문 사이에 형성된 관계로 조직목표를 달성하기 위한 조직구성원들의 상호작용을 보여 준다. 조직구조는 의사결정권의 집중 정도, 명령계통, 최고경영자의 통제, 규칙과 규제의 정도에 따라 달라지며 구성원들의 업무나 권한이 분명하게 정의된 기계적 조직과 의사결정권이 하부구성원들에게 많이 위임되고 업무가 고정적이지 않은 유기적 조직으로 구분할 수 있다. 조직도는 구성원들의 임무와 수행하는 과업, 일하는 장소 등을 알 수 있게 해주므로 조직도를 통해 조직의 구조를 쉽게 파악할 수 있다.

60

정답 ④

① (O) 경영참가제도의 가장 큰 목적은 경영의 민주성을 제고하는 것이다.

② (O) 근로자 또는 노동조합이 경영과정에 참여하여 자신의 의사를 반영함으로써 공동으로 문제를 해결하고, 노사 간의 세력 균형을 이룰 수 있다.

③ (O) 근로자나 노동조합이 새로운 아이디어를 제시하거나 현장에 적합한 개선방안을 마련함으로써 경영의 효율성을 높일 수 있다. 이를 통해 궁극적으로는 노사 간 대화의 장을 마련하고 상호 신뢰를 증진시킬 수 있다.

④ (X) 경영참가제도는 조직의 경영에 참가하는 공동의사결정제도와 노사협의회제도, 이윤에 참가하는 이윤분배제도, 자본에 참가하는 종업원지주제도 및 노동주제도 등이 있다.

정답 및 해설 - 제3회 실전모의고사

정답표

01	02	03	04	05	06	07	08	09	10
②	②	②	④	②	③	①	④	④	③
11	**12**	**13**	**14**	**15**	**16**	**17**	**18**	**19**	**20**
④	④	①	①	②	①	③	②	④	②
21	**22**	**23**	**24**	**25**	**26**	**27**	**28**	**29**	**30**
④	③	③	③	④	②	④	④	②	①
31	**32**	**33**	**34**	**35**	**36**	**37**	**38**	**39**	**40**
③	③	③	③	①	②	④	②	③	②
41	**42**	**43**	**44**	**45**	**46**	**47**	**48**	**49**	**50**
③	③	④	④	①	③	②	③	①	①
51	**52**	**53**	**54**	**55**	**56**	**57**	**58**	**59**	**60**
③	①	①	③	③	③	④	①	①	①

01

정답 ②

'마중물'은 '펌프질을 할 때 물을 끌어 올리기 위하여 위에서 붓는 물'을 뜻하는 말로, '마중물이 되다'라는 표현은 '어떤 일을 시작하는 계기나 실마리가 되다'라는 비유적 의미로 쓰인다.

02

정답 ②

㉠에 들어갈 말은 '밭은'으로, '액체가 바짝 졸아서 말라붙다.'라는 의미로 사용되었다. 따라서 그 원형은 '밭다[1]'(A)이다.
㉡에 들어갈 말은 '밭게'로, '시간이나 공간이 다붙어 몹시 가깝다.'라는 의미로 사용되었다. 따라서 그 원형은 '밭다[3]'(C)이다.
㉢에 들어갈 말은 '밭으면'으로, '지나치게 아껴 인색하다.'라는 의미로 사용되었다. 따라서 그 원형은 '밭다[4]'(D)이다.

03

정답 ②

① (X) '받치다'는 '물건의 밑이나 옆 따위에 다른 물체를 대다.'를 뜻하고, '받히다'는 '받다'의 피동사로 '머리나 뿔 따위에 세차게 부딪히다'를 뜻한다. 따라서 '받치다'가 바른 표기이다.

② (○) 한글 맞춤법 제51항에 따라 부사의 끝음절이 분명히 '이'로만 나는 것은 '-이'로 적고, '히'로만 나거나 '이'나 '히'로 나는 것은 '히'로 적는다. '꼼꼼히'는 끝음절이 [이]로 소리 나기도 하고 [히]로 소리 나기도 하는데, 이러한 경우 '히'로 적는다고 하였으므로 '꼼꼼히'로 표기해야 한다.

③ (X) 한글 맞춤법 제5항에 따라 한 단어 안에서 뚜렷한 까닭 없이 나는 된소리는 다음 음절의 첫소리를 된소리로 적는다. 다만, 'ㄱ, ㅂ' 받침 뒤에서 나는 된소리는, 같은 음절이나 비슷한 음절이 겹쳐 나는 경우가 아니면 된소리로 적지 아니한다. 따라서 '싹둑'으로 표기해야 한다.

④ (X) 한글 맞춤법 제11항에 따라 한자음 '랴, 려, 료, 류, 리'가 단어의 첫머리에 올 적에는 두음 법칙에 따라 '야, 여, 예, 요, 유, 이'로 적는다. 다만, 모음이나 'ㄴ' 받침 뒤에 이어지는 '렬, 률'은 '열, 율'로 적는다. 따라서 '실패율'로 표기해야 한다.

04

정답 ④

① (○) '거북호'는 [거부코]로 소리 나지만, 제1항의 4에서 체언 'ㄱ' 뒤에 따르는 'ㅎ'을 밝혀 적는다고 했으므로, 이를 반영하여 옳게 표기한 것이다.

② (○) '낙동강'은 된소리되기에 의해 [낙똥강]으로 소리 나지만, 【붙임】에서 된소리되기는 표기에 반영하지 않는다고 했으므로, 이를 반영하여 옳게 표기한 것이다.

③ (○) '왕십리'는 자음동화에 의해 [왕심니]로 소리 나므로, 제1항의 1을 반영하여 옳게 표기한 것이다.

④ (X) '집현전'은 [지편전]으로 소리 나는데, 이는 제1항의 4에서 'ㅂ'이 'ㅎ'과 합하여 거센소리로 소리 나는 경우에 해당한다. 이와 관련하여, 체언에서 'ㄱ, ㄷ, ㅂ' 뒤에 'ㅎ'이 따를 때에는 'ㅎ'을 밝혀 적는다고 명시하고 있다. '집현전'의 경우 '집'의 'ㅂ' 뒤에 '현'의 'ㅎ'이 따르므로 'ㅎ'을 밝혀 적어야 한다. 따라서 올바른 로마자 표기는 'Jiphyeonjeon'이다.

05

정답 ②

① (X) 토착(土着): 대대로 그 땅에서 살고 있음. 또는 그곳에 들어와 정주함
② (O) 유랑(流浪): 일정한 거처가 없이 떠돌아다님
③ (X) 표류(漂流): 1. 물 위에 떠서 정처 없이 흘러감 2. 정처 없이 돌아다님 3. 어떤 목적이나 방향을 잃고 헤맴. 또는 일정한 원칙이나 주관이 없이 이리저리 흔들림
④ (X) 정착(定着): 일정한 곳에 자리를 잡아 붙박이로 있거나 머물러 삶

06

정답 ③

- 推究(옮을 추, 궁구할 구): 근본까지 깊이 캐어 들어가 연구함
- 追求(쫓을 추, 구할 구): 목적을 이룰 때까지 뒤좇아 구함
- 誘發(꾈 유, 쏠 발): 어떤 것이 다른 일을 일어나게 함
- 方案(모 방, 책상 안): 일을 처리하거나 해결하여 나갈 방법이나 계획
- 集中(모일 집, 가운데 중): 한 가지 일에 모든 힘을 쏟아부음

07

정답 ①

㉠ '위생'은 건강에 유익하도록 조건을 갖추거나 대책을 세우는 일을 의미하며, 한자로 표기하면 '衛生(지킬 위, 날 생)'이다. '違'는 '어긋날 위'이다.
㉡ '불시'는 뜻하지 아니한 때를 의미하며, 한자로 표기하면 '不時(아닐 불, 때 시)'이다. '詩'는 '시 시'이다.

08

정답 ④

국가는 연금을 통해 노후 대비를 하지 않은 사람들에게도 최저 생계를 보장해 주어야 하므로 이를 위해서는 연금을 성실히 납부한 사람에게 추가 세금을 부담시켜야 하는 등의 사회적 비용이 발생하게 된다. 따라서 공적연금제도는 가입자의 의지와 상관없이 의무적으로 가입해야 하는 강제 가입을 원칙으로 하는 것이다.

09

정답 ④

① (O) 마지막 문단에서 확정기여방식은 연금 관리자의 입장에서 보면 적립방식이라고 하였는데, 세 번째 문단에서 적립방식은 받을 연금과 내는 보험료의 비율이 누구나 일정하므로 보험료 부담이 공평하다고 하였으므로 적절한 반응이다.
② (O) 마지막 문단에서 확정기여방식은 나중에 받을 연금의 액수는 정하지 않는 방식이며, 이자율이 낮아지거나 연금 관리자가 효율적으로 기금을 관리하지 못하는 경우에 개인이 손실 위험을 떠안게 된다고 하였으므로 적절한 반응이다.
③ (O) 마지막 문단에서 확정기여방식은 물가가 인상되는 경우 적립금의 화폐 가치가 감소되는 위험이 있으며, 이자율이 낮아지는 경우에 개인이 손실 위험을 떠안게 된다고 하였다. 즉, 물가가 상승하거나 이자율이 하락하면 연금액의 가치는 줄어드는 것이다. 반대로 물가가 하락하거나 이자율이 상승하면 연금액의 가치는 늘어날 것이다.
④ (X) 마지막 문단에서 확정급여방식은 가입자가 얼마의 연금을 받을지를 미리 정해 놓고, 그에 따라 개인이 납부할 보험료를 정하는 방식으로, 기금 운용 과정에서 발생하는 투자의 실패는 연금 관리자가 부담하게 되고, 물가 상승에 따른 손해는 가입자가 부담해야 하는 단점이 있다고 설명하였다. 따라서 확정급여방식에서 투자 수익의 부실을 가입자가 부담해야 한다는 반응은 적절하지 않다.

10

정답 ③

단어의 첫머리가 아닌 경우에는 두음법칙이 적용되지 않는 것이 원칙이므로 'ㄹ'을 그대로 표기해야 한다. 그러나 비율을 뜻하는 접미사 '-률(率)'이 모음이나 'ㄴ' 받침 뒤에 오는 경우 '률'을 '율'로 적는다.
③ (X) '자급'은 받침이 'ㅂ'으로 끝나고 있기 때문에 그 뒤에는 '-률'이 와야 한다. 즉, '자급률'로 표기해야 맞춤법에 맞는 표기가 되는 것이다.

11

정답 ④

(가)의 내용은 영어사용지역의 여성이 대체적으로 남성보다 언어구사에서 더 규범지향적이라는 사실이 조사 결과 밝혀졌다는 것이다.
(라)는 이러한 현상의 이유를 설명하고 있고, (나)는 이 같은 조사의 내용이 한국 사람들에게 어느 정도 적용된다는 사실을 밝히며 지방 출신 서울 거주 남녀를 예시로 들고 있다.
(다)에서는 앞의 내용들을 토대로 표준어 사용지역에서는 여

성이 남성보다 더 보수적이고, 방언 사용지역에서는 남성이 여성보다 더 보수적이라는 내용을 도출하고 있다.
따라서 이어지는 문단 순서는 '(라)-(나)-(다)'이다.

12

정답 ④

1문단에서는 경험에 의한 지속적 변화를 학습의 요건으로 들고 있고, 2문단에서는 행동, 지식, 정의적 측면에서 학습이 일어난다는 것을 설명하고 있다. 따라서 3문단에서는 앞의 내용을 종합하는 문장이 서술되어야 한다.

① (X) 삶의 보람이 행동의 변화나 지식의 획득보다 가치 있는 학습인지는 알 수 없다. 따라서 마지막 문단에 들어가기에 적절한 내용이 아니다.
② (X) 학습의 개념화에 대해 설명하는 있는 이 글의 종합적 결론으로 적절하지 않다.
③ (X) 2문단에만 국한된다. 따라서 마지막 문단에 들어가기에 적절한 내용이 아니다.
④ (O) 1~2문단의 내용을 종합하여 학습이 무엇인지에 대해 정리하고 있으므로 적절한 내용이다.

13

정답 ①

나열된 숫자는 256=512/2, 128=256/2, 16=32/2, 8=16/2인 공비가 $\frac{1}{2}$인 등비수열이다. 따라서 A에 들어갈 숫자는 128/2=64, B에 들어갈 숫자는 8/2=4이므로 A와 B에 들어갈 숫자의 합은 64+4=68이다.

14

정답 ①

나열된 알파벳을 숫자로 변환하면 A는 1, B는 2, D는 4, G는 7, K는 11, V는 22이다. 이는 계차가 1씩 증가하는 등차수열인 계차수열이다. 따라서 괄호 안에 들어갈 숫자는 11+5=16이므로 P이다.

15

정답 ②

연속한 세 개의 자연수 중 가장 작은 자연수를 $x-1$이라고 하면 다음과 같은 식이 성립한다.

$(x-1)\times x\times(x+1)=x^3-x=1{,}320$

$\therefore x=11$

연속한 세 개의 자연수 중 가장 작은 자연수는 11−1=10이다. 연속한 세 개의 자연수에 각각 차례로 1, 2, 3을 더한 수를 a, b, c라고 했으므로 a=10+1=11, b=11+2=13, c=12+3=15이다. 따라서 a+b+c=39이다.

16

정답 ①

단리는 원금이 고정되어 있어 정해진 원금에 이자를 합산해 나가는 방식이고, 복리는 일정한 기간의 기말마다 이자를 원금에 가산하여 그 합계액을 다음 기간의 원금으로 하는 방식이다. 원금 200만 원, 연이율 3%, 저축 기간 2년이므로, 단리와 복리에 따른 각각의 원리금을 계산하면 다음과 같다.

- 단리: $2{,}000{,}000\times(1+0.03\times2)=2{,}120{,}000$원
- 복리: $2{,}000{,}000\times(1+0.03)^2=2{,}121{,}800$원

따라서 단리와 복리로 계산한 원리금의 차액은 2,121,800−2,120,000=1,800원이다.

17

정답 ③

$\sqrt{18}=\sqrt{3^2\times2}=3\times\sqrt{2}=3\times1.414=4.242$이다.

18

정답 ②

구매한 A제품의 개수를 x개라고 하면 다음과 같은 부등식이 성립한다.

$10{,}000\times x+8{,}000\times(14-x)\leq120{,}000$

$x\leq4$

따라서 구매한 A제품의 최대 개수는 4개이다.

19

정답 ④

뒤의 세 자리는 1, 2, 3을 이용하여 세 자리에 배치하는 경우와 동일하므로 3!=3×2×1=6가지이다. 앞의 두 자리는 0, 4, 5, 6, 7, 8, 9를 이용하여 두 자리에 배치하는 경우와 동일하므로 7×6=42가지이지만 0은 중복으로 사용 가능하므로 총 42+1=43가지이다. 따라서 만들 수 없는 비밀번호는 43×6=258개이다.

20

정답 ②

A사의 작년 임직원 수를 x, B사의 작년 임직원 수를 y라 하면 다음과 같은 식이 성립한다.

$x+y=1{,}500$

$0.15\times x+117=1{,}500\times0.14$

$\therefore x=620,\ y=880$

따라서 A사의 올해 임직원 수는 620×1.15=713명이다.

21

정답 ④

농도가 10%인 소금물 500g에는 소금이 500×0.1=50g 들어 있고, 추가로 넣어준 물의 양을 xg이라고 하면 다음과

같은 부등식이 성립한다.
5≤50/(500+x)×100≤8
∴ 125≤x≤500
따라서 b−a=500−125=375이다.

22
정답 ③

전체 응시자를 10a라고 하면, A시험장에서 응시한 합격자는 7a×0.5=3.5a, B시험장에서 응시한 합격자는 3a×0.7=2.1a이다. T사 입사시험을 본 응시자 중 합격자 1명을 선정했을 때, 그 응시자가 A시험장에서 응시했을 확률은 $\frac{3.5a}{3.5a+2.1a}\times100=62.5\%$이다.

23
정답 ③

핵심점포 수의 전국 평균은 4,407/17≒259개이다. 핵심점포 수가 전국 평균보다 많은 지역은 서울, 부산, 대구, 경기, 강원, 경북, 경남으로 7개 지역이다.

24
정답 ③

① (○) 2020~2023년 동안 연구책임자 수의 전년 대비 증감 추이는 남성이과 여성이 '증가 - 증가 - 증가 - 증가'로 동일하다.
② (○) 2021년 31세 이상 40세 이하 남성 연구책임자 수는 전년 대비 (6,323−5,950)/5,950×100≒6.3% 증가했다.
③ (X) 2019년 대비 2023년 여성 연구책임자의 증가량은 다음과 같다.

구분	2019년 대비 2023년 여성 연구책임자의 증가량
30세 이하	562−435=127명
31세 이상 40세 이하	2,554−1,634=920명
41세 이상 50세 이하	3,309−2,104=1,205명
51세 이상 60세 이하	1,474−868=606명
61세 이상 70세 이하	250−106=144명
71세 이상	5−0=5명

④ (○) 조사기간 중 51세 이상 60세 이하 연구책임자가 가장 많은 해는 남성과 여성이 2023년으로 동일하다.

25
정답 ④

① (○) 2022년 말 사육두수가 전년 대비 감소한 사육 목적은 승용, 번식용, 식용, 교육용이고, 감소량은 승용이 |10,985−11,915|=930마리, 번식용이 |4,124−4,530|=406마리, 식용이 |1,193−1,220|=27마리, 교육용이 |178−193|=15마리이다. 승용의 감소량이 가장 크므로 2022년 말 사육두수 감소에 가장 큰 영향을 미쳤다.
② (○) 경주용 말 사육두수와 관상용 말 사육두수의 차이는 2022년에 8,332−733=7,599마리, 2023년에 8,257−880=7,377마리이다. 2022년에 경주용 말 사육두수는 전년 대비 감소했고, 관상용 말 사육두수는 전년 대비 증가했으므로 경주용 말 사육두수와 관상용 말 사육두수의 차이는 전년 대비 감소했음을 알 수 있다.
③ (○) 2019년 말 사육두수가 전년 대비 5% 증가했을 때, 2018년 말 사육두수는 27,405/1.05=26,100마리이다.
④ (X) 말 사육두수 중 번식용 비중은 2020년에 (4,806/27,243)×100≒17.6%, 2022년에 (4,124/26,525)×100≒15.5%이다.

26
정답 ②

① (○) 조사기간 중 검거인원이 발생건수보다 많은 해는 2017년, 2018년으로 2개년이다.
② (X) 검거율은 다음과 같다.

구분	검거율
2017년	1,557/1,825×100≒85.3%
2018년	1,466/1,738×100≒84.3%
2019년	1,480/1,768×100≒83.7%
2020년	1,400/1,715×100≒81.6%

③ (○) 조사기간 동안 총 검거건수는 1,557+1,466+1,480+1,400=5,903천 건이다.
④ (○) 조사기간 중 검거인원이 가장 많은 해는 2017년이고, 2017년의 미검거건수는 1,825−1,557=268천 건이다.

27
정답 ④

[그림]에 정확한 수치가 제시되지는 않았으나, 대략적인 위치로 계산할 수 있다. 평균까지 계산할 필요는 없다.
① (○) 지역경제력지수는 약 1.4에서 −0.6까지 2.0의 차이를 보이고 있고, 주민활력지수는 약 0.5에서 −0.6까지 1.1의 차이를 보이고 있으므로 지역경제력지수의 차이가 주민활력지수의 차이보다 크다.

② (○) 지역경제력지수와 주민활력지수 모두 양(+, 0 포함)의 값을 갖는 지역은 서울, 울산, 경기, 대전, 충남이다. 이 중 서울이 (1.4+0.0)/2=0.7, 울산이 (0.6+0.5)/2=0.55 등으로 서울이 가장 높다.
③ (○) 주민활력지수는 경남이 −0.55로 가장 낮다.
④ (×) 지역발전지수는 전남이 (−0.6−0.3)/2=−0.45로, 경남의 (−0.1−0.55)/2=−0.325보다 낮다.

28

정답 ④

[전제 1]은 '커피를 좋아하는 사람은 녹차를 좋아하지 않는다.'이고, [전제 2]의 대우는 '녹차를 좋아하지 않는 사람은 홍차를 좋아하지 않는다.'이므로 이로부터 도출할 수 있는 [결론]은 '커피를 좋아하는 사람은 홍차를 좋아하지 않는다.'이다.

29

정답 ②

[전제 1]은 'A가 키우는 고양이는 애교가 많다.'이고, [전제 2]의 대우는 '애교가 많은 고양이는 사람을 좋아한다.'이므로 이로부터 도출할 수 있는 [결론]은 'A가 키우는 고양이는 사람을 좋아한다.'이다.

30

정답 ①

[전제 1]은 '골프를 잘 치는 사람은 집중력이 좋다.'이고, [전제 2]는 '집중력이 좋은 사람은 다트 게임에서 높은 점수를 받을 수 있다.'이므로 이로부터 도출할 수 있는 [결론]은 '골프를 잘 치는 사람은 다트 게임에서 높은 점수를 받을 수 있다.'이다.

31

정답 ③

[전제 1]의 대우는 '성공하는 사람은 게으르지 않다.'이고, [전제 2]는 '메모를 잘하는 사람은 성공한다.'이므로 이로부터 도출할 수 있는 [결론]은 '메모를 잘하는 사람은 게으르지 않다.'이다.

32

정답 ③

세 번째 조건에 따라 정보보호교육을 수강하지 않은 B와 D는 수요일, 목요일에 리더십교육을 받아야 한다. 그러므로 A와 C는 월요일, 화요일에 리더십교육을 받는데, 대리 승진대상자는 과장 승진대상자보다 먼저 리더십교육을 받아야 한다는 첫 번째 조건에 따라 C가 월요일, A가 화요일에 리더십교육을 받는다. 마지막으로 과장 승진대상자끼리는 연속해서 리더십교육을 받을 수 없다는 두 번째 조건에 따라 D는 A와 떨어져서 목요일에 리더십교육을 받고, B가 남은 수요일에 리더십교육을 받는다.
따라서 리더십교육을 받는 순서는 'C - A - B - D'이다.

33

정답 ③

세 번째, 네 번째 조건을 기호화하면 '양 - 돼지', '말 - 젖소 - 염소 - 돼지'이다. 양의 축사가 젖소의 축사보다 왼쪽에 위치한다면 젖소의 축사가 왼쪽에서 세 번째에 위치하여 두 번째 조건에 위배되어 젖소의 축사가 양의 축사보다 왼쪽에 위치한다. 염소의 축사도 왼쪽에서 세 번째가 아니므로 양의 축사가 왼쪽에서 세 번째에 위치하며 축사는 '말 - 젖소 - 양 - 염소 - 돼지'순서로 위치한다. 따라서 왼쪽에서 네 번째에 위치한 축사는 염소이다.

34

정답 ③

ㄱ에 의해 옷가게 - 약국 순으로 위치하고, ㄴ, ㄷ에 의해 팬시점은 (우측 끝이 아니라) 좌측 끝이거나 가운데가 되며 우측 끝은 동그라미 형태의 입구를 갖는 약국이 된다. 따라서 '팬시점(네모) - 옷가게(세모) - 약국(동그라미)'이거나 '옷가게(세모) - 팬시점(네모) - 약국(동그라미)로 결정된다.

35

정답 ①

명제가 참이면 명제의 대우도 참이므로, 두 번째 [명제]와 네 번째 [명제]의 대우는 참임을 추론할 수 있다.
• 감정표현이 능숙한 사람은 의사소통을 잘한다.
• 행복지수가 높은 사람은 도덕적이다.
이를 도식화하면 다음과 같다.

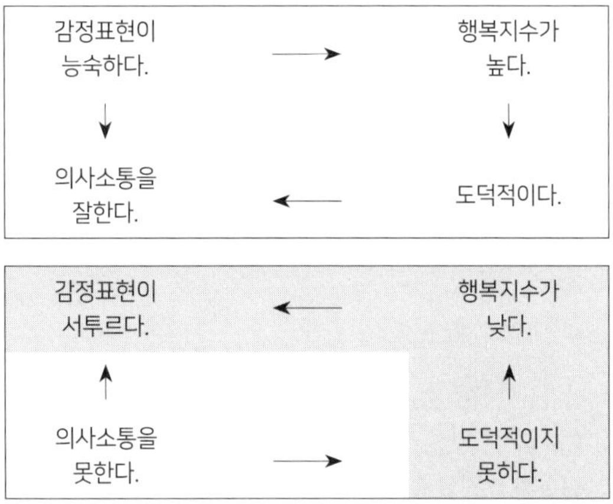

따라서 반드시 참인 명제는 '도덕적이지 못한 사람들은 감정 표현이 서투르다.'이다.

36

정답 ②

문제의 유형은 그 기준에 따라 아래와 같이 구분할 수 있다.

- 기능에 따른 문제 유형: 제조 문제, 판매 문제, 자금 문제, 인사 문제, 경리 문제, 기술상 문제
- 해결방법에 따른 문제 유형: 논리적 문제, 창의적 문제
- 시간에 따른 문제 유형: 과거 문제, 현재 문제, 미래 문제
- 업무수행 과정 중 발생한 문제 유형: 발생형 문제, 탐색형 문제, 설정형 문제

37

정답 ④

㉠에 들어갈 문제는 탐색형 문제이다.

① (○) 탐색형 문제는 현재의 상황을 개선하거나 효율을 높이기 위한 문제를 의미한다.

② (○) 탐색형 문제는 탐색형 문제는 눈에 보이지 않는 문제로, 이를 방치하면 뒤에 큰 손실이 따르거나 결국 해결할 수 없는 문제로 확대되기도 한다.

③ (○) 탐색형 문제는 잠재 문제, 예측 문제, 발견 문제의 세 가지 형태로 구분된다.

④ (×) 문제의 원인이 내재되어 있기 때문에 원인지향적인 문제라고 하기도 하는 문제는 발생형 문제이다.

38

정답 ②

[대화]에서 진행 예정인 회의는 퍼실리테이터에 의한 문제해결에 해당한다. 퍼실리테이션에 의한 문제해결 방법은 깊이 있는 커뮤니케이션을 통해 서로의 문제점을 이해하고 공감함으로써 창조적인 문제해결을 도모한다. 소프트 어프로치나 하드 어프로치 방법은 타협점의 단순 조정에 그치지만, 퍼실리테이션에 의한 방법은 초기에 생각하지 못했던 창조적인 해결 방법을 도출한다. 동시에 구성원의 동기가 강화되고 팀워크도 한층 강화된다는 특징을 보인다. 이 방법을 이용한 문제해결은 구성원이 자율적으로 실행하는 것이며, 제3자가 합의점이나 줄거리를 준비해 놓고 예정대로 결론이 도출되어 가도록 해서는 안 된다.

39

정답 ③

① (○) 심층면접법은 조사자가 응답자와 일대일로 마주한 상태에서 정보를 수집하는 방법이다.

② (○) 심층면접법은 30분에서 1시간 정도의 시간이 소요되며, 조사자는 편안한 분위기를 조성하여 응답자의 응답에 영향을 미치지 않도록 해야 한다.

③ (×) 심층면접법은 인터뷰 시간을 집중적으로 투입해야 하며 비용이 많이 소모된다는 단점이 있다.

④ (○) 심층면접법은 첫 번째 질문을 던지고 이에 대한 응답에 따라 면접을 진행하며 조사자는 진행 과정과 조사문제에 대한 개략적인 윤곽을 가지고 있어야 한다.

40

정답 ②

① (○) 신용등급 6등급 이하 또는 연간소득 3,500만 원 이하의 3개월 이상 계속하여 재직 중인 근로자(일용직, 임시직 포함)이므로 생계자금 대출요건을 만족한다.

② (×) 무등록 무점포 자영업자가 사업자등록 후 점포를 구비하는 경우 사업경력이 존재하므로 창업교육 이수 조건은 미적용되나, 개업한 지 3개월 이내여야 하므로 창업자금 대출요건을 만족하지 못한다.

③ (○) 신용등급 6등급 이하 또는 연간소득 3,500만 원 이하의 자영업자(농림어업인 포함)이면서 영업 중이므로 자영업자 지원자금 대출요건을 만족한다.

④ (○) 장애인 사업자로서 창업교육을 10시간 이상 이수하였고, 사업장 확보 및 사업자등록을 마친 후 개업한 지 1년 이내이므로 창업자금 대출요건을 만족한다.

41

정답 ③

평가점수가 150점인 경우 자영업자 지원자금의 대출한도는 1,200만 원이고, 최대로 대출을 받았다고 하였으므로 대출원금은 1,200만 원이다.

- 납입원금: 자영업자 지원자금 상환방법은 매월 원금균등분할상환이고, 보증기간은 2년이므로 1회차의 납입원금은 대출원금/납입횟수＝1,200/24＝50만 원이다.
- 월상환금: 납입원금＋대출이자＝50＋1＝51만 원이다.
- 대출잔금: 1회차인 경우에 해당하므로 대출원금－납입원금＝1,200－50＝1,150만 원이다.

따라서 ㉠에는 50, ㉡에는 51, ㉢에는 1,150이 들어가야 한다.

42

정답 ③

① (○) '5. 신청 제외 업소'에서 지방세를 3회 이상 및 1회에 100만 원 이상 체납하고 있는 업소는 신청 제외된다고 하였다.

② (○) '3. 지정절차'에서 현지실사 평가 및 지방세 체납, 행정처분 등 부적합 여부 확인은 12월 10일부터 12월 16일까

지라고 하였으므로 7일 소요된다.

③ (X) '4. 지정방법'에서 위생 모범 업소의 가격이 지역 평균 가격 이하인 경우 우선 지정된다고 하였지만, '6. 지정 제외 업소'에서 평점 총합이 70점 미만일 경우 지정 제외된다고 하였다.

④ (O) '1. 신청서 접수'에서 구비서류는 신청서, 사업자등록증 사본, 제출방법은 방문 신청, 이메일 신청이 있다고 하였다.

43

정답 ④

A과장은 월요일부터 금요일까지 근무하며, 공휴일에는 근무하지 않는다고 하였다. 5월 4일에 출발하여 5월 20일까지 여행을 떠나므로 7일, 8일, 9일 10일, 13일, 14일, 15일, 16일, 17일, 20일에 연차 유급휴가를 사용해야 한다. 따라서 A과장이 사용해야 하는 연차 유급휴가는 10일이다.

44

정답 ④

연차 유급휴가 발생 기준에서 1년에 80% 이상 근무한 근로자에게 1년에 15개의 연차 유급휴가를 부여하며, 근속연수 3년 차 이상 출근한 근로자는 1일의 연차 유급휴가를 지급하고, 이후 2년마다 1일씩 연차 유급휴가를 가산한다고 하였으므로 근속연수 9년 차인 B가 받는 전체 연차 유급휴가의 개수는 19개이다. 연차 유급휴가 1일당 20만 원으로 지급한다고 하였으므로 9일 사용 후 잔여 연차 유급휴가에 대해 지급받는 연차 유급휴가 수당은 $(19-9)\times20=200$만 원이다.

45

정답 ①

A~D의 평가 실적에 따른 점수와 총점은 다음과 같다.

구분	A업체	B업체	C업체	D업체
공사실적 평가	4점	5점	3점	3점
경영 평가	10점	6점	8점	6점
기술능력 평가	6점	6점	8점	10점
신인도 평가	2점	5점	2점	3점
총점	22점	22점	21점	22점

A업체, B업체, D업체의 총점이 22점으로 동점이므로 세 업체 중 경영 평가 실적이 가장 높은 A업체와 계약을 맺는다.

46

정답 ③

선호 인원이 가장 많은 우산은 220명인 골프 우산이고, 골프 우산을 500개 구매했을 때 업체별 가격은 다음과 같다.

- A업체: 골프 우산 1개당 가격은 7,300원이고, 400개 이상 구매 시 5% 할인이므로, 우산 구입 가격은 $(7{,}300\times500)\times(1-0.05)=3{,}467{,}500$원이다. 배송비는 100개당 2,500원이므로 총비용은 $3{,}467{,}500+2{,}500\times\frac{500}{100}=3{,}480{,}000$원이다.
- B업체: 골프 우산 1개당 가격은 7,400원이고, 500개 이상 구매 시 250,000원 할인이므로, 우산 구입 가격은 $(7{,}400\times500)-250{,}000=3{,}450{,}000$이다. 배송비는 500개당 15,000원이므로 총비용은 $3{,}450{,}000+15{,}000\times\frac{500}{500}=3{,}465{,}000$원이다.
- C업체: 골프 우산 1개당 가격이 6,850원이므로, 우산 구입 가격은 $6{,}850\times500=3{,}425{,}000$원이다. 배송비는 100개당 5,500원이므로 총비용은 $3{,}425{,}000+5{,}500\times\frac{500}{100}=3{,}452{,}500$원이다.
- D업체: 골프 우산 1개당 가격이 7,050원이므로, 우산 구입 가격은 $7{,}050\times500=3{,}525{,}000$원이다. 배송비는 500개 이상 구매 시 무료이므로 총비용은 3,525,000원이다.

따라서 이 대리는 총비용이 3,452,500원으로 가장 저렴한 C업체를 선택한다.

47

정답 ②

위 문항에서 이 대리가 선택한 업체는 C업체였으며, 우산별로 선호 인원에 맞게 구매한다고 하였으므로 골프 우산은 220개, 2단 우산은 150개, 3단 우산은 130개를 구매한다.
골프 우산 1개당 가격은 6,850원, 2단 우산은 5,100원, 3단 우산은 6,500원이므로 우산 가격은 $(6{,}850\times220)+(5{,}100\times150)+(6{,}500\times130)=3{,}117{,}000$원이다.
배송비는 100개당 5,500원이므로 $5{,}500\times\frac{500}{100}=27{,}500$원이다.
로고 추가 비용은 1개당 500원이므로 $500\times500=250{,}000$원이다.
마지막으로 현금 결제 시 100,000원을 할인해 준다고 하였으므로 총비용은 $3{,}117{,}000+27{,}500+250{,}000-100{,}000=3{,}294{,}500$원이다.

48

정답 ③

[정 대리의 선호 기준]의 마지막에서 팀장님께서 추천하시지 않은 제품은 절대 구입할 수 없다고 하였으므로, B를 제외한다. 다음으로 가장 중요하다고 언급한 항목인 내구성을 살핀 후

별점이 2개 미만인 D를 제외한다. 남은 A와 C 중에서는 그다음 중요하다고 한 가격을 기준으로 저렴한 C를 선택하면 된다.

49

정답 ①

두바이 지사의 업무시간은 한국 시각으로 오후 1시부터 오후 10시까지이며, 점심시간은 오후 5시부터 7시까지이다. 따라서 한국 지사와 두바이 지사의 직원들이 함께 회의를 진행할 수 있는 시간은 한국 시각으로 오후 1시부터 오후 5시까지이다.

50

정답 ①

교통수단별 효용을 계산하면 다음과 같다.

- KTX: $50-0.3(2.5\times2)-0.7(6.5\times2)+2=41.4$
- 고속버스: $50-0.3(5\times2)-0.7(4.5\times2)=40.7$
- 택시: $50-0.3(4\times2)-0.7(11.5\times2)=31.5$
- 비행기: $50-0.3(1\times2)-0.7(8.5\times2)-5+2=34.5$

따라서 세은이가 선택할 최우선 순위 교통수단은 KTX이다.

51

정답 ③

- KTX: 20시 40분에 퇴근하여 KTX역까지 1시간 50분을 이동하면 22시 30분에 도착하여 탑승한다. B지역까지 가는 데 2.5시간이 소요되므로 익일 1시에 도착한다.
- 고속버스: 터미널까지 10분을 이동하면 20시 50분에 도착하여 탑승한다. B지역까지 가는 데에 5시간이 소요되므로 익일 1시 50분에 도착한다.
- 택시: 택시 정거장까지 10분 이동하면 20시 50분에 도착하여 탑승한다. B지역까지 가는 데에 4시간이 소요되므로 익일 0시 50분에 도착한다.
- 비행기: 공항까지 2시간을 이동하면 22시 40분에 도착하므로 탑승할 수 없다.

따라서 세은이가 고향에 가장 빨리 도착할 수 있는 교통수단은 택시이다.

52

정답 ①

서류상자 이용 시 유의 사항은 다음과 같다.

- 서류상자를 4~5개 준비해서 책상 아래쪽 큰 서랍에 세로로 세운다.
- 서류상자가 잘 보이는 곳에 분류해서 표제용 라벨을 붙인다. 제목은 '긴급', '현안 · 검토요망' '보관 · 보존용' 등 대략적으로 정해도 좋다.
- 입수한 정보를 대강 검토해서 즉시 넣는다.
- 넣을 때 투명 표지에 끼워 두면, 볼 때 더욱 편리하고, 정리에도 도움이 된다.
- 넣어둔 서류나 자료는 생각났을 때 점검한다. 적어도 한 달에 한 번은 점검하도록 하고 1년에 한 번은 철저하게 점검해야 한다. 이때 필요한 정리용품은 서류상자 4~5개와 여러 개의 투명 폴더 정도다.

53

정답 ①

① (X) 시간 계획 자체가 중요한 것이 아니고, 목표달성을 위해 필요하며, 시간 계획 시 예정 행동만을 계획하는 것이 아니라 기대되는 성과나 행동의 목표도 기록해야 한다.

② (O) 시간 계획 시 무리한 계획을 세우지 말고, 실현 가능한 것만을 계획한다.

③ (O) 시간 계획 시 중요한 일에는 좀 더 시간을 할애하고 그렇지 않은 일에는 시간을 단축시켜 전체적인 계획을 정리한다.

④ (O) 시간 계획 시 체크리스트나 스케줄표를 사용하여 계획을 반드시 기록하여 전체 상황을 파악한다.

54

정답 ③

농협몰은 품질 좋은 우리 농산물을 합리적인 가격에 살 수 있는 쇼핑몰로 기획전 중 과일 정기배송에서만 잔류농약 정밀검사 등을 통해 고품질 과일을 배송받을 수 있다고 하였다.

55

정답 ③

ㄱ. 1990년대: 농축산물 시장개방에 대응하는 시기였다. 우루과이라운드 협상으로 농축산물시장이 개방되자 1991년 '쌀 수입 개방 반대 범국민 서명운동', '신토불이'(몸과 땅은 둘이 아닌 하나), '농도불이'(농촌과 도시는 둘이 아닌 하나) 운동을 통해 국산 농축산물 애용을 전개하였다.

ㄴ. 2010년대: 사업 전문성을 강화하고 농업인 실익 지원을 확대하기 위해 사업구조개편을 실시하였다. 중앙회, 경제지주, 금융지주 등 지금의 형태를 갖추게 되었다.

ㄷ. 1960년대: 식량증산을 달성하려는 시기로, 1961년 7월 29일 「농업협동조합법」 공포 후 같은 해 8월 15일 종합농협성격의 '농협중앙회'를 발족하였다. 1962년 정부는 농협을 통해 비료, 농약, 영농자재 공급 및 병충해 방제 등 식량증산을 위한 농촌지도사업을 전담하게 하였다.

ㄹ. 1969년: 농협은 '상호금융'을 도입해 농가들의 고리 사채 문제를 해소하였으며, 1970년 연쇄점 방식의 현대식 소매점(현 농협하나로마트)을 개설해 농가가 생활물자를 저

렴하게 구입할 수 있도록 하여 농가의 가계비 절감은 물론 농촌물가 안정에 기여하였다.

ㅁ. 1980년대: 농협이 농업생산성 향상과 영농지도에 힘을 쓴 시기이다. 농협은 농기계 보급 활성화를 위해 농기계 구입자금 융자 확대, 농기계 공동이용사업, 농기계 서비스 센터 운영, 유류취급소 설치 등을 진행했다. 이를 통해 농가의 농기계 이용의 어려움을 극복할 수 있도록 돕고, 단순 증산 위주의 지도사업을 농가 소득증대 위주로 전환하였다.

따라서 시대순으로 나열하면 ㄷ－ㄹ－ㅁ－ㄱ－ㄴ이다.

56

정답 ③

민츠버그의 '경영자의 3가지 역할'을 살펴보면 다음과 같다.

- 대인적 역할: 조직의 대표자, 조직의 리더, 상징자, 지도자
- 정보적 역할: 외부 환경 모니터, 변화 전달자, 정보 전달자
- 의사결정적 역할: 문제 조정자, 대외적 협상 주도자, 분쟁 조정자, 자원 배분자, 협상가

①, ② (X) 경영자의 역할 중 대인적 역할에 해당한다.

③ (O) 경영자의 역할 중 의사결정적 역할에 해당한다.

④ (X) 경영자의 역할 중 정보적 역할에 해당한다.

57

정답 ④

농협의 핵심가치를 익혀 두기 위해 출제된 문제이다. 농협의 5대 핵심가치를 꼭 기억해 두도록 하자.

① (O) 'ㄱ. 농업인과 소비자가 함께 웃는 유통 대변화'라는 가치는 'ⓔ 소비자에게 합리적인 가격으로 더 안전한 먹거리를, 농업인에게는 더 많은 소득을 제공하는 유통개혁 실현'이라는 해석과 연결된다.

② (O) 농협의 'ㄷ. 경쟁력 있는 농업, 잘사는 농업인'이라는 가치는 'ⓒ 농업인 영농지원 강화 등을 통한 농업경쟁력 제고로 농업인 소득 증대 및 삶의 질 향상'이라는 해석과 연결된다.

③ (O) 농협의 'ㄹ. 지역과 함께 만드는 살고 싶은 농촌'이라는 가치는 'ⓓ 지역 사회의 구심체로서 지역 사회와 협력하여 살고 싶은 농촌 구현 및 지역경제 활성화에 기여'라는 해석과 연결된다.

④ (X) 'ㅁ. 정체성이 살아 있는 든든한 농협'이라는 가치는 'ⓐ 농협의 정체성 확립과 농업인 실익 지원 역량 확충을 통해 농업인과 국민에게 신뢰받는 농협 구현'이라는 해석과 연결된다. 'ⓑ 4차 산업혁명 시대에 부응하는 디지털 혁신으로 농업·농촌·농협의 미래 성장동력 창출'이라는 해석은 'ㄴ. 미래 성장동력을 창출하는 디지털 혁신'이라는 가치에 어울리는 해석이다.

58

정답 ①

① (X) '인사말'에서 농업박물관은 전통 농경유물 보존과 교육적 활용을 목적으로 한다고 하였다.

② (O) '인사말'에서 농업박물관은 다양한 프로그램으로 도시민에게 농경 문화 서비스를 제공한다고 하였다.

③ (O) '인사말'에서 농업인들의 기증유물로만 꾸며진 농업박물관은 국내 최초의 농업 전문박물관이라고 하였다.

④ (O) '농업박물관의 프로그램'에서 교과 연계 프로그램 등을 참여할 수 있으며, 무료라고 하였다.

59

정답 ①

① (X) 조직이나 개인의 업무지침 모두 환경변화에 따라 신속하게 수정되지 않으면 오히려 잘못된 결과를 초래할 수 있으므로 지속적인 개정이 필요하다.

② (O) 업무지침을 수립하면 자신에게 주어진 자원을 확인해야 하며 업무와 관련된 자원으로는 시간, 예산, 기술 등의 물적 자원과 조직 내·외부에서 공동으로 일을 수행하는 인적 자원이 있다.

③ (O) 자신의 업무를 수행하는 데 요구되는 지식이나 기술이 부족하다면 이를 향상하기 위한 계획을 수립해야 한다.

④ (O) 활용자원과 구성원을 확인한 다음 구체적인 업무 수행계획을 수립한다. 여기에는 간트 차트, 워크 플로 시트, 체크리스트 등이 사용된다.

60

정답 ①

① (X) 책임분석표는 업무책임을 명확히 할 때 이용하는 도구로, 세부업무추진구조도를 바탕으로 작성한다.

정답 및 해설 - 제4회 실전모의고사

✎정답표

01	02	03	04	05	06	07	08	09	10
④	①	②	③	④	③	②	②	③	②
11	**12**	**13**	**14**	**15**	**16**	**17**	**18**	**19**	**20**
①	③	③	③	②	②	①	②	③	②
21	**22**	**23**	**24**	**25**	**26**	**27**	**28**	**29**	**30**
②	②	②	①	②	④	④	②	③	①
31	**32**	**33**	**34**	**35**	**36**	**37**	**38**	**39**	**40**
④	④	①	④	②	③	③	②	①	③
41	**42**	**43**	**44**	**45**	**46**	**47**	**48**	**49**	**50**
②	③	①	①	②	③	④	④	③	④
51	**52**	**53**	**54**	**55**	**56**	**57**	**58**	**59**	**60**
③	④	②	④	②	②	④	②	④	②

01

정답 ④

① (×) "농작물 재해보험 보상률이 낮아짐에 따라 냉해를 입은 과수 농가의 부담이 커졌다."로 수정하는 것이 적절하다.

② (×) "보안 문화 정착을 위하여 매년 전 임직원을 대상으로 정보 보호 교육을 실시하고 있다."로 수정하는 것이 적절하다.

③ (×) "농산물 유통의 새로운 틀을 마련하여 농촌 경제에 활력을 불어넣고자 유통 위원회를 운영하고 있다."로 수정하는 것이 적절하다.

④ (○) 문장을 간결하게 바꾸었으므로 적절한 수정이다.

02

정답 ①

① (○) '내디뎠다'는 '내디디다'라는 동사의 어간 '내디디-'에, 이야기하는 시점에서 볼 때 사건이나 행위가 이미 일어났음을 나타내는 어미인 '-었-', 그리고 종결 어미 '-다'가 붙은 형태이다. 따라서 어문 규범에 맞다.

② (×) '칼 따위로 도려내듯 베다.' 또는 '마음을 아프게 하다.'의 뜻을 나타내는 '에다'는 타동사이므로 '살을 에는'처럼 목적어를 취하는 형태로 쓰여야 한다. 따라서 '에다'의 피동 형태인 '에이다'로 쓰이려면 '살이 에이는'과 같은 형태가 되어야 한다.

③ (×) 내용상 '만족도를 높게 하는'의 의미이므로 '높다'의 사동형인 '높이다'를 써야 한다. 따라서 '높일'이 맞는 표현이다.

④ (×) '맞히다'는 '문제에 대한 답을 틀리지 않게 하다.'의 의미로, '맞다'의 사동사이다. ④에서는 '둘 이상의 일정한 대상들을 나란히 놓고 비교하여 살피다.'라는 의미로 '맞추다'가 쓰여야 하므로 '맞춰'가 맞는 표현이다.

03

정답 ②

① (○) '힘들다'의 어간 '힘들-'에 명사형 어미 '-ㅁ'이 결합하며 '힘듦'이 된다.

② (×) '마음에 든다.'에서 '든다'의 기본형은 '들다'이므로 어간은 '들-'이다. 따라서 어간에 명사형 어미 '-ㅁ'이 결합하며 '듦'이 되어야 한다.

③ (○) '설레다'의 어간 '설레-'에 명사형 어미 '-ㅁ'이 결합하면 '설렘'이 된다.

④ (○) '알다'의 어간 '알-'에 명사형 어미 '-ㅁ'이 결합하면 '앎'이 된다.

04

정답 ③

㉠ 노력, 능력 등으로 얻는다는 의미의 '취득'이 들어가는 것이 적절하다.

- 취득(取得): 자기 것으로 만들어 가짐
- 수취(收取): 거두어들여서 가짐(예 농민에 대한 가혹한 수취를 경계하였다.)

ⓒ 기계를 다룬다는 의미의 '조작'이 들어가는 것이 적절하다. '조종'은 대체로 움직이는 기계에 대해 사용한다.

- 조작(操作): 기계 따위를 일정한 방식에 따라 다루어 움직임
- 조종(操縱): 비행기나 선박, 자동차 따위의 기계를 다루어 부림(예 비행기 조종 기술이 뛰어나다.)

ⓒ 새롭게 나타났다는 의미의 '부상'이 들어가는 것이 적절하다.

- 부상(浮上): 어떤 현상이 관심의 대상이 되거나 어떤 사람이 훨씬 좋은 위치로 올라섬
- 부유(浮遊/浮游): 행선지를 정하지 아니하고 이리저리 떠돌아다님(예 그는 집도 없이 부유 생활을 하고 있다.)

ⓔ 없던 것을 갖춘다는 의미의 '구비'가 들어가는 것이 적절하다. '정비'는 대체로 이미 있던 것의 체계를 정리한다는 의미로 사용한다.

- 구비(具備): 있어야 할 것을 빠짐없이 다 갖춤
- 정비(整備): 흐트러진 체계를 정리하여 제대로 갖춤(예 교육 제도를 정비하였다.)

05

정답 ④

① (○) '발분망식(發憤忘食)'은 '끼니까지도 잊을 정도로 어떤 일에 열중하여 노력함.'이라는 뜻이다.

② (○) '좌고우면(左顧右眄)'은 '이쪽저쪽을 돌아본다는 뜻으로, 앞뒤를 재고 망설임을 이르는 말'이다.

③ (○) '양두구육(羊頭狗肉)'은 '양의 머리를 걸어 놓고 개고기를 판다는 뜻으로, 겉보기만 그럴듯하게 보이고 속은 변변하지 아니함을 이르는 말'이다.

④ (×) '견강부회(牽强附會)'는 '이치에 맞지 않는 말을 억지로 끌어 붙여 자기에게 유리하게 함.'이라는 뜻이므로 쓰임이 적절하지 않다. '손아랫사람이나 지위나 학식이 자기만 못한 사람에게 모르는 것을 묻는 일을 부끄러워하지 아니함.'이라는 뜻의 한자성어인 '불치하문(不恥下問)'이 적절하다.

06

정답 ③

ㄱ. (×) '심의'는 '심사하고 토의함'을 의미하며, 한자로 표기하면 '審議(살필 심, 의논할 의)'이다. '心'은 '마음 심'이며, '意'는 '뜻 의'이다.

ㄴ. (×) '제출'은 '문안(文案)이나 의견, 법안(法案) 따위를 냄'을 의미하며, 한자로 표기하면 '提出(끌 제, 날 출)'이다. '除'는 '섬돌 제'이다.

ㄷ. (○) '철회'는 '이미 제출하였던 것이나 주장하였던 것을 다시 회수하거나 번복함'을 의미하며, 한자로 표기하면 '撤回(거둘 철, 돌아올 회)'이다.

ㄹ. (×) '결재'는 '결정할 권한이 있는 상관이 부하가 제출한 안건을 검토하여 허가하거나 승인함'을 의미하며, 한자로 표기하면 '決裁(결정할 결, 마를 재)'이다. '訣'은 '이별할 결'이다.

07

정답 ②

계몽이란 '지식수준이 낮은 사람을 가르쳐서 깨우치는 것'을 의미한다. 제시문의 전개에 비출 때, 농촌의 계몽을 위해 앞장 선 농촌계몽운동의 문구로 적절한 것은 '아는 것은 힘이다'이다.

08

정답 ②

글의 서두는 연극 <춘선생>에 대한 소개로 시작한다. 이어지는 (가), (나), (라)는 작품의 대한 내용이 담겨 있고, (다)는 작품으로 보여주고 싶었던 작가의 의도와 작품에 대한 관객의 반응을 다루고 있다. 따라서 (다)는 가장 마지막에 나오는 것이 적절하다.

(가), (나), (라)에 대해 살펴보면 (가)는 차남에 대한, (나), (라)는 장남에 대한 내용을 다루고 있다. 또 (가)의 '한편'이라는 접속사와 (라)의 '겨우'라는 접속사는 글의 서두와 바로 이어지기에는 무리가 있으므로 가장 먼저 시작되는 부분은 (나)가 될 것이다. (나)는 장남에 대한 내용이므로 이어지는 문단도 장남에 대한 내용인 (라)가 적절하다. 따라서 이 글의 순서는 '(나) – (라) – (가) – (다)'가 된다.

09

정답 ③

①, ② (○) 취업 구조의 노령화로 생산 활동에 참여하는 인구가 줄어들 것이라는 점, 이와 더불어 사회 전체적으로 실업자 비중이 확대될 것이라는 점을 제시하고 있는 1문단과 2문단의 내용으로부터 판단할 수 있다.

③ (×) 2문단에 따르면, 상대적으로 청년층의 실업자 비중은 줄어드는 반면 노령 인구의 실업자 비중이 확대될 것이라고 했으므로 청년실업자 문제보다는 노령 실업자 문제가 더 커질 것이다.

④ (○) 젊은 여성 인구의 경제 활동 참가율을 증대시킬 필요가 있다는 3문단의 지적을 근거로 판단할 수 있다.

10

정답 ②

보고서는 '노령화 사회'를 핵심 키워드로 하여 국내의 사회·경제적 상황에서 생길 수 있는 문제점과 대책을 기술하고 있

다. 더불어 이어지는 문단에서 연령별 취업 구조의 노령화 및 노동 인구 감소 현황을 구체적으로 제시하고, 3문단에서는 대비책 세 가지를 기술함으로써 글의 전반적인 내용이 1문단에서 제시한 내용을 뒷받침하고 있음을 알 수 있다.

11

정답 ①

① (X) 해당 운동은 3회까지는 '브나로드' 4회부터는 '계몽운동'으로 명칭만 변경되었을 뿐 민중을 깨우쳐야 한다는 취지는 그 전과 동일하다.

② (O) '1874년에 수많은 러시아 학생들이 농촌으로 가서 계몽운동을 벌였는데'라는 내용을 통해 알 수 있다.

③ (O) '문맹퇴치운동을 펼치려다 조선총독부에 의하여 좌절되었고'라는 내용을 통해 알 수 있다.

④ (O) '이들은 야학을 열고 음악과 연극, 위생생활을 가르치면서 계몽운동과 문화운동을 병행해나갔다'라는 내용을 통해 알 수 있다.

12

정답 ③

A. (X) 공통 지원 자격으로 자동차 1종 보통 자격증을 소지해야 하나, A는 2종 보통 자격증을 소지하고 있으므로 채용할 수 없다.

B. (O) 공통 지원 자격에 부합하며, 농약 판매 관련 국가자격증을 소지하고 있으므로 채용 가능하다.

C. (O) 공통 지원 자격에 부합하는 나이이며, 농과계 학과인 낙농학과를 졸업하였으므로 채용 가능하다.

D. (X) 공통 지원 자격에 부합하는 나이이나, 농과계 학과와 관련 없는 식품영양학과를 전공하였으므로 채용할 수 없다.

E. (O) 공통 지원 자격에 부합하며, 기능직의 경우 식육유통업체에서 3년 이상 종사한 경력이 있어야 하므로 채용 가능하다.

따라서 채용 가능한 인원수는 3명이다.

13

정답 ③

제시된 수는 $4\times2-1=7$, $7\times2-1=13$, $13\times2-1=25$이므로 앞의 수를 2배한 후 1을 빼주는 규칙이다. 따라서 괄호 안에 들어갈 숫자는 $25\times2-1=49$이다.

14

정답 ③

$3=2+1$, $4=1+3$, $7=3+4$, $11=4+7$이므로 나열된 숫자의 규칙은 세 번째 숫자부터 앞의 2개의 숫자를 더한 숫자이다. 따라서 $7+11=18$이므로 규칙에 맞지 않는 숫자는 17이다.

15

정답 ②

알파벳 A~Z를 숫자 1~26으로 변환하면 Z는 26, X는 24, V는 22, T는 20, R은 18, P는 16, L은 12, J는 10이다. 이는 2씩 감소하는 등차수열이다. 따라서 $16-2=14$이므로 괄호 안에 들어갈 알파벳은 N이다.

16

정답 ②

연속한 세 개의 자연수 중 가장 작은 자연수를 $x-1$이라고 하면 다음과 같은 식이 성립한다.

$(x-1)^2+x^2+(x+1)^2=434$

$\therefore x=12$ 또는 -12

연속한 세 개의 자연수 중 가장 작은 자연수는 $12-1=11$이다.

세 개의 자연수에 차례로 2, 3, 4를 곱한 수를 a, b, c라고 했으므로 $a=11\times2=22$, $b=12\times3=36$, $c=13\times4=52$이다. 따라서 $a+b+c=22+36+52=110$이다.

17

정답 ①

$2{,}601=51^2$, $2{,}704=52^2$, $2{,}809=53^2$이다.

18

정답 ②

예금액 3,000만 원, 연이율 2.0%인 경우 2년 후의 만기 총액을 연 복리로 계산하면 다음과 같다.

$30{,}000{,}000\times(1+0.02)^2=31{,}212{,}000$원

여기서 원금 3,000만 원을 차감한 이자 1,212,000원에 대한 이자 소득세는 $1{,}212{,}000\times0.012=14{,}544$원이다.

따라서 2년 뒤 A가 받을 금액은 $31{,}212{,}000-14{,}544=31{,}197{,}456$원이다.

19

정답 ③

묶음으로 구매한 펜의 묶음 개수를 x묶음, 낱개로 구매한 펜의 개수를 y개라고 하면 다음과 같은 식이 성립한다.

$x\times500\times50\times0.9+y\times500=210{,}500$

$x\times500\times50\times0.9-y\times500=194{,}500$

$\therefore x=9, y=16$

따라서 이 대리가 구매한 펜의 개수는 $9\times50+16=466$개이다.

20

정답 ②

정육면체 1개의 부피는 $6\times6\times6=216cm^3$이다. 탑에는 총 $8+4+1=13$개의 정육면체가 있으므로 탑의 부피는 $216\times13=2{,}808cm^3$이다.

21

정답 ②

A공장의 작년 생산량을 x, B공장의 작년 생산량을 y라고 하면 다음과 같은 식이 성립한다.

$x+y=2{,}600$

$1.1x+y+220=2{,}600\times1.15$

$\therefore x=1{,}700,\ y=900$

따라서 B공장의 올해 생산량은 900+220=1,120개이다.

22

정답 ②

정가는 60,000×1.2=72,000원이고, 정가의 80% 가격으로 판매하였으므로 72,000×0.8=57,600원이다. 따라서 제품을 판매했을 때 1개당 손실액은 60,000−57,600=2,400원이다.

23

정답 ②

방의 개수를 x개라고 하면 다음과 같은 식이 성립한다.

$4x+2=6(x-4)+2$

$\therefore x=12$

따라서 A동아리 인원은 4×12+2=50명이다.

24

정답 ①

① (○) 배추 재배면적 1ha당 재배량은 2015년에 (1,400×1,000)/12,500=112톤, 2018년에 (1,407×1,000)/13,400=105톤이므로 2015년 대비 |105−112|=7톤 감소했다.

② (X) 조사기간 중 무 재배량이 처음으로 500천 톤을 넘은 해는 2016년이고, 2016년에 배추 재배량은 콩 재배량의 1,125/75=15배였다.

③ (X) 2016~2019년 내내 콩 재배면적의 전년 대비 증감 추이는 '감소 - 감소 - 증가 - 증가'이고, 무 재배면적의 전년 대비 증감 추이는 '감소 - 증가 - 증가 - 감소'이다.

④ (X) 2019년에 배추 재배면적은 전년 대비 증가했고, 무 재배면적은 전년 대비 감소했으므로 배추 재배면적 대비 무 재배면적 비율은 전년 대비 감소했음을 알 수 있다.

25

정답 ②

① (○) 전체 공급 금액 중 전세가 차지하는 비중은 2019년에 237,258/344,599×100≒68.9%, 2022년에 507,015/601,359×100≒84.3%이므로 84.3−68.9=15.4%p 증가했다.

② (X) 조사기간 중 전체 공급 세대수가 가장 많은 해는 2022년이다. 각 항목의 공급 금액이 가장 많은 해는 구입이 2022년, 전세가 2022년, 중도금이 2019년, 개량이 2023년, 임대보증금반환이 2021년이다.

③ (○) 개량 공급 세대수 1호당 공급 금액은 2020년에 705×10,000/7,407≒951.8만 원, 2023년에 1,096×10,000/10,436≒1,050.2만 원이다.

④ (○) 2023년에 개량 공급 세대수는 임대보증금반환 공급 세대수의 10,436/65≒160.6배이다.

26

정답 ④

① (○) 1분기에 사용건수 1건당 사용금액은 일반구매가 111,010/30,630≒3.6만 원, 할부구매가 31,851/993≒32.1만 원, 현금서비스가 13,369/145=92.2만 원이다.

② (○) 2~4분기 동안 할부구매 사용건수의 전분기 대비 증감 추이와 할부구매 사용금액의 전분기 대비 증감 추이는 '증가 - 증가 - 증가'로 동일하다.

③ (○) 3분기 할부구매 사용금액은 전분기 대비 (34,441−32,851)/32,851×100≒4.8% 증가했다.

④ (X) 2~4분기 현금서비스 사용건수가 전분기 대비 감소한 분기는 3분기이고, 3분기에 현금서비스 사용금액은 전분기 대비 |13,849−13,961|=112십억 원 감소했다.

27

정답 ④

① (○) 전체 사업장 수에서 기타 산업 사업장 수가 차지하는 비중은 2022년에 1,755,840/2,680,874×100≒65.5%, 2023년에 1,826,582/2,719,308×100≒67.2%이다. 자릿수가 많으므로 앞의 네 자리만 어림계산하면 1,755/2,680×100≒65.5%, 2023년에 1,826/2,719×100≒67.2%와 같이 빠르게 계산할 수 있다.

② (○) 2023년 건설업 요양재해자 수는 전년 대비 |26,799−27,211|=412명 감소했다.

③ (○) 기타를 제외한 산업 중 사망자 수가 많은 5개 산업은 2022년과 2023년에 '건설업 - 제조업 - 광업 - 운수 · 창고 및 통신업 - 임업'으로 동일하다.

④ (X) 전체 요양재해자 수 대비 사망자 수 비율은 2022년에 2,020/109,242×100≒1.8%, 2023년에

2,062/108,379×100≒1.9%이다. 전체 요양재해자 수는 2022년이 2023년보다 많고, 사망자 수는 2022년이 2023년보다 적으므로 전체 요양재해자 수 대비 사망자 수 비율은 2022년이 2023년보다 낮음을 알 수 있다.

28

정답 ②

[전제 1]은 '콜라를 좋아하는 사람은 사이다를 좋아하지 않는다.'이고, '사이다를 좋아하지 않는 사람은 주스를 좋아하지 않는다.'라는 전제가 있어야 '콜라를 좋아하는 사람은 주스를 좋아하지 않는다.'라는 [결론]이 항상 참이 된다.

29

정답 ③

[전제 1]의 대우는 '드라마를 좋아하는 사람은 영화를 좋아하지 않는다.'이고, '연극을 좋아하지 않는 사람은 드라마를 좋아한다.'라는 전제가 있어야 '연극을 좋아하지 않는 사람은 영화를 좋아하지 않는다.'라는 [결론]이 항상 참이 된다.

30

정답 ①

[전제 1]은 '아침에 운동을 하는 사람은 부지런한 사람이다.' 이고, '부지런한 사람은 타인에게 모범이 되는 사람이다.'라는 전제가 있어야 '아침에 운동을 하는 사람은 타인에게 모범이 되는 사람이다.'라는 [결론]이 항상 참이 된다.

31

정답 ④

[전제 2]의 대우인 'A자격증을 취득한 사람은 B자격증을 취득했다.'와 [전제 1]인 '빅데이터 전문가는 A자격증을 취득했다.'로부터 도출할 수 있는 [결론]은 '빅데이터 전문가는 B자격증을 취득했다.'이고 이의 대우인 'B자격증을 취득하지 않은 사람은 빅데이터 전문가가 아니다.'이다.

32

정답 ④

두 번째 [조건]과 네 번째 [조건]에 따라 10시에는 3명, 2시와 4시에는 각각 1명의 면접이 가능하고, 세 번째 [조건]에 따라 을과 병의 면접시간은 10시가 된다. 다섯 번째 [조건]에 따라 정의 면접시간은 2시가 된다.

최종적으로 다음과 같은 두 가지 경우의 수가 나온다.

1) 10시(갑, 을, 병), 2시(정), 4시(무)

2) 10시(을, 병, 무), 2시(정), 4시(갑)

① (X) 1)에서 갑의 면접시간은 10시이지만, 2)에서는 4시이다.

② (X) 모든 경우에서 을과 면접을 함께 본 사람은 을을 포함하여 3명이다.

③ (X) 1)에서는 병의 면접시간은 무보다 빠르지만, 2)에서는 무와 같다.

④ (O) 모든 경우에서 정의 면접시간은 2시이므로 오후이다.

33

정답 ①

B는 4층에 방문하지 않았고 두 번째 조건에 의해 1층에 방문한 사람은 1명이므로 여섯 번째 조건에 의해 A와 B가 모두 방문한 층은 2층과 3층이다. 다섯 번째 조건에 의해 C는 2층, 3층에 방문할 수 없고, C는 1층 또는 4층에 방문한다. C가 4층에 방문할 경우 다섯 번째 조건에 의해 A와 D는 4층에 방문하지 않으므로 4층에 방문하는 사람은 1명, 3층에 방문한 사람은 2명으로 세 번째 조건에 위배된다. 따라서 C는 4층에 방문하지 않고 1층에 방문한다. 세 번째 조건에 의해 A와 D는 4층에 방문하며, D는 3층에 방문하지 않고 두 번째 조건에 의해 D는 2층에 방문한다. 이를 정리하면 다음과 같다.

1층	2층	3층	4층
C	A, B, D	A, B	A, D

① (X) B는 2층, 3층 총 2개 층을 방문하며 가장 많은 층에 방문한 사람은 A이다.

② (O) D는 2층, 3층 총 2개 층에 방문한다.

③ (O) A는 2층, 3층, 4층에 방문한다.

④ (O) C는 1층만 방문한다.

34

정답 ④

• 직장인이 살고 있는 방이 총 5개라는 조건과 ㄱ, ㄴ에 따르면 다음의 2가지 경우가 발생한다.

	직장인	취준생	직장인	
직장인		직장인		직장인

직장인		직장인		직장인
	직장인	취준생	직장인	

• ㄷ에 따르면 위 2가지 경우에 대해서 또다시 각 2가지 경우가 발생한다.

공시생	직장인	취준생	직장인	공시생
직장인	취준생	직장인	공시생	직장인

공시생	직장인	취준생	직장인	공시생
직장인	공시생	직장인	취준생	직장인

직장인	취준생	직장인	공시생	직장인
공시생	직장인	취준생	직장인	공시생

직장인	공시생	직장인	취준생	직장인
공시생	취준생	취준생	직장인	공시생

따라서 10호실에 들어갈 사람은 공시생이거나 직장인이므로 주어진 조건만으로는 알 수 없다.

35

정답 ②

우선 조건 3에 의해 미연이네 집은 (가), (마) 중 하나로 압축되는데, 조건 4에 따라 (마)로 확정된다. 그다음 조건 4에 따라 (바)는 영재네 집이 되고, 조건 2에 따라 (다)는 성호네 집, 조건 1에 따라 (나)는 혁우네 집이 된다. 마지막으로 조건 5에 의해 정희네 집은 미연이네 집인 (마)보다는 혁우네 집인 (나)와 가까운 (가)가 된다. 그리고 나머지 (라)는 초원이네 집이 된다. 따라서 (가)는 정희네 집이다.

36

정답 ③

스캠퍼 기법은 사고의 출발점이나 문제해결의 착안점을 7가지 질문을 미리 정해 놓고 그에 따라 다각적인 사고를 전개하는 기법이다. 7가지 질문은 다음과 같다.

- 대체하기(Substitute)
- 조합하기(Combine)
- 응용하기(Adapt)
- 수정 · 확대 · 축소하기(Modify, Magnify, Minify)
- 다른 용도로 사용하기(Put to other use)
- 제거하기(Eliminate)
- 반대로 하기(Rearrange)

37

정답 ③

문제해결을 잘하기 위해서는 전략적 사고, 분석적 사고, 발상의 전환, 내 · 외부자원의 활용의 네 가지 기본적 사고가 필요하다. 그중 분석적 사고에 대한 내용은 다음과 같다.

- 성과 지향의 문제: 기대하는 결과를 명시하고 효과적으로 달성하는 방법을 사전에 구상하고 실행하라.
- 가설 지향의 문제: 현상 및 원인분석 전에 지식과 경험을 바탕으로 일의 과정이나 결과, 결론을 가정한 다음 검증 후 사실일 경우 다음 단계의 일을 수행하라.
- 사실 지향의 문제: 일상 업무에서 일어나는 상식, 편견을 타파하여 객관적 사실로부터 사고와 행동을 출발하라.

38

정답 ②

창의적인 사고는 다음과 같은 의미를 포함하고 있다.

- 창의적인 사고는 발산적 사고로서, 아이디어가 많고 다양하고 독특한 것을 의미한다.
- 창의적인 사고는 새롭고 유용한 아이디어를 생산해 내는 정신적인 과정이다.
- 창의적인 사고는 통상적인 것이 아니라 기발하거나 신기하며 독창적인 것이다.
- 창의적인 사고는 유용하고 적절하며 가치가 있어야 한다.
- 창의적인 사고는 기존의 정보들을 특정한 요구조건에 맞거나 유용하도록 새롭게 조합시킨 것이다.

39

정답 ①

① (X) 귀촌인 농산업 창업지원 사업은 귀촌인을 대상으로 농산물 가공, 유통, 홍보 등 농산업 분야 실무중심 창업 교육을 지원하는 사업으로, 국고 70%, 자부담 30%로 진행된다.

② (O) 귀농 · 농업 창업 및 주택구입 지원사업은 귀농인에게 농업창업에 필요한 농지, 시설 등의 마련과 주택 구입 및 신축에 필요한 자금을 시중 은행보다 저금리(2%)로 장기간(5년 거치, 10년 상환) 대출해 주는 사업이며, 농업창업 300백만 원, 주택 75백만 원 한도라고 하였다.

③ (O) 청년 귀농 장기교육은 영농경험이 적은 청년층을 대상으로 농장에서 장기간(6개월) 체류하는 실습교육을 지원하며, 국고 70%, 자부담 30%라고 하였다.

④ (O) 귀농 · 귀촌 종합센터의 주요 업무는 기본 정보 상담, 지역 정보 제공, 교육 운영, 정책 홍보, 조사 · 협력이라고 하였다.

40

정답 ③

① (X) 신청일 현재 마을 홈페이지, 밴드 등을 운영하고 SNS상 교류가 활발한 곳이어야 한다.

② (X) 5호 이상의 농가가 사업에 참여할 수 있는 마을이어야 한다.

③ (O) 사업자 대표가 「농업협동조합법」상의 조합원이어야 한다는 요건은 있지만, 대표의 직계존 · 비속에 대해서는 규정하고 있지 않다.

④ (X) 농협 조합장과 지역본부장의 추천을 모두 받아야 한다.

41

정답 ②

ㄱ. (O) 팜스테이마을이 단순히 음식판매업 또는 민박으로 전업화된 경우로 지정이 취소된다.

ㄴ. (O) 팜스테이 사업의 향후 추진 의사가 없다고 판단될 경우로 지정이 취소된다.

ㄷ. (X) 팜스테이마을이 소수 1~2호 참여 농가에 의해서만 운영되는 경우에는 지정이 취소되지만, 농가 6호에 의해 운영되고 있다면 취소 사유에 해당하지 않는다.

ㄹ. (X) 마을등급제를 위한 마을 평가 후 평가표상 2회 이상 60점 미만 득점하였다면 지정이 취소되지만, 1회 60점 미만 득점한 경우에는 취소 사유에 해당하지 않는다.

42

정답 ③

A는 가입 시 통장 미발급을 선택하였고, 온실가스 줄이기 실천 서약서를 제출하였으므로 우대금리로 0.2%p를 가산받을 수 있다. 이자 지급 방법은 만기일시지급식이고, 가입 기간은 24개월(730일)이므로 기본금리는 1.4%이다. 따라서 A가 지급받는 약정이율은 1.6%이다.

A가 지급받는 총 이자금액은 '신규금액×약정이율×예치일수/365'를 이용하여 계산하므로 5,000만 원×1.6%×(730/365)=160만 원이다.

43

정답 ①

유광 페인트의 경우 무광 페인트로 변경할 수 없으므로 무광 페인트인 A, C만 선택 가능하며, A와 C의 금액은 다음과 같다.

- A: 1L 기준 $8m^2$ 면적을 2회 도장할 수 있으므로 $16m^2$ 면적을 1회 도장할 수 있다. 이에 따라 240/16=15L가 필요하며, 5%의 용량을 더 구매해야 하므로 15×1.05=15.75L가 필요하다. A는 1캔당 용량이 4L이므로 총 4캔이 필요하며, 롤러 1개를 포함한 금액은 48,000×4+15,000=207,000원이다.
- C: 1L 기준 $8m^2$ 면적을 2회 도장할 수 있으므로 $16m^2$ 면적을 1회 도장할 수 있다. 이에 따라 240/16=15L가 필요하며, 5%의 용량을 더 구매해야 하므로 15×1.05=15.75L가 필요하다. C는 1캔당 용량이 3L이므로 총 6캔이 필요하며, 롤러 1개를 포함한 금액은 35,000×6+15,000=225,000원이다.

따라서 H가 선택하는 페인트는 A이다.

44

정답 ①

A~D 페인트의 금액은 다음과 같다.

- A: 1L 기준 $8m^2$ 면적을 2회 도장할 수 있으므로 520/8=65L가 필요하며, 5%의 용량을 더 구매해야 하므로 65×1.05=68.25L가 필요하다. A는 무광 페인트이므로 유광 페인트로 변경 시 1L당 2,000원이 추가된다. A는 1캔당 용량이 4L이므로 총 18캔이 필요하며 롤러 2개를 포함한 금액은 (48,000+2,000×4)×18+15,000×2=1,038,000원이다.
- B: 1L 기준 $8m^2$ 면적을 2회 도장할 수 있으므로 520/8=65L가 필요하며, 5%의 용량을 더 구매해야 하므로 65×1.05=68.25L가 필요하다. B는 1캔당 용량이 2L이므로 총 35캔이 필요하며 롤러 2개를 포함한 금액은 28,000×35+15,000×2=1,010,000원이다.
- C: 1L 기준 $8m^2$ 면적을 2회 도장할 수 있으므로 520/8=65L가 필요하며, 5%의 용량을 더 구매해야 하므로 65×1.05=68.25L가 필요하다. C는 무광 페인트이므로 유광 페인트로 변경 시 1L당 2,000원이 추가된다. C는 1캔당 용량이 3L이므로 총 23캔이 필요하며 롤러 2개를 포함한 금액은 (35,000+2,000×3)×23+15,000×2=973,000원이다.
- D: 1L 기준 $8m^2$ 면적을 2회 도장할 수 있으므로 520/8=65L가 필요하며, 5%의 용량을 더 구매해야 하므로 65×1.05=68.25L가 필요하다. D는 1캔당 용량이 4L이므로 총 18캔이 필요하며 롤러 2개를 포함한 금액은 52,000×18+15,000×2=966,000원이다.

따라서 S는 D를 선택하며, 지불해야 하는 금액은 966,000원이다.

45

정답 ②

A~C구성의 총 제작비용은 다음과 같다.

구분	제작비용	포장비용	총 제작비용
A구성	5,300×500=2,650,000원	320×500=160,000원	2,650,000+160,000=2,810,000원
B구성	5,500×500=2,750,000원	250×500=125,000원	2,750,000+125,000=2,875,000원
C구성	5,700×500=2,850,000원	240×500=120,000원	2,850,000+120,000=2,970,000원

가장 저렴한 구성은 A구성이므로 A구성을 선택하지만, 총 제작비용이 B구성과는 2,875,000−2,810,000=65,000원 차이가 나고, C구성과는 2,970,000−2,810,000=160,000원 차이가 난다. 이에 따라 총 제작비용의 차이가 15만 원 이하이고, A구성보다 선호도가 높은 B구성을 선택한다. 따라서 제작 시 계약금으로 15%를 지불한다고 하였으므로 지불해야 하는 계약금은 2,875,000×0.15=431,250원이다.

46

정답 ③

8월 당직 근무는 7일부터 시작하며, 3일 동안 A~F가 1회씩 당직 근무를 해야 하므로 7~9일, 10~12일, 13~15일, 16~18일에 A~F가 1회씩 당직 근무를 해야 한다. 16일 오전에 B, 오후에 F가 당직 근무를 했으므로 17일, 18일 오전 오후에 A, C, D, E가 당직 근무를 1회씩 해야 한다. 2일 연속 당직 근무는 불가하고 오전 당직 근무를 한 사람은 2일 후 오후 당직 근무가 불가하며, 오후 당직 근무를 한 사람은 2일 후 오전 당직 근무가 불가하다. 8월 19일 오후에 당직 근무한 D는 8월 18일에 오전과 오후에 모두 당직 근무가 불가하며, 8월 17일 오전에 당직 근무가 불가하다. 따라서 8월 17일 오후에 당직 근무를 하는 사람은 D이다.

47

정답 ④

8월 당직 근무는 7일부터 시작하며, 3일 동안 A~F가 1회씩 당직 근무를 해야 하므로 7~9일, 10~12일, 13~15일, 16~18일, 19~21일에 A~F가 1회씩 당직 근무를 해야 한다. 따라서 21일에 당직 근무하는 사람은 B, C이다. 2일 연속 당직 근무는 불가하므로 22일에 B, C는 당직 근무가 불가하다. 토요일에 근무를 한 사람은 월요일에 당직 근무가 불가하다고 하였으므로 22일에 A, E는 당직 근무가 불가하다. 따라서 22일에 당직 근무가 가능한 사람은 D, F뿐이다.

48

정답 ④

참여 인원이 150명이므로 각 제품별 필요한 묶음 수와 금액은 다음과 같다.

품명	필요한 묶음 수	금액
종이컵	(150×3)/50 =9묶음	1,500×9 =13,500원
일회용 접시	{(150/3)×5}/10 =25묶음	5,600×25 =140,000원
돗자리	(150/3)/2 =25묶음	10,000×25 =250,000원
500ml 생수	(150×2)/20 =15묶음	4,000×15 =60,000원
기념품 배지	150/3 =50묶음	8,000×50 =400,000원

구매하는 금액은 13,500+140,000+250,000+60,000+400,000=863,500원이고, 부가세 10% 별도라고 하였으므로 주문 시 지불해야 하는 금액은 863,500×1.1=949,850원이다.

49

정답 ③

총점은 다음과 같다.

사원	6×0.3+7×0.4+5×0.3+8×0.4=9.3점
대리	7×0.3+6×0.4+6×0.3+7×0.4=9.1점
본부장	6×0.3+8×0.4+5×0.3+7×0.4=9.3점
과장	5×0.3+7×0.4+6×0.3+8×0.4=9.3점

사원, 본부장, 과장의 총점이 9.3점으로 가장 높지만 동점자가 있는 경우 실적이 가장 높은 1명을 선정한다고 하였으므로 실적이 가장 높은 본부장이 승진자로 선정된다.

50

정답 ④

① (○) 예산 수립 단계는 필요한 과업 및 활동 구명 → 우선순위 결정 → 예산 배정이다.

② (○) 예산을 수립하는 경우 계속해서 추가되는 항목으로 인해 어려움을 겪을 수 있기 때문에 예산을 배정하기 전에 예산 범위 내에서 수행해야 하는 활동과 소요될 것으로 예상되는 예산을 정리할 필요가 있다. 다음 단계는 활동별로 예산 지출 규모를 확인하고 우선적으로 추진해야 하는 활동을 선정하는 작업이다. 배정된 예산으로 모든 업무를 수행할 수는 없기 때문에 우선순위를 배정함으로써 예산이 우선적으로 들어갈 활동을 도출해야 한다.

③ (○) 프로젝트에 필요한 활동을 구명할 때는 과업세부도를 활용하는 것이 효과적이다.

④ (×) 예산관리능력은 최소의 비용으로 최대의 효과를 얻기 위해 요구되는 능력이다. 하지만 여기서 중요한 것은 무조건 비용을 적게 들이는 것이 좋은 것은 아니라는 점이다.

51

정답 ③

① (×) 회전대응 보관의 법칙에 해당한다.

② (×) 명료성의 원칙에 해당한다.

③ (○) 통로대면의 원칙에 해당한다.

④ (×) 형상특성의 원칙에 해당한다.

52

정답 ④

갑 사원이 처한 상황을 정리하면 다음과 같다.

- 판매자의 착오로 인한 환불
- 환불수수료 없음
- 구입 시 포인트 적립이 있었음
- 환불 시 포인트가 회수되지 않음

이에 부합하는 것은 쇼핑몰 D이다.

53

정답 ②

상사의 두 가지 지시 내용을 정리해 보면 다음과 같다.

- 포인트는 사용하지 않음
- 대량 주문 시 혜택이 많아야 함

쇼핑몰 B의 경우 포인트 적립 혜택이 없지만 어차피 포인트는 사용하지 않으므로 상관이 없다. 또한 쇼핑몰 B는 주문금액이 20만 원 이상일 경우 배송비가 무료이고 판매가에서 5%의 할인을 받게 되므로, 상사의 지시 사항에 가장 적합한 쇼핑몰이다.

54

정답 ④

① (○) '사업배경'에서 농협은 여가 수요 증가와 안전한 먹거리 및 가족단위 체험관광에 대한 관심 증대로 팜스테이를 통하여 농업인들의 농외소득 창출에 도움을 주기 위함이라고 하였다.

② (○) '팜스테이 마을 현황'에서 팜스테이는 전국 다양한 지역에 있음을 알 수 있다.

③ (○) '사업배경'에서 농협은 팜스테이를 통하여 농촌에 대한 도시민들의 이해를 도모하기 위함이라고 하였다.

④ (X) '사업배경'에서 가족여행은 물론 학생들의 농촌체험 현장학습과 단체 모임 등 다양한 형태로 활용된다고 하였다.

55

정답 ②

팜스테이는 도시민들에게 농촌체험을 목적으로 하므로 최신 유행 아이템을 접목한 체험 활동만을 공급하는 데 힘쓰는 것은 경영목표에 해당하지 않는다.

56

정답 ②

① (X) 농협하나로유통 역시 농협에 포함되는 기관이므로 윤리경영 사이버교육프로그램 대상자에 포함된다.

② (○) 범농협은 농협중앙회, 경제지주, 금융지주, 농협자회사를 포함한다. 각 기관은 윤리경영협의회를 개최하여 윤리경영 사례와 최근 소식 등을 공유하며 운영하도록 한다.

③ (X) '준법지원부 윤리경영 추진'의 준법감시 자기점검 실시 등은 준법교육을 포함한 것이다.

④ (X) 윤리경영 이해는 사내인트라넷을 통해서도 운영된다. 반드시 외부 서버를 통해서 윤리경영 이해가 이뤄진다고 볼 수 없다.

57

정답 ④

① (○) 윤리경영에 어긋나지 않도록 직무 관련자 및 임직원간 금품 등의 부당한 이득을 제공받거나 제공한 사실이 있는지 등을 점검해야 한다.

② (○) 임직원은 본회 이용자 및 재산을 보호하기 위하여 선량한 관리자로서의 주의를 다했는가를 점검해야 한다.

③ (○) 임원과 직원 모두 본회 및 고객의 중요 정보가 외부에 유출되었는지를 점검해야 한다.

④ (X) 임직원은 업무 수행 시 관련 법규 및 내부통제 기준을 숙지하고, 정해진 절차와 방법에 따라 직무를 수행해야 한다. 상사의 경험보다는 법규와 통제기준에 비추어 업무를 수행하는 것이 적절하다.

58

정답 ②

① (○) 조직구조는 조직마다 다양하게 이루어지며, 조직목표의 효과적 달성에 영향을 미친다.

② (X) 안정적이고 확실한 환경에서는 기계적 조직이 적합하고, 급변하는 환경에서는 유기적 조직이 적합하다.

③ (○) 조직구조에 영향을 미치는 요인으로 조직의 전략과 규모, 기술, 환경이며, 이에 따라 기계적 조직 혹은 유기적 조직으로 설계된다.

④ (○) 소량생산기술을 가진 조직은 유기적 조직구조를, 대량생산기술을 가진 조직은 기계적 조직구조를 따른다.

59

정답 ④

① (○) 자사의 주요 제품, 매출에 대한 분석이다.

② (○) 자사의 기술력에 대한 분석이다.

③ (○) 잠재적 경쟁자, 경쟁사의 강점에 대한 분석이다.

④ (X) 경쟁사의 성공이 자사에 주는 의미에 대한 분석이다. 즉, 고객 분석이 아닌 경쟁사 분석으로 보아야 한다.

60

정답 ②

① (X) A단계는 전략목표 설정 단계로, 미래 비전을 규명하고, 전략목표를 설정한다.

② (○) B단계는 환경분석 단계로, SWOT 분석을 이용하여 조직의 내 · 외부 환경을 분석한다.

③ (X) C단계는 경영전략 도출 단계로, 조직전략, 사업전략, 부문전략의 수행방법을 결정한다.

④ (X) D단계는 경영전략 실행 단계로, 경영전략을 실행하여 경영목적을 달성한다.

정답 및 해설 - 제5회 실전모의고사

정답표

01	02	03	04	05	06	07	08	09	10
③	③	⑤	③	⑤	④	②	③	②	④
11	**12**	**13**	**14**	**15**	**16**	**17**	**18**	**19**	**20**
②	②	④	③	④	④	④	③	④	③
21	**22**	**23**	**24**	**25**	**26**	**27**	**28**	**29**	**30**
①	④	①	②	②	④	③	④	④	④
31	**32**	**33**	**34**	**35**	**36**	**37**	**38**	**39**	**40**
①	④	⑤	③	⑤	⑤	②	④	①	⑤
41	**42**	**43**	**44**	**45**	**46**	**47**	**48**	**49**	**50**
④	①	③	④	②	①	①	②	③	⑤
51	**52**	**53**	**54**	**55**	**56**	**57**	**58**	**59**	**60**
②	⑤	⑤	②	②	③	④	①	④	⑤
61	**62**	**63**	**64**	**65**	**66**	**67**	**68**	**69**	**70**
②	③	⑤	④	②	⑤	①	①	①	③

01

정답 ③

① (X) 경합하다: 서로 맞서 겨루다.

② (X) 상충하다: 사물이 서로 어울리지 아니하고 마주치다.

③ (O) 상생하다: 둘 이상이 서로 북돋으며 다 같이 잘 살아가다.

④ (X) 상존하다: 아직 그대로 존재하다.

⑤ (X) 병치하다: 두 가지 이상의 것을 한곳에 나란히 두거나 설치하다.

02

정답 ③

① (O) '심리적 작용이 강하게 일어나다.'라는 의미로 쓰였기 때문에 '받치다[1]'의 활용형인 '받쳐'로 고치는 것이 적절하다.

② (O) 길을 건너다가 차에 세차게 부딪혔다는 의미이므로 '받다'의 피동사 '받히다'의 활용형인 '받혀'를 쓰는 것이 적절하다.

③ (X) [정보]를 참고할 때, '물건의 밑이나 옆 따위에 다른 물체를 대다.'라는 의미를 가진 어휘는 '받치다[2]'이다. 따라서 '받치고'는 적절하게 쓰인 경우라고 할 수 있다.

④ (O) '무엇을 위하여 모든 것을 아낌없이 내놓거나 쓰다.'라는 의미이므로 '바치다[1]'의 활용형인 '바쳐야'로 써야 한다.

⑤ (O) '주접스러울 정도로 좋아하여 찾다.'라는 의미의 어휘가 사용되어야 하므로 '바치다[2]'의 활용형인 '바치더니'가 쓰이는 것이 적절하다.

03

정답 ⑤

① (X) 자신의 마음을 아내에게 터놓았다는 내용으로, [3] - ❶에 대한 예문이다.

② (X) 학교의 운영을 시작했다는 내용으로, [2] - ❶에 대한 예문이다.

③ (X) 국회라는 회의를 시작했다는 내용으로, [1] - ❷에 대한 예문이다.

④ (X) 새로운 시대인 농경 사회의 기틀이 마련됐다는 내용으로, [2] - ❷에 대한 예문이다.

⑤ (O) 용의자가 형사에게 어떤 일에 대하여 터놓았다는 내용으로, [3] - ❷에 대한 적절한 예문이다.

04

정답 ③

'나팔꽃'이라는 단어는 '나팔 같은 꽃'에서 알 수 있듯이, 속성(모양)의 유사성을 바탕으로 형성된 합성어이다. 참고로 선택지 ②의 '나무배'는 '나무로 만든 배'라는 의미이므로, 그 사물의 재료를 바탕으로 만들어진 합성어라 할 수 있다.

③ (○) '솜사탕'은 '솜 같은 사탕', '띠구름'은 '띠 같은 구름', '소걸음'은 '소 같은 걸음, '실고추'는 '실 같은 고추'로 나타낼 수 있으므로, 이 단어들 역시 속성(모양)의 유사성을 바탕으로 만들어진 합성어라고 할 수 있다.

05

정답 ⑤

① (X) '겉으로 보고 대강 짐작하여 헤아리다.'라는 뜻의 단어는 '겉잡다'이다. 따라서 '걷잡아도'는 틀린 표기이다.
② (X) '일정한 수준이나 정도에 이르지 못하다.'라는 뜻의 단어는 '안되다'이다. 따라서 '안 되다'와 같이 띄어 쓴 것은 잘못된 표기이다.
③ (X) 순우리말과 한자어 합성어 또는 순우리말 합성어로서 앞말이 모음으로 끝난 경우 앞말의 받침에 사이시옷을 적음으로써 사잇소리 현상을 표기에 반영한다. '예삿일'은 한자어 '예사'와 순우리말 '일'이 결합하여 합성어가 될 때, 뒷말의 첫소리 모음 앞에서 'ㄴㄴ' 소리가 덧나 [예산닐]로 발음되므로 '예삿일'로 표기하는 것이 맞다. 그러나 '전셋방'은 한자어 합성어이므로 사잇소리를 적지 아니하고 '전세방'으로 표기해야 한다. 참고로 '전셋집'은 한자어 '전세'와 순우리말 '집'이 결합하여 합성어가 될 때, 뒷말의 첫소리가 된소리로 나 [전섿찝/전세찝]으로 발음되므로 사잇소리를 적어 '전셋집'으로 표기해야 한다.
④ (X) '-ㄴ바'는 절에서 어떤 사실을 말하기 위하여 그 사실이 있게 된 것과 관련된 과거의 어떤 상황을 미리 제시하는 데 쓰는 연결 어미로, 앞 절의 상황이 이미 이루어졌음을 나타낸다. 따라서 '검토한 바'는 '검토한바'로 표기해야 한다. 또한 '알려지지 않은 사실이 널리 밝혀지다.'를 뜻하는 단어는 '드러나다'이므로, '들어났다'는 '드러났다'로 표기해야 한다.
⑤ (○) '-ㄹ수록'은 앞 절 일의 어떤 정도가 그렇게 더하여 가는 것이, 뒤 절 일의 어떤 정도가 더하거나 덜하게 되는 조건이 됨을 나타내는 연결 어미이고, 'ㄴ커녕'은 앞말을 지정하여 어떤 사실을 부정하는 뜻을 강조하는 보조사. 보조사 'ㄴ'에 보조사 '커녕'이 결합한 말이다. 따라서 앞말에 붙여 쓴다.

06

정답 ④

① (X) '부칩시다'가 맞는 표기이다. '부치다'의 뜻은 '어떤 문제를 다른 곳이나 다른 기회로 넘기어 맡기다.'이다.
② (X) '겉잡아서'가 맞는 표기이다. '겉잡다'의 뜻은 '겉으로 보고 대강 짐작하여 헤아리다.'이다.
③ (X) '놀랐던지'가 맞는 표현이다. '-던'은 과거 회상 시제를 나타내는 어미이고, '-든지'는 물건이나 일의 내용을 가리지 아니하는 뜻을 나타내는 어미이다.
④ (○) '지나는 길에 잠깐 들어가 머무르다.'의 뜻을 지닌 '들르다'의 활용형은 '들러'이다.
⑤ (X) '몇 날'을 뜻하는 말의 바른 표기는 '며칠'이다.

07

정답 ②

① (X) '케첩'이 올바른 표기이다.
② (○) 출연자의 훌륭한 솜씨를 찬양하여 박수 따위로 재연을 청하는 일을 뜻하는 'encore'는 '앙코르'로 표기해야 한다.
③ (X) '커피숍'이 올바른 표기이다.
④ (X) '콘텐츠'가 올바른 표기이다.
⑤ (X) '리더십'이 올바른 표기이다.

08

정답 ③

- 확고(確固): 태도나 상황 따위가 튼튼하고 굳음
- 소멸(消滅): 사라져 없어짐
- 곤혹(困惑): 곤란한 일을 당하여 어찌할 바를 모름

09

정답 ②

㉠ (○) 陳述(베풀 진, 펼 술): 일이나 상황에 대하여 자세하게 이야기함
㉡ (X) 設明(베풀 설 → 說 말씀 설, 밝을 명): 어떤 일이나 대상의 내용을 상대편이 잘 알 수 있도록 밝혀 말함
㉢ (○) 使用(부릴 사, 쓸 용): 일정한 목적이나 기능에 맞게 씀
㉣ (X) 制視(절제할 제 → 提 끌 제, 볼 시 → 示 보일 시): 어떠한 의사를 말이나 글로 나타내어 보임

10

정답 ④

① (X) 선견지명(先見之明): 어떤 일이 일어나기 전에 미리 앞을 내다보고 아는 지혜
② (X) 부화뇌동(附和雷同): 줏대 없이 남의 의견에 따라 움직임
③ (X) 각주구검(刻舟求劍): 융통성 없이 현실에 맞지 않는 낡은 생각을 고집하는 어리석음을 이르는 말. 초나라 사람이 배에서 칼을 물속에 떨어뜨리고 그 위치를 뱃전에 표시하였다가 나중에 배가 움직인 것을 생각하지 않고 칼을 찾았다는 데서 유래함
④ (○) 온고지신(溫故知新): 옛것을 익히고 그것을 미루어서 새것을 앎
⑤ (X) 수서양단(首鼠兩端): 구멍에서 머리를 내밀고 나갈까

말까 망설이는 쥐라는 뜻으로, 머뭇거리며 진퇴나 거취를 정하지 못하는 상태를 이르는 말

11

정답 ②

① (○) ㉠에서 '인간은'이 주어이므로 이에 호응하는 서술어로는 '확대해 왔다.'가 적절하다.

② (X) '금세'는 지금 바로의 의미로 '금시에'의 준말이고, '금새'는 물건의 값이나 물건 값의 비싸고 싼 정도의 의미를 지니고 있는 말이다. 따라서 ㉡에는 '금세'가 적절하므로 적절한 고쳐쓰기 방안이라고 할 수 없다.

③ (○) 사막이 확대되고 있다는 논지의 글을 쓰고 있는데, ㉢에서는 오아시스의 물을 논하고 있으므로 논지의 흐름상 삭제하는 것이 자연스럽다.

④ (○) ㉣의 앞 문장인 '이런 아마존의 숲이 사라지면 지구의 탄소 순환 과정에 문제가 생긴다.'에서 제시한 내용에 대한 결과를 뒤 문장에서 제시하고 있는 형태이므로 ㉣에는 인과 관계를 나타내는 '그러면'이라는 접속어가 적절하다.

⑤ (○) '재주는 곰이 넘고 돈은 왕 서방이 받는다.'라는 말은, 수고하여 일한 사람은 따로 있고, 그 일에 대한 보수는 다른 사람이 받는다는 말이므로 문맥상 ㉤에 적절하지 않다. ㉤에는 커지기 전에 처리하였으면 쉽게 해결되었을 일을 방치하여 두었다가 나중에 큰 힘을 들이게 된 경우를 비유적으로 이르는 말인 '호미로 막을 것을 가래로 막는다.'라는 말이 오는 것이 적절하다.

12

정답 ②

㉠~㉣ 모두 적절하게 배치된 선택지를 찾아야 한다.

① (X) '점수'와 '거두었다'는 표현은 어색하다. ㉢에서도 스마트팜을 조성해 '매각'한다는 것은 문맥상 맞지 않다.

② (○) 마중물은 '물꼬를 트다'라는 의미로 쓰인다. '준공' 역시 공사를 완성한다는 뜻으로 적절하다. ㉣에서는 온배수 중 일부를 원예 단지 난방 열원에 쓴다는 것이므로 '재활용'이라는 단어를 쓸 수 있다.

③ (X) '파수꾼'은 경계하며 지키는 사람을 의미하므로 어색하다. '매립' 역시 에너지비용을 절감한다는 뒤 내용에 비출 때 적절하지 않다.

④ (X) '보안관'은 ③의 '파수꾼'과 유사한 의미로 어색하다. 나머지 '개선', '분산'도 문맥상 매끄럽지 않거나 적절하지 않다.

⑤ (X) '실타래'는 실을 풀기 쉽게 감아 놓은 것을 의미하는데, 제시문에서는 마중물이 문맥 해석에 더 어울린다. '평가' 역시 긍정적 또는 부정적과 같은 용어가 추가되어야 하는데, 상당한 평가에 그치므로 어색하다.

13

정답 ④

① (○) '제6항'에서 지역행동강령책임관은 제1항 본문에 따른 신고에 관한 현황을 기록 · 관리하여야 한다고 하였다.

② (○) '제3항'에서 임직원은 직무관련자와 제1항 각 호 외의 사적 이해관계가 있다고 인정하는 경우에도 지역행동강령책임관에게 "별지 제6호 서식"에 따라 서면으로 직무 재배정 등의 조치를 신청할 수 있다고 하였다.

③ (○) '제7항'에서 제1항부터 제6항까지에서 규정한 사항 외에 임직원의 사적 이해관계 신고 등에 관하여 필요한 사항은 행동강령책임관이 정한다고 하였다.

④ (X) '제5항'에서 제4항에도 불구하고 행동강령책임관은 직무를 수행하는 임직원을 대체하기 지극히 어려운 경우 또는 공익 증진을 이유로 직무수행의 필요성이 더 큰 경우에는 해당 임직원에게 그 직무를 수행하도록 할 수 있다고 하였다.

⑤ (○) '제4항'에서 제1항 본문에 따른 신고를 받은 행동강령책임관은 소속 임직원의 공정한 직무수행을 저해할 수 있다고 판단하는 경우에는 해당 임직원에게 직무 참여의 일시중지, 직무 대리자 또는 직무 공동수행자의 지정, 직무 재배정, 전보 조치를 할 수 있다고 하였다.

14

정답 ③

- A: (○) '제1항'에서 임직원 자신이 직무관련자인 경우 행동강령책임관에게 해당 사실을 서면으로 신고하여야 한다고 하였다.
- B: (○) '제1항'에서 행동강령책임관이 공정한 직무수행이 어려운 관계에 있다고 정한 자가 직무관련자인 경우 행동강령책임관에게 해당 사실을 서면으로 신고하여야 한다고 하였다.
- C: (X) 임직원 자신이 소유하는 주식 총수가 발행주식총수의 100분의 30 이상인 법인이 직무관련자인 경우 행동강령책임관에게 해당 사실을 서면으로 신고하여야 한다고 하였다.
- D: (○) '제1항'에서 임직원 자신이 2년 이내에 재직하였던 단체가 직무관련자인 경우 행동강령책임관에게 해당 사실을 서면으로 신고하여야 한다고 하였다.
- E: (○) '제1항'에서 임직원 가족이 직무관련자를 대리하는 업무를 하는 법인에 소속되어 있는 경우 행동강령책임관에게 해당 사실을 서면으로 신고하여야 한다고 하였다.

15

정답 ④

① (○) 지원자격에서 지원대상을 보면 '미혼'이라고 되어 있으므로 옳은 설명이다.

② (○) 지원자격에서 지원대상을 보면 단서조항에 '최초 입학자에 한함'이라고 되어 있으므로 옳은 설명이다.

③ (○) 지원자격에서 거주기준을 보면 대학생 본인과 부 또는 모라고 명시되어 있으므로 부와 모 둘 중 한 명만 거주하여도 거주기준을 충족함을 알 수 있다.

④ (X) 지원중지(제외) 및 환수사유 중 첫 번째 항에서 '실제 본인 부담액을 거짓으로 신청한 경우: 전액 환수'라고 되어 있으므로 초과분만이 아닌 전액을 환수한다. 따라서 옳지 않은 내용이다.

⑤ (○) 지원중지(제외) 및 환수사유 중 세 번째 항 단서에서 '개강일 이후 변경 시, 환수는 하지 않으나 이후 지원대상에서 제외'라고 하였으므로 해당 학기에는 지원금을 받을 수 있음을 알 수 있다.

16

정답 ④

- A: (X) 위 지원 사업은 대학교 입학 순이 아닌 실제 등본상의 셋째 자녀부터 적용되므로, A는 지원대상자가 아니다.
- B: (○) B의 보호자는 부모가 아닌 조부모이다. 따라서 조부모와 셋째 B가 함께 ○○군에 거주지를 두고 있으므로 B는 지원대상이다.
- C: (X) 실제 본인 부담액을 지원받는 것이므로, 전액 장학금을 받은 C는 실제로 받는 지원금이 없을 것이다.
- D: (○) 개강일 이후 거주지 변경 시에는 이미 받은 지원금에 대해서는 환수하지 않는다고 되어 있으므로 D는 해당 지원금은 받게 된다. 단, 다음 학기부터는 지원대상에서 제외될 것이다.
- E: (○) E는 이전 대학교에 실제로 입학을 한 것이 아니기 때문에 이번 입학이 최초입학이다. 따라서 E는 지원대상이다.

따라서 A~E 중 실제로 지원금을 받을 수 있는 사람은 B, D, E이다.

17

정답 ④

제시된 수는 8=5+3, 13=8+5, 21=13+8, 34=21+13, 55=34+21인 피보나치 수열이다. 따라서 괄호 안에 들어갈 숫자는 34+55=89이다.

18

정답 ③

제시된 수는 (1) 2, 4=2×2, 6=2×3, 8=2×4, (2) 3, 6=3×2, 9=3×3, 12=3×4, (3) 4, 8=4×2, 12=4×3, 16=4×4인 수열이다. 따라서 괄호 안에 들어갈 숫자는 5×2=10이다.

19

정답 ④

이 대리의 나이를 x, 조 사원의 나이를 y라고 하면 다음과 같은 식이 성립한다.

$(x+6)\times0.9=y+6$

$(x+10)=(y+10)\times1.1$

$\therefore x=34,\ y=30$

따라서 이 대리와 조 사원의 나이 차이는 34−30=4살이다.

20

정답 ③

A와 B가 4시간 동안 총 160개를 만들었으므로 1시간에 160/4=40개를 만들었다. A는 혼자서 1시간에 22개를 만들 수 있으므로 B는 혼자서 1시간에 40−22=18개를 만들 수 있다.

21

정답 ①

영어의 개수를 x, 한글의 개수를 y라고 하면 다음과 같은 식이 성립한다.

$x+y=672$

$2y=19x$

$\therefore x=64,\ y=608$

따라서 총 64+608×2=1,280바이트이다.

22

정답 ④

A제품의 정가를 x원이라고 하면 다음과 같은 부등식이 성립한다.

$4{,}500\times0.15\leq0.9x-4{,}500\leq4{,}500\times0.2$

$5{,}250\leq x\leq5{,}500$

따라서 b−a=5,500−5,250=250이다.

23

정답 ①

예금액 2,000만 원, 연이율 3.0%인 경우 2년 후의 만기 총액을 연 복리로 계산하면, 다음과 같다.

$20{,}000{,}000\times(1+0.03)^2=21{,}218{,}000$원

여기서 원금 2,000만 원을 차감한 이자 1,218,000원에 대한 이자소득세는 1,218,000×0.011=13,398원이다.

24

정답 ②

기차역과 식당의 거리가 $x$km일 때 다음과 같은 부등식이 성립한다.

$\frac{2x}{4}+\frac{30}{60}\leq 1$

$\therefore x\leq 1$

따라서 A는 기차역과 거리가 최대 1km 떨어진 식당에 다녀올 수 있다.

25

정답 ②

A자격증이 있는 사람의 남녀 비율은 3 : 2이므로 A자격증이 있는 남성 중 B자격증이 있을 확률은 $\frac{3}{5}\times\frac{40}{100}=\frac{12}{50}$, A자격증이 있는 여성 중 B자격증이 있을 확률은 $\frac{2}{5}\times\frac{70}{100}=\frac{14}{50}$이다. 따라서 임의로 선정한 A자격증이 있는 사람이 B자격증이 있을 때, 그 사람이 여성일 확률은 $\frac{\frac{14}{50}}{\frac{12}{50}+\frac{14}{50}}=\frac{7}{13}$이다.

26

정답 ④

① (○) 조사기간 중 서비스 자격 취득자 수가 가장 많은 해는 남자와 여자가 2021년으로 동일하다.

② (○) 2018년 자격 취득자 수 중 산업기사 비중은 다음과 같다.
- 남자: 897/1,596 × 100≒56.2%
- 여자: 179/1,642 × 100≒10.9%

따라서 차이는 56.2－10.9＝45.3%p이다.

③ (○) 매년 자격 취득자 수가 가장 많은 국가기술자격은 남자는 산업기사, 여자는 기능사이다.

④ (X) 2022년 전체 자격 취득자 수의 전년 대비 증가량은 다음과 같다.

기사	(501＋191)－(417＋111)＝164명
산업기사	(4,362＋1,272)－(3,167＋940)＝1,527명
기능사	(1,103＋1,506)－(1,253＋2,215)＝－859명
서비스	(119＋305)－(158＋414)＝－148명

⑤ (○) 2020년 자격 취득자 수의 전년 대비 증가율은 다음과 같다.
- 남자: (3,527－2,282)/2,282 × 100≒54.6%
- 여자: (2,647－1,998)/1,998 × 100≒32.5%

27

정답 ③

① (X) 기타를 제외하고, 매년 도소매업 보증 건수는 제조업보다 많지만, 2018~2020년에 제조업 보증 금액은 도소매업보다 많다.

② (X) 조사기간 중 도소매업 보증 금액의 전년 대비 증가율은 다음과 같다.

2019년	(167,117－161,320)/161,320 × 100≒3.6%
2020년	(195,004－167,117)/167,117 × 100≒16.7%
2021년	(210,990－195,004)/195,004 × 100≒8.2%
2022년	(219,772－210,990)/210,990 × 100≒4.2%

③ (○) 2022년 보증 건수 1건당 보증 금액은 다음과 같다.

제조업	208,409/98,503≒2.1억 원
건설업	38,767/21,339≒1.8억 원
도소매업	219,772/132,076≒1.7억 원
서비스업	103,638/52,899≒2.0억 원

④ (X) 서비스업 보증 건수의 전년 대비 증감 추이와 서비스업 보증 금액의 전년 대비 증감 추이는 증가, 증가, 증가, 증가로 동일하다.

⑤ (X) 조사기간 중 기타의 보증 건수가 가장 많은 해는 2022년이고, 이 해에 제조업의 보증 금액은 건설업의 208,409/38,767≒5.4배이다.

28

정답 ④

① (○) 2020년 5개도 콤바인 보유 비중은 {(8,213＋3,314＋21,247＋14,856＋22,212)/74,300} × 100＝94%이므로 5개도 외 지역의 콤바인 보유 비중은 6%이다.

② (○) 조사기간 내내 5개 농기구 중 전국 보유 대수가 가장 적은 농기구는 콤바인으로 동일하다.

③ (○) 2020년 경상의 이앙기 보유 비중은 (61,506/180,900) × 100＝34%, 전라의 경운기 보유 비중은 (134,800/539,200) × 100＝25%이다. 전국의 이앙기 보유 대수는 경상의 3배 미만, 전국의 경운기 보유 대수는 전라의 3배 이상이므로 2020년 경상의 이앙기 보유 비중은 전라의 경운기 보유 비중보다 높음을 알 수 있다.

④ (X) 2018년에 전국 보유 대수가 건조기보다 적은 농기구는 트랙터, 이앙기, 콤바인이고 전국 이앙기와 콤바인 보유 대수는 전년 대비 감소했지만, 전국 트랙터 보유 대수는 전년 대비 증가했다.

⑤ (○) 2020년 5개도 농기구 보유 대수의 순위는 5개 농기구 모두 '경상 - 전라 - 충청 - 경기 - 강원'으로 동일하다.

29

정답 ④

2021년 5개 농기구 중 전국 농기구 보유 대수가 2017년 대비 감소한 농기구는 경운기, 이앙기, 콤바인이다. 2021년 세

종류의 농기구 보유 대수의 2017년 대비 감소율은 다음과 같다.

- 경운기: {|(533,027−567,050)|/567,050}×100=6%
- 이앙기: {|(182,001−195,700)|/195,700}×100=7%
- 콤바인: {|(75,460−77,000)|/77,000}×100=2%

따라서 감소율이 가장 높은 농기구는 이앙기이고, 감소율은 7%이다.

30

정답 ④

① (O) 2018년 대비 2023년에 평균 금리가 증가한 항목은 국고채 5년, 국고채 10년, 회사채 3년으로 3개이다.

② (O) 조사기간 내내 국고채 3개 항목과 기준금리 중 평균 금리가 가장 높은 것은 국고채 10년이고, 가장 낮은 것은 기준금리이므로 국고채 3개 항목 중 기준금리와 차이가 가장 많이 나는 것은 국고채 10년이다.

③ (O) 조사기간 중 회사채 3년 평균 금리가 가장 높은 해는 2020년이고, 2020년에 CD 91물과 콜금리의 평균 금리 차이는 1.68−1.52=0.16%p이다.

④ (X) 전년 대비 2022년 평균 금리가 감소한 항목은 회사채 3년을 제외한 모든 항목이며, 감소량은 다음과 같다.

구분	감소량
국고채 3년	|0.99−1.53|=0.54%p
국고채 5년	|1.23−1.59|=0.36%p
국고채 10년	|1.50−1.70|=0.2%p
CD 91물	|0.92−1.69|=0.77%p
콜금리(1일물)	|0.70−1.59|=0.89%p
기준금리	|0.50−1.25|=0.75%p

⑤ (O) 2019~2023년 중 기준금리가 가장 낮은 해는 2022년이고, 2022년에 기준금리는 전년 대비 |(0.50−1.25)|/1.25×100=60% 감소했다.

31

정답 ①

① (X) 지로시스템 처리금액 중 대량지급 비중은 다음과 같다.

구분	처리금액 중 대량지급 비중
1월	11,293/29,329×100≒38.5%
2월	6,256/23,521×100≒26.6%
3월	7,517/26,554×100≒28.3%
4월	6,136/22,800×100≒26.9%
5월	6,456/27,902×100≒23.1%
6월	6,384/24,097×100≒26.5%

② (O) 조사기간 동안 매월 자동계좌이체 처리건수가 가장 많고, 대량지급 처리건수가 가장 적다.

③ (O) 조사기간 중 일반계좌이체 처리금액이 두 번째로 많은 달은 1월이고, 이 달에 일반계좌이체 처리건수 1건당 처리금액은 8,592/11,663≒7.4십만 원이다.

④ (O) 3월 지로시스템 처리건수의 전월 대비 증가율은 (95,864−70,895)/70,895×100≒35.2%이다.

⑤ (O) 매월 일반계좌이체 처리건수 대비 자동계좌이체 처리건수는 다음과 같다.

구분	일반계좌이체 처리건수 대비 자동계좌이체 처리건수
1월	62,847/11,663≒5.4배
2월	51,555/11,390≒4.5배
3월	76,768/10,556≒7.3배
4월	60,261/8,367≒7.2배
5월	63,960/9,152≒7.0배
6월	64,999/11,046≒5.9배

32

정답 ④

① (O) 전자지급 결제대행 이용건수 1건당 이용금액은 2022년 3분기에 (54,698+4,187+6,315)/(130,575+9,735+6,436)≒44,430.5원, 2023년 3분기에 (68,771+5,051+7,331)/(168,883+14,096+6,079)≒42,924.9원이다.

② (O) 2023년 신용카드의 이용건수는 전년 대비 {(149,371+160,504+168,883+173,154)−(109,785+114,425+130,575+147,142)}/(109,785+114,425+130,575+147,142)×100≒29.9% 증가했다.

③ (O) 2022년 2분기~2023년 4분기 동안 계좌이체의 이용금액은 매분기마다 전분기 대비 증가했다.

④ (X) 2022년 1분기에 전자지급 결제대행 이용건수 중 가상계좌가 차지하는 비중은 5,778/ (109,785+6,500+5,778)×100≒4.7%이다.

⑤ (O) 가상계좌 이용금액 대비 계좌이체 이용금액 비율은 2022년 4분기에 4,488/6,760×100≒66.4%, 2023년 4분기에 6,160/8,743×100≒70.5%이다.

33

정답 ⑤

두 번째, 네 번째 조건에 의해서 C와 D 순으로 연달아 퇴근하였고, D가 가장 마지막으로 퇴근한 사람이 아니므로 C는 첫 번째, 두 번째, 세 번째로 퇴근한 경우가 가능하다.

• C가 첫 번째로 퇴근한 경우: 첫 번째 조건에 의해 B는 다섯 번째, A는 세 번째로 퇴근했으므로 E는 네 번째로 퇴근해야 하지만 이는 세 번째 조건에 위배된다.
• C가 두 번째로 퇴근한 경우: 첫 번째 조건에 의해 A는 첫 번째로 퇴근하고, 세 번째 조건에 의해 B는 네 번째로 퇴근하고, E는 다섯 번째로 퇴근한다.
• C가 세 번째로 퇴근한 경우: 첫 번째 조건에 의해 B는 다섯 번째로 퇴근하지만 E가 첫 번째 또는 두 번째로 퇴근해야 하므로 세 번째 조건에 위배된다.

따라서 퇴근 순서는 A, C, D, B, E이므로 가장 마지막으로 퇴근한 사람은 E이다.

34

정답 ③

ㄱ. (○) 동생의 아내는 혈족의 배우자이므로 인척이다.
ㄴ. (X) 외조부의 형은 혈족이므로 인척이 아니다.
ㄷ. (○) 처제의 남편은 배우자의 혈족의 배우자이므로 인척이다.
ㄹ. (X) 형수의 오빠는 혈족의 배우자의 혈족이므로 인척이 아니다.
ㅁ. (X) 계모의 아버지는 혈족의 배우자의 혈족이므로 인척이 아니다.
ㅂ. (X) 계모와 계모의 전남편 사이에서 태어난 아들은 혈족의 배우자의 혈족이므로 인척이 아니다.

따라서 인척이 아닌 사람은 모두 4명이다.

35

정답 ⑤

세 번째 조건에 의해 A와 E가 모두 예매에 성공하거나 성공하지 못하는 경우가 가능하다.

• A와 E가 모두 예매에 성공한 경우: 두 번째 조건에 의해 D가 예매에 성공하지 못한다. 첫 번째, 네 번째 조건에 의해 B와 C 중 1명이 예매에 실패하고, F와 H는 예매에 실패하므로 예매에 성공한 사람은 A와 E이고, B와 C 중 1명이다. 다섯 번째 조건에 의해 G도 예매에 성공한다.
• A와 E가 모두 예매에 실패한 경우: 두 번째 조건에 의해 D는 예매에 성공한다. 네 번째 조건에 의해 F와 H는 예매에 실패하고, 첫 번째 조건에 의해 B와 C 중 1명이 예메에 실패한다. G가 예매에 성공하더라도 다섯 번째 조건에 위배된다.

따라서 항상 예매에 성공하는 사람은 A, E, G이다.

36

정답 ⑤

첫 번째, 세 번째, 다섯 번째 조건에 의해 A와 B가 출장을 가는 국가는 중국, 인도 또는 일본, 인도가 가능하다. 다섯 번째 조건에 따라 A, B, C가 출장을 가는 2개 국가 중 동일한 국가는 인도이고, A가 출장을 가는 국가가 중국, 인도, B가 출장을 가는 국가가 일본, 인도인 경우와 A가 출장을 가는 국가가 일본, 인도, B가 출장을 가는 국가가 중국, 인도인 경우가 가능하다.

• A가 출장을 가는 국가가 중국, 인도, B가 출장을 가는 국가가 일본, 인도인 경우: 두 번째 조건에 의해 D가 출장을 가는 국가는 중국, 베트남이고, 네 번째, 다섯 번째 조건에 의해 C가 출장을 가는 국가는 베트남, 인도이다.

A	B	C	D
중국, 인도	일본, 인도	베트남, 인도	중국, 베트남

• A가 출장을 가는 국가가 일본, 인도, B가 출장을 가는 국가가 중국, 인도인 경우: 두 번째 조건에 의해 D가 출장을 가는 국가는 일본, 베트남이고, 네 번째, 다섯 번째 조건에 의해 C가 출장을 가는 국가는 베트남, 인도이다.

A	B	C	D
일본, 인도	중국, 인도	베트남, 인도	일본, 베트남

① (○) A가 출장을 가는 국가는 중국과 인도 또는 일본과 인도이다.
② (○) B가 출장을 가는 국가는 일본과 인도 또는 중국과 인도이다.
③ (○) C가 출장을 가는 국가는 베트남과 인도이다.
④ (○) D가 출장을 가는 국가는 중국과 베트남 또는 일본과 베트남이다.
⑤ (X) 중국으로 출장을 가는 사원은 1명 또는 2명이다.

37

정답 ②

• [조건] 4에 따라 사원 두 명의 나이는 25 · 45세, 25 · 55세, 35 · 55세 중 하나이다.
• [조건] 5에 따라 팀장은 35세 또는 45세이고 인사팀이 아니다.
• [조건] 6에 따라 팀장은 홍보팀도 아니므로 팀장은 영업팀이 된다.
• 마지막으로 [조건] 7에 따라 D가 55세이고 영업팀이다.

따라서 반드시 옳은 내용은 '팀장은 영업팀이다.'이다.

38

정답 ④

두 번째, 세 번째, 네 번째 조건에 의해 D – A – E – C 또는 A – D – E – C 순이 가능하다.

• D – A – E – C 순인 경우: 다섯 번째, 여섯 번째 조건에 의해 D – B – A – E – C의 순으로 예매한다.
• A – D – E – C 순인 경우: 다섯 번째, 여섯 번째 조건에 의해

A - B - D - E - C의 순으로 예매한다.

① (O) B와 E 사이에 예매한 사람은 A 또는 D이다.

② (O) C는 5호차를 예매한다.

③ (O) 4호차를 예매한 사람은 E이다.

④ (X) A와 C 사이에 예매한 사람은 1명 또는 3명이다.

⑤ (O) 1호차를 예매한 사람은 D 또는 A이다.

39

정답 ①

두 번째 조건에 의해 C 혼자 골프를 시작했으며, 세 번째, 네 번째 조건에 의해 A가 시작한 운동은 축구이다. 첫 번째 조건에 의해 B와 D가 시작한 운동은 각각 테니스 또는 수영이다. 다섯 번째, 여섯 번째 조건에 의해 테니스를 시작한 사람은 1명이므로 E가 시작한 운동은 수영이다.

A	B	C	D	E
축구	테니스 (수영)	골프	수영 (테니스)	수영

① (O) E가 시작한 운동은 수영이다.

② (X) D가 시작한 운동은 수영 또는 테니스이다.

③ (X) B가 시작한 운동은 테니스 또는 수영이다.

④ (X) 수영을 시작한 사람은 E와 B 또는 D 2명이다.

⑤ (X) 축구를 시작한 사람은 A 1명이다.

40

정답 ⑤

- ㄱ와 ㄴ에 의하여 G > B > E
- ㄷ에 의하여 D > E
- ㅁ과 ㅂ에 의하여 G > F > D
- ㅅ에 의하여 A > F

한편 ㄹ과 ㅅ 그리고 위 내용을 정리하면 다음과 같이 순서의 일부가 결정된다.

G(1등) > A(2등) > F(3등) > D(4등)

41

정답 ④

5등 이하의 순위는 B > E라는 것 외에는 알 수 없다. 따라서 5등 이하의 순위는 다음과 같이 세 가지가 존재한다.

- 경우 1: B > E > C
- 경우 2: B > C > E
- 경우 3: C > B > E

④ (X) 경우 3에 따라 B가 C보다 먼저 들어왔다고는 할 수 없다.

42

정답 ①

전체 순위를 알기 위해서는 한 가지 경우로 확정 지어야 한다. '③ C가 꼴찌는 아니다.'와 '④ B가 C보다 먼저 들어왔다.'는 경우가 두 가지 존재하므로 '① E가 C보다 먼저 들어왔다.'가 되어야 5등 이하의 순위가 경우 1의 B > E > C로 결정된다.

43

정답 ③

① (O) 사업주는 농협에 외국인근로자 구인 대행을 맡기는 경우 내국인 구인노력을 14일 이상 진행한 뒤에 신청하게 된다.

② (O) 농협은 외국인근로자가 입국 시 취업교육을 실시한다.

③ (X) 농협은 외국인근로자를 사업주(농가)에 인계한 이후에 애로 상담이나 편의 제공을 하고 있다. 그러나 연수기간에 임금을 대신 지급하는 업무는 없다.

④ (O) 근로계약을 체결하는 경우 근로조건 합의는 산업인력공단의 기준으로 진행한다.

⑤ (O) 사증인정서는 출입국관리사무소에서 발급하는 것으로 나타난다.

44

정답 ④

- A: (10 × 3) + (50 × 2) + (30 × 1) = 160점
- B: (20 × 3) + (35 × 2) + (20 × 1) = 150점
- C: (30 × 3) + (10 × 2) + (20 × 1) = 130점
- D: (40 × 3) + (10 × 2) + (30 × 1) = 170점

따라서 장미상을 받는 사람은 총점이 가장 높은 D, 백합상을 받는 사람은 총점이 두 번째로 높은 A이다.

45

정답 ②

- A: 5(10 + 50) + 2(30 + 10) = 380점
- B: 5(20 + 35) + 2(20 + 25) = 365점
- C: 5(30 + 10) + 2(20 + 40) = 320점
- D: 5(40 + 10) + 2(30 + 20) = 350점

따라서 장미상을 받는 사람은 총점이 380점으로 가장 높은 A이고, 동백상을 받는 사람이 총점이 세 번째로 높은 D이다.

46

정답 ①

[그림]의 A에 해당하는 문제는 탐색형 문제이다. 탐색형 문제는 현재의 상황을 개선하거나 효율을 높이기 위한 문제를 의미한다. 탐색형 문제는 눈에 보이지 않는 문제로, 이를 방치하면 뒤에 큰 손실이 따르거나 결국 해결할 수 없는 문제로 확대되기도 한다. 이러한 탐색형 문제는 잠재 문제, 예측 문제, 발견 문제의 세 가지 형태로 구분된다. 잠재 문제는 문제가 잠재되어 있어 인식하지 못하다가 결국은 확대되어 해결이 어려워진 문제를 의미한다. 잠재 문제는 숨어 있기 때문에 조사 및 분석을 통해 찾을 수 있다. 예측 문제는 지금 현재는 문제

가 아니지만 계속해서 현재 상태로 진행할 경우를 가정하고 앞으로 일어날 수 있는 문제를 말한다. 발견 문제는 현재로서는 담당 업무에 아무런 문제가 없으나 유사한 타 기업의 업무 방식이나 선진기업의 업무 방법 등의 정보를 얻음으로써 지금보다 좋은 제도나 기법, 기술을 발견하여 개선, 향상시킬 수 있는 문제를 뜻한다.

47

정답 ①

① (○) [그림]의 창의적 사고 개발 방법은 비교발상법이다. 비교발상법은 주제와 본질적으로 닮은 것을 힌트로 하여 새로운 아이디어를 얻는 방법이다. 가장 대표적인 방법은 NM법과 시네틱스가 있다.

② (X) 자유연상법에 대한 설명이다.

③ (X) 강제연상법에 대한 설명이다.

④ (X) 자유연상법에 대한 설명이다.

⑤ (X) 강제연상법에 대한 설명이다.

48

정답 ②

자동차별 지불해야 하는 비용은 다음과 같다.

- A: 1L당 연비가 10km이므로 6L의 유류가 필요하며, 잔여 유류량이 5L이므로 필요한 유류량은 1L이며, 비용은 80,000+1,800=81,800원이다.
- B: 1L당 연비가 15km이므로 4L의 유류가 필요하며, 잔여 유류량이 0L이므로 필요한 유류량은 4L이며, 비용은 75,000+1,500×4=81,000원이다.
- C: 1L당 연비가 12km이므로 5L의 유류가 필요하며, 잔여 유류량이 3L이므로 필요한 유류량은 2L이며, 비용은 78,000+1,800×2=81,600원이다.
- D: 1L당 연비가 20km이므로 3L의 유류가 필요하며, 잔여 유류량이 0L이므로 필요한 유류량은 3L이며, 비용은 78,000+1,500×3=82,500원이다.
- E: 1L당 연비가 15km이므로 4L의 유류가 필요하며, 잔여 유류량이 2L이므로 필요한 유류량은 2L이며, 비용은 78,500+1,500×2=81,500원이다.

따라서 H가 대여하는 자동차는 B이다.

49

정답 ③

직원 3명의 연말 평가 등급과 내년 연봉을 구하면 다음과 같다.

구분	이 대리	김 사원	조 사원
직무역량	10점	8점	8점
직무 태도	3점	3점	10점
실적	6점	6점	6점
기여도	7점	5점	7점
인간관계	8점	6점	6점
총점(등급)	34점(D등급)	28점(E등급)	37점(C등급)
내년 연봉	4,500만 원	4,000×0.95 =3,800만 원	4,200×1.05 =4,410만 원

따라서 직원 3명의 내년 연봉의 합은 4,500+3,800+4,410=12,710만 원이다.

50

정답 ⑤

- 출장 전 · 후일에는 휴가를 사용할 수 없으므로 2일과 5일에는 휴가를 사용할 수 없다.
- 전사 교육 및 결산 업무 시 휴가를 사용할 수 없으므로 6일, 9일, 10일에는 휴가를 사용할 수 없다.
- 한 일자에 동일 직급의 부서원 휴가는 2명까지 허용되므로 11일, 12일에는 휴가를 사용할 수 없다.

따라서 최 사원이 휴가를 사용할 수 있는 일자는 13일이다.

51

정답 ②

1월 10일 수요일부터 교육일정을 정리하면 다음과 같다.

일	월	화	수	목	금	토
			1/10	1/11	1/12	1/13
			①-5	①-5	①-5	
1/14	1/15	1/16	1/17	1/18	1/19	1/20
	①-1 휴식 1 ②-3	②-5			②-3	
1/21	1/22	1/23	1/24	1/25	1/26	1/27
	③-5	③-3 휴식 1 ④-1	④-5	④-5	④-5	
1/28	1/29	1/30	1/31	2/1	2/2	2/3
	④-5	④-1	⑤-5	⑤-5	⑤-5	
2/4	2/5	2/6	2/7	2/8	2/9	2/10
	⑤-5		⑤-5	⑤-3 휴식 1 ⑥-1	⑥-4	
2/11	2/12	2/13				
	⑦-5	⑦-5 (교육 완료)				

따라서 교육이 완료되는 요일은 화요일이다.

52

정답 ⑤

제품별 이익은 다음과 같다.

- A: 생산 개수는 10×24×5=1,200개이며, 불량품은 1,200×0.01=12개이다. 이익은 (1,200−12)×12,000−1,200×8,000−12×5,000=4,596,000원이다.
- B: 생산 개수는 10×24×4=960개이며, 불량품은 960×0.02=19.2개이므로 20개이다. 이익은 (960−20)×15,000−960×10,000−20×5,000=4,400,000원이다.
- C: 생산 개수는 10×24×6=1,440개이며, 불량품은 1,440×0.03=43.2개이므로 44개이다. 이익은 (1,440−44)×11,000−1,440×7,000−44×5,000=5,056,000원이다.

53

정답 ⑤

- 시장조사 1: 2일 소요 → 9/1(화), 9/2(수)
- 시장조사 2, 3: 3일 소요 → 9/2(수), 9/3(목), 9/4(금)
- 시장조사 4, 5, 6: 5일 소요 → 9/4(금), 9/7(월), 9/8(화), 9/9(수), 9/10(목)
- 시장조사 7, 8, 9, 10: 7일 소요 → 9/10(목), 9/11(금), 9/14(월), 9/15(화), 9/16(수), 9/17(목), 9/18(금)

따라서 시장조사는 금요일에 마치게 된다.

54

정답 ②

- 시장조사 1: 2일 소요 → 11/6(금), 11/9(월)
- 시장조사 2, 3: 3일 소요 → 11/9(월), 11/10(화), 11/12(목)
- 시장조사 4, 5, 6: 5일 소요 → 11/12(목), 11/13(금), 11/16(월), 11/17(화), 11/19(목)
- 시장조사 7, 8, 9, 10: 7일 소요 → 11/19(목), 11/20(금), 11/23(월), 11/24(화), 11/26(목), 11/27(금), 11/30(월)

따라서 시장조사는 11월 30일에 마치게 된다.

55

정답 ②

경로별 숙소 도착 시각은 다음과 같다.

- 경로 A: 사무실에서 30km 떨어진 A산까지는 평균 속력 90km를 기준으로 20분($=\frac{30}{90}=\frac{20}{60}$)이 소요되므로, 오전 9시 사무실 출발을 기준으로 A산 도착 시각은 오전 9시 20분이다. 여기에 등산 시간 4시간을 더하면 오후 1시 20분이고, 18km 떨어진 숙소까지의 소요 시간 12분($=\frac{18}{90}=\frac{12}{60}$)을 더하면 숙소 도착 시각은 오후 1시 32분이다.
- 경로 B: 사무실에서 60km 떨어진 B산까지는 평균 속력 90km를 기준으로 40분($=\frac{60}{90}=\frac{40}{60}$)이 소요되므로, 오전 9시 사무실 출발을 기준으로 B산 도착 시각은 9시 40분이다. 여기에 등산 시간 3시간 30분을 더하면 오후 1시 10분이고, 30km 떨어진 숙소까지의 소요 시간 20분($=\frac{30}{90}=\frac{20}{60}$)을 더하면 숙소 도착 시각은 오후 1시 30분이다.

따라서 경로 B로 이동할 경우 숙소에 더 빨리 도착할 수 있으므로, 숙소에 도착하는 시각은 오후 1시 30분이다.

56

정답 ③

N사 K지점 직원은 총 20명이고, 5인승 자동차를 최소 대수로 렌트하였으므로 4대의 차량을 렌트하게 된다. 직원들은 경로 B를 이용하기로 하였으므로 이동 거리는 총 (60+30)×2=180km이다. 차량 1대당 190km를 이동할 수 있는 양을 주유할 계획이고, 자동차의 연비는 1리터당 10km이므로 차량 1대당 주유량은 190/10=19리터이다. 차량은 4대, 주유비는 1리터당 1,500원이므로, 총 주유비는 19×4×1,500=114,000원이다.

57

정답 ④

A는 오전 9시에 출근하고, 오후 6시에 퇴근하며, 점심 식사 1시간을 제외하고 총 8시간 동안 업무를 한다. 이 중 회의 준비로 30분, 회의로 1시간 30분, 회의록 작성으로 20분, 전화 통화로 10분, 이메일 작성으로 30분을 소요하여 3시간을 소요하고, 나머지 5시간을 보고서 작성에 소요하였다. 따라서 보고서 1개를 작성하는 데 걸린 시간은 2시간 30분이다.

58

정답 ①

① (○) 부문의 작업량과 조업도, 여유 또는 부족 인원을 감안하여 소요인원을 결정, 배치하는 배치의 유형은 양적 배치이다.

② (X) 적재적소의 배치를 말한다.

③ (X) 팀원의 적성 및 흥미에 따라 배치하는 것을 말한다.

④ (X) 팀의 효율성을 높이기 위해 팀원을 그의 능력이나 성격 등과 가장 적합한 위치에 배치하여 팀원 개개인의 능력을 최대로 발휘해 줄 것을 기대하는 것으로 인력배치의 원칙이다.

⑤ (X) 모든 팀원에 대한 평등한 적재적소, 즉 팀 전체의 적재적소를 고려할 필요가 있다는 것으로 인력배치의 원칙이다.

59

정답 ④

제시된 자료는 기호화된 물품 목록 작성에 관한 자료이다. 기호화된 물품 목록을 작성함으로써 자신이 현재 보유하고 있는 물품의 종류를 파악할 수 있으며, 기호를 통해 물품의 위치를 쉽게 파악할 수 있는 장점이 있다. 그리고 물품의 구입 및 상태를 정리해둠으로써 물품을 관리하는 데 관심을 기울일 수 있다. 여기서 대분류, 중분류, 소분류는 동일성의 원칙과 유사성의 원칙을 기반으로 분류하여 기호를 부여하는 것을 뜻한다. 목록을 작성하는 것 등 번거로움이 있다는 단점이 있으며, 물품에 대한 지속적인 확인을 하여 개정해야 한다는 단점이 있다. 하지만 이러한 분류를 통해 자신이 보유하고 있는 물품에 대한 관리와 새로운 물품 구입에 대한 정보를 한 번에 쉽게 확인할 수 있으므로 효과적인 물품관리 방법이 될 수 있다.

60

정답 ⑤

시간관리에 대한 오해는 다음과 같다.

- 시간관리는 상식에 불과하다.
- 시간에 쫓기면 일을 더 잘한다.
- 시간관리는 할 일에 대한 목록만으로 충분하다.
- 창의적인 일을 하는 사람에게는 시간관리가 맞지 않는다.
- 마감 기한보다 결과의 질이 더 중요하다.

61

정답 ②

[예금신규 거래 수행 순서]에 따를 때 'A는 고객이 개인사업자 고객임을 확인하고 이에 맞추어 실명확인'을 하였다는 것은 두 번째 단계에 해당한다. 따라서 A는 [상황]에 이어 '3. 신규 거래 시 필요한 서류를 고객에게 요구하여 확인한다.'에 해당하는 행동을 수행해야 한다.

①, ③, ④, ⑤ (○) 신규 거래 시 필요한 서류를 고객에게 요구하여 확인하는 행동이다.

② (×) 예금신규 거래의 마지막 단계에 수행하는 행동이다.

62

정답 ③

① (×) 경제사업본부, 기획관리본부, 경영지원본부, 신용사업본부의 4개 본부 밑으로 8개 팀이 있다. 감사1팀, 감사2팀은 감사실 소속이다.

② (×) 경영지원본부를 담당하는 이사는 없다. 해당 본부 위로는 조합장이 있다.

③ (○) 감사는 총회, 이사회와 함께 독립되어 있으며, 감사실을 담당하는 상임감사 역시 조합장 직속이 아니다.

④ (×) 신용사업본부를 관할하는 이사는 신용상임이사로, 비상임이사가 아닌 상임이사이다.

⑤ (×) 인사총무팀은 경영지원본부 소속이고, 채권법무팀은 기획관리본부 소속이다.

63

정답 ⑤

(가) 수신, 여신, 신용카드, 상호금융대출, 금융상품 홍보 등은 신용과 금융에 관련된 업무로, 금융전략팀과 금융영업팀으로 구성된 신용사업본부에서 담당하는 것이 적절하다.

(나) 위험요인 분석, 수익성 검토, 채권 관리, 소송, 법률 구조 등은 리스크 관리, 채권, 법무와 관련된 업무로, 기획리스크관리팀과 채권법무팀으로 구성된 기획관리본부에서 담당하는 것이 적절하다.

64

정답 ④

ㄱ. 1980년대: 1981년 이후 통일벼를 개량한 신품종이 속속 개발되어 보급되었으며 또한 농기계 보급을 통해 쌀 생산량이 늘어 안정적 쌀 자급이 가능해졌다.

ㄴ. 1960년대: 1961년 (구)농업은행과 (구)농협을 합병한 종합농협이 발족하면서 농협은 중앙회, 시 · 군 조합, 그리고 이동조합의 3단계 계통조직 체계를 갖추게 되었고 이로 인해 신용사업과 경제사업을 함께 수행하는 종합농협의 틀을 완성하게 되었다.

ㄷ. 1970년대: 1970년 1월 31일 전국 최초 농협연쇄점(경기 이천 장호원 농협)을 개점하였다.

ㄹ. 2000년대: 2000년 7월 1일 농 · 축 · 인삼협중앙회 통합으로 통합농협을 발족하였다.

ㅁ. 1990년대: 1991년 11월 11일 '쌀수입 개방 반대 서명운동' 전개, 1992년 3월 31일 농협 최초 미곡종합처리장 준공(안계농협) 등이 이루어졌다.

65

정답 ②

① (○) 국민인 거주자의 경우 거주자계정에 예치하기 위해 외국통화를 매도하는 경우에 인정되는 거래에 해당한다.

② (×) 외국인 거주자의 경우 최근 입국일 이후 해외여행경비로 미화 1만 달러 범위 내를 매도하는 경우에 인정되는 거래에 해당한다. 따라서 2만 달러를 매도하고자 하는 B의 거래는 인정되지 않는다.

③ (○) 비거주자의 경우 외국에서 발행된 신용카드를 소지하고 있으며 국내에서 원화 현금 서비스를 받은 금액 범위 내에서 외국통화를 매도하는 경우에 인정되는 거래에 해당한다.

④ (O) 국민인 거주자의 경우 소지를 목적으로 외국통화를 매도하는 경우에 인정되는 거래에 해당한다.

⑤ (O) 비거주자의 경우 최근 입국일 이후 당해 체류기간 중 매각한 실적 범위 내에서 외국통화를 매도하는 경우에 인정되는 거래에 해당한다.

66

정답 ⑤

⑤ (X) 협동조합에 대한 통제제도로는 조합원의 의결권과 경영기구인 이사회가 있다. 정관 변경, 협동조합의 합병 · 해산 등과 같은 조합의 중요사항에는 비록 이사회가 있다 하더라도 조합원의 의결권이 행사될 가능성이 높고 이럴 경우 조합원 전체가 1인 1표를 행사하여 민주적으로 결정하기 때문에 의사결정 과정에 시간과 비용이 더 많이 소요된다. 또한 다수의 조합원이 의사결정에 참여할 경우 갈등이 발생할 가능성도 있다. 이러한 과정을 적정하게 관리하고, 단점을 보완할 수 있도록 교육이나 정보제공 등을 통하여 조합원의 의식을 끌어올리는 노력이 필요하다.

67

정답 ①

조직변화 유형은 제품 · 서비스의 변화, 전략 · 구조의 변화, 기술의 변화, 문화의 변화가 있으며 각 유형은 다음과 같다.

- 제품 · 서비스의 변화: 기존 제품이나 서비스의 문제점을 인식하고 고객의 요구에 부응하기 위한 것으로 고객을 늘리거나 새로운 시장을 확대하는 조직변화 유형이다.
- 전략 · 구조의 변화: 조직의 목적을 달성하고 효율성을 높이기 위해서 조직구조나 경영 방식, 각종 시스템 등을 개선하는 조직변화 유형이다.
- 기술의 변화: 신기술이 발명되었을 때나 생산성을 높이기 위해 새로운 기술을 도입하는 조직변화 유형이다.
- 문화의 변화: 구성원들의 사고방식이나 가치체계를 변화시키는 것으로 조직의 목적과 일치시키기 위해 유도하는 조직변화 유형이다.

따라서 [사례 1]과 [사례 2]의 조직에 해당하는 조직변화 유형은 각각 제품 · 서비스의 변화, 전략 · 구조의 변화이다.

68

정답 ①

경영의 과정에서 이루어져야 하는 행동은 다음과 같다.

경영계획		경영실행		경영평가
• 미래상 설정 • 대안분석 • 실행방안 선정	→	• 조직목적 달성 • 조직구성원 관리	→	• 수행결과 감독 • 교정

69

정답 ①

이성희 농협중앙회장은 과거 취임사를 통해 '농업이 대우받고 농촌이 희망이며, 농업인이 존경받는 농토피아(農＋Topia) 구현'이라는 향후 농협중앙회 운영의 청사진을 제시했다. 이를 위한 구체적인 방향으로 ㉠ 안전한 먹거리 공급망 구축을 통해 꼭 필요한 산업으로 '대우받는' 농업, ㉡ 농업의 디지털 혁신으로 새로운 기회가 넘쳐나는 '희망이 있는' 농촌, ㉢ 농업의 혁신과 공익적가치 창출의 주체로 국민에게 '존경받는' 농업인을 설정하였다.

70

정답 ③

조직변화의 과정은 환경변화의 인지, 조직변화 방향 수립, 조직변화 실행, 변화결과 평가 순으로 이루어진다. 제시문 중 (가)는 변화결과 평가, (나)는 조직변화 실행, (다)는 환경변화 인지, (라)는 조직변화 방향 수립에 해당하므로 순서대로 바르게 나열하면 (다) – (라) – (나) – (가)이다.

정답 및 해설 - 제6회 실전모의고사

정답표

01	02	03	04	05	06	07	08	09	10
④	③	①	①	③	①	⑤	⑤	②	③
11	12	13	14	15	16	17	18	19	20
①	④	②	②	②	⑤	①	③	⑤	③
21	22	23	24	25	26	27	28	29	30
②	②	①	①	⑤	④	③	②	④	②
31	32	33	34	35	36	37	38	39	40
④	⑤	②	②	⑤	①	⑤	④	①	⑤
41	42	43	44	45	46	47	48	49	50
②	③	③	④	②	④	⑤	④	②	②
51	52	53	54	55	56	57	58	59	60
④	②	④	②	②	⑤	④	③	①	②
61	62	63	64	65	66	67	68	69	70
③	⑤	①	③	④	①	①	④	⑤	⑤

01

정답 ④

① (○) '들다'가 '빛, 볕, 물 따위가 안으로 들어오다'의 뜻으로 쓰였다.

② (○) '들다'가 '안에 담기거나 그 일부를 이루다'의 뜻으로 쓰였다.

③ (○) '들다'가 '방이나 집 따위에 있거나 거처를 정해 머무르게 되다'의 뜻으로 쓰였다.

④ (×) '들다'가 '어떠한 시기가 되다'의 뜻으로 쓰였다. '어떤 기준, 또는 일정한 기간 안에 속하거나 포함되다'라는 뜻의 '들다'를 활용한 예문으로는 '우리 부서가 이번 대회에서 예선에 들었다.'가 적절하다.

⑤ (○) '들다'가 '어떤 물건이나 사람이 좋게 받아들여지다'의 뜻으로 쓰였다.

02

정답 ③

①~⑤의 ㉠인 '옷 : 의복', '서점 : 책방', '걱정 : 근심', '환하다 : 밝다', '분명하다 : 명료하다'는 각각 두 단어가 맺는 의미 관계가 비슷하므로 유의 관계를 맺고 있다. ①, ②, ④, ⑤의 ㉡인 '밤 : 낮', '기쁨 : 슬픔', '오르다 : 내리다', '숨기다 : 드러내다'는 각각 의미가 서로 짝을 이루어 대립하고 있으므로 반의 관계를 맺고 있다.

③ (×) '학생 : 남학생'은 '학생'이 의미상 '남학생'을 포함하고 있으므로 상하 관계이다.

03

정답 ①

제시문의 용어는 농림축산식품부가 발간한 『누구나 알기 쉬운 농업용어 109개』에 나오는 용어이다. '정지(整地)'는 땅을 고른다는 뜻이고, '수도(水稻)'는 논에 물을 대서 심는 벼를, '시비(施肥)'는 거름 주는 것을 이르는 농업 전문용어다. 대부분의 농업용어는 한자어이거나 일본식 표현이 주를 이루고 있는데 이는 일제강점기에 쓰던 용어를 그대로 사용하는 경우가 많기 때문이다. 농림축산식품부와 농촌진흥청은 이에 현장에서 자주 쓰이는 농업용어 109개를 선정해 우리말로 순화하기로 했다.

04

정답 ①

① (○) '소기(所期)'는 기대한 바를 의미하므로, '바라는'으로 바꾸어 쓸 수 있다.

② (×) '이자(利子)'는 남에게 돈을 빌려 쓴 대가를 치르는 일

정한 비율의 돈을 의미하므로, 물건 값을 받을 값보다 더 많이 부르는 일을 의미하는 '에누리'는 적합하지 않다.

③ (X) '상신(上申)'은 윗사람이나 관청 등에 일에 대한 의견이나 사정 따위를 말이나 글로 보고하는 것을 의미하므로, '헤아려'는 적합하지 않다.

④ (X) '양지(諒知)'는 살피어 앎을 의미하므로, '알려 주시기'는 적합하지 않다. 그 대신 '헤아려 주시기' 정도로 바꾸는 것이 적절하다.

⑤ (X) '공헌(貢獻)'은 힘을 써 기여함을 의미하므로, '밑바탕이 되고'는 적합하지 않다. 그 대신 '이바지하고' 정도로 바꾸는 것이 적절하다.

05

정답 ③

① (○) '눈에 차다'는 '흡족하게 마음에 들다.'의 뜻이다. 따라서 '만족'의 의미를 담고 있는 곳에 분류할 수 있다.

② (○) '어깨가 들썩이다'는 '마음이 자꾸 들뜨고 흥분해서 움직이다.'의 뜻이다. 따라서 '신명'의 의미를 담고 있는 곳에 분류할 수 있다.

③ (X) '가슴(을) 저미다'는 '생각이나 느낌이 매우 심각하고 간절하여 가슴을 칼로 베는 듯한 아픔을 느끼게 하다.'의 뜻이다. 따라서 '행복'의 의미를 담고 있는 곳에 분류할 수 없다.

④ (○) '허리를 잡다'는 '웃음을 참을 수 없어 고꾸라질 듯이 마구 웃다.'의 뜻이다. 따라서 '즐거움'의 의미를 담고 있는 곳에 분류할 수 있다.

⑤ (○) '발을 뻗다'는 '걱정되거나 애쓰던 일이 끝나 마음을 놓다.'의 뜻이다. 따라서 '편안함'의 의미를 담고 있는 곳에 분류할 수 있다.

06

정답 ①

① (○) ㉠은 접속 조사, ㉡은 비교의 부사격 조사이다.

② (X) ㉠과 ㉡은 모두 시간의 부사격 조사이다.

③ (X) ㉠과 ㉡은 모두 행동의 목적을 나타내는 목적격 조사이다.

④ (X) ㉠과 ㉡은 모두 용언의 어미에 붙어 강조의 뜻을 덧붙이는 보조사이다.

⑤ (X) ㉠과 ㉡은 모두 문장 속에서 어떤 대상이 화제임을 나타내는 보조사이다.

07

정답 ⑤

① (X) '꽃'은 [꼳]으로, '맛'은 [맏]으로 소리가 나므로 음절의 끝에 놓인 자음이 달라졌음을 알 수 있다. 그러나 '담요'는 [담뇨]로 발음되므로 음절 끝에 놓인 자음이 달라지지 않는다.

② (X) 두 음운 중에서 한 음운이 없어지는 현상을 '탈락'이라고 한다. 음운이 탈락하는 단어는 '흙'이다. '흙'은 [흑]으로 발음되면서 겹받침의 자음 중 하나인 'ㄹ'이 탈락한다.

③ (X) 두 음운이 합쳐져서 제3의 음운으로 바뀌는 현상을 '축약'이라 한다. 음운 축약에 해당하는 단어는 '낳다'이다. '낳다'는 [나 : 타]로 발음되면서 'ㅎ'이 'ㄷ'과 결합하여 'ㅌ'으로 바뀐다.

④ (X) 앞의 자음이 뒤의 자음에 동화된 단어는 '밥물'이다. '밥물'은 비음화 현상에 의해 둘째 음절의 초성에 있는 자음 'ㅁ'의 영향을 받아 첫째 음절의 받침인 'ㅂ'이 비음인 'ㅁ'으로 바뀌면서 [밤물]로 발음된다.

⑤ (○) 없던 음운이 덧붙는 현상을 '첨가'라고 한다. 음운 첨가에 해당하는 단어는 '담요'와 '막일'이다. '담요'는 [담뇨]로, '막일'은 [망닐]로 각각 발음되므로 'ㄴ'이 첨가되었음을 알 수 있다.

08

정답 ⑤

① (○) 미비(未備): 아직 다 갖추지 못한 상태에 있음

② (○) 부인(否認): 어떤 내용이나 사실을 옳거나 그러하다고 인정하지 아니함

③ (○) 결함(缺陷): 부족하거나 완전하지 못하여 흠이 되는 부분

④ (○) 수확(收穫): 익은 농작물을 거두어들임. 또는 거두어들인 농작물

⑤ (X) 제고(提高): 수준이나 정도 따위를 끌어올림
재고(再考): 어떤 일이나 문제 따위에 대하여 다시 생각함

09

정답 ②

㉠ '요약'은 말이나 글의 요점을 잡아서 간추리는 것을 의미하며, 한자로 표기하면 '要約'(요긴할 요, 맺을 약)이다. '弱'은 '약할 약'이다.

㉡ '자기'는 그 사람 자신을 의미하며, 한자로 표기하면 '自己'(스스로 자, 몸 기)이다. '白'은 '흰 백', '目'은 '눈 목'이다.

10

정답 ③

① (X) 곡학아세(曲學阿世): 바른길에서 벗어난 학문으로 세상 사람에게 아첨하는 것을 이르는 말이다.

② (X) 낭중지추(囊中之錐): 주머니 속의 송곳이라는 뜻으로, 재능이 뛰어난 사람은 숨어 있어도 저절로 사람들에게 알

려짐을 이르는 말이다.

③ (○) 누란지위(累卵之危): 층층이 쌓아 놓은 알의 위태로움이라는 뜻으로, 몹시 아슬아슬한 위기를 비유적으로 이르는 말이다.

④ (X) 수주대토(守株待兔): 한 가지 일에만 얽매여 발전을 모르는 어리석은 사람을 비유적으로 이르는 말이다. 중국 송나라의 한 농부가 우연히 나무 그루터기에 토끼가 부딪쳐 죽은 것을 잡은 후, 또 그와 같이 토끼를 잡을까 하여 일도 하지 않고 그루터기만 지키고 있었다는 데서 유래한다.

⑤ (X) 지록위마(指鹿爲馬): 윗사람을 농락하여 권세를 마음대로 함을 이르는 말이다. 중국 진(秦)나라의 조고(趙高)가 자신의 권세를 시험하여 보고자 황제 호해(胡亥)에게 사슴을 가리키며 말이라고 한 데서 유래한다.

11

정답 ①

① (X) [그림]과 [표]에 나타난 1인당 연간 쌀 소비량은 계속 줄고 있다. 따라서 ㉠의 표제는 기사문 전체의 내용과도 어울리고 주제도 담고 있으므로 그대로 두는 것이 적절하다.

② (○) 1인당 연간 쌀 소비량이 줄고 있는 현상이 몇 년째 이어지고 있으므로 '1997년부터 줄어 왔으며'로 고치는 것이 적절하다.

③ (○) ㉢에는 '먹지 않고 있다'에 해당하는 주어가 빠져 있으므로 주어를 넣어 '우리 국민 한 사람이 하루 평균 두 끼도 채 쌀밥으로 먹지 않고 있다'로 고쳐 쓰는 것이 적절하다.

④ (○) [표]에서 농가의 1인당 쌀 소비 감소량은 비농가보다 더 큰 것으로 나타나므로 '비농가보다 농가가 더 많은 것'으로 고쳐야 한다.

⑤ (○) ㉤의 '맞벌이 부부'는 쌀 소비 감소의 원인에 대한 내용으로 부족하므로 의미를 구체적으로 드러내기 위해 '맞벌이 부부의 증가'로 고쳐 쓰는 것이 적절하다.

12

정답 ④

① (○) '접수기간'에서 접수기간은 2022년 12월 5일 월요일부터 12월 15일 목요일까지이고, 평일에만 가능하다고 하였으므로 총 9일 동안 가능하다.

② (○) '교육내용'에 따르면 4일 동안 교육을 진행하며, 1회차 당 9시부터 13시까지이므로 교육시간은 총 $4\times4=16$시간이다.

③ (○) '제출서류'에 따르면 제출해야 하는 서류는 참여신청서, 개인정보 동의서, 요양보호사 자격증 사본, 주민등록초본이므로 제출해야 하는 서류는 총 4개이다.

④ (X) '신청자격'에서 65세 이하 ○○구민을 우선 선발한다고 하였으므로 ○○구민이 아니라도 시니어 헬스케어 직무 향상 교육 참여자로 선발될 수 있음을 알 수 있다.

⑤ (○) '접수장소'에서 접수장소는 ○○구 일자리센터, ○○구 요양보호사 교육원이고, '접수방법'에서 접수방법은 방문 접수라고 하였으므로 시니어 헬스케어 직무 향상 교육은 두 곳에서 방문 접수 가능하다.

13

정답 ②

① (X) 2문단 3~4번째 줄을 통해 구축된 가명정보 데이터셋을 사용 후 파기해야 하는 기존 규제를 일정 기간 동안 면제 및 유예시켜 줌을 알 수 있으므로 ㉠을 '일정 기간 재사용이 허용된'으로 수정해야 한다.

② (○) 2문단 끝에서 1~4번째 줄을 통해 금융권에서 사용되는 용어와 데이터가 전문적이기 때문에 비금융 분야의 빅데이터 활용이 어려우므로 AI 활성화를 위해 각 금융사 간의 협업을 통해 공동 빅데이터를 구축할 것을 설명하고 있다. 따라서 ㉡을 '금융사 간의 협업'으로 수정하는 것은 적절하다.

③ (X) 3문단 2~3번째 줄을 통해 실무자들은 이미 제작된 안내서를 활용한다는 것을 알 수 있으므로 ㉢은 수정할 필요가 없다.

④ (X) 3문단 끝에서 1~3번째 줄을 통해 XAI는 AI를 통한 의사결정에 대해 소비자들을 보호하기 위한 안내서이므로 ㉣은 'AI를 활용한 의사결정에 대한 소비자들을 보호하기 위해'로 수정해야 한다.

⑤ (X) 2문단을 통해 컨소시엄의 참여는 빅데이터 활용을 위한 것임을 알 수 있으므로 ㉤은 '빅데이터 확보' 항목으로 이동해야 한다.

14

정답 ②

- 박 사원(○): 2문단 6번째 줄을 통해 컨소시엄은 개인정보보호에 전문성을 갖춘 신용정보원 중심으로 이루어졌음을 알 수 있다. 따라서 자사가 컨소시엄에 참석하면 소비자들의 개인정보보호에 들이는 에너지를 줄일 수 있음을 알 수 있으므로 적절하다.
- 김 사원(X) : 2문단 끝에서 1~2번째 줄을 통해 규제 샌드박스가 적용되는 것과는 상관없이 여러 금융사가 협력하여 공동 빅데이터를 구축하면 AI 개발에 속도가 붙을 것으로 기대된다고 하였으므로 적절하지 않다.
- 최 사원(X) : 3문단 2~3번째 줄을 통해 'AI 개발 안내서'에 비금융 분야의 빅데이터 활용 방안을 안내하고 있는지 알 수 없다. 또한 2문단 끝에서 3~4번째 줄을 통해 금융 분야에서 사용되는 용어와 데이터가 전문적이기 때문에 비금융

분야 빅데이터 활용이 어려움을 알 수 있으므로 비금융 분야의 빅데이터를 응용한다는 내용은 적절하지 않다.

- 이 사원(○): 3문단에서 AI 활용 환경의 신뢰도를 높이기 위해 AI 기반 신용평가모형 검증 체계를 마련하기로 했음을 알 수 있으므로 AI를 통한 신용평가를 받는 소비자들의 신뢰를 얻기 위해 신용평가모형 검증을 거쳤다는 것을 사전에 안내해야 한다는 내용은 적절하다.

15

정답 ②

① (○) '신고방법'에서 우편신고 시 신고서는 필참이라고 하였다.

② (×) '신고자 보호 · 보상제도의 1) 신고자 보호제도'에서 신고자 등을 이유로 인사상 불이익을 받지 않으며, 불이익 조치를 한 자에게는 최고 2년 이하의 징역 또는 2천만 원 이하의 벌금이 부과된다고 하였다.

③ (○) '신고요건'에서 타인으로 하여금 형사처벌이나 징계처분을 받게 할 목적으로 허위 사실을 신고하는 경우 형법상의 무고죄가 성립 가능하다고 하였다.

④ (○) '신고분야'에서 신고분야는 부정청탁, 금품 등 수수, 외부강의 및 기타 청탁금지법 위반 총 3개 분야라고 하였다.

⑤ (○) '조사결과에 따른 조치'에서 금품 등 제공자도 위반 사실을 과태료 재판 관할법원에 통보한다고 하였다.

16

정답 ⑤

① (○) '조사결과에 따른 조치'에서 범죄의 혐의가 있거나 수사의 필요성이 있다고 인정되는 경우에는 수사기관에 통보한다고 하였다.

② (○) '종결처리 사유'에서 신고 내용이 명백히 거짓인 경우 종결처리 사유에 해당한다고 하였다.

③ (○) '신고자 보호 · 보상제도의 1) 신고자 보호제도'에서 신고자 등의 동의 없이 공개한 자에게는 3년 이하의 징역 또는 3천만 원 이하의 벌금이 부과된다고 하였다.

④ (○) '신고자 보호 · 보상제도의 1) 신고자 보호제도'에서 신고 등과 관련하여 신고자 등의 위법행위가 발견된 경우, 징계가 감경되거나 면제될 수 있다고 하였다.

⑤ (×) '신고자 보호 · 보상제도의 2) 신고자 보상제도'에서 청탁금지법 제13조 제1항에 따른 신고로 인하여 공익의 증진을 가져온 경우 포상금을 받을 수 있다고 하였다.

17

정답 ①

제시된 수는 홀수항 12, 14, 16 간에 $+2$, 짝수항 22, 20 간에 -2인 교대수열이다. 따라서 괄호 안에 들어갈 숫자는 $20-2=18$이다.

18

정답 ③

제시된 수는 $9=7\times2-5$, $13=9\times2-5$, $21=13\times2-5$, $37=21\times2-5$, $69=37\times2-5$인 수열이다. 따라서 괄호 안에 들어갈 숫자는 $69\times2-5=133$이다.

또한 $9=7+2^1$, $13=9+2^2$, $21=13+2^3$, $37=21+2^4$, $69=37+2^5$과 같이 앞의 숫자에 2^n을 더하여 풀이하는 것도 가능하다.

19

정답 ⑤

알파벳 A~Z를 숫자 1~26으로 변환하면 A는 1, D는 4, I는 9, P는 16이고, 이는 제곱수인 수열이다. 따라서 괄호 안에 들어갈 숫자는 $5^2=25$이고, 25를 알파벳으로 변환하면 Y이다.

20

정답 ③

전체 업무 양을 1이라 하면 A가 1일에 하는 업무 양은 $\frac{1}{10}$, B가 1일에 하는 업무 양은 $\frac{1}{15}$이다. B가 혼자 업무한 날을 x일이라고 하면 다음과 같은 식이 성립한다.

$$\frac{1}{10}\times2+\frac{1}{15}\times x=1$$

$\therefore x=12$

따라서 업무를 완료하는 데 걸린 총 소요시간은 $2+12=14$일이다.

21

정답 ②

'+'버튼을 누른 횟수를 x라 하고, '−'버튼을 누른 횟수를 y라 하면 다음과 같은 식이 성립한다.

$x+y=10$

$(x-y)-(y-x)=18-14=4$

$\therefore x=6,\ y=4$

따라서 오디오의 볼륨은 $18-6+4=16$이므로 오디오의 볼륨 처음 상태는 고이다.

22

정답 ②

동아리 인원을 x명이라고 하면 다음과 같은 식이 성립한다.

$x/2+1=3x/4-5$

$\therefore x=24$

따라서 주문한 치킨은 $24/2+1=13$마리이다.

23

정답 ①

1,000달러를 환전할 경우 [환전금액별 환전수수료 우대율]에 의하여 우대율 60%가 적용된다. 즉, 환전수수료율은 40%가 된다. 그러나 만약 특별우대에 해당된다면 우대율 70%가 적용되므로 이때의 환전수수료율은 30%가 된다.

- 환전금액=1,140,61×1,000달러=1,140,610원
- 환전수수료=(1,140.61−1,121.00)×1,000달러×(1−70%)=5,883원

따라서 여행을 가기 위하여 필요한 최소한의 원화는 총 1,146,493원이다.

24

정답 ①

기차의 속력은 (500+100)/4=150m/s이다. 기차가 이동해야 하는 거리는 15×1,000×5=75,000m이고, 소요 시간은 75,000/150=500초이다. 역 도착 시 1분 동안 정차한다고 하였으므로 기차가 정차한 총 시간은 4분이다. 따라서 B역에 도착한 시각은 9시 12분 20초이다.

25

정답 ⑤

작년 A지점 고객을 x, B지점 고객을 y라고 하면 다음과 같은 식이 성립한다.

$x+y=1,520$

$1.07x+y+300=1,520\times1.225$

$\therefore x=600,\ y=920$

따라서 올해 B지점 고객은 920+300=1,220명이다.

26

정답 ④

맞힌 개수를 x, 틀린 개수를 y라고 하면, 답을 쓰지 않은 개수는 $20-(x+y)$이다.

$20+4x-2y=68$ …… ㉠

$5x-3\{20-(x+y)\}=64$ …… ㉡

㉠을 정리하면 $y=2x-24$이다. 이것을 ㉡에 대입하면 다음과 같다.

$5x-3(20-3x+24)=64$

$14x-132=64$

$14x=196$

$\therefore x=14$

따라서 A가 맞힌 문항의 개수는 14개이다.

27

정답 ③

- 최 씨는 35만 원을 번다. 따라서 화가 중위소득인 110만 원을 기준으로 한 소득 구간은 다음과 같다.

$\frac{35\text{만 원}}{110\text{만 원}}\times100=$약 32% → 중위소득의 30% 이상

- 최 씨는 중위소득의 30% 이상에 해당하므로 지원율은 60%이다.
- 최대지원금액 공식을 적용하면, 화가 중위소득 110만 원×지원율 60%×1.5=99만 원이다.

따라서 최 씨가 지원받을 수 있는 최대지원금액은 99만 원이다.

28

정답 ②

팀의 수를 x라고 하면 다음과 같은 식이 성립한다.

$8x+2=10x-20$

$\therefore x=11$

따라서 햄버거를 구매하는 데 지불한 금액은 5,000×(8×11+2)=450,000원이다.

29

정답 ④

ㄱ. (X) 2사분기에 입찰건수의 증가율은 다음과 같다.

경남	(476−390)/390×100≒22.1%
충남	(483−324)/324×100≒49.1%

ㄴ. (X) 1사분기에 서울은 강원보다 입찰건수가 많지만 서울은 강원보다 낙찰건수가 적다.

ㄷ. (X) 2사분기의 낙찰률은 다음과 같다.

구분	2사분기의 낙찰률
서울	59/358×100≒16.5%
경기	390/1,046×100≒37.3%
강원	175/386×100≒45.3%
충북	85/185×100≒45.9%
충남	193/483×100≒40.0%
경북	176/447×100≒39.4%
경남	203/476×100≒42.6%
전북	82/189×100≒43.4%
전남, 제주	251/540×100≒46.5%
세종	10/16×100=62.5%

ㄹ. (O) 전체 낙찰건수 중 서울의 비중은 다음과 같다.

- 1사분기: 49/1,178×100)4.2%
- 2사분기: 59/1,624×100)3.6%

30

정답 ②

① (X) 응답자 수가 가장 많은 학년은 고1이고, OTT 이용 경험이 없다고 응답한 응답자 비중이 가장 높은 학년은 초4이다.

② (O) 이용빈도가 1주 1~2회인 비중과 1달 1~2회인 비중의 차이는 다음과 같다.

구분	이용빈도가 1주 1~2회인 비중과 1달 1~2회인 비중의 차이
초4	26.0−18.4=7.6%p
초5	30.1−18.7=11.4%p
초6	29.5−19.8=9.7%p
중1	30.5−19.0=11.5%p
중2	32.9−16.9=16.0%p
중3	30.5−17.6=12.9%p
고1	32.1−18.8=13.3%p
고2	32.2−15.3=16.9%p
고3	29.6−17.2=12.4%p

③ (X) 초6의 OTT 이용 경험 있음 비중 대비 OTT 이용 경험 없음 비중의 비율은 26.9/(100−26.9)×100≒36.8%이다.

④ (X) OTT 이용 빈도가 1년 3~4회인 비중이 가장 작은 학년과 비중이 가장 큰 학년의 비중 차이는 7.0−3.9=3.1%p이다.

⑤ (X) 고3인 응답자 중 OTT 이용 빈도가 거의 매일이라고 응답한 응답자는 1,687×0.24≒404.9명이다.

31

정답 ④

① (O) 12월 이용객 수와 이용률의 6월 대비 증가량은 다음과 같다.

구분	12월 이용객 수의 6월 대비 증가량	12월 이용률의 6월 대비 증가량
경부선	2,280−2,060=220천 명	72−68=4%p
호남선	743−673=70천 명	65−62=3%p
경전선	501−422=79천 명	85−82=3%p
전라선	546−473=73천 명	83−81=2%p
동해선	420−357=63천 명	84−84=0%p

② (O) 경전선의 이용률이 가장 높은 월은 11월이고, 11월에 이용률이 가장 높은 노선은 경전선이다.

③ (O) 조사기간 내내 이용객 수가 가장 많은 노선은 경부선이고, 가장 적은 노선은 동해선이다.

④ (X) 동해선의 공급 좌석 수는 6월에 357/84×100=425천 석, 12월에 420/84×100=500천 석이므로 500−425=75천 석 증가했다.

⑤ (O) KTX 평균 이용객 수는 다음과 같다.

구분	KTX 평균 이용객 수
6월	(2,060+673+422+473+357)/5=797천 명
7월	(1,770+578+366+424+332)/5=694천 명
8월	(1,695+586+379+447+333)/5=688천 명
9월	(1,799+611+405+435+335)/5=717천 명
10월	(2,292+756+507+554+416)/5=905천 명
11월	(2,521+821+546+586+456)/5=986천 명
12월	(2,280+743+501+546+420)/5=898천 명

32

정답 ⑤

① (O) 2021년 평균 순자산의 전년 대비 증가량은 다음과 같다.

단독주택	29,366−27,438=1,928만 원
아파트	53,751−45,636=8,115만 원
연립 및 다세대	19,982−18,465=1,517만 원
기타	28,860−30,518=−1,658만 원

② (O) 기타를 제외하고, 모든 주택종류의 평균 자산이 가장 높은 해는 2022년이다.

③ (O) 2020년 평균 자산 대비 평균 순자산의 비율은 다음과 같다.

단독주택	27,438/32,938×100≒83.3%
아파트	45,636/56,099×100≒81.3%
연립 및 다세대	18,465/23,467×100≒78.7%
기타	30,518/40,646×100≒75.1%

④ (O) 기타를 제외하고, 평균 자산이 높은 주택 종류일수록 평균 순자산도 높다.

⑤ (X) 2022년 아파트 가구당 평균 자산과 평균 순자산의 전년 대비 증가율은 다음과 같다.

평균 자산	(71,919−64,984)/64,984×100≒10.7%
평균 순자산	(60,082−53,751)/53,751×100≒11.8%

33

정답 ②

세 번째, 네 번째, 다섯 번째 조건에 의해서 회계 교육은 5시에 시작하고 인사 교육은 2시, 3시에 시작이 가능하다.

- 인사 교육이 2시에 시작하는 경우: 네 번째, 다섯 번째 조건

에 의해 개발 교육은 4시, 빅데이터 교육은 1시, 안전관리 교육은 3시에 시작한다.

• 인사 교육이 3시에 시작하는 경우: 네 번째 조건에 의해 개발 교육은 4시에 시작하고, 다섯 번째 조건에 의해 빅데이터 교육은 2시, 안전관리 교육은 1시에 시작한다.

① (X) 안전관리 교육은 1시 또는 3시에 시작한다.
② (O) 개발 교육은 4시에 시작한다.
③ (X) 빅데이터 교육은 1시 또는 2시에 시작한다.
④ (X) 인사 교육은 2시 또는 3시에 시작한다.
⑤ (X) 빅데이터 교육이 1시에 시작하는 경우 안전관리 교육보다 먼저 시작하고, 2시에 시작하는 경우 안전관리 교육보다 나중에 시작한다.

34

정답 ②

박 과장이 월요일에 연차를 사용하였으므로, 공휴일과 최 대리의 연차 사용일로 가능한 요일은 '화요일, 수요일 / 수요일, 목요일 / 목요일, 금요일' 3가지이다. 이때 마지막 조건에서 김 대리가 공휴일 이틀 전에 연차를 사용한다고 하였는데, 공휴일이 화요일인 경우는 이틀 전이 일요일이므로 연차를 사용할 수 없고, 공휴일이 수요일인 경우는 이틀 전이 박 과장의 연차 사용일인 월요일이므로 불가능하다. 따라서 공휴일은 목요일이고, 김 대리의 연차 사용일은 공휴일의 이틀 전인 화요일이 된다.

35

정답 ⑤

여섯 번째 조건에 의해 F가 1층에서 내리는 경우와 2층에서 내리는 경우가 가능하다.

• F가 1층에서 내리는 경우: 네 번째 조건에 의해 D는 6층에서 내린다. 세 번째, 다섯 번째 조건에 의해 C가 2층에서 내리고, B와 E는 4층 또는 5층에서 각각 내린다. 따라서 F - C - A - B(E) - E(B) - D 순으로 내린다.
• F가 2층에서 내리는 경우: 세 번째 조건에 의해 F - C - B 순으로 내리므로 두 번째, 다섯 번째 조건에 의해 C는 4층, B와 E는 5층 또는 6층에서 각각 내린다. 나머지인 D는 1층에서 내린다. 따라서 D - F - A - C - B(E) - E(B) 순으로 내린다.

① (X) E는 4층 또는 5층에서 내리거나 5층 또는 6층에서 내리고, A는 3층에서 내리므로 A보다 위층에서 내린다.
② (X) D는 1층 또는 6층에서 내린다.
③ (X) B가 4층 또는 5층에서 내릴 때 D는 6층에서 내리고, B가 5층 또는 6층에서 내릴 때 D는 1층에서 내린다.
④ (X) C는 2층 또는 5층에서 내리고, A는 3층에서 내린다.
⑤ (O) C는 2층 또는 4층에서 내리고, A는 3층에서 내리므로 C와 A는 이웃한 층에서 내린다.

36

정답 ①

두 번째, 네 번째 조건에 의해 1일에 배드민턴을 치는 사람은 A와 B이다. 세 번째 조건에 의해 2일에 배드민턴을 치는 사람은 A, C, E 중 2명이고, 네 번째 조건에 A는 3일에 배드민턴을 치므로 2일에 배드민턴을 치는 사람은 C, E이다. 3일에 배드민턴을 치는 사람은 A, D이다. 따라서 배드민턴을 가장 많이 치는 사람은 A이다.

37

정답 ⑤

[정보] 1, 2에 따르면 다음과 같은 두 가지의 경우가 생긴다.

• 경우 1

X		
A		
F	C	

• 경우 2

	X	
	A	
	F	C

이때 [정보] 3에 의해 경우 2가 맞다는 것을 알 수 있고, [정보] 4에 의해 D는 203호에, 나머지 E는 303호에 묵고 있음을 추론할 수 있다. 정리하면 다음과 같다.

B	X	E
X	A	D
X	F	C

따라서 E가 묵고 있는 객실의 호수는 303호이다.

38

정답 ④

세 번째 조건에 의해 B는 1월에 출장을 가거나 2월에 출장을 가는 경우가 가능하다.

• B가 1월에 출장을 가는 경우: 세 번째 조건에 의해 B는 1월, C는 4월에 출장을 간다. 두 번째 조건에 의해 D와 E는 각각 3월, 5월에 출장을 간다. 나머지 A는 2월에 출장을 간다.

1월	2월	3월	4월	5월
B	A	D(E)	C	E(D)

• B가 2월에 출장을 가는 경우: 세 번째 조건에 의해 B는 2월,

C는 5월에 출장을 간다. 두 번째 조건에 의해 D와 E는 각각 1월, 3월에 출장을 가고, 나머지 A는 4월에 출장을 간다.

1월	2월	3월	4월	5월
D(E)	B	E(D)	A	C

① (○) A는 2월 또는 4월에 출장을 간다.
② (○) C는 4월 또는 5월에 출장을 간다.
③ (○) E는 A보다 먼저 출장을 가거나 나중에 출장을 간다.
④ (×) D는 1월 또는 3월 또는 5월에 출장을 간다.
⑤ (○) B는 1월 또는 2월에 출장을 간다.

39

정답 ①

두 번째, 세 번째 조건에 의해 B와 E는 C보다 직급이 높고, 네 번째, 다섯 번째 조건에 의해 A와 E는 D보다 직급이 높다. 두 번째 조건에 의해 직급이 가장 낮은 직원은 D이다. 직급이 네 번째로 낮은 직원은 A이다. 두 번째, 세 번째 조건에 의해 B, E, C 순으로 직급이 높다. 따라서 B, E, C, A, D 순으로 직급이 높다.

40

정답 ⑤

① (○) 적립된 포인트는 제3자에게 양도하거나 제3자로부터 양도받을 수 없다고 하였다.
② (○) 결제 전 반드시 농협경제사업장에 포인트 결제임을 밝혀야 하며, 농협e쇼핑 이용 시에도 포인트 결제를 선택해야 포인트 결제가 이루어진다고 하였다.
③ (○) 적립 포인트 5,000점 이상 시 현금으로 결제계좌에 입금되는 캐시백 신청이 가능하다고 하였다.
④ (○) 농촌사랑가맹점 이용 시 이용액 기준으로 기본포인트는 2%, 특별포인트는 1%가 적립된다고 하였으므로 최대 3%가 적립된다.
⑤ (×) 카드를 해지한 경우 잔여 포인트는 포인트 유효기간인 5년 동안 유지되지만, 회원이 개인정보 삭제를 요청한 경우 잔여 포인트가 소멸된다.

41

정답 ②

농촌사랑가맹점은 3% 적립, 농촌사랑가맹점 외는 1% 적립되며, 해외이용, 상품권 구입 또는 교통카드로 이용한 금액에 대해서는 포인트 적립이 불가하다고 하였으므로, 해외이용분인 70,000원과 교통카드 이용분인 60,000원은 적립 대상에서 제외된다.

농촌사랑가맹점에서의 사용금액은 55,000+20,000+47,000=122,000원이므로 적립 포인트는 122,000×0.03=3,660점, 농촌사랑가맹점 외에서의 사용금액은 130,000원이므로 적립 포인트는 130,000×0.01=1,300점이다.

따라서 A가 적립받은 포인트는 총 4,960점이다.

42

정답 ③

신청자들의 평가 점수를 계산해 보면 다음과 같다.

신청자	해당 학기 수강 학점 점수	소득분위 점수	평가 점수	선발 여부
A	15	10	25	선발
B	5	15	20	미선발
C	15	10	25	선발
D	5	15	20	미선발
E	20	0	20	미선발
F	10	10	20	미선발
G	15	10	25	선발
H	15	15	30	선발

위 표에 따라 평가 점수가 25점 이상인 'A, C, G, H' 4명이 선발된다. 대여 대상자가 미달이므로 ㉠의 조건에 따라 2명을 더 선발하여 선발 인원 6명을 맞추어야 한다.

① (×) 4학년 이상인 학생은 'B' 한 명밖에 없으므로 선발 인원은 5명이 된다.
② (×) 같은 학과 내에서 한 명만 선발하게 되면, 같은 학과인 'G, H' 중 점수가 더 높은 'H'만 선발된다. 전체 선발 인원도 맞지 않다.
③ (○) 소득분위가 1분위인 사람은 'B, D'로 기존에 미선발자였던 2명이 추가 선발되어 선발 인원은 총 6명이 된다.
④ (×) 신청자 중 소득분위의 숫자가 가장 큰 사람은 10분위인 'E'인데 원래도 미선발자이므로 선발 인원은 4명으로 변동이 없다.
⑤ (×) 신청자 중 해당 학기 수강 학점이 한 자릿수인 사람은 'B, D'인데 원래도 미선발자이므로 선발 인원은 4명으로 변동이 없다.

43

정답 ③

① (○) 인권 교육은 3시간 진행한다고 하였으므로 오전 10시에 시작할 경우 오후 1시에 끝나게 된다. 따라서 대표의 행동은 적절하다.
② (○) 매 분기 첫째 달인 1월 · 4월 · 7월 · 10월의 첫째 주 월요일에는 인권 교육이 있다. 따라서 이날 미팅 일정을 잡지 않는 유 사원의 행동은 적절하다.

③ (X) 성인지 교육은 대회의실이 아닌 각 부서 회의실에서 진행한다. 따라서 강 팀장의 행동은 적절하지 않다.

④ (O) 4월 매주 화요일에는 성감수성 교육을 받고 교육받은 주 금요일마다 그에 대한 평가를 진행한다. 따라서 이 부장의 행동은 적절하다.

⑤ (O) 성매매 감염병 예방교육은 개인일정에 따라 1시간씩 구성된 4개의 영상강의를 8월에 수료하면 된다. 따라서 김 과장의 행동은 적절하다.

44

정답 ④

① (X) 모내기를 적기보다 일찍 할 경우 이삭이 빨리 패고 고온에서 벼가 익어 수량과 품질이 떨어지며, 완전미 비율이 낮아지게 되며 상품성이 떨어진다.

② (X) 고온기에 벼가 익으면 전분합성량이 줄어들고 깨진 쌀이 많아지게 되며, 상대적으로 쌀 단백질 함량이 늘어나 쌀의 찰기가 줄고 식감이 딱딱해지게 된다. 즉, 쌀의 품질이 떨어지게 된다.

③ (X) 백미 중 색이 하얀 쌀, 즉 분상질립이 증가할수록 쌀의 잘 익은 정도(등숙률)이 떨어지게 되므로 고품질의 쌀이라 할 수 없다. 즉, 최적기에 모내기를 할수록 백미분상질립률은 감소한다.

④ (O) '중만생종의 경우~▲호남 평야지는 6월 4일에서 18일'을 통하여 6월 초순 또는 중순 모내기 작업을 하여야 함을 알 수 있다.

⑤ (X) 모내기 최적기보다 10일 빠르게 모내기 하는 것이 10일 늦게 작업하는 것보다는 완전미 수량 및 품질 특성(등숙률, 백미분상질립률)에 있어 낫다는 것을 알 수 있다.

45

정답 ②

① (X) EQ론과 중복신청은 불가하다.

② (O) 분할상환원리금의 지급을 연속하여 2회 지체한 때, 기타 농협 여신거래기본약관에 의하여 고객의 기한의 이익 상실 사유가 발생한 때, 고객의 회생 또는 파산절차가 신청된 때는 보증사고에 해당한다고 하였다.

③ (X) NICE 평점 기준이 750점이더라도 NH농협캐피탈 보증서 발급이 불가능하면 대출대상에 해당하지 않는다. NICE 평점 기준 738점 이상 조건과 NH농협캐피탈 보증서 발급 가능 조건을 모두 충족해야 함을 유의하자.

④ (X) 보증사고 발생에 따라 15일 이내(보증사고 발생일 포함)에 보증기관의 대지급이 실행된다.

⑤ (X) 재직 및 소득, 기타 자격 증빙 서류를 구비하여 영업점에서 대출하는 경우, 대출한도 및 대출금리에서 보다 나은 혜택을 받을 수 있다.

46

정답 ④

표적집단면접 진행 시 주의 사항은 다음과 같다.

- 인터뷰 종료 후 전체 내용에 대한 합의를 한다.
- 가이드라인에 따라 내용을 열거하고, 열거된 내용의 상호 관련을 생각하면서 결론을 얻어 나간다.
- 가능한 그룹으로 분석 작업을 진행한다.
- 동의 혹은 반대의 경우 합의 정도와 강도를 중시한다.
- 조사의 목적에 따라 결론을 이끌 수 있도록 한다.
- 앞뒤에 흩어져 있는 정보들을 주제에 대한 연관성을 고려하여 수집한다.
- 확실한 판정이 가능한 것은 판정을 하지만 그렇지 못한 경우는 판정을 내려서는 안 된다.

47

정답 ⑤

② (O) 기능에 따른 문제 유형은 제조 문제, 판매 문제, 자금 문제, 인사 문제, 경리 문제, 기술상 문제가 있다.

⑤ (X) 업무 수행 과정 중 발생한 문제 유형에는 발생형 문제, 탐색형 문제, 설정형 문제가 있다.

48

정답 ④

J가 집에서 7시 10분에 출발하면, A 정류장에 7시 15분에 도착하고, 7시 30분에 버스에 탑승한다. J는 버스 탑승 후 15번째 정류장에서 하차하므로 $3 \times 15 = 45$분이 소요되며, 정차 시간은 $0.5 \times 14 = 7$분이다. J가 B 정류장에서 하차하는 시각은 8시 22분이고, B 정류장에서 하차 후 도보로 7분간 이동해야 한다고 하였으므로 사무실에 도착하는 시각은 8시 29분이다.

49

정답 ②

A가 본사에서 9시에 출발하며, S사에 가는 방법은 U사 정류장에서 102번으로 환승하여 가는 방법, T사 정류장에서 102번으로 환승하여 가는 방법이 있다.

- U사 정류장에서 환승: A는 본사에서 9시 정각에 버스에 탑승하고, $8 \times 3 = 24$분 소요되므로 U사 정류장에서 9시 24분에 하차한 뒤 102번 버스에 9시 30분에 탑승하고, S사 정류장에 가는 데 $12 \times 4 = 48$분 소요되므로 10시 18분에 하차한다.
- T사 정류장에서 환승: A는 본사에서 9시 정각에 버스에 탑승하고, $11 \times 3 = 33$분 소요되므로 T사 정류장에서 9시 33분에 하차한 뒤 102번 버스에 9시 40분에 탑승하고, S사 정류장에 가는 데 $9 \times 4 = 36$분 소요되므로 10시 16분에 하차한다.

따라서 A는 S사에 10시 16분에 도착하고, 1시간 동안 회의를 한 뒤 11시 16분에 S사 정류장에서 출발한다.

T사를 가는 방법은 환승하지 않는 방법과 U사에서 101번 버스로 환승하여 가는 방법이 있다.

- 환승하지 않는 방법: U사 정류장에서 매 시각 정각, 30분에 출발하고, T사 정류장에서 매 시각 18분, 48분에 출발하므로 S사에서 11시 18분에 탑승하고, T사 정류장에 가는 데 9×4=36분 소요되므로 11시 54분에 하차한다.
- 환승하여 가는 방법: T사 정류장에서 매 시각 정각, 20분, 40분에 출발하고, S사 정류장에서 매 시각 16분, 36분, 56분에 출발하므로 S사에서 11시 16분에 탑승하고, U사 정류장에 가는 데 12×4=48분 소요되므로 12시 4분에 하차하며, 이는 환승하지 않는 방법보다 느리다.

따라서 A가 T사에 도착하는 시각은 11시 54분이다.

50

정답 ②

5개 평정 요소 중 2개 이상이 '하'인 사람은 불합격 처리되므로 C는 불합격이다.

'상, 중, 하'를 해당하는 점수로 변환하고 여기에 평정 요소별 적용 비율을 곱해서 계산한 지원자별 점수는 다음과 같다.

(단위: 점)

구분	A	B	D	E
직원으로서의 정신자세	16×0.25 =4	16×0.25 =4	12×0.25 =3	20×0.25 =5
전문지식과 응용능력	12×0.2 =2.4	16×0.2 =3.2	16×0.2 =3.2	16×0.2 =3.2
의사표현의 정확성과 논리성	20×0.2 =4	12×0.2 =2.4	16×0.2 =3.2	12×0.2 =2.4
예의·품행 및 성실성	16×0.2 =3.2	16×0.2 =3.2	16×0.2 =3.2	16×0.2 =3.2
창의력·의지력 및 발전가능성	16×0.15 =2.4	20×0.15 =3	20×0.15 =3	16×0.15 =2.4
총점	16	15.8	15.6	16.2

따라서 총점이 가장 높은 두 명인 A, E가 최종 선발된다.

51

정답 ④

변경된 평정 요소별 적용 비율을 곱해 지원자별 점수를 구해 보면 다음과 같다.

(단위: 점)

구분	A	B	D	E
직원으로서의 정신자세	16×0.2 =3.2	16×0.2 =3.2	12×0.2 =2.4	20×0.2 =4
전문지식과 응용능력	12×0.3 =3.6	16×0.3 =4.8	16×0.3 =4.8	16×0.3 =4.8
의사표현의 정확성과 논리성	20×0.1 =2	12×0.1 =1.2	16×0.1 =1.6	12×0.1 =1.2
예의·품행 및 성실성	16×0.2 =3.2	16×0.2 =3.2	16×0.2 =3.2	16×0.2 =3.2
창의력·의지력 및 발전가능성	16×0.2 =3.2	20×0.2 =4	20×0.2 =4	16×0.2 =3.2
총점	15.2	16.4	16	16.4

따라서 총점이 가장 높은 두 명인 B, E가 최종 선발된다.

52

정답 ②

김 대리가 지급받은 출장비는 다음과 같다.

- 교통비: 1,500,000원
- 식비 및 일비: (50,000+40,000)×7=630,000원
- 숙박비: 130×6×1,250=975,000원

따라서 김 대리가 지급받은 출장비는 1,500,000+630,000+975,000=3,105,000원이다.

53

정답 ④

① (○) 중요도와 긴급도가 높은 일(A)을 가장 먼저하고, 다음으로 중요도는 낮지만 긴급한 일(C)을 처리한 뒤, 중요도가 높고 긴급도가 낮은 일(B)을 한 후, 마지막으로 중요도와 긴급도가 모두 낮은 일(D)을 하라고 하였다.

② (○) 기간이 정해져 있으므로 긴급하다고 볼 수 있고, 회사 내 프로젝트는 중요한 영역에 속한다. 따라서 A에 해당한다.

③ (○) 미래를 위한 일은 중요하지만, 지금 당장 해야 하는 급박한 일은 아니다. 따라서 B에 해당한다.

④ (X) 과거 실패한 일에 대한 분석은 필요한 영역이므로 중요하지만, 지금 당장 해야 하는 급박한 일이라고 볼 수 없다. 따라서 C보다는 B에 해당한다.

⑤ (○) 주변 청소나 우편물 정리 등의 일은 상대적으로 중요한 일이 아닌 사소한 일에 해당된다. 또한 지금 당장 해야 하는 급박한 일 역시 아니다. 따라서 D에 해당한다.

54

정답 ②

스티븐 코비는 중요도·긴급도가 가장 높은 일 → 긴급도 높은 일 → 중요도 높은 일 → 둘 다 낮은 일 순으로 하라고 했으므로, 업무 중 ★의 개수가 긴급도와 중요도에서 가장 많은 C가 첫 번째 업무가 된다. 다음으로 긴급도가 높은 E가 두 번째 업

무가 된다. 세 번째 업무에서는 긴급도가 동일한 A와 D 중 중요도가 더 높은 D를 하는 것이 적절하고 다음으로 중요도가 동일한 A와 B 중 긴급도가 더 높은 A를 하고 마지막으로 B를 하는 것이 적절하다.

55

정답 ②

후보지 C는 초청한 인원 50명을 수용할 수 없으므로 후보지에서 제외된다. A, B, D, E의 총점은 다음과 같다.

구분	위치	시설	금액	총점
A	3×0.3 =0.9점	1×0.2 =0.2점	5×0.5 =2.5점	3.6점
B	4×0.3 =1.2점	3×0.2 =0.6점	4×0.5 =2.0점	3.8점
D	5×0.3 =1.5점	5×0.2 =1.0점	2×0.5 =1.0점	3.5점
E	2×0.3 =0.6점	5×0.2 =1.0점	3×0.5 =1.5점	3.1점

따라서 세미나 개최지로 선정되는 후보지는 B이다.

56

정답 ⑤

후보지 C는 초청한 인원 50명을 수용할 수 없고 후보지 B는 와이파이가 불가능하므로 후보지에서 제외된다. A, D, E의 총점은 다음과 같다.

구분	위치	시설	금액	총점
A	4×0.2 =0.8점	1×0.4 =0.4점	5×0.4 =2.0점	3.2점
D	5×0.2 =1.0점	5×0.4 =2.0점	3×0.4 =1.2점	4.2점
E	3×0.2 =0.6점	5×0.4 =2.0점	4×0.4 =1.6점	4.2점

D와 E의 총점이 가장 높다. 동점자가 있는 경우 금액이 더 저렴한 후보지를 선정한다고 하였으므로 D와 E 중 금액이 더 저렴한 E가 선정된다.

57

정답 ④

[보기]의 (가)는 '3단계 - 자원 활용 계획 세우기'에 대한 설명이고, (나)는 '1단계 - 필요한 자원의 종류와 양 확인하기'에 대한 설명이다. 나머지 2, 4단계에 대한 설명은 다음과 같다.

- 2단계(이용 가능한 자원 수집하기): 필요한 자원의 종류와 양을 파악하였다면, 실제 상황에서 그 자원을 확보하여야 한다. 수집 시 가능하다면 필요한 양보다 좀 더 여유 있게 확보할 필요가 있다. 실제 준비나 활동을 하는 데 있어서 계획과 차이를 보이는 경우가 빈번하기 때문에 여유 있게 확보하는 것이 안전할 것이다.
- 4단계(계획대로 수행하기): 업무 추진의 단계로서 계획에 맞게 업무를 수행해야 하는 단계이다. 많은 사람들이 계획은 별도이며, 그때그때 상황에 맞춰서 하자는 생각을 많이 가지고 있다. 물론 계획에 얽매일 필요는 없지만 최대한 계획대로 수행하는 것이 바람직하다. 불가피하게 수정해야 하는 경우는 전체 계획에 미칠 수 있는 영향을 고려하여야 할 것이다.

58

정답 ③

[사례]의 이 사원은 예산 항목과 비용을 계속 수정하면서 어려움을 겪고 있다. 사업에 필요한 활동을 모두 구명한 다음 그 활동에 필요한 예산 항목을 구명하는 것이 먼저 이루어져야 정해진 예산에서 배분을 할 수 있다. 하지만 이 사원의 경우 이러한 과정이 아니라 자신이 알고 있는 항목부터 비용을 책정하여 계속해서 반복 작업을 하게 된 것이다.

59

정답 ①

① (○) 여러 가지 일을 한 번에 많이 다루는 것은 직장에서 발생할 수 있는 시간 낭비 요인이지만 한 번에 한 가지 일을 다루는 것은 시간 낭비 요인이 아니다.
② (X) 자원 낭비 중 비계획적 행동에 해당한다.
③ (X) 모든 것에 대해 사실을 알고 싶어 하는 것은 직장에서 발생할 수 있는 시간 낭비 요인이다.
④ (X) 인적 자원 낭비 요인에 해당한다.
⑤ (X) 싫다고 말하지 못하는 성격은 직장에서 발생할 수 있는 시간 낭비 요인이다.

60

정답 ②

① (○) 명함은 단지 받아서 보관하는 목적이 아니라, 자신의 인맥을 만들기 위한 도구로 활용되어야 한다. 그러기 위해서는 중요한 사항을 명함에 메모하는 것이 필요하다.
② (X) 인맥관리카드에는 이름, 관계, 직장 및 부서, 학력, 출신지, 연락처, 친한 정도 등을 기입한다. 인맥관리카드는 다양한 형태로 존재할 수 있으며 자신이 중요하게 생각하는 점을 중심으로 작성하면 된다.
③ (○) 핵심인맥으로부터 파생된 사람들을 의미하는 파생인맥의 경우, 어떤 관계에 의해 파생되었는지를 파생인맥카드에 기록하는 것이 필요하다.
④ (○) 명함관리를 효과적으로 하기 위해 스마트폰이나 태블

릿 PC를 이용한 명함 관련 앱을 많이 사용하고 있다.

⑤ (○) 정보통신기술이 발달하면서 사람, 정보, 사물 등을 네트워크로 촘촘하게 연결한 사회를 말하는 초연결사회에서 직접 대면하지 않고 시간과 공간을 초월하여 네트워크상에서 인맥을 형성하고 관리한다. 특히 많이 활용되고 있는 기존의 소셜네트워크 서비스와 더불어 인맥 구축과 채용에 도움이 되는 비즈니스 특화 인맥관리서비스로 관심이 증대되고 있다.

61

정답 ③

① (○) 보안담당관은 신규 채용 직원에 대해서 사전에 충분한 보안교육과 보안조치(서약서 징구 등)를 하여야 한다.

② (○) 지역본부의 보안담당관은 해당 지역본부의 보안업무 담당 부장이 맡도록 되어 있다.

③ (×) 보안담당관이 교체될 때 소관 업무에 대한 인계 · 인수서를 확인해야 하는 사람은 보안담당관의 차상위자이다.

④ (○) 보안담당관 교체 시 작성되는 인계 · 인수서에는 비밀 취급 인가자 현황 및 비밀 문서(이관 대기 포함) 보유 현황이 포함되어야 한다.

⑤ (○) 중앙본부의 경우 비상계획국장이 일반보안 분야 보안담당관을 맡고, IT본부 담당 부장이 정보보안 분야 보안담당관을 맡는다.

62

정답 ⑤

ㄱ. (○) 보안담당관의 임무에는 자체 보안업무 수행에 관한 계획 조정 및 감독이 포함된다.

ㄴ. (○) 보안담당관의 임무에는 서약의 징구가 포함된다.

ㄷ. (×) 해외여행자에 대한 보안교육은 사전에, 즉 해외여행 전에 충분히 실시되어야 한다.

ㄹ. (×) 보안담당관은 소속 직원 전원에 대하여 연 1회 이상 교육을 실시하여야 한다.

63

정답 ①

① (×) 「협동조합 기본법 시행규칙」 제18조 제1항 제2호에 따라 목적사업이 취약계층에 사회서비스를 제공하는 경우에는 사업계획서상 취약계층에 제공된 사회서비스 대상인원, 시간, 횟수 등이 전체 사회서비스의 100분의 40 이상이어야 한다.

③ (○) 「협동조합 기본법 시행규칙」 제18조 제1항 제3호에 따르면 수입 · 지출 예산서상 인건비 기준은 충족하지 못하지만 사업계획서상 취약계층에 속하는 직원이 전체 직원의 100분의 40 이상이므로 기준을 충족한다.

64

정답 ③

① (○) 소봉함으로 주화 정리 시 주화별로 50개씩이지만, 500원화의 경우 40개씩 포장하여 사용할 수 있다.

② (○) 손상권의 경우 남아있는 면적이 원래 면적의 3/4 이상인 경우 전액 교환, 2/5 이상인 경우 반액으로 교환, 2/5 미만인 경우 무효 처리한다.

③ (×) 불에 타서 재부분이 은행권의 조각인 것으로 볼 수 있는 경우 그 재 부분을 잔여 면적으로 인정하여 면적 크기에 따라 교환할 수 있다.

④ (○) 주화 검수 시 대대 겉면에 화폐의 종류와 금액을 표시해야 하며, 손상주화의 경우 손상주화임을 표시해야 한다.

⑤ (○) 찌그러지거나 녹이 슬어 사용하기 적합하지 않은 주화의 경우 전액으로 교환할 수 있다.

65

정답 ④

① (×) 인터넷뱅킹 서비스 재등록 신청의 경우 본인확인이 필요하다.

② (×) 인터넷뱅킹 서비스 이용계좌 추가 등록 신청의 경우 본인확인이 필요하다.

③ (×) 보안매체 교부의 경우 본인확인이 필요하다.

④ (○) 이체한도 변경을 이용매체상 등록에서 영업점 지정으로 전환 신청의 경우 대리인에 의해 처리가 가능하다.

⑤ (×) 서비스 이용 제한 해제의 경우 본인확인이 필요하다.

66

정답 ①

① (○) 인터넷 전문은행과 기존 은행과의 경쟁구조가 위협적인 것으로 분석되고 있기 때문에 이 경쟁구도를 변화시켜 인터넷 전문은행과 동반자적인 전략을 마련할 필요가 있다.

② (×) 스타트업 기업을 육성하는 것이 N그룹의 기회가 될 수 있기 때문에, 투자자금 혁신 펀드 컨설팅은 최대한 기획이 많아질수록 좋을 것이다.

③ (×) 동남아 시장에 진출하는 것은 기회로 분석되고 있다. 따라서 시장 진출 시기를 늦추는 것은 전략적으로 옳지 않다.

④ (×) N그룹의 약점이 '개인정보 보안 대책 및 시스템 마련 미비'로 분석되고 있기 때문에, 이에 대한 예산을 줄이면 약점은 해결되기 어려울 수 있다.

⑤ (×) N그룹의 강점이 '독보적인 SNS마케팅'이다. 따라서 예산을 줄이는 것이 전략이라고 이해하기 어렵다. 또한 강점에 투입되고 있는 예산을 줄이는 것을 전략이라고 볼 수 있는 인과성이 부족하다.

67

정답 ①

① (X) 성과를 높이기 위해 구성원의 수를 10명 전후로 하는 것이 좋다.

② (O) 기술적 전문성이 있는 멤버, 대인관계에 능숙한 멤버, 문제해결 능력이 큰 멤버를 적절히 섞어서 구성하는 것이 좋다.

③ (O) 팀제의 가장 큰 문제는 모든 사람이 팀 플레이어가 아니므로 개인이 갖는 거부감이다.

④ (O) 상명하복 문화가 강한 조직과 기존의 보상체계가 개개인의 퍼포먼스에 기반해서 오랫동안 유지되어 온 경우 팀제 도입에 실패할 수 있다.

⑤ (O) 팀 플레이에 익숙하고 팀으로 일을 할 때 더 높은 퍼포먼스를 내는 사람을 위주로 팀을 구성한다.

68

정답 ④

의사결정의 과정에 대한 설명은 다음과 같다.

1. 확인 단계
   - 의사결정이 필요한 문제를 인식하고, 이를 진단하는 단계이다.
   - 진단 단계는 문제의 중요도나 긴급도에 따라서 체계적으로 이루어지기도 하며, 비공식적으로 이루어지기도 한다.
   - 문제를 신속히 해결할 필요가 있는 경우에는 진단시간을 줄이고 즉각 대응해야 한다.
2. 개발 단계
   - 확인된 주요 문제나 근본 원인에 대해서 해결방안을 모색하는 단계이다.
   - 조직 내의 기존 해결방법 중에서 당면한 문제는 조직 내 관련자와의 대화나 공식적인 문서 등을 참고하여 이루어질 수 있다.
   - 이전에 없었던 새로운 문제의 경우 의사결정자들이 불확실한 해결방법만을 가지고 있기 때문에 다양한 의사결정 기법을 통하여 시행착오 과정을 거치면서 적합한 해결방법을 찾아 나간다.
3. 선택 단계
   - 해결방안을 마련하면 실행 가능한 해결안을 선택한다.
   - 선택을 위한 방법에는 의사결정권자 한 사람의 판단에 의한 선택, 경영과학 기법과 같은 분석에 의한 선택, 이해관계집단의 토의와 교섭에 의한 선택이 있다.

69

정답 ⑤

ㄷ. (X) 브레인스토밍은 자유분방하고 엉뚱하기까지 한 의견도 허용함으로써 최선책을 찾아내는 의사결정 방법이다. 따라서 아이디어의 범위를 미리 정해 두는 것은 바람직하지 않다.

ㄹ. (X) 브레인스토밍에서 중요한 점은 다른 사람이 아이디어를 제시할 때 비판하지 말아야 한다는 점이다. 자신의 아이디어가 타인으로부터 비판을 받게 되면 사고가 위축되어 새로운 아이디어를 내기가 힘들어진다.

70

정답 ⑤

① (X) [대화]의 질문자가 묻는 업무 수행 시트는 간트 차트로 미국의 간트가 1919년에 창안한 작업 진도 도표이다.

② (X) 업무의 각 단계를 효과적으로 수행했는지를 스스로 점검해 볼 수 있는 업무 수행 시트는 체크리스트이다.

③ (X) [대화]의 질문자가 묻는 작업 진도 도표는 간트 차트이다. 워크 플로 시트는 일의 흐름을 동적으로 볼 수 있다.

④ (X) 도형의 모양을 다르게 작성하여 진행 중인 업무의 성격 또는 특징을 알 수 있다는 장점이 있는 업무 수행 시트는 워크 플로 시트이다.

⑤ (O) 간트 차트는 단계별로 소요되는 시간과 각 업무활동 사이의 관계를 알 수 있는 업무 수행 시트이다.

MEMO

MEMO

나만의 성장 엔진
www.honjob.co.kr

혼JOB

자소서 / 면접 / NCS · PSAT / 전공필기 / 금융논술 / 시사상식 / 자격증

금융권 일반

H

H
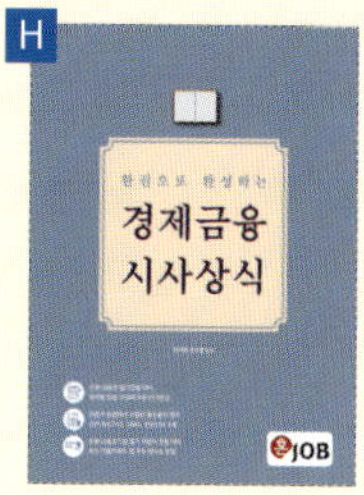

금융권 · 공기업 NCS

금융권 · 공기업 전공

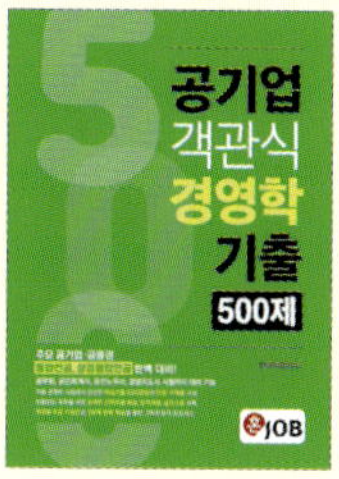

H
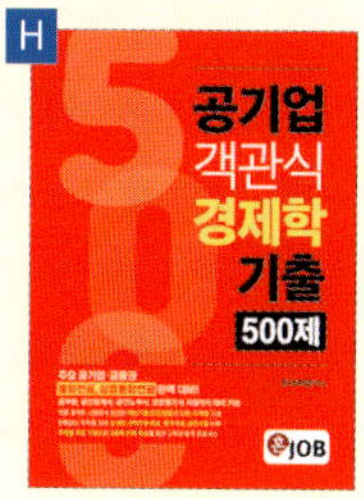

H

H

취업 논술

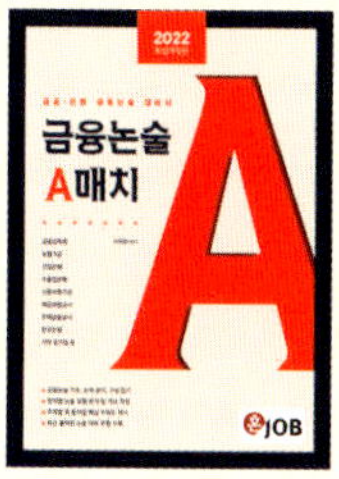

E
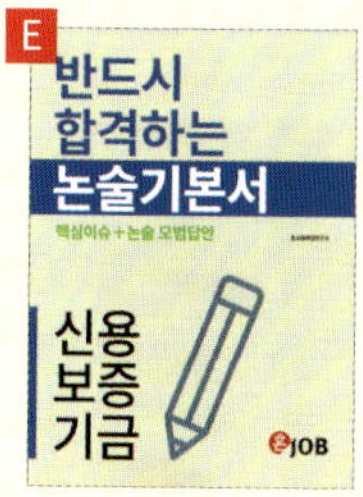

E

E

취업 면접

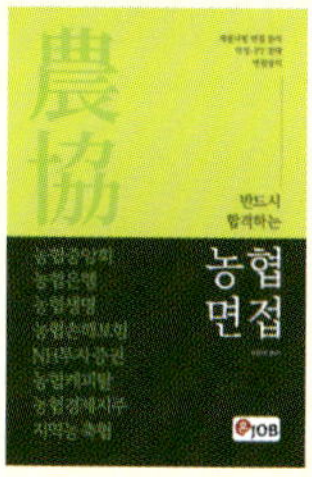

E

E

E

직업상담사 2급

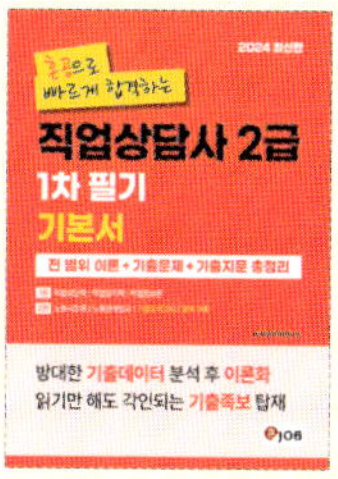

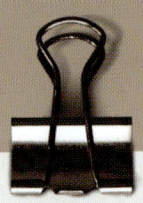

은행 필기 합격을 위한

직무수행능력 Level Up! 인강

구분	교재	강의정보
객관식 경영학	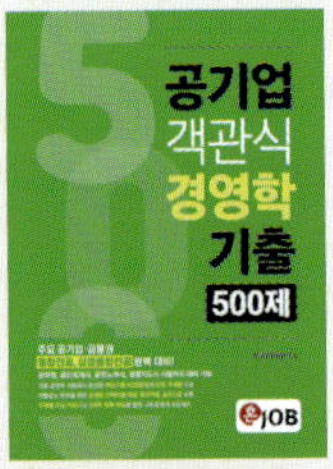	**"직무수행능력 대비 경영학 맞춤 강의"** • 수업내용 – 일반경영, 조직, 인사, 전략: 경영이론, 동기부여, 집단 조직행동 등 – 마케팅: 마케팅 믹스, 마케팅 전략, 소비자 행동 등 – 생산관리와 운영관리: 생산시스템, 품질관리, 재고관리 등 – 회계와 재무관리: 재무제표, 원가회계, CAPM과 APT 등
객관식 경제학		**"직무수행능력 대비 경제학 맞춤 강의"** • 수업내용 – 경제학 일반론: 경제학의 기초, 수요·공급 이론 및 응용 등 – 미시경제학: 소비자이론, 생산자이론, 시장이론 등 – 거시경제학: 국민소득결정이론, 소비함수와 투자함수 등
핵심 회계원리		**"직무수행능력 회계분야 준비에 필요한 핵심 압축 과정"** • 수업내용 회계원리 총론, 재무제표의 이해 및 계정과목 해설, 복식부기의 원리, 유동자산, 비유동자산, 유동부채, 비유동부채, 자본회계처리, 원가회계 및 재무비율 • 종합 모의고사 문제풀이: 자산편, 부채편, 자산·부채·자본편
핵심 재무관리		**"직무수행능력 재무분야 준비에 필요한 핵심 압축 과정"** • 수업내용 재무관리 기초, 수익률과 위험, 자본예산, 자본구조, 배당이론 및 주식과 채권 가치평가, 손익분기점 분석과 재무비율 분석, 재무관리 관련 기타 주제, 파생상품 • 종합 50제 문제풀이

프로그램 문의

다양한 취업 프로그램이 구비되어 있으니 언제든 문의 주시기 바랍니다.

혼JOB 홈페이지(honjob.co.kr) 1:1 문의하기 게시판

02-3210-0651(평일 오전 9시~오후 6시) / 010-3833-4439(근무시간 외)